21 世纪高等学校经济管理类专业规划教材
高等学校“十四五”规划教材

企业形象策划

（第 4 版）

主　编　王富祥　王　佩
副主编　刘铁军　史本林

武汉理工大学出版社
·武　汉·

内 容 提 要

“企业形象策划”是一门专门研究如何塑造企业良好形象的课程。本书在市场营销学、公共关系学、广告学、企业文化学和策划学的基础上，对与企业形象塑造相关的理论和实践进行了归纳和总结，提出了企业形象塑造的主要手段和方法，具有较强的理论性和实践性。本书可作为高等院校市场营销、工商管理、艺术设计等专业企业形象策划课程的教材，也可作为广告、公关公司等进行职业教育和岗位培训的教学参考用书。

图书在版编目(CIP)数据

企业形象策划/王富祥，王佩主编. —4 版. —武汉：武汉理工大学出版社，2023. 7
ISBN 978-7-5629-6840-5

Ⅰ. ①企… Ⅱ. ①王… ②王… Ⅲ. ①企业形象-设计 Ⅳ. ①F272-05

中国国家版本馆 CIP 数据核字(2023)第 131191 号

项目负责人：楼燕芳　　责 任 编 辑：楼燕芳
责 任 校 对：向玉露　　版 面 设 计：天成图文
出 版 发 行：武汉理工大学出版社
社　　址：武汉市洪山区珞狮路 122 号
邮　　编：430070
网　　址：http：//www. wutp. com. cn
经　　销：各地新华书店
印　　刷：武汉市洪林印务有限公司
开　　本：787 × 1092　1/16
印　　张：16. 25
字　　数：419 千字
版　　次：2023 年 7 月第 4 版
印　　次：2023 年 7 月第 1 次印刷
定　　价：45. 00 元

凡使用本教材的教师，可通过 E-mail 索取教学参考资料。
E-mail：10124159@ qq. com
本社购书热线电话：027-87664138　87391631　87523148
凡购本书，如有缺页、倒页、脱页等印装质量问题，请向出版社发行部调换。

前　言

在当今市场竞争日益激烈的形象消费时代，企业的形象决定着企业的生存和发展。可以说，21世纪企业的竞争主要是形象的竞争，塑造良好的形象是企业在竞争中制胜的法宝，是企业安身立命之本。“企业形象策划”是一门专门研究如何塑造企业良好形象的课程，是所有在企业工作的人员和高校企业管理、市场营销及其相关专业的学生必须学习的课程。

企业形象塑造是企业的营销战略之一，企业形象策划是实现企业形象战略、塑造企业良好形象的重要手段。企业形象策划的目的是在社会公众心目中树立企业良好的形象，让公众喜欢和信赖企业，从而使消费者成为企业忠诚的顾客。

企业形象，也叫企业形象识别系统（Corporate Identity System，简称CIS），是由理念识别系统（Mind Identity System，简称MIS）、行为识别系统（Behavior Identity System，简称BIS）和视觉识别系统（Visual Identity System，简称VIS）构成的。要塑造良好的企业形象，必须依据科学的理论进行企业形象战略的策划和实施。为此，我们编写了本书。本书自2006年出版以来，受到了广大读者的关注与好评，多次重印。第4版教材在保留第3版教材风格、特点和结构框架的基础上，主要做了以下修改：一是结合营销学界和业界的新动态、新理念以及网络时代的企业形象策划，对有关章节进行了修订和补充完善；二是为了增强读者的策划实战技能，替换和新增了部分企业形象策划案例。

本书在市场营销学、公共关系学、广告学、企业文化学和策划学的基础上，对与企业形象塑造相关的理论和实践进行了归纳和总结，提出了企业形象塑造的主要手段和方法，具有较强的理论性和实践性。

本书具有如下几个特点：

1. 有很强的综合性和科学性。企业形象策划是涉及策划学、市场营销学、公共关系学、广告学、新闻传播学、企业文化学、美学、消费心理学、管理学等学科的综合性学科，本书内容的编写尽可能地运用这些学科的理论和知识。

2. 注重实践性和实用性。企业形象策划是应用性很强的学科，企业要根据其面临的市场环境和其形象状况运用相关的理论制定出科学有效的、切实可行的企业形象塑造方案，所以，书中引用了大量的案例，并在每章之后附有案例分析和思考或讨论题目，加强读者对企业形象策划理论知识的运用和练习。附录部分还专门安排了综合形象策划案例分析，使读者对企业形象策划有一个系统的理解和认识。

3. 内容安排全面。凡是涉及企业形象策划的各种手段和方法，书中都有相关的论述，如安排了顾客满意战略、公共关系策划、广告策划、企业文化建设、形象危机管理、网络时代的企业形象策划等内容。

4. 在结构安排上充分考虑教学的要求。为了更好地帮助读者学习，每章后面均安排有小结、中英文对照专业名词、复习思考题、案例分析，便于读者理解和运用所学的知识，提高分析和解决问题的能力。

本书是国内多所院校教师集体智慧的结晶。本次的修订再版工作主要由王佩承担，刘铁军和史本林参与了相关章节的修订工作；全书由王富祥统稿和定稿。本书的编写出版得到了有关院系领导和老师的大力支持，特别是黄志刚、何静、郑明亮、冯平等老师为本书的编写出版提供了较大帮助，在此谨向他们表示由衷的感谢。

本书在编写过程中参阅了大量的相关文献资料，在此对文献作者表示诚挚的谢意！

由于水平和学识所限，第 4 版教材仍难免存在错误与疏漏之处，敬请读者不吝赐教。

编　者

2022 年 12 月

目　录

第一章 导 论

导入案例

2021年中国企业形象全球调查分析报告

2021年7月至9月，中国外文局所属的中国对外书刊出版发行中心（国际传播发展中心）、当代中国与世界研究院联合国际知名调查机构共同开展了第八次中国企业形象全球调查。本次调查采用定量研究方法，以在线问卷填答的方式展开，共覆盖12个国家，包括中国、哈萨克斯坦、沙特阿拉伯、泰国、印度、印度尼西亚、肯尼亚、南非、俄罗斯、意大利、美国、巴西，访问样本共计6000人，每个国家500人。受访者年龄为18～65岁。

本次调查围绕中国经济形象、中国企业形象、可持续发展专题三部分展开。主要调查结果如下：

(1)调查显示，有68%的受访者肯定中国经济发展对全球经济发展和本国经济发展带来积极影响。分国别看，对中国经济国际影响力认可比例排名前四的国家依次是泰国、沙特阿拉伯、印度尼西亚和肯尼亚。分年龄群体看，18～35岁的青年受访者对中国经济发展为全球带来积极影响的评价最高。

(2)在看待中国企业国际化对本国经济社会发展的影响方面，海外受访者也从多个方面予以认可，包括中国企业带来先进的技术、带来新的资金投入和提供新的就业机会等。就整体而言，“金砖国家”受访者对中国企业给本国经济发展起到积极作用的评价高于海外总体平均水平。

(3)此次调查通过RepZ模型考察中国企业在全球受访者中的认可程度。受访者通过对中国企业在责任、公平、可信、成功等4个一级维度、20个二级维度的形象表现来综合评价企业的整体形象。总体而言，12国受访者对中国企业在责任、公平、可信、成功4个维度表现的认可度总体上都超过了75%。分维度看，全球受访者对中国企业的成功维度评价最高并达到82%，其中二级子维度“拥有精心设计的产品、服务”获得86%的认可。分国家和年龄群体来看，金砖国家和18～35岁的青年群体对中国企业的评价更为积极。

(4)在全球层面上，互联网和电视等媒体途径依然是国际社会了解中国企业情况的最主要渠道。在内容方面，国际社会最希望了解中国企业的工作环境与待遇、科技创新、与当地合作的成果等与企业发展相关的信息。与此同时，调查结果还显示，中国企业在与对象国的人文交流方面还有较大的提升空间。

(5)调查显示，受访者积极评价中国企业积极落实绿色环保和低碳减排等多种措施推进可持续发展。特别是在当前低碳绿色发展日益成为全球共识的情况下，全球受访者认为中国企业在推动全球可持续发展方面大有可为。

(6)调查显示，有八成的受访者对共建“一带一路”表示关注并肯定绿色“一带一路”对全球可持续发展的贡献。

根据上述调查作出的报告指出:其一,多年来开展的中国企业形象全球调查显示,海外受访者认可中国企业国际化发展给对象国带来的积极影响,并期待本国政府和企业未来同中国企业开展更多的合作。其二,中国企业逐渐从"走出去"向"走进去""走上去"努力,其国际影响力和国际形象不断提升。连续多年的企业形象维度评测发现,与"公平""责任""可信"等维度相比,"成功"维度是中国企业认可度最高的领域。未来,中国企业还需要继续将自身的硬实力转化为软实力,加强跨文化融合,增进同对象国之间的人文交流,塑造和传播全方位的企业形象。其三,青年群体是做好企业国际传播工作的重点对象,应进一步发挥该群体的辐射力与影响力。企业在全球化发展中,要面向青年群体提升本土化传播的精准性。企业应增进与本地青年的交流与了解,讲究平等与互利,互惠共赢。在形象塑造工作中,企业应面向青年群体的关注点、兴趣点,找到传播内容价值和情感认同的平衡点,传播好"情感共通"的故事。其四,可持续发展是世界各国共同关注的全球发展议题,已经成为全球企业界品牌发展的新实践、新方向,也是中国企业实现高质量发展的新机遇和塑造良好形象的重要路径。中国企业在立足于切实将可持续发展理念融入发展目标、战略及业务活动的基础上,通过多种形式、多种平台,生动传播中国企业可持续发展的故事,将有助于更好地展现中国企业积极践行人类命运共同体理念和《联合国2030年可持续发展议程》,在构建全球发展命运共同体的过程中塑造中国企业的良好形象。

资料来源:中国外文局中国企业形象研究课题组.2021年中国企业形象全球调查分析报告——以全球12国为调查对象[J].对外传播,2022(2):34-36.有删改。

企业形象是企业外在感性形象和文化内涵的载体,企业形象的优劣决定企业的生存与发展,良好的企业形象是企业的命脉。企业形象策划是实现企业形象战略、塑造企业良好形象的重要手段,是企业开展市场营销活动的主要内容之一。企业形象策划的目的是使企业在社会公众心目中树立良好的形象,让公众喜欢和信赖企业。它包括导入企业形象识别系统,开展公关活动,设计公关广告和公益广告,进行企业形象宣传等活动。随着市场竞争的日趋激烈和社会经济的快速发展以及消费需求层次的日益提高,顾客购买产品的过程已日趋简化和快捷,形象消费已经成为新时代的消费特点。因此,形象营销已成为企业必须持有的理念,企业必须依靠形象才能争夺顾客和市场。

本章主要介绍企业形象及企业形象策划的内涵、构成、功能与意义;企业形象策划与市场营销、企业文化建设、公共关系、广告、宣传的关系;企业形象评价与管理的基本思路。通过本章的学习,要求掌握企业形象及企业形象策划的概念,认识到企业形象策划对企业的重要意义和企业形象与市场营销、企业文化、公共关系、广告、宣传等的关系。

第一节　企业形象概述

一、企业形象的内涵

(一)形象的含义

形象的原意是指事物显露在外的客观状态。《现代汉语词典》对形象的解释是,"能引起人的思想或感情活动的具体形状或姿态”。它不同于印象，印象是人们受外界事物的刺激而留存于大脑中的对事物客观状态的主观认识。印象的好坏直接影响和决定人们对事物的接受与否以及接受的程度。

人们的主观认识和事物的客观状态有可能一致，也可能不一致。两者是否一致，取决于人们的主观认识能力和事物本身的显露程度及事物本身对人们的思想认识和情感的影响力。

（二）企业形象的含义

企业形象，从客观上看，是企业的本质属性显露在外的特征和表象；从主观上看，是社会公众（含企业内部员工）对企业的一切活动及其表现出的属性和特征的总体认识和评价，这种认识和评价形成了人们的印象、舆论和对企业的态度。企业关系者（顾客、中间商、供应商、媒体、政府等）对企业的整体感觉、印象和认识，对企业的生存和发展起着非常重要的作用。

（三）企业形象的构成要素

1. 从战略层面分析

从战略上看，企业形象也叫企业形象识别系统（Corporate Identity System，以下简称CIS），或叫企业识别系统，日本学者把它称为企业形象战略（Corporate Identity Strategy）。

企业形象识别系统是由理念识别系统（Mind Identity System，以下简称 MIS）、行为识别系统（Behavior Identity System，以下简称 BIS）、视觉识别系统（Visual Identity System，以下简称 VIS）三部分构成的。

（1）理念识别系统（MIS）。它是指企业在长期的经营活动实践中形成的和其他企业不同的价值观、经营思想、经营方式、企业精神、道德准则等。如日本的银座松屋（百货店）的经营理念为“顾客第一主义”；麦当劳的经营理念为“质量、服务、清洁、价值”；海尔的经营理念为“要干就要拿第一”；台湾顶新企业的经营理念为“诚信、务实、创新”。企业理念的实质在于与他人区别开来，确立自我，它是企业的灵魂，向人们说明企业是“如何想的”。

（2）行为识别系统（BIS）。它是指企业区别于其他企业的各种具体的生产经营服务活动，如员工行为、公共关系、广告、人员推销、营业推广等。它是企业理念的具体行为表现，包括对内和对外的行为活动。对内的行为主要有敬业、守信、合作、员工教育、组织制度、企业文化建设等。对外的行为主要有社交活动、服务、公共关系、广告、人员推销、市场拓展等。它向人们说明企业是“如何做的”。

（3）视觉识别系统（VIS）。它是指企业将其可视事物通过视觉传达给社会公众后形成的专有化或个性化形象，包括基本视觉因素和应用视觉因素。基本视觉因素有企业品牌名称、品牌标志、标准字、标准色、企业造型、象征图案、企业精神、标语、口号等。应用视觉因素有办公用品、建筑外观、橱窗、招牌、产品设计、产品外观包装设计、员工制服、广告媒体、传播活动、工作场所等。它是企业的外部特征，向人们展示企业“是个什么样子”。

理念识别（Mind Identity，以下简称 MI）、行为识别（Behavior Identity，以下简称 BI）、视觉识别（Visual Identity，以下简称 VI）是企业形象塑造的三个不同的层次。MI 是核心和灵魂，BI 是 MI 动态的表现，VI 是 MI 静态的表现。MI、BI、VI 是有机的整体，三者必须保持和谐统一。

2. 从企业形象所表现的内容角度分析

从企业形象所表现的内容看,企业形象由产品形象、服务形象、环境形象、人员形象四个方面构成。

(1)产品形象。它是指产品的品牌、质量、性能、造型、包装等在公众和消费者心目中的形象。产品形象是企业形象的基础,是塑造企业形象的前提。它决定企业的形象和前途命运。

(2)服务形象。它是指企业给消费者所提供的服务(售前、售中和售后)的质量(项目多少、态度好坏、是否及时和快捷、效果等)给顾客留下的印象。

(3)环境形象。它是指企业生产经营活动场所的环境给员工和社会公众留下的印象。

(4)人员形象。它是指企业领导者的素质和能力、员工的素质和能力给社会公众和顾客留下的印象。人员形象决定产品形象、环境形象和服务形象,没有高素质的人员,就没有好的产品、好的环境和好的服务。所以,企业要不断地提高人员的素质,树立良好的人员形象。

二、企业形象的种类

企业形象从不同的角度可有不同的分类方法。

1. 单项形象和整体形象

单项形象是指企业形象的某一个方面留给公众的形象。如某企业优质的产品、工作人员良好的服务态度、高雅的购物环境等,都属此类。企业的单项形象是企业改善自我形象的突破口,充分利用单项形象,可以为构建企业整体形象打下良好基础。

整体形象是指企业整体呈现在公众面前的全面的形象,它是由各个单项形象构成的。良好的企业整体形象是现代企业的一种无形资产,它与企业的资金、技术和人才并列,是当代管理的核心内容之一。

2. 实际形象和期望形象

实际形象是指企业真实展现出来的为社会大众普遍认同的企业形象。企业的实际形象一般可以通过形象调查的方法测得。了解企业的实际形象就是了解社会公众对企业的普遍看法,有助于企业有的放矢地开展形象策划塑造工作。只有清楚地了解自己的实际形象,企业才能以此为起点,塑造理想中的期望形象。

期望形象是指企业期望在公众心目中所树立的形象,即企业的形象目标。期望形象是企业发展的内在动力,是企业自身的形象要求。对自我期望形象的要求越高,自觉做出努力的可能性就越大。期望形象是企业奋斗的目标所在,企业要为自己设立合理的期望形象。期望形象的设立要符合发展的规律和企业的实际情况,要有可实施性和可实现性。

3. 真实形象和失真形象

真实形象是指企业本身具有的形象,而失真形象是指公众心目中的印象与企业真实形象产生误差甚至歪曲的形象。造成企业形象失真的因素很多,有传播中的操作因素,有企业本身性质的因素,也有公众认知水平的因素等。在企业形象传播的过程中,要完全避免企业形象的失真是不可能的,因此,努力将企业形象的失真度降至最低是企业形象传播的重要任务。企业要力争给公众留下一个真实的企业形象,重视社会公众对企业评价的反馈意见,防止形象失真。

4. 有形形象和无形形象

有形形象是指通过人们的感觉器官直接能够感觉到的企业实体的形象。它一般由三个方面组成：品牌形象、人物形象和环境形象。

品牌形象由产品的名称、商标、包装、外表形态、内在质量、售前售后服务以及广告设计等构成；人物形象由管理层人员形象和普通员工形象等构成；环境形象由内外空间设计、装饰、色彩、环境绿化等构成。有形形象构成的诸方面，都具有可以感知的物质性。

无形形象是指通过人们的记忆、思维而抽象升华成的企业深层的形象，一般包括企业的信誉和风貌等。企业无形形象的核心内容是企业信誉。它体现在一个企业的经营管理或对外服务等整个过程之中。企业信誉的好坏能直接左右公众对该企业所采取的行动，如消费者一般更倾向于接受名牌产品。信誉是企业的一笔重要的资源，是企业的财富来源之一。

无形形象以有形形象为基础，一个完整的企业形象是有形形象和无形形象的综合。对于一个企业来说，要从有形形象和无形形象两方面来塑造自己的形象。

5. 内部形象和外部形象

内部形象是指企业的员工对企业的感觉和认识，外部形象是指企业的消费者、供应商、经营商等外部公众对企业的认知和评价。员工对企业的了解更真实、具体，但由于员工置身于企业之中，与企业具有更密切的利益关系，因此其对企业的认知也可能注重局部而忽略整体，看重短期而忽略长期，为此，企业要加强内部沟通，使员工能够从整体、长远的角度认识自己所在的企业。同时，企业的员工也是企业最好的广告。员工的满意度和自豪感会对企业的外部公众产生情绪感染，企业可以通过口碑传播把自身积极的、正面的信息传递给外部公众，从而强化外部公众对企业的好感度和美誉度。因此，企业可以通过强化内部形象来提升外部形象。

6. 正面形象和负面形象

社会公众对企业积极、正确的评价就是企业的正面形象，社会公众对企业否定、消极甚至抵触的评价就是企业的负面形象。由于不同的公众与企业的利益关系不同，因此任何企业在同一时期的形象都有正反两个方面，既有被肯定和认同的部分，也有被否定和排斥的部分。即使对于企业某一方面的特征，也会有一部分公众持认可和支持的态度，而另一部分公众持否定和反对的态度。因此，对企业而言，一方面，要积极进行形象宣传，努力提升正面形象，使其处于主导地位；另一方面，企业要努力消除负面形象，特别是在企业出现重大形象危机时，要及时、主动地进行危机公关，避免负面形象的扩大。从一定程度上说，消除企业负面形象的工作就是提升企业正面形象的工作。

7. 直接形象和间接形象

直接形象是指公众直接体验企业的产品和服务、接触企业的生产和经营环境所形成的企业形象；而依据他人的经历或通过媒介传播等方式形成的对企业的认知和评价则是间接形象。直接形象的对象主要是企业的现实顾客。企业形象决定了顾客对企业的满意度和忠诚度。换句话说，满意的顾客是企业最好的广告。通过他们的口碑效应会影响其他潜在消费者对企业的间接形象。可见，直接形象对于企业的经营和发展具有至关重要的价值。因此，企业在采取广告等手段扩大宣传、塑造企业间接形象的同时，应特别重视企业直接形象的塑造，这对于塑造和提升企业形象具有决定性的作用。

阅读材料

消费者参观伊利工厂　见证一杯牛奶的诞生

2015 年 3 月 2 日，伊利集团邀请近百名消费者参观伊利新工业园，见证“放心牛奶”的诞生。伊利集团旨在通过举办参观活动，让消费者零距离了解牛奶的生产过程，同时也体现企业诚信经营、敢于接受监督的态度。

伊利新工业园是自动化程度高、生产规模大的液态奶生产基地之一，引进了 18 条世界上先进的生产线，日处理鲜奶 2 000 吨。不仅设备先进，而且生产过程非常严谨，从而确保伊利产品品质精良。在讲解员的带领下，消费者先后参观了超高温灭菌、灌装、包装、仓储等液态奶生产工段，零距离了解了牛奶的生产全程。

作为中国乳业的龙头企业，伊利始终坚持品质第一。为全方位确保产品质量，伊利将检测设备前置于原奶收购环节，对供应链中包括奶农、牧场、奶站、供应商、加工厂、经销商、服务商在内的所有环节实施监督，确保产品从源头到终端全程安全。仅对原奶的检测项目就达 117 项，对原奶、原辅材料、包装材料、各类产品的检测项目累计多达 899 项。

参观结束后，伊利现代化的生产技术和严格的生产工艺给参观者留下了深刻印象。内蒙古师范大学青年政治学院的王丽娟表示：“如果不是亲眼所见，根本想象不到一盒牛奶需要那么多道生产流程。通过参观，我对伊利牛奶的品质非常放心。尤其是伊利产品将为中国奥运健儿提供营养助力，更加证明其安全可靠。”

自 2005 年以来，伊利集团以总部的生产车间为依托，以生产工艺和企业文化等为资源，大力开发工业旅游项目，此后又陆续在北京、合肥、苏州等地的 20 多个工厂开展工业旅游。其中，部分工业旅游点通过国家旅游局验收，成为国家 4A 级景区。2011 年，伊利全国工业旅游点的参观人数突破百万。多年来，伊利集团严守着诚信经营的理念，以“进厂参观”为形式，接受来自四面八方的监督。

资料来源：http://news.163.com/12/0305/16/7RRJQUS800014AED.html.有删改。

三、企业形象的特征

1. 主观性和客观性

企业形象的定义表明形象源于企业的表现，具有客观性，但评价者是公众，因而又具有主观性。由于不同公众的价值观、利益取向、审美取向以及获取的企业信息往往不同，同一企业在不同公众心目中会产生有差异的形象。在人际互动中，企业的各种情况会被公众广泛知晓，不同的评价会逐渐趋同，从而使公众能对企业做出较为客观、真实的评价。

2. 整体性与多维性

企业形象是指企业的整体形象。整体形象由各子形象组成，企业在任何一方面出现失误都可能使企业形象受损。由于众多的子形象构成企业整体形象，故企业整体形象具有多维性。更为重要的是，整体形象与各子形象各具作用，其功能不能相互替代。在诸如企业综合竞争力评估中，人们关心企业各方面的情况，强调的是整体形象；不同企业之间部分形象要素一致，其他形象要素的作用就显得更加重要。各类公众都有自己独特的利益和评选方式，他们一般更关注与自身利益有密切关系的子形象或形象要素。因此，多维性不仅指影响企业整体形象的因素的多维性，还指企业各子形象的功能是多维的、各不相同的。

3. 相对稳定性与可变性

企业形象具有相对稳定性。在塑造、推广企业形象的初期，即使企业的若干形象要素十分出色，也需要一定的时间才能被公众广泛认可。形象的主客观性一旦趋于统一，相对稳定性就更为明显，企业小有疏漏一般不会危及形象，但若较大的失误持续发生，公众就会改变对企业的评价。即使企业此时醒悟并采取多种补救措施，可能也难以起到立竿见影的效果，这是形象改善的滞后效应。现代企业时刻在公众舆论的监督之下，影响甚至足以毁灭企业形象的危机时有发生。企业如果不能很好地处理发生的危机事件，则可导致形象的巨变，千辛万苦建立起来的美好形象将不复存在。美国的安然公司、南京的冠生园等都是前车之鉴。

四、企业形象的功能

1. 文化教育功能

企业形象的建立依赖于企业文化并促进企业文化建设，与企业文化关系密切。企业形象建成以后，其包含的共同的价值观和经营理念会引导新的员工认同企业的精神和文化，会巩固和强化老员工的凝聚力，使新、老员工忠诚于企业。

2. 协调功能

良好的企业形象能增强全体员工的归属感和凝聚力，以及协作意识和大局观念，使员工齐心协力，密切合作，形成强有力的团队。

3. 传播功能

企业形象是企业各种信息展示的结果，信息的统一和较强的感染力有利于企业形象的快速建立。良好的企业形象有利于企业信息更经济有效地传播，有利于企业知名度和美誉度的提高。

4. 管理功能

良好的企业形象能对企业全体员工产生约束作用，使员工自觉地对其进行维护，促使员工自觉地遵守各项规章制度，增强责任心，加强自我管理，提高工作效率。

5. 识别功能

企业形象的最基本功能是把企业自身与其他企业区别开来，使企业在公众心目中拥有独特的地位。

【案例 1-1】

改变公司名称带来的价值

英国的鲍施·洛勃公司是光学仪器制造商，而且具备制造和工程方面的优势，但其股票变动只为人数不多的分析人员所追踪，于是该公司决心变革，在收购一系列其他公司后变成一个以健康保健服务为主要业务的组织。为了改变股票分析人员的观念，公司将自己的名称改为健康保健和光学国际公司，这样，摆在分析人员面前的便是公司四个主要的盈利颇丰的领域，分别是个人健康、医疗、生物医学和光学。结果，该公司的股票价格在6个月后增长了大约40%。

资料来源：http//news. ppzw. com/article_show_1281. html. 有删改。

五、企业形象的作用

1. 企业形象的内部作用

企业形象对于企业内部主要有如下作用:①有利于塑造企业理念。企业理念是企业形象的核心和灵魂,能促进企业地位的稳固和形象的提升。②有利于增强产品的竞争力。好的企业形象有利于增强产品的影响力,塑造强势品牌,增强产品的市场竞争力。③有利于企业多元化、集团化和国际化经营。好的企业形象有利于企业进行品牌延伸和产品组合的扩大,也有利于企业进入新的经营领域和新的市场,还有利于企业实施资本扩张和资产组合,组建势力强大的企业集团,并有利于加强同国际企业的合作和进军国际市场。④有利于强化内部管理。企业形象对企业是一种约束和压力,如果不维护好形象,就会前功尽弃。企业为了维护形象,会加强对生产经营活动的管理。⑤有利于企业文化建设。企业形象能增强员工的凝聚力,鼓舞员工的士气,从而有利于企业文化的建设。⑥有利于促销。好的企业形象可以增强消费者对产品的信心,提高顾客对品牌的忠诚度,降低促销费用,有助于广告、宣传等促销活动的展开。

2. 企业形象的外部作用

企业形象对于企业外部主要有如下作用:①有利于提高企业的融资能力。良好的企业形象可以使投资者对企业产生信心,从而有利于企业进行融资,快速扩大企业的生产规模,增强企业的竞争实力。②有利于建立消费者的品牌偏好。企业形象是产品、服务、人员等形象的综合体现,良好的企业形象可以反作用于品牌形象的塑造,有利于消费者对企业的产品产生坚定的信念和品牌偏好。③有利于开展公共关系活动。良好的企业形象可以获得人们的好感和认同,在开展公共关系活动时,更能引人注意和形成对企业有利的信息传播,使公共关系活动取得更好的效果。④有利于吸引优秀人才。良好的企业形象有助于企业向公众和员工展示美好的前景,对企业充满希望和信心,由此,吸引优秀人才到企业工作。

【案例 1-2】

为求出名在飞机上撒钱

“4 月 6 日,市区主要街道上空将有飞机撒下 8 万元大礼……”——3 月中旬,湖北省十堰市主要新闻媒体均以显著篇幅或在黄金时间刊出或播发了这则内容相同的广告。广告称:“4 月 6 日中午 12 时,即将登台亮相的十堰市鑫港山庄将雇请民用飞机准时抵达十堰上空,沿人民路匀撒大礼 8 万元(面额分别为 488 元、188 元、48 元、38 元、8 元、1 元的附有鑫港山庄简介的兑奖券),敬请十堰市市民届时翘首以待,把握‘财’机!”

“飞撒 8 万元,捡到的就是钱,幸运的你,幸运的他,幸运的我!”

面对如此荒唐的广告,十堰市市民表示了强烈的愤慨。不少市民致电政府有关部门表示抗议,要求坚决予以制止。

几天后,有可靠消息称,4 月 6 日的飞机撒钱行动已不可能实施。3 月 22 日,此广告的代理商证实了上述消息。其发言人对记者说:“21 日下午,有关部门已要求停止此项活动,并要求对广告予以更正;策划此广告时,我们对市民的反应有基本的预判,但没有想到会如此强烈。”

鑫港山庄一味追求新奇性而忽视策划活动的思想性和公众的心理接受程度,最后活动因遭到公众的反对而未能实施,企业知名度提高了,美誉度却降低了。

六、塑造企业良好形象的意义

1.塑造企业良好形象是激烈市场竞争的客观要求

在21世纪,企业竞争是形象的竞争,形象是企业各种能力的综合体现,是企业制胜的法宝,是企业安身立命之本。商品力是基础,营销力是关键,形象力是核心。国际设计协会曾于1987年作过一个统计,结果显示:在企业形象上投入1美元,可以产出227美元。凡是有现代营销理念的企业都非常重视企业形象的塑造。

2.塑造企业良好形象可以吸引顾客,扩大市场和销售

形象消费是现代消费的一大特点,消费者之所以依据企业的形象来购物,主要是因为人们的收入和生活质量要求提高了,生活节奏加快了,不愿意把时间更多地消耗在商品的挑选上。所以,作为企业来讲,就要通过企业和产品形象的塑造来影响和吸引消费者,以不断扩大市场,促进产品的销售。

3.塑造企业良好形象是获取社会公众支持的手段

企业形象具有公关效应,良好的企业形象因符合人们的价值观或利益需求而有助于赢得公众的好感和支持,而公众的支持又可以促进企业的发展。

4.良好的企业形象是企业重要的无形资产

良好的企业形象可以有效地带动有形资产发挥作用。企业竞争的实力就是各种资产发挥作用的能力。企业除了要有商品力、营销力外,还要有形象力。塑造良好的企业形象有助于企业进入形象经营的境界,使营销活动取得事半功倍的效果。

第二节 企业形象策划的内涵及与相关学科的关系

一、企业形象策划的内涵

企业形象策划是指企业通过创造性思维,巧妙地利用现有可用资源,设计和传播企业特定的理念、行为和视觉特征,在社会公众中树立标准化和个性化的良好形象的决策活动。

企业形象策划要符合以下要求才能成为有效的策划。

1.要有新颖性

要有创造性思维活动产生的新奇的意境,必须塑造出企业鲜明的个性形象,做到与众不同。无论是企业的理念、精神、口号还是行为规范都要做到新颖、独特。

2.系统地整合可用的资源

无论是企业拥有的还是社会上可以利用的资源,只要对企业形象塑造有用,都要纳入形象策划系统加以统一使用,以较少的投入实现最佳的形象塑造效果。

3.要有统一性

企业形象的各个组成部分之间要协调一致,形成一个统一的标准化的形象。企业形象策划是一种战略,是企业总体战略的重要组成部分。它要与企业的其他战略相协调,要统领与形象塑造相关的一切资源和要素。

4.要有稳定性

企业形象一旦确定,就要保持长时间的稳定,不要轻易变动,因为经常变动会使企业形象模糊,不利于发挥形象的功能和作用,同时也会浪费企业的资源。

5.要有效地进行传播

形象的策划和推广实际上是信息的传播活动,企业形象能否快速地塑造,关键在于能否有效快速地把与企业形象有关的信息传播出去。所以,传播的途径要多种多样,如做公益广告、开展公共关系活动、宣传等。

6.要具有操作性

企业形象要能为顾客认同和接受,同时,开展的相关活动要符合企业实际,行之有效,可以执行和控制。

二、企业形象策划的性质

1.综合性

企业形象策划是集多门学科于一体的综合性学科,与市场营销学、美术设计、语言学、逻辑学、社会学、管理学等关系密切。

企业形象策划的理论依据是市场营销学,其目的与市场营销学完全一致,都是为了通过扩大产品销售来实现企业长期合理的经济效益。市场营销学中的公共关系和广告宣传与形象策划相互补充,相互促进。

企业形象中涉及视觉的部分(色彩、图案、线条、字形、结构等)要符合人们的审美观,要有审美价值,就要运用美学理论和知识设计出让消费者心动的产品。

企业形象中涉及文字表达的部分,如企业精神、口号、标语、广告词、品牌名称等要运用语言学的知识,以增强语言的感染力和影响力,提升语言传播效果。

企业形象策划必须进行创造性思维,思维活动离不开逻辑学知识,从概念的提炼和确定,到决策的制定和实施,都需要逻辑学的指导。

企业形象策划的创意和方案的实施,要运用到大量的社会学知识,要符合民俗风情和地域特色,否则,方案往往很难有操作性和实效性。

企业形象策划方案的实施,需要通过计划、组织、协调、控制等管理活动来加以保证。没有管理活动,就不可能顺利地形成科学、可行的方案,也不可能顺利地实施和实现预期的目标。所以,企业形象策划离不开管理学的指导。

2.实践性

企业形象策划的应用范围很广,良好的形象是任何一个单位都需要的,形象策划是任何一个单位都需要进行的策划。同时,企业形象策划的操作性很强,策划者必须有很强的动手能力和丰富的实践工作经验,所策划出来的方案必须能够加以执行和实施。

三、企业形象策划的价值

1. 企业形象策划是企业形象塑造的最高层次

一项成功的企业形象策划方案,需要有全面的市场调查资料,并能对各类信息进行科学的分析评估,从中得出合理的结论;需要运用策划人的聪明才智,提出合理、新颖、实用的企业形象设计方案;还需要有周密的安排将活动的方方面面落到实处,保证整个策划方案能按预期设计充分实施,其难度不亚于一场成功的军事战役。

2. 企业形象策划是企业形象价值的集中体现

企业形象策划最能体现企业形象传播信息、协调关系、塑造形象的作用。成功的企业形象策划能迅速地提高企业的知名度。在企业的危难之际，能够挽救企业。

3. 企业形象策划是企业形象运作中的飞跃

企业形象运作应该像演奏交响乐，有起有伏有高潮，通过一些典型策划在公众（包括企业内部公众）心目中引起震荡，产生高潮，使企业形象上一个新台阶，产生一种巨大的飞跃，从而统率企业形象的运作。

4. 企业形象策划是建立企业品牌和赢得竞争的法宝

现代企业的竞争已经从产品竞争发展到企业综合实力竞争，其内涵更深刻，手段更高明。表现为信誉竞争、形象竞争，哪个企业形象策划得好，哪个企业就能树立更好的形象，就能赢得公众，赢得效益，赢得发展。

【案例 1-3】

两大可乐明枪暗箭企业形象战

可口可乐诞生 100 多年来，从美国本土逐渐扩展到世界 160 多个国家和地区，成为全球最流行的饮料。它的强劲对手是美国另一个饮料公司——百事可乐。为了在竞争中压倒对手，保持饮料的霸主地位，可口可乐公司曾经导演了一场出人意料的好戏。

那是在 1985 年可口可乐面世 99 载之际，4 月份，公司总部郑重其事地宣布，可口可乐将改变沿用了 99 年的配方，采用刚刚研制出来的新配方生产可口可乐，并充满信心地声称，要以新的配方创造可口可乐在世界饮料行业中的新纪录。此言一出，立刻成了当时轰动美国的一条新闻，各大新闻媒体纷纷加以报道，一时间，引得世人瞩目。

可口可乐公司为了迅速推出新配方可口可乐，连夜赶工。然而，当新产品上市后，却引起了一场轩然大波。数不清的抗议信飞到了公司的办公室，据说公司每天接到的有关抱怨和反对的电话达 1 500 通之多，甚至一些老牌可口可乐的嗜饮者还举行了集会示威，以表抗议。见此情景，可口可乐的竞争对手——百事可乐自然欣喜若狂，趁机大做广告，拉拢顾客。可口可乐公司却不动声色。

临近可口可乐诞生 100 周年时，抗议浪潮达到高峰。这时，时机成熟，可口可乐公司的董事长突然出面向各界宣布，为了尊重老顾客的意见，公司决定恢复生产老配方的可口可乐，同时改称“古典可口可乐”，考虑到新一代消费者的需要，新配方的可口可乐并不取消，两种类型的可口可乐同时生产供应市场。这一下，可口可乐又成为焦点，加上正值可口可乐 100 周年大庆，美国各地消费者奔走相告。顿时，新、老可口可乐的销售量比上年同期上升 8%，公司股票每股上涨 2.57 美元，百事可乐的股票则下跌了 0.05 美元。

原来这是可口可乐精心策划的一场引火烧身式的竞争。百事可乐当然不会善罢甘休。趁 1993 年重返印度之机，两大可乐又表演了一场斗智斗法的擂台赛。

可口可乐公司先声夺人，在印度的各主要新闻媒体上大做广告，新德里主要街道的醒目处都可以看到可口可乐的广告宣传。在产品正式上市那天，用几十辆装满瓶装可乐的运输车在新德里大街上列队行进，吸引了众多市民驻足观望。在可口可乐大肆宣扬之际，新德里发生了一件怪事：6 月 1 日清晨，人们突然发现，新德里主要街道上百事可乐的绝大部分广告牌一夜之间被人涂上了黑色。百事可乐对此提出强烈抗议，要求印度警方查明此事，并声称要诉诸法律。事情发生后,可口可乐的公众形象受到影响,因为人们很容易地猜测:这多半是可口可乐干的。面对这种跳进黄河也洗不清的窘境,可口可乐公司马上发表声明称与此事无关,并说可口可乐公司向来主张公平竞争,绝不会做这种事。在百事可乐的强烈要求下,新德里警方对此事进行了调查,但查无实据,百事公司只好作罢。

四、企业形象策划与相关学科的关系

企业形象策划与市场营销、企业文化建设、公共关系、广告、宣传等有着密切的联系,做好形象策划,要处理好与这些学科和活动的关系。

(一)企业形象策划与市场营销的关系

市场营销是企业创造和满足消费者需求,塑造良好的企业形象,以获取长期合理利润的全部经济活动。它包括企业的内部活动和外部活动。从企业内部来看,企业的一切内部活动都是为了向消费者提供适销对路的能让消费者满意的产品和服务。企业全体员工对企业形象的评价和认同,会直接影响员工的工作和服务质量,从而影响向顾客所提供的产品和服务的质量以及顾客的满意度、企业的外部形象和企业的前途命运。企业的外部活动是指企业为促进产品销售而对消费者的心理和行为施加影响的一切活动,除了各种促销手段的运用之外,企业外部形象塑造也是一项重要内容。企业外部形象策划针对的不只是企业的顾客,还包括更多的与企业利益密切相关的关联者,如政府、融资者、新闻媒体等。企业在公众中的形象,会影响消费者对企业的印象和评价,从而影响消费者对企业产品和服务的态度和选择。形象营销已经成为企业的重要营销理念,是企业塑造形象的主要手段。形象营销是以企业形象塑造为核心,以形象力来实现企业营销目标的营销活动。企业开展形象营销的主要途径有:确立正确的经营理念;导入企业形象识别系统;利用新闻宣传、事件、名人、公益活动、形象广告、企业文化等树立企业良好形象;生产优质产品,提供优质服务。

可见,企业形象策划与市场营销关系密切,通过企业形象的塑造,可以配合企业的其他促销手段来实现高效的营销。

(二)企业形象策划与企业文化建设的关系

企业形象包含着丰富的内容,企业文化也是其中的一项。企业文化是企业全体员工在长期的生产经营活动过程中形成的共同的思想观念、价值取向、行为准则和行为方式的总和。企业进行文化建设,可以提高员工的素质,增强员工对企业的忠诚意识和对外的亲和力,促进企业的快速成长和发展。

企业形象策划与企业文化建设具有相同的目标和功能,都能增强员工的凝聚力和团结协作精神,都能规范和改善员工的行为,提高员工的工作效率和积极性,提高管理的效率和效益。企业形象策划主要是对外的行为,而企业文化建设主要是对内的行为。企业形象策划的工作内容主要是对外形象的展示,企业文化建设的主要内容是内部员工积极性的激励和团队精神的培育与建设。虽然两者的工作范围与内容有所不同,但它们都有培育企业精神、塑造共同的价值观念、遵守共同的行为规范的内容。

具体来讲,它们有以下共同的内容:一是经营理念。它是企业形象的灵魂,是企业文化建设的核心。二是企业制度和员工行为规范。企业形象策划要进行行为策划,而企业文化建设要求员工的行为方式和准则必须是统一的。三是企业和员工的精神面貌。企业形象策划需要设计和塑造企业的视觉识别系统,同时,企业和员工的良好精神面貌也是企业文化建设所要追求的结果。

因此，可以说，企业形象策划与企业文化建设之间能起到相互促进的作用。企业形象策划依赖于企业文化建设，企业文化建设也离不开企业形象策划的支持和配合。

（三）企业形象策划与公共关系的关系

企业形象策划与公共关系的关系非常密切，因为它们的目标都是树立良好的企业形象。

公共关系是社会组织通过与公众的沟通，树立良好的组织形象，获取公众的理解和支持的信息传播活动。对于企业来讲，通过公共关系活动的开展，面对社会公众，以获得美誉为目标，真诚地与公众沟通，可以使公众对企业产生好的评价和印象。

公共关系与企业形象策划在塑造良好企业形象时的侧重点有所不同。企业形象策划是一种战略，是将企业理念、企业行为（包含公共关系行为）和企业视觉统一起来，通过整合企业的经营管理资源来树立企业形象；公共关系强调通过传播社会公众所关心的内容，加强与社会公众的双向沟通，取得公众的理解、支持与合作，来树立企业的形象。虽然它们的工作侧重点与方式不同，但是它们都能够通过塑造良好形象，达到促进产品销售，顺利实现营销目标的目的。

（四）企业形象策划与广告的关系

广义的广告是广泛告知公众某种事物或信息的一种宣传活动。狭义的广告是为了促进产品销售，通过传播媒体向目标顾客传播销售信息的活动。企业形象策划的目标是塑造企业良好的形象，而广告的目的是促进产品的销售。广告的对象是目标顾客，企业开展形象策划活动时的影响对象除了目标顾客之外，还有企业内部员工、社会公众。这是企业形象策划与广告的不同之处。但是，两者也有密切的关系。广告有提高企业知名度、宣传企业经营理念、塑造企业形象的作用，如公益广告、公共关系广告（解释广告、致意广告、倡议广告等）、企业广告（宣传性广告、声誉广告、售后服务广告）等。两者的最终目的都是促进产品的销售。所以，企业在进行形象策划时，要考虑与广告的配合；在做广告时，要考虑对企业形象塑造支持作用的发挥。

（五）企业形象策划与宣传的关系

企业形象策划与宣传有着非常密切的关系，宣传是企业形象的重要支撑因素。

美国市场营销协会对宣传下的定义是：宣传是指发起者无须花钱，在某种出版媒体上发布重要新闻，或者在广播、电视中和银幕、舞台上获得有利的报道、展示、演出，用这种非人员形式来刺激目标顾客对某种产品、服务或商业单位的需求。这个定义强调，宣传是利用非人员信息的传播对目标顾客实施影响，使顾客对宣传者的产品和服务产生需求，并没有反映宣传的核心内涵和特征。乔治·布莱克对宣传下的定义是：宣传是企业为实现销售指标，在所有媒体上免费获得编排的版面和播放时间，供企业或潜在顾客读、看、听的各种活动。这个定义是一种从企业产品销售的角度对宣传下的表面的、狭义的定义。从广义上来理解，宣传是指持有一定立场和观点的人，通过大众传播媒体公布自己的主张，以谋求公众支持的信息传播活动。宣传的基本内涵是通过信息传播使被影响者的价值观和态度发生对宣传者有利的变化，它可以使公众（包含目标消费者）认同和接受宣传者的观点和主张，从而有利于宣传者目标的实现。其特征有：一是高度的真实感，可信度高，有利于公众快速形成对宣传者正确、好的评价。二是不易受人抵制。它不像其他促销方式会给顾客施加心理压力，让顾客反感。企业通过宣传，能使公众和顾客在潜移默化中对企业产生好感，从而有利于产品的销售。

宣传可以提高企业的知名度,可以塑造新的品牌、启动新的市场,可以改善和巩固企业的形象,可以增强消费者对企业的信心和兴趣。宣传对企业形象的策划和塑造能起到促进作用。

第三节 企业形象策划的发展历程

一、企业形象策划的产生与发展

CIS 在企业的应用最早起源于第一次世界大战前德国的“AEG”电器公司。20 世纪 50 年代,欧美发达国家的企业纷纷导入 CIS。20 世纪 60 年代末 CIS 传入日本后经过改进,发展成为一个系统化的工程。中国于 20 世纪 80 年代末期引入 CIS,先是作为理论引入高校,1988 年广东太阳神集团有限公司率先系统导入 CIS 战略,取得了巨大的经济和社会效益,点燃了中国企业引入 CIS 之火。随着市场经济的不断发展,CIS 在全国形成热潮,企业形象的塑造被提升到了企业发展战略的高度。

【案例 1-4】

国际商业机器公司成功导入 CIS

1956 年,美国计算机巨人——国际商业机器公司的总裁小汤姆斯提出,公司有必要在世界电子计算机行业中树立起一个引人注目的形象,且这一形象要涵盖公司的经营理念,即开拓精神和创造精神,以有利于市场竞争,使公司立于世界大企业之列。于是,他聘请著名设计师保罗·兰德担任公司的设计顾问。保罗·兰德借鉴历史上统一识别的经验,认为应该有意识地选取一个能在消费者心目中留下难忘记忆的形象标记,这一标记能体现公司的开拓精神、创造精神和独特个性。于是,他把公司的全称“INTERNATIONAL BUSINESS MACHINES”浓缩为“IBM”,并创造出富有美感的造型,如图1-1 所示。

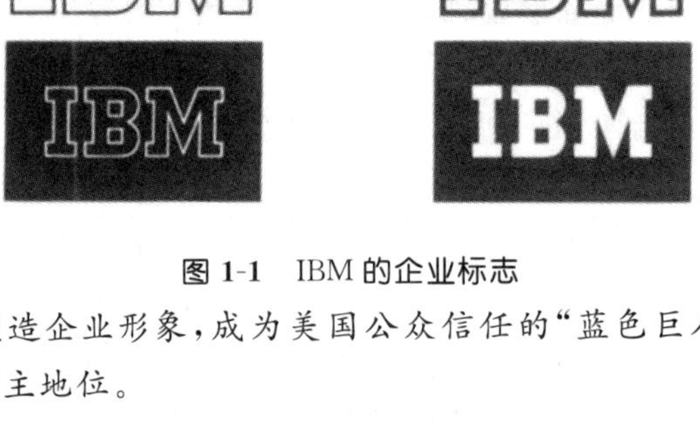

图 1-1　IBM 的企业标志

IBM 通过设计和塑造企业形象,成为美国公众信任的“蓝色巨人”,并在美国计算机行业占据了非常显赫的霸主地位。

IBM 导入 CIS 取得成功之后，美国其他的许多公司纷纷效仿，如西屋电气公司、明尼苏达矿务及制造业公司、克莱斯勒汽车公司等，它们导入 CIS 后经营绩效纷纷刷新，如克莱斯勒汽车公司于 20 世纪 60 年代初导入 CIS 后市场占有率提高了 18%。

20 世纪 50 年代是 CIS 的创立阶段。在这一阶段，还没有形成系统的理论。20 世纪 60 年代，设计人员沃森·马格里斯正式提出“CIS”这个术语，企业的标识设计从此不再被看作单纯的工艺美术创作，而成为统一企业形象、表达企业精神的经营战略的一部分。自此，CIS 理论开始不断丰富和发展。

20 世纪 60 年代末期，CIS 开始传入日本。日本企业家在导入 CIS 的过程中注意到，仅仅在商标的视觉效果上动脑筋，似乎无法达到预期的目标。因为他们在实践中感到，要树立良好的企业形象，不仅要加深对企业的认识程度，更主要的是要让广大消费者对企业产生好感和信赖。作为企业，不仅要在视觉上下功夫，还必须树立正确的经营观念并提供优质的服务。于是，日本的 CIS 策划者和部分企业联手，共同对 CIS 策划的指导思想进行了创造性的补充和完善，将美国创造的 CIS 与富有日本特色的“企业家”的文化理念相结合，创造出了富有日本民族特性的 CIS。日本对 CIS 的理解是：CIS 是一种科学地建立和明确地认知企业理念与企业文化的活动。图1-2是日本第一劝业银行的企业标志，该标志体现了企业理念——爱心。

图 1-2　日本第一劝业银行的企业标志

日本的 CIS 以视觉识别和行为识别来反映企业理念和企业文化，是一种视觉表情、行为规范和企业理念相统一的 CIS 战略，反映了企业塑造整体形象的要求。这在很大程度上扩大了 CIS 的使用范围，提高了其使用价值，使更多的企业将 CIS 战略视为基本的经营战略。日本对美国的 CIS 进行了发展，使其更为系统、更为完善、更为有效。

20 世纪 70 年代是世界范围内运用 CIS 的全盛时期。1970 年，有“美国国民共有的财产”之称的可口可乐公司(Coca-Cola)展开了 CIS 的全面行动，革新了世界各地的可口可乐标志，带来了视觉形象的强烈冲击，令人耳目一新。公司在 CIS 市场调查、研究发展、宣传教育、组织管理等过程中花费了大量人力、物力、财力，取得了令人瞩目的市场占有率，通过 CIS 树立的良好企业形象是其无价的财富。

从此，世界各地掀起了 CIS 的热潮。

CIS 进入我国是在 20 世纪 80 年代中后期。最早接受 CIS 理论的是美术院校。1984 年，浙江美术学院从日本引进一套 CIS 资料，作为教材在校内进行教学使用。

1988 年，广东太阳神集团有限公司委托广东新境界设计公司总体策划、设计并导入了 CIS。广东太阳神集团有限公司一开始就实施企业名称、商标、产品名称三位一体的企业形象策略。其商标的图案以简练、对比强烈的圆形与三角形构成。圆形是太阳的象征，三角形的放置呈向上趋势，形状类似“APOLLO”的首写字母“A”，象征“人”字的造型，体现企业不甘于现状、奋发向上的整体状态，如图 1-3 所示。公司在推进 CIS 的过程中还进行了大量卓有成效的公关活动，如通过赞助教育、文化、体育事业等活动来宣传独特的企业文化等，迅速提高了企业的知名度，在全国公众心目中树立了良好的企业形象，赢得了消费者的信任，以惊人的速度占领了市场。公司在短短的几年内由一个普通的专业厂发展成为产品多元化、经营多角化的跨国企业集团。

图 1-3　太阳神的标志

广东太阳神集团有限公司成功导入 CIS 的案例，被理论界称赞为“中国特色的 CIS 经典”，开创了我国企业导入 CIS 之先河。

在广东太阳神集团有限公司导入 CIS 取得巨大成功之后，健力宝集团公司、三九集团、李宁运动服装有限公司、浪奇实业有限公司、神州燃气具联合实业公司、南方深圳实业公司、白云山制药厂等一大批企业均得益于 CIS 而崛起。

二、企业形象策划兴起的原因

（一）企业形象策划在美国兴起的原因

企业形象策划首先在美国兴起有其特殊的时代背景、文化因素和社会经济环境。

1. 企业多角化、集团化、国际化经营的需要

20 世纪 50 年代，美国经济高速发展，新企业纷纷成立，企业竞争日趋激烈，许多企业开始多角化、集团化、国际化经营。这就迫切要求有一套相应的、系统的企业形象塑造方法，体现企业统一的经营思想和经营作风，在公众面前制造视觉冲击和识别差异，从而以统一而独特的企业形象来提高其市场竞争力。

2. 车辆文化的社会背景

美国的交通在 20 世纪 50 年代得到大力发展，私人车辆开始普及。交通的发达带来服务业的发展，加油站、餐厅、小吃店、旅社、停车场、饮料店等应运而生。为了吸引顾客，需要店铺设计简洁明了的招牌，采用统一的建筑风格、标志、标准字、标准色等视觉符号。这些醒目的图案设计会产生视觉上的冲击力，使在急速行驶的车辆上的人们容易识别、记忆。例如，加油站红、蓝并用的招牌，可口可乐的红色招牌，麦当劳、肯德基、假日饭店的连锁店在建筑、招牌、广告、标志上的统一设计等，都是在这个过程中产生的。

3. 为了提高广告的感染力和冲击力

20 世纪 50 年代，随着美国经济的发展，广告业也得到了快速的发展。广告极大地促进了企业的市场营销，使得企业主动寻求更加有效的刺激手段和传播方式，用以提高广告的感染力和冲击力。CIS 由于可以体现企业整体形象，而且简洁明了、信息量大，成为广告战略的重要组成部分。

4. 工业设计学的兴起

工业设计是随着 17 世纪开始的欧洲工业革命的出现而兴起的。19 世纪后期，德国留英官员 H. 穆特修斯组织了德意志制造同盟，将资本家、企业经理、生产者、建筑师、艺术家组织在一起，通过设计，提高工业产品的质量，将生产、消费、投资、设计统一在一个有机的系

统中,使近代设计运动真正走上了轨道。1919年,德国建立了一所培养建筑和工业设计人才的设计学校——包豪斯设计学院,这是工业设计在欧洲得以确立的标志。第二次世界大战后,工业设计学传入美国。美国企业提出"以设计促销售",工业设计在制作高质量的批量产品过程中的作用明显增强,成为扩大销售和提高产品竞争力的手段。工业设计学的兴起,为CIS的设计提供了方法,促进了CIS的产生和发展。

(二)企业形象策划在日本兴起的原因

自20世纪70年代,日本经济发展迅速,产品不断丰富,日本企业开始认识到,只有突出企业和产品的个性,才能在市场竞争中取胜,于是日本企业界掀起了CIS热潮。具体来说,CIS在日本兴起有以下三方面原因。

1.改变旧形象的需要

日本有许多具有悠久历史的百年老店。这些企业有信誉保证但过于保守,给人以陈腐老旧的印象,成为开拓、创新的障碍,已经不能适应变化了的市场需要。为塑造新的企业形象,它们不得不导入CIS。

2.竞争的需要

随着产品的大量生产,日本国内市场渐趋饱和。日本的大企业开始向国际市场进军。在技术条件有限、生产规模不大的情况下,市场竞争的焦点一般集中在价格上。但是随着生产规模的不断扩大,产品价格之间的差距日益缩小。在这种情况下,企业要在竞争中取胜,就得树立良好的企业形象。特别是在步入国际市场时,企业形象与产品销售和市场占有率有直接关系。

3.消费者识别的需要

大多数企业在规模扩大以后,一般都实施多角化经营战略,有关的系列产品日益增多。在导入CIS之前,消费者只能识别企业原有的产品和服务,一些新产品和服务无法得到消费者的重视。实施CIS以后,企业特别强调企业标志和商品标志的统一、企业名称和商品名称的统一,这样就大大方便了消费者的识别,从而最终实现扩大销售的目的。

表1-1是日本部分公司导入CIS后第二年的销售情况表。

表1-1 日本部分公司导入CIS后第二年的销售情况表

公司名称	推行CIS的时间	销售增长率(%)	利润增长率(%)
美津浓	1980年6月	13.5	17.1
伊势丹	1975年9月	−8.4	7.0
华歌尔	1979年11月	40.6	14.2
共立	1979年5月	46.2	17.9
富士	1979年12月	44.4	29.6
美能达	1981年12月	6.8	14.4

(三)企业形象策划在中国兴起的原因

企业形象策划在中国的兴起主要有以下原因:

1.适应市场经济的需要

市场竞争日益加剧,为了在竞争中取胜,企业迫切需要提高经营管理水平,开发设计出名牌产品打入市场。

2. 消费者识别的需要

由于市场管理法规的不健全,市场中存在假冒伪劣现象。为了让消费者辨明真伪,维护企业及其产品的信誉,企业迫切需要建立自己的识别系统。

3. 居民消费行为变化的需要

随着生活水平的不断提高,居民的消费行为也由"量的消费"向"质的消费"转变,对企业产品的品质、广告、包装、形状设计等的审美能力日益增强。

4. 企业改革的需要

为推动企业进入市场,增强企业活力,提高企业经济效益,必须建立社会主义市场经济体制,不断进行企业改革,真正建立现代企业制度。从 1979 年开始,国有企业改革逐步启动,并先后经过了扩大企业经营自主权、推行承包经营责任制、抓大放小、实行股份制等阶段。用 CIS 去创建名牌产品和名牌企业,不失为提高企业整体竞争实力的有力武器。

5. 参与国际化经营和世界市场激烈竞争的需要

加入世界贸易组织后,中国企业面对的是国际化经营和世界市场激烈竞争的局面。企业除注意提高产品质量外,还必须在创建名牌产品、塑造产品形象上狠下功夫。

综上所述,尽管 CIS 在各国兴起的原因各不相同,但其实质是一致的。

CIS 战略塑造的是企业的整体形象。企业整体形象战略实质上是体现企业差别化经营的一种战略。CIS 不仅是企业标识系统的设计,而且是企业整体形象的设计,是包括企业经营目标、社会地位、内部管理等在内的总体形象设计。企业进行整体形象设计的目的在于实现企业的自我认识和向社会的自我介绍,以营造最好的经营环境,并以此作为长期争夺市场的战略武器。

三、中国企业导入 CIS 的模式与问题

(一)中国企业导入 CIS 的模式

企业必须根据自身的现状来确定导入 CIS 的不同模式。一般而言,中国企业导入 CIS 的模式主要有三种:

1. 预备性 CIS 导入模式

该模式是针对新建的企业而言的,指在筹划新企业时,同时对企业的未来形象及企业文化进行有目的的设计和策划,包括对企业经营思想、口号、信条、标志、吉祥物、标准色、标准字体、企业形象的社会定位、战略选择、计划实施方案、管理办法以及应用系统的设计与策划等。我国 20 世纪 80 年代后期到 90 年代初涌现的新型企业,如广东太阳神集团有限公司、海南新能源股份有限公司、国邦企业股份有限公司、第一投资公司等都是在建立初期通过企业形象策划与设计给人以全新面貌的典型。

2. 扩张性 CIS 导入模式

该模式是指企业在成长过程中为了实现资本扩张,把企业带进新的高一级的发展阶段而导入 CIS 的模式。它是对企业革新换面、脱胎换骨的改造。这时的企业形象策划应该立足于企业原有的基础,着眼于发展层次和境界,对企业形象进行完全创新性的策划。

3. 拯救性 CIS 导入模式

该模式也称医疗性 CIS 导入模式。对于众多传统型企业来说,为了重塑形象,改变旧貌,不得不重新调整经营理念、经营行为、经营者的视觉形象,以通过 CIS 的导入维持企业

的生存与发展。

拯救性CIS的实施比预备性CIS的实施更显困难。因为拯救性CIS导入既要创立新的形象，又要吸收原有基础中的精华，有一个对传统形象进行甄别、分析、摄取和扬弃的改造过程。而在对原有基础进行改造的过程中常常会遇到巨大的阻力，这种来自旧传统的阻力对新形象的树立所起的负效应不能低估。因此，拯救性CIS导入将伴随着企业管理体制、组织机构的一系列改革。

（二）中国企业导入CIS存在的问题及对策

1. CIS的基本特征

为了说明中国企业导入CIS存在的问题，应先了解CIS的基本特征，即战略性、系统性、差异性、竞争性。

（1）战略性。导入CIS是对企业理念、行为方式和视觉表现进行统一设计和传播，塑造出富有个性的企业形象以增强竞争力的现代经营战略，是作为一项长远战略来实施的。必须站在全局的长远目标上考虑，在企业各个方面表现出一定的超前性；当企业的战略目标与近期或眼前利益发生矛盾和冲突的时候，应着重于长远利益，不为眼前利益所迷惑，甚至要为长远利益舍弃眼前利益；当企业形象价值与经济利益发生不可调和的矛盾时，应把企业形象价值摆在第一位，即使暂时牺牲经济效益也应维护形象价值；导入CIS有一定的周期性，时间上或长或短，这是由企业发展的实际情况决定的。社会发展及市场的不断变化使得一项CIS策划经过若干个周期后会显得陈旧、落伍而需要及时调整、改良和创新。

（2）系统性。企业形象策划是涵盖企业各个方面的系统工程，要求各个方面都应在企业精神、文化、宗旨的指导下规范性地实施，由此所树立的企业形象才能成为包含企业哲学、经营和美学理念的综合符号系统。

（3）差异性。差异性就是个性，创造差异是CIS的生命。理念雷同、标志形象概念模糊、不便识别和记忆等都是CIS的大忌。CIS策略归根结底是一种差异化战略，不论是企业风格、管理制度、经营策略、行为规范还是企业名称、品牌、广告、标识、口号等，在实施时都应刻意体现出鲜明的特色、区别度和易识别性。特别是在当今许多企业产品间的竞争实力已难分伯仲之时，这种差异性就更显重要了。这种“既要大众认同，更要与众不同”的差异化设计理念同样应贯穿于产品的整个研发设计过程中。

（4）竞争性。CIS导入应立足于为企业竞争奠定坚实的基础，使企业能够适应复杂多变、日趋激烈的市场环境。

2. 中国企业导入CIS存在的问题

尽管我国企业导入CIS已近40年，但不少企业实施CIS依然存在“引进而不消化”的现象。有些企业导入CIS后甚至出现了举步维艰的情况。由于缺乏科学、系统的企业形象理论的正确指导，一些形象设计策划公司在专业人员严重匮乏的情况下就承担设计策划任务；一些企业在对企业形象还缺乏全面了解和掌握的情况下便盲目导入，重规划而轻调查，重设计而轻实施，重形式而轻内容等。

（1）观念问题。很多企业导入CIS后效果不佳，表面上看是缺少必要的投资预算，经费没有保障，致使广告宣传、形象传播成了无源之水，但这个问题的背后暴露的是经营者的观念问题。

多数企业经营者将企业形象的费用支出单纯地看成“开销”“花费”，而不将其作为“长远的投资”,这种错误观念是造成CIS导入企业后没有产生实际效果的根本原因。

CIS投入后的回报是需要一定时间才能获得的。但企业经营者们大多急功近利,以为形象效益同经济效益一样可直接量化核算,指望能像销售产品一样马上回收利润,很少能以战略家的长远眼光、气度和胸怀来看待CIS整个过程的执行与最终受益。事实上,形象效益累积转化的经济效益是呈几何级数增长的,且这样的增长很有可能是难以直观预见的。据统计,CIS的投入产出比高达1∶227。当初,广东太阳神集团有限公司导入CIS后,4年间的销售收入由500多万元上升至12亿元,其投入产出比高达1∶240也说明了这一事实。

(2)CIS支出不足,设计水准不高,个性不突出。很多企业导入CIS最关注的是报价。当自己还不明确需要做什么、具体做哪些项目、能够达到什么样的效果时就急切地想知道花费需多少,一心只想少支出。或者委托小公司制作,结果得到的必然是平庸的、毫无个性的设计策划。这类“营养不良”的CIS由于缺乏必要的资金而难免粗制滥造,缺乏个性,缺少形象张力,不仅起不到突显产品、品牌与公司形象的作用,与优秀公司的企业形象相比,反而相形见绌,造成负面效应。

(3)领导经营理论知识落后,员工CIS理论知识模糊。很多私营企业的管理者观念陈旧,对CIS的了解仅限于“CIS是有用的市场法宝”,对“企业为什么要做CIS策划?具体怎么做?”知之甚少。诸如“把标志设计得漂亮一点就行了”“CIS就是包装,是包装就免不了做些夸大优势、掩饰不足之事”等这样的认识在企业中还较为普遍。这种对CIS的曲解成了CIS策划的大敌。

(4)管理组织不健全,缺乏专业人才。许多中小企业都存在这种情况。虽然花巨资请设计公司为自己设计了一整套CIS计划,却未出台真正能执行的步骤和计划;或是没有设置CIS管理部门,没有确定专职的人员负责这类事务。企业形象手册最后只能“束之高阁”,或仅是简单而草率地在视觉传播上应用一些而已,因此收效甚微。

(5)CIS具体实施方法不当,理念、行为尤其欠缺。一些企业推行CIS策略缺少循序渐进的步骤,忽略了核心理念识别系统(MIS)的统领作用。管理者只注重视觉识别系统(VIS)的导入,造成企业员工不能深刻理解MIS的内涵,不能充分认识到企业形象推行的全面性和“塑造优良企业形象是全体成员的事”的道理,结果也就不能充分调动全体员工参与BIS实施的积极性和主动性。所实施的CIS计划,实际上就是简单地将标识通过宣传、广告等传播出去,并未深入到企业形象的精髓,致使执行效果空有一个标志,理念和活动几乎处于空洞的状态,造成公司形象有“形”而无“神”,根本无法体现出企业的文化、精神和理念。

所以,企业要想在导入CIS后取得较好的效果,不但要注重CIS策划本身的质量,而且要理性地认识企业的发展问题、投资观念、组织保障、具体操作方法以及实施力度、员工动员等。

3.解决CIS存在问题的对策

针对上述问题,可以从以下几个方面来努力解决和完善:

(1)要在可靠的产品质量和服务的基础上导入CIS。产品质量如果出现问题,不仅会给消费者带来直接损失,而且会给企业的形象带来严重的损害。现代意义上的产品包括了核心产品(产品的基本功能)、有形产品(质量、包装、品牌、特色等)和附加产品(提供信贷、交货及时性、安装使用方便性及售前售后服务等)三大层次。企业的首要任务仍是一如既往地追求产品质量的提升,做好产品识别系统(Product Identity System,简称PIS)的推广。良好产品形象的塑造着眼于产品终端的表现力,以视觉最大化的方式呈现出产品系列、整体的风貌,而且应更注重对上市产品的跟踪服务。它能最大限度地配合企业形象,以保证企业有明确的市场方向,变偶然购买为长期购买,变潜在消费为实际消费。这样一个完整建立在科学体系上的产品形象概念才可能获得更大的市场。

(2)企业应充分重视对企业形象问题的诊断。企业形象策划本身就带有变革的性质,因此对现有的劣势企业不能回避、轻视,而应当认真对待、深入分析,并找出原因,借 CIS 实施的契机完善企业的不足。这就要求企业进行全方位的企业形象问题的诊断,只有在此基础上才有可能制订出实事求是的企业形象策划书。诊断时应遵循以下原则:①客观性原则。依据企业现状,坚持实事求是的态度,避免主观臆断。尤其是企业管理者应该正视现有的问题,既不过高估计优势而看不到潜在的危机,又不夸大劣势而失去信心。②系统性原则。进行全方位的诊断:纵向诊断上需注意企业过去、现状的比较,并考虑到以后发展的方向;横向诊断上涉及管理、研发、生产、营销等诸多方面,应注意吸取同行业企业的经验和教训。③效率性原则。诊断力求快速、准确,且不影响企业的日常运作。④双向性原则。企业员工需密切配合诊断者,保证诊断过程的顺利进行。

(3)导入 CIS 是整个企业的形象塑造活动,必须有全体员工的积极参与,才能达到对内提高企业全员素质、对外展现优良企业形象的目的。要保持一个企业的生命力和活力,最基本的一条就是企业所有员工都能够畅所欲言。因此,调查并了解企业员工对公司形象现状的看法和对未来形象的期望,在 CIS 整个过程中都是必要的。首先,需要对员工进行必要的宣传教育,激发大家关注、参与实施企业形象策划的热情和信心。其次,可根据实际情况采取一些生动、形象的具体措施来吸引员工,为他们的参与提供便利。例如,可定期发布公司内部 CIS 执行的动态新闻;征集员工对目前 CIS 活动的看法、批评和建议;在进行公司名称确定、企业理念和发展战略制定、标志和广告语设计创作的过程中还可举办广泛的征集和评议活动。这些都是调动员工积极主动参加 CIS 实施的好方式,既听取了来自不同层面、不同方向的意见和改进措施,真正实现了全员参与,又进一步扩大了活动的影响范围,培养了员工的主人翁精神。

(4)注重并处理好 CIS 战略与企业文化建设的关系。企业文化是指企业全体员工在长期的创业和发展过程中形成并共同遵守的最高目标、价值标准、基本信念及行为规范。当初日本在引进欧美"视觉型 CIS"的时候就注意到了它的局限性,于是创造性地在企业经营理念和文化建设上下功夫,注入东方民族的人文思想和精神理念,由此发展成日本独特的"文化型 CIS",将 CIS 战略向前推进了一大步。金利来公司在市场经营策略中将减价促销列为下策,将广告促销列为中策,而将文化的、形象的、情感的营销列为上策。因为减价甩卖在生产者、经销商与消费者之中必有一伤,广告促销虽能提高销售业绩,但只能吸引消费者产生短期的购买行为,唯有文化营销才能从内在情感与消费观念上征服消费者,长久地赢得消费者。金利来的文化根基中深深打上了"勤、俭、诚、信"的中华民族优秀传统文化的烙印。它在一种文化营销、形象营销、情感营销的层面上,通过不断提升企业和产品的优良形象、文化品位以产生亲和力,赢得消费者的认同感,进而获得促销商品、开拓市场空间的效果。在越来越激烈的市场竞争中,企业应改变将自己视为一种"经济实体"的经营观念,逐步向"经济文化型实体"转型。企业文化应该与产品文化、品牌文化融为一体,同 CIS 战略融为一体,以显示出营销的价值和独特的个性。

(5)注重顾客满意与CIS的相互结合。顾客满意,英文为Customer Satisfaction,简称CS。CS的基本指导思想是:企业的整个经营活动要以顾客满意度为指针,要从顾客的角度,用顾客的观点而不是从企业自身的利益和观点来分析顾客的需求,尽可能尊重和维护顾客的利益。这里的"顾客",不仅指企业产品销售和服务的对象,而且指企业经营活动中不可缺少的合作伙伴。CS从"请顾客注意"转向于"请注意顾客",在企业个性因素中整合消费者的共性,以顾客为中心的价值取向弥补了CIS以企业为中心的价值取向的不足,可以说是对CIS战略的根本性修正。因此,企业必须协调好二者的关系,使之相辅相成,为企业所用。

(6)企业形象要努力同国际化接轨,形成中国式CIS的发展模式。设计界认为:企业理念应贴近"心灵",要从管理哲学的高度提出个性化的企业理念;行为识别、视觉识别要在标准化的基础上,根据所在市场的文化背景作不同的变化。中国企业在导入CIS的过程中,只有实现与本民族文化的有机结合,才能增强CIS的民族化和个性化特征,达到内可以"聚"、外可以"昭"的最佳境界。因此,在CIS设计中,不仅理念识别、行为识别要体现民族文化的个性,视觉传达设计也应切合民族的心理、情趣、习惯和审美价值取向,同时还要注重融入具有"后现代"特点的语言,取他人之精华以弥补自身之不足。只有这样,中国式的CIS才会为中国广大公众所认同,才会为世界所接受。因为"越是民族化,就越是国际化"。

总的来说,我们在引进、借鉴国外CIS的理论和实践经验时,必须善于吸收、消化和创新,不断从失败中总结经验教训,把中国传统文化的精髓、现代商品经济的观念及现代企业先进的管理方法互相融合,努力创造充分洋溢着时代气息的中国式的CIS和企业文化氛围。只有这样,CIS才能真正在中国茁壮成长并逐步显示出巨大的能量。

第四节　企业形象评价与管理

一、企业形象评价

企业形象的塑造与维护管理必须建立在企业形象评价的基础之上,只有对企业形象做出正确的、客观的评价,才能改善企业形象的管理效果,顺利实现企业的形象策划目标。

(一)企业形象评价的程序

第一步,明确评价目的。

第二步,确定评价对象。

第三步,建立评价组织,明确评价人员的职责。

第四步,做好评价前的准备,拟定评价方案。

第五步,进行形象调查和数据分析。

第六步,写出调查评价结论。

(二)企业形象评价的指标

评价企业形象的指标很多,从大的方面来看主要有以下几个方面:

(1)企业知名度。如企业名称、企业品牌、企业家的知名度和社会影响力等。

(2)企业美誉度。如顾客对产品和服务的满意度、对企业管理者和员工素质的印象和认同度、对企业经营理念的认同度、对企业发展前景的心理预期等。

(3)企业职工的满意度。如职工对收入、安全、企业前途、工作环境、自身价值实现的满意度。

(4)顾客的忠诚度。如顾客数量和销售量的增长率、顾客流失率、顾客态度的变化方向和程度、顾客重购次数、顾客购买时的挑选时间、顾客对企业产品价格的敏感度等。

(三)企业形象评价的原则

评价企业形象的原则主要有:

(1)全面性原则。企业形象有着丰富的内容,多种因素会影响企业的形象,所以,对企业形象的评价要从多个层面进行,综合地反映企业的形象状况。

(2)客观性原则。企业形象是人们对企业的主观评价,但是评价的结果以及对企业的影响是客观的。企业要通过科学合理的方式,客观地调查和反映公众对企业的评价,以制定出相应的对策与措施。

(3)持续性原则。影响企业形象的因素不断地变化,企业形象也不断地变化,企业只有持续不断地对自身的形象进行评价,才能不断地调整企业形象管理对策,维护好企业形象。

二、企业形象管理

企业形象管理是企业形象策划的内容之一。企业形象塑造的过程中,要根据企业形象的状况,以企业形象塑造和维护为目标,运用一定的措施来促进企业内部素质的提高与外部形象的维护和巩固。

(一)企业形象管理的对象

1.产品和服务

产品和服务是企业形象的基础。产品和服务管理主要是其质量管理,企业不仅要开发和生产适销对路的产品和服务,而且要提供质量优于竞争对手的产品和服务。这就要求企业在生产经营的各个环节加强质量监督与控制,使企业形象建立在牢固的产品和服务质量的基础上。

2.员工素质与行为

加强员工素质与行为管理是企业形象管理的根本,因为企业的一切活动和表现都最终取决于员工的素质和能力。企业形象是员工素质的最终体现。企业要加强制度建设,注重对员工的绩效考核和团队精神的培育,不断地提高员工的政治思想、科学文化、职业技能等素质。

3.公共关系

公共关系管理主要是指树立全员公关意识,内求团结,外求发展,开展各种公共关系活动,充分发挥公共关系对企业形象塑造的作用。

4.企业文化

企业文化是企业形象塑造的重要内容,企业文化管理是企业形象管理的核心和支柱。企业通过企业精神、价值观的培育,团队精神的建设等发挥企业文化的作用,来配合企业形象的塑造。

5.经营危机

①建立经营危机预警系统。对企业的经营危机做出预判并制定出应对措施,防止经营危机给企业带来不利的影响,增强消费者和公众对企业的信心。②经营危机出现后,要迅速

做出正确处理,把危机损失降到最低限度。③危机处理之后,要继续向公众宣传企业对形象维护所做的工作和努力。

6. 企业形象识别系统

企业形象识别系统是确立企业形象的战略体系,加强形象识别系统管理,可以准确地进行形象定位,系统地宣传企业整体形象,协调好各方面的关系,节省形象维护费用,提高形象塑造的效果。

7. 环境形象

企业的环境是企业的"脸面",是企业生产、工作和生活条件的体现,它既能起到育人的作用,也能影响公众对企业的评价。环境形象管理的主要内容是工作环境、生活环境、企业外貌和社区环境等方面的管理。通过环境管理,可为企业员工创造良好的工作条件,也给外界提供良好的外部形象。

(二)企业形象管理的内容

企业形象管理主要由企业形象(Corporate Image,以下简称 CI)控制、CI 检查、CI 教育、CI 传播、CI 维护及 CI 更新六大内容组成。

1. CI 控制

CI 是一种"统一系统",它的识别作用来自于个性化的统一。其中个性化是在 CI 导入设计过程中就确立了的,而"统一化"要靠长期的营造。这是因为企业环境是在不断变化的,企业的各种硬件、软件形象要素也是在发展中不断变化的,要实施对 CI 的控制管理,确保在企业生产要素或形象要素发生变化的情况下(如人员的流动、替换,设备的更新、淘汰,产品的更新换代)保持 CI 系统的相对稳定性。另外,在导入 CI 的过程中,通过控制,可以保证形象塑造活动达到预期的目标。

2. CI 检查

CI 检查分为两个层面:一个是对 CI 实施情况的检查,另一个是对 CI 实施结果的纠正和完善。CI 的实施不是个人行为,而是集体的共同行为。CI 的三大形式和内容都需要在实践中不断检查,并且要依靠员工的集体力量来检查,这样才能保证去劣存优,去粗取精,不断地优化和完善企业形象。

3. CI 教育

实施 CI 教育是巩固 CI 成果的重要环节。企业必须通过 CI 教育,使企业理念在员工的头脑里扎根;通过 CI 教育,促使员工统一行动;通过 CI 教育,使员工理解设计企业识别视觉系统的目的;通过 CI 教育,使员工了解和熟悉企业 CI 系统设计开发和实施的历史过程,激发员工的使命感和责任感。

4. CI 传播

CI 的形象力来自有计划的、规模较大的、持久有效的形象信息传播。将 CI 设计结果束之高阁不对,将 CI 纯粹当作一种广告行为也不可取。CI 作为经营文化与精神文化的统一体,应广泛地融合于企业生产经营的各种系统中,除了生产领域外,还应通过公关活动和各种宣传手段广为扩散,形成对公众的冲击效果。

CI 传播管理是对 CI 系统所做的对内和对外传播宣传的有组织、有计划的筹划和安排。CI 传播的实施不是短期所能奏效的,而是一个持续的过程。要防止在 CI 导入以后,企业便认为万事大吉、放任自流的状况发生。一定要通过提供让顾客满意的产品和服务来巩固企业形象，要不断地宣传有利于企业形象塑造和巩固的企业信息。

5. CI 维护

CI 定型以后，企业要通过日常管理对其个性化的形象进行维护管理，防止公众对其形象产生反感或弱化形象影响力。如果有危机事件发生或因企业的经营战略发生变化而导致形象受影响或需要变化，必须进行 CI 更新。

6. CI 更新

从战略性的、较长期的发展过程来看，CI 管理需要有更新职能。社会环境、竞争形势、企业经营的导向和重点都不是静止不变的，而是一个发展、变化的过程。由宏观经济环境带来的企业生存条件的变化，由经济和政治体制改革带来的经营机制的变革，由技术进步带来的企业组织结构的变更，由市场形势变化带来的产品换代或转型，都要求 CI 系统采取相应的应对措施。CI 更新就是在企业内、外环境发生变化的情况下，对企业 CI 系统所做的调整和改进。CI 更新的依据还在于社会变迁所导致的人们的观念、时尚的变化。CI 的生命力在于静止与运动的平衡：静止的目的是为了形成定式，便于识别；运动的目的是为了形成新的刺激，便于除旧布新。

（三）企业形象管理的原则

1. 信誉至上原则

这是企业形象管理的根本原则。树立信誉是企业形象塑造中的主要内容，企业形象管理要突出信誉至上的理念，使企业有良好的口碑。

【案例 1-5】

信守承诺的石油大王

石油大王洛克菲勒年轻时曾了解到一个信息：某年美国主要农业区西部会持续大旱。他预测第二年农畜产品价格会大幅上涨，于是倾其所有成立了一家专营农畜产品的贸易公司。他与许多大农庄主达成协议，以高于市场价格很多的价格收购农畜产品。但是，这一年西部大旱并没有发生，农产品价格下滑。如果他信守承诺，将遭受巨大的经济损失；如果他不兑现承诺，虽然经济损失不大，但他的信誉会大受影响。经过深思熟虑之后，他毅然决定履行协议。虽然蒙受了巨大损失，但是他赢得了诚实守信的好名声，为他以后事业的发展奠定了良好的基础。

2. 持续发展原则

企业存在的价值在于长期为社会提供优质的产品和服务，为社会谋福利。树立良好的形象就是要实现企业的持续发展，所以形象管理要坚持持续发展的原则。

3. 个性特色原则

要让公众对企业留下深刻的印象，企业必须做到与众不同，显示出自己的个性和特色，要研究消费者的需求及竞争对手的战略、策略和形象特征，与竞争对手区别开来。

4. 社会认同原则

社会公众对企业形象的认同是衡量企业形象管理工作的唯一标准。无论如何塑造企业形象，最终的目的都是让顾客认可、接受和赞同，这样才能达到树立良好形象的目标。

(四)企业形象管理的误区

1. 重 VIS,轻 CIS

认为 CIS 的重点在于 VIS,只要做好了 VIS 就算是成功地导入了 CIS,结果导致 CIS 不完整,达不到预期的整体效果。

2. 重设计,轻执行

有的企业花了很大的代价设计了 CIS,但在执行过程中却不注意加强管理,使 CIS 得不到很好的落实,达不到预期的效果。

3. 重对外,轻对内

只重视对外的形象宣传和塑造,而不重视内部员工对企业的态度和行为,会导致“后院起火”。

4. 重局部,轻整体

只重视局部的利益和形象,结果可能使 CIS 的作用不能充分发挥出来,不能实现企业的总体营销目标。

5. 重短期,轻长期

只注意和重视短期的效果,而忽视企业形象塑造是一个长期积累的过程,结果导致 CIS 不能长期稳定地保持下去,企业可能仅仅是昙花一现,名噪一时。

6. 重媒体,轻客户

只重视处理与媒体的关系,而不注意研究顾客的需求及其变化,其结果是不能满足客户的需求,企业最终被顾客所抛弃。

7. 重宣传,轻维护

如果只注意提高企业的知名度和影响力,而不注意对形象成果进行维护和管理,其结果只能是企业形象不统一或模糊不清或由好变坏。

8. 重形式,轻实效

在实施 CI 的过程中,只重视外部的宣传和包装,哗众取宠,不注重对公众和客户利益的满足。

9. 重主观,轻调研

管理者不是依靠调研,不是依据企业的形象状况和公众与顾客的需求和心理,而是凭自己的主观想象来设计和管理 CIS,结果导致 CIS 脱离实际,只开花,不结果。

10. 重利,轻义

只重视自己的利益而忽略顾客的利益,或者为了自身的利益而不讲商业道德,不惜损害企业的形象。说的是一套,做的是另一套。要正确处理好企业、社会与消费者的关系,不能只看重企业自身的利益。

11. 重仿效,轻创新

照搬其他企业的做法,而没有自己的亮点和创新之处,导致企业形象不独特,影响 CIS 发挥应有的作用,产生应有的效果。

12. 重产品,轻形象

认为只要产品和服务好就一定能得到消费者的青睐,只注意在产品和服务质量上下功夫,而不注意宣传和形象塑造,只做不说。这会导致企业在激烈的市场竞争中失去抢先打动消费者和占领市场的机会。

（五）企业形象管理的措施

企业形象管理的措施包括以下内容：

（1）加强产品和服务质量管理，树立优质的企业形象。

（2）导入企业形象识别系统，加强企业形象资源的整合与管理，整体推出企业形象。

（3）制作 CI 手册，增强全员形象意识，加强全员自律，树立人员形象。

（4）加强与社会各界的沟通，传播企业形象。

（5）建立形象危机预防系统并对企业形象状况进行不断的监控。

（6）对发生的形象危机进行快速有效的处理。

本章小结

企业形象是企业营销体系的重要内容，企业形象策划是企业营销策划的重要组成部分。企业形象策划是树立企业良好形象，增强企业员工的凝聚力和提高企业管理水平，体现企业社会价值的客观需求。

企业形象，从客观上看，是企业的本质属性显露在外的特征和表象；从主观上看，是社会公众对企业的一切活动及其表现出的属性和特征的总体认识和评价。

企业形象也叫企业形象识别系统，由理念识别系统（MIS）、行为识别系统（BIS）、视觉识别系统（VIS）三部分构成。理念识别是核心和灵魂，行为识别是理念识别动态的表现，视觉识别是理念识别静态的表现。理念识别、行为识别、视觉识别是有机的整体，三者必须保持和谐和统一。

塑造企业形象是激烈市场竞争的客观要求，企业形象可以吸引顾客、扩大市场和销售，是获取社会公众支持的手段，是企业重要的无形资产。

企业形象策划是指企业通过创造性思维，巧妙地利用现有可用资源，设计和传播企业特定的理念、行为和视觉特征，在社会公众中树立标准化和个性化的良好形象的决策活动。企业形象策划要具备以下要求：新颖性，系统地整合可用的资源，统一性，稳定性，有效地进行传播，操作性。

企业形象策划具有综合性和实践性。它综合了市场营销学、美术设计、语言学、逻辑学、社会学、管理学等学科的知识。同时，策划者所策划出来的方案必须能够加以执行和实施。企业形象策划与市场营销、企业文化建设、广告、公共关系、宣传等有密切的联系，做好形象策划，要处理好与这些学科和活动的关系。

CIS 在中国兴起的原因主要有：适应市场经济的需要；消费者识别的需要；居民消费行为变化的需要；企业改革的需要；参与国际化经营和世界市场激烈竞争的需要。中国企业导入 CIS 的模式有：预备性 CIS 导入模式，扩张性 CIS 导入模式，拯救性 CIS 导入模式。中国企业导入 CIS 存在的问题主要有：观念问题；CIS 支出不足，设计水准不高，个性不突出；领导经营理论知识落后，员工 CIS 理论知识模糊；管理组织不健全，缺乏专业人才；CIS 具体实施方法不当，理念、行为尤其欠缺。解决 CIS 存在问题的对策有：要在可靠的产品质量和服务的基础上导入 CIS；企业应充分重视对企业形象问题的诊断；必须有全体员工的积极参与；注重并处理好 CIS 战略与企业文化建设的关系；注重 CS 与 CIS 的相互结合；企业形象要走中国式 CIS 的发展模式。

对于企业形象要不断地进行形象评价与管理，以不断地巩固和维护企业的良好形象。

中英文对照专业名词

形象 Image　企业形象 Corporate image　形象营销 Image marketing

营销策划 Marketing planning　形象策划 Image planning

企业文化 Enterprise culture　公共关系 Public relations

策划 Strategic planning　企业识别（企业形象） Corporate identity，CI

企业识别系统　Corporate identity system,CIS

企业形象评价　Corporate image appraising

企业形象管理　Corporate image management

复习思考题

1. 什么是企业形象?

2. 企业形象有哪些分类?

3. 简述企业形象的特征。

4. 企业形象有什么功能?

5. 企业为什么要进行形象策划?

6. 试述 CIS 在美国和日本兴起的原因及特点。

7. 试述中国企业导入 CIS 的时机及模式。

8. 从整体上看中国在引入 CIS 方面存在哪些问题? 要建设有中国特色的 CIS 应遵循什么原则?

9. 企业形象与哪些学科相关? 与各学科是什么关系?

案例分析

如家酒店 CIS 案例分析

2002 年,首都旅游集团联手携程旅游服务公司创建了如家连锁酒店(以下简称如家)。作为经济型连锁酒店的领军品牌,如家始终以人的感觉为着力点,为海内外的客人提供标准化、干净、温馨、舒适、贴心的住宿产品和便捷的住宿服务,传达适度生活的简约生活理念。经过 4 年多的发展,如家在美国纳斯达克成功上市,成为中国酒店行业在海外上市的第一股,同时也标志着国内经济型连锁酒店步入了一个新的发展时代。这在很大程度上得益于如家鲜明的企业形象。

1. 理念识别

区别于通常严肃刻板的企业理念,如家的理念显得异常温暖。如家的使命也与此契合:为宾客营造干净温馨的“家”,为员工提供和谐向上的环境,为伙伴搭建互惠共赢的平台,为股东创造持续稳定的回报,为社会承担企业公民的责任。从企业核心理念到宣传语——“不同的城市,一样的家”,处处都有着宾至如归的“家”文化的影响。

如家的理念识别系统不仅体现在顾客导向方面,还兼顾到了员工、伙伴、股东以及对于社会的责任。面面俱到的周密考虑,有利于企业树立良好的社会形象,提高其知名度与美誉度。

值得一提的是,如家制定这样的企业理念,事先经过了长期严谨的市场调查研究。国内不乏星级酒店,但入住率都不高。究其原因,如家认为很大程度上是因为对于经常出差辗转于各大星级酒店的商务型顾客,或是旅途劳顿的旅游者而言,需要的是家一样的温暖,并且追求一种便捷的体验,而星级酒店往往无法给他们这种感觉。同时调查显示,大多数客人在住店期间并没有使用酒店康乐中心等设施,于是如家取消了这一系列使用率不高的设施,力图达到便捷、温馨。正是这些调查促成了如家现今的企业理念的产生。如家获得成功后,不少企业想要模仿,对此,如家的管理团队称,理念不可复制,如家最难被模仿的是其对商业模式的理解,而这凝聚在如家的管理团队的心中。纯粹的模仿是“知道是什么”,然后是“知道怎么做”,再高一个层次是“知道为什么”。“知道为什么”正是如家的核心优势。

2. 行为识别

如家内部建立了一套完整而详细的管理制度，约束并规范组织和员工的行为。对于服务行业而言，产品提供本身是比较难以约束的事。对此，其管理团队提出"像制造业一样生产服务"，主要是强调服务质量的标准化。"我们对待服务的质量，要像制造业的企业一样。在制造业，次品率往往低于千分之一或者万分之一才是合格品；而在服务性行业，能够达到90%以上的客户满意度就非常不错了。90%的客户满意度即意味着有10%的次品率，即使达到99%的满意度，还有1%的不合格产品，这是不可以的。我们现在提倡零缺陷，虽然与客户接触的服务流程环节非常多，我们仍然要求全过程的次品率要在1%以下。要做到这一点是非常不容易的，因为服务是不容易做到标准化的。这需要对每个过程、每一道工序完全进行控制和测量。在服务的过程中，要评价服务人员每次与客户接触时说的每一句话、对客户所提要求的处理办法是很困难的一件事情。但困难并不是不可能克服。换个角度，可以把服务像制造产品一样分解成一个个环节。能够保证按照恒定的质量标准永远重复下去，才是最为成功之处。"

扩展到企业外部，如家致力于各种社会公益活动、公共关系、营销等。比如迎接世界博览会，推出多项绿色环保活动；赞助东方卫视全程参与"加油！好男儿！"活动；举办员工运动会、技能比拼大赛等活动；制定反舞弊政策；制定商业行为和道德规范等。如家一直以来都在通过各种行为准则的制定及实践、持续的媒体活动策划，打造充满活力、管理高效、热心公益、注重人文关怀的形象，使品牌在大众中的知名度、美誉度和特色度不断得到提升，树立了良好的企业形象。

3. 视觉识别

如家的企业标志由红、黄、蓝三色构成，颜色鲜艳，对比强烈，可识别性高。小房子样式的设计，"HOME INN"中的"I"做成弯月的样子，"如家"两字嵌在房门中（图1-4），整体标志巧妙而简洁，给人以温馨的家的感觉。

图1-4 如家酒店的标志及口号

店面的设计以黄、蓝两色为主，这样鲜艳的色调在城市中很少看到，故而识别性很高，仅这一点就为其加了不少分。有很多新闻报道直接用"黄房子"来代替如家，其高识别度由此可见一斑。

酒店内部的设施亦高度标准化，棕黄色的地板、粉红色的床单、白色的窗纱、蓝色的窗帘，都意在区别于其他酒店难以接近的一片白色，营造家的感觉。

总体而言，如家的视觉识别设计与其理念完好地契合，充分体现了"不同的城市，一样的家"。在如家的CIS设计中，自始至终贯穿着宾至如归的"家"文化，理念识别、行为识别、视觉识别三者相互融合，打造出全方位立体的企业形象。这些都是基于前期详尽的市场调研，分析出了企业真正想要树立的形象。由此可见，对于市场的充分了解及准确把握是打造企业形象识别系统的前提。另外，在实践CIS的过程中，要统一在理念的引导下，建立整体的企业形象。

思考题：

1. 如家在导入CIS初期做了哪些工作？这种前期准备是否是必要的？为什么？

2. 如家在导入CIS的过程中遵循了哪些原则？它们分别起到什么作用？

3. CIS的内在结构是什么？在如家实施CIS的过程中最重要的子系统是哪个？体现在哪些方面？

4. CIS与企业文化有什么关系？如家是如何利用CIS来促进文化建设的？

第二章　企业形象战略

导入案例

实施品牌战略，东风汽车公司改变形象，推出新企业形象

随着知识经济时代的到来，企业之间的竞争已不再是产品层面的竞争，而是更高层面的品牌之间的竞争，品牌已成为帮助企业抵御高层风浪的最有价值的企业资产之一。东风汽车公司意识到，要想进一步提高东风品牌的社会知名度和美誉度，必须提高企业创新能力，使产品不断满足市场需求和顾客愿望，不断向管理观念、品质、服务等发起挑战，进一步提高用户的满意度和忠诚度，从而塑造充满魅力的东风品牌形象。

基于上述认识，东风汽车公司从2000年就开始着手公司CIS的整合策划与设计，历经培训、调查、理念整合、视觉识别设计和行为识别设计五个阶段，对全国五个代表性区域（华北、华东、华中、华南、西北）的1万多名社会公众和500多位汽车经销商进行了随访，对公司决策层和管理层进行了全面的访谈，对2000多名普通员工进行了问卷调查。公司决策层先后召开三次专题研讨会，并在内部员工及企业文化研究方面的专家中广泛征求意见，经过努力，东风公司于2002年元月终于完成了企业形象（CI）体系的设计，并满怀信心地开始导入CI工程，以塑造"东风"新世纪新形象，传递东风公司对社会的责任与贡献，使东风品牌的核心价值观得到广泛而深刻的社会认知与认同。

全新的企业理念，体现东风公司新世纪的价值观

东风汽车公司提炼出的企业经营理念可具体表述为：关怀每一个人，关爱每一部车。这一经营理念，具有鲜明的人文特征，体现了东风汽车公司亲和的公众形象和务实的经营思想，展示了东风汽车公司与其员工、经销商、用户等的良好互动关系，营造了东风汽车公司发展的良好氛围。"关怀每一个人，关爱每一部车"是一个整体，对车的关爱传递出对人的关怀，而对人的关怀必然导致对车的关爱。"关怀每一个人"，就是要关心每一位员工的成长，使大家在协作中发挥自我创造力，共享工作愉悦和成功体验，在工作中实现自我价值。"关爱每一部车"，就是要不断丰富汽车的内涵，在生产过程中的关爱体现在严把产品质量关，作为商品被交换之后的关爱体现在完美的售后服务上，使制造汽车演变为输出生活，让用户在驾驶中体会到无微不至的关怀和全方位的体贴，感受东风汽车公司创造的全新生活体验。

东风汽车公司经营哲学的具体表述为：学习创新超越。这一经营哲学，是对"不断超越自我，视今天为落后"原有经营哲学的新发展，是动态的，递进的，即在学习中积累，在创新中发展，在超越中铸就辉煌。在新的历史条件下，面对新的竞争格局，东风汽车公司要全面改变经营与决策的思维方式，要有更大的想象空间，规划更长远的未来；要通过"学习"，把公司培育成学习型组织，以不断超越自我；要通过"创新"，把公司建成创新型企业，不断超越现

实;要通过“超越”,对现实和自我进行不断超越,以实现东风汽车公司的永续创新和发展。

东风汽车公司的企业精神可具体表述为:实现价值,挑战未来。这一新的企业精神,从公司和员工开创美好生活的共同愿景出发,既是公司改革与发展在企业理念方面的客观诉求,也是东风汽车公司积极应对未来各种挑战的现实需要。实现价值包含三方面的含义,既实现产品价值、企业价值和人生价值,并以实现产品价值为基本外在表现。公司提供的产品能最大限度地满足用户的消费需求,就是实现产品价值;企业不断为社会创造巨大的财富,就是实现企业价值。总之,实现价值,是东风汽车公司及其员工的共同理想;挑战未来,表明东风汽车公司及其员工正视差距,不惧竞争,并通过自身发展和创造性工作来创造未来的美好生活。

完整的视觉识别设计,进一步规范东风整体形象

“东风”是我国汽车行业的驰名商标。本次企业形象设计调查显示,93.7%的社会公众知晓“东风”的双燕图形标志。在国内载货车领域,“东风”品牌的知名度和美誉度都很高。“东风”品牌已成为东风汽车公司的一笔宝贵财富。

本次企业形象设计在继承“东风”原有图形标志特征的基础上,对原有标志做了进一步的规范处理与修正,并发展了一个英文标志“DFM”,使东风汽车公司的形象更为丰满,大大延展了它的诉求领域。“DFM”英文标志简洁、大气,富有现代感,既体现了形象识别的国际化趋势,也符合社会公众对“东风”形象的企盼。

本次企业形象设计中,还引入了一些新的识别元素:企业色彩和象征图形。在企业色彩方面,增设了两种辅助色——钛金色和浅灰色,增强了企业形象的科技感、现代感;象征图形的引入,使整体形象更时尚、更感性。

在基本识别要素的基础上设计的应用要素系统,共有十大系统200多个应用项目,基本涵盖了东风汽车公司内外的主要视觉物。这些项目的设计各具特色,从不同的角度展示了东风汽车公司形象的特征与美感,构建了统一、规范的东风汽车形象。

优化的行为识别设计,展现东风公司的精神风貌

东风汽车公司进行企业形象行为识别设计时,从公司的实际出发,根植于公司的企业理念,展现公司的精神风貌,对公司员工的通用行为、窗口岗位行为、公司专卖店行为、公司服务站行为、公司市场调查行为、公司外事与公关行为等进行了规范、改进和优化,通过员工的每一句话、每一个动作树立东风汽车公司良好的企业形象。

随着新CIS的发布和全面导入,一个具有鲜明的时代特征、富有创造力的新东风将展现在世人面前。东风汽车公司将认真践行企业理念,努力把自己建成具有国际竞争力的强势企业,打造新世纪最具有生命力的“中国品牌”。

资料来源:http://auto.sina.com.cn/news/2002-02-04/19630.html.有删改。

企业形象作为一种特殊的社会意识,具有深刻的内涵:它是企业客观实态在公众心灵上的投影,是企业内秀外美的集中体现。企业形象及其战略是市场竞争的必然产物,是现代企业参与竞争、赢得竞争胜利的重要法宝。多位学者曾经指出,企业战略常常是个别战略的综合,每个战略都是围绕着一个中心制定的,个别战略是企业总体战略的组成部分,为实现总体的目标服务。企业形象战略同样是企业总体战略的重要组成部分,是为树立良好企业形象目标而制定的企业个别战略。

第一节　企业形象战略概述

一、企业形象战略的基本概念

中国不缺文化,中国企业形象的深处所缺乏的是战略的支撑,需要将企业形象上升到战略的高度来完成其必然的历史使命。

企业形象战略诞生至今已有半个多世纪的历史。各个学科的专家学者对其有不同的理解以及不同的研究侧重点,因而对企业形象战略的解释不尽相同。

企业形象战略是以企业未来形象的确定为目标,对企业形象资源进行调配所采取的方法和策略。企业形象战略作为一种重要的职能战略,是以企业整体形象的构建为根本目的组合而成的一整套体系完整的企业战略。企业形象战略的任务是通过形象定位来表达公司的战略定位。企业形象战略的目标是要使公众对"企业形象满意",不断跟踪企业在"公众"眼中的形象,调整其自身形象,使社会公众对企业总体或产品、品牌、市场等局部保持一种肯定的态度。

企业形象战略遵循一般战略原则,尽管个别公司具有很多优势,但基本的竞争战略是低成本战略和差别战略,这也正是企业形象战略实施的初衷与必须遵循的基本原则。可以说企业形象战略在某种程度上是使用"同一化"的手段以达到"差别化"的目的,并同时实现"低成本"。企业形象战略的出现,使企业差别化战略摆脱了单纯依赖视觉差别设计的状况,成为企业整体的、全方位的、系统的经营战略。企业形象战略不是一般的管理工程,也不仅仅是视觉传达设计,更不是仅仅为企业装潢门面,而是企业总体战略的重要组成部分。

二、企业形象战略的理论基础

企业形象战略是企业形象传播的策略和手段。企业形象战略的策划、实施和研究涉及许多相关学科的理论和研究成果,它们为企业形象策划的实践和发展奠定了坚实的基础。

(一)品牌形象理论与企业形象战略

品牌形象理论与企业形象战略有很多共通之处,两者形成的时间几乎是相同的。在20世纪50年代,西方经济高速发展,市场竞争越来越激烈,买方市场逐渐形成,经营理念由生产导向转向市场导向,品牌形象理论由此产生。

大卫·奥格威是第一个较系统地提出品牌形象理论的专家。他的见解曾在20世纪60年代风靡全球,其中不少观点至今仍具有指导意义。

奥格威的品牌形象理论的要点是:每一则广告都应对塑造品牌整体形象有所贡献,同时为建立品牌个性做长期投资。品牌之间的相似点越多,选择品牌的理性考虑就越少,因此,致力于运用广告为品牌建立最有利的形象并塑造个性,长此而往必能获取市场最大的占有率。品牌并非对每个人都适用,必须具有"个性",故要为品牌创造清晰突出的"个性",同时,广告要忠于品牌个性,历久不变。影响品牌形象的因素包括广告、定价、产品名称、包装、投放市场时间的长短等。品牌形象战略是一种长期战略,要以高瞻远瞩的眼光为品牌树立明确突出的性格，而且坚持贯彻到底。最终决定品牌市场地位的是品牌总体上的“性格”而不是产品间微不足道的差异。

奥格威的品牌形象理论对整个20世纪的品牌理论研究产生了深远影响，品牌形象成为品牌经营的基础。

根据品牌力评价模式，品牌力是指消费者对某一品牌所持有的品牌形象。在品牌力评价模式中，品牌知觉优势和品牌活力是形成品牌力的两大要素。品牌知觉优势由消费者认知并熟悉品牌所产生的亲近感所决定，而品牌活力则由品牌对消费者生活之意义带来的适应度以及品牌所能展示的特征，即差别化所构成。以此为基础，建立了品牌形象矩阵图，把品牌分为新品牌、上升品牌、领导品牌、衰退品牌，提出了五种品牌形象战略，即品牌发展战略、品牌形象加强战略、品牌延长战略、品牌活性化战略、品牌撤退战略。

品牌专家A. L. Biel认为，品牌形象具有功能性属性和软性属性两种属性。产品或服务提供者的形象、使用者的形象、产品或服务自身的形象是品牌形象的三种附属形象。这三种附属形象的影响力视产品类别及品牌的不同而不同。品牌形象的来源包括使用经验、广告、直接邮寄、促销、品牌名称、公共关系、员工等。Biel构建了品牌形象的多种元素，以驱动品牌形象的提升，并提出了将品牌形象转化为品牌资产的路径。

综上所述，品牌形象理论的要点为：品牌形象是消费者对品牌认知和感受的总和；品牌形象有三大驱动要素，即产品或服务提供者的形象、使用者的形象、产品或服务自身的形象；营销传播创造品牌形象附加价值；品牌形象驱动品牌资产形成。简言之，品牌形象理论的核心是用营销传播手段创造品牌形象的差异性，形成品牌资产。

企业形象战略与品牌形象理论的差异主要表现为前者是全局性、整体性的企业持续发展战略，而后者往往是局部性的、过分重视消费者印象的营销传播手段。就产品形象、品牌形象和企业形象的差别而言，产品形象的侧重点在于产品的功能性属性，是产品的品质给消费者的感受；品牌形象的侧重点在于品牌的属性，是价值、“个性”等给消费者的感受；企业形象的侧重点则是消费者及其他利益相关者（如员工、政府、相关企业等）对企业组织的整体印象。显然，企业形象包含品牌形象，品牌形象包含产品形象，企业形象战略包含品牌形象理论。

由于品牌形象理论强调的是消费者对品牌的想象和联想，运用的是象征的手法，广告成为品牌形象塑造的关键。但在实际操作中，许多企业过分依赖广告而忽视塑造形象的其他途径，出现经营者传达的品牌形象与消费者通过各种途径感受到的品牌形象不一致的问题，造成品牌形象的冲突，导致巨额广告费的浪费。从全局和长远出发，在吸收品牌形象理论长处的同时避免其短处，制定科学的企业形象战略，对于企业的持续发展具有重要意义。

（二）企业形象与企业形象战略

1. 企业形象的基本特点

制定企业形象战略的根本目的是树立具有独特个性的、为自身和社会大众所认同的企业形象，并给企业带来经济效益和社会效益。因此，可以说企业形象战略是企业建立和维护优良形象的系统工程。企业形象是社会大众对企业进行综合认识后所形成的总印象或总的评价，它具有以下几个特点：

第一，企业的形象是社会公众对企业综合认识的结果。它既涉及企业硬件方面的状况，如企业的经济实力、技术力量、生产环境、产品质量等，又涉及企业软件方面的状况，如销售方式、服务质量、社会公益等。一个企业的形象，不仅要看其产品的销售量或服务的质量如何，还要看它的人力、财力、技术能力、创新能力等诸方面的因素，这些因素无时不对企业形象产生深刻的影响，而且在现今产品质量和服务水平的差异性越来越小的市场竞争中，这些因素状况较好的企业定会占据优势。

第二，企业形象是主、客观因素相互作用的产物。企业形象是人们对企业各种具体的客观状态感知和认识后所形成的总印象，并不是某人凭主观臆造出来的，是企业各方面活动和外在表现等一系列客观状况的反映，具有鲜明的客观性。这些客观状况在很大程度上影响了企业形象的形成。但是企业形象作为人们对企业的综合性认识，是一种总的印象，在表现上反映出其主观性的特点，即企业的客观状况是通过人的主观认识综合形成的。因而社会大众的思维方式、价值观、利益观、审美观的不同，便带来他们观察、记忆企业的时空条件，审视企业的角度、标准和环境的差异，从而使得他们对同一企业所产生的感知和认同不尽相同。

第三，企业形象具有相对稳定性。一个企业的形象一旦在公众的心目中形成，相对而言，就不会轻易地或很快地改变，企业形象是企业综合行为的结果。企业的行为可能发生这样或那样的变化，但是，这种变化不会马上改变企业已存在的形象模式。这是因为公众倾向于原有企业已存在的形象，他们不会因为企业行为的某种变化而马上改变对企业的看法，这是公众心理定势作用的结果。因此，相对稳定的、良好的企业形象有利于企业利用其稳定性特点开展经营管理活动，可以借助已存在的有利条件为企业创造更多的经济效益和社会效益。相对稳定的、不良的企业形象则会使得企业一时难以摆脱不良影响的阴影，需要企业通过较长时间的不懈努力，才能挽回局面。当然，企业形象并非一成不变，稳定性是相对的，它完全有可能由于企业主动的努力和被动因素的作用而发生变化。

第四，企业形象塑造的传播性。企业要在公众心目中树立良好的形象，必须借助各种传播手段。企业形象的塑造过程离不开媒介的传播。传播是联结企业与社会大众的桥梁，企业的信息如果不通过大众的或非大众的媒介传播是不能到达社会大众的。企业的客观状况无法使公众感知和认识，也就不能在公众的主观印象中建立良好的形象。可以说，离开传播媒介，企业树立形象的过程就会失去引导和控制。

2.企业形象与企业形象战略的关系

企业形象战略作为建立企业形象的有效途径，是一个完整、科学、可操作和可控制的系统化战略体系。企业形象战略的综合性特点具体体现在整体性上。在理念识别系统的指导下，行为识别系统指导企业的实际行动，视觉识别系统则全方位、全媒体地以各种方式传播企业的信息。社会大众不仅可以从商品和服务信息中，而且可以从企业的社会性行为中，在不同场合得到各种不同内容、不同角度、不同形式的企业信息，这些信息的共同性和互补性起到加速树立形象的作用。

在公众心目中，一个企业形象的主观和客观统一性是非常重要的。从对内和对外的各种活动，到应用于各种媒体的视觉传达所展开的宣传攻势，并非只考虑企业自身的目的。夸张的、虚张声势的、自吹自擂的做法是不能建立真正的企业形象的；与实际不符的漂亮的标志、华丽的标准色彩和对应的字体只能建立不符合实际的、虚假的表象；虚假的、脱离企业客观实际的视觉符号对树立良好的企业形象于事无补，只会引起公众的反感。因此，企业形象战略特别强调企业的视觉符号系统和企业的经营理念、经营行为的内在一致性。企业一旦设计出优秀的视觉符号系统，在推广宣传视觉形象的同时，应经常检讨自身的客观现状，并且努力做到表里如一。

此外，企业形象战略重视主观和客观统一性，还体现在既注意视觉符号的逻辑性，又注重视觉符号的多样性，强调应用媒体的广泛性和视觉系统的灵活性。针对不同的宣传对象，采用不同的媒体形式，根据不同的媒体特点，采用统一的视觉传达方式，以保证树立统一的、完整的企业形象。一旦建立起良好的企业形象，企业就有了可长期受益的无形资产。企业形象战略不仅强调系统性、科学性，更关注制订有力的实施推广计划。只有坚持计划执行中的一贯性态度，才能保证企业形象长期稳定地确立在社会大众的心目中，任何随意的做法和个人意志都会影响企业形象保持长期一贯性，甚至损坏已经树立的美好形象，使实施企业形象战略计划的努力付诸东流。建立优良的企业形象，对于企业来说是重要的战略目标，而维护和发展已经建立的良好形象同样是非常艰巨而复杂的工作。

（三）企业发展战略与企业形象战略

企业形象战略本身就是企业的一项基本的经营战略：差异化战略。这无疑是与企业发展战略相关联的。

第一，企业形象战略必须以企业发展战略为依据。

第二，企业形象战略中将明确公司商号、品牌等，确定是采取“商号、品牌、产品”三位一体的企业形象战略路线，还是走多品牌策略路线。这同企业发展战略中规定的未来经营方向、目标、产业结构的确定与组织结构的调整是密切相关的。

第三，企业形象战略中的企业形象定位与企业发展目标密切联系。

第四，企业形象战略策划设计的灵魂——理念识别系统的确立，对企业文化传统理念的继承与摒弃，以及对现代型经营理念的重构与企业发展目标紧密相关。

综上所述，离开企业发展战略的企业形象战略是毫无依据的。对于缺少发展战略规划的企业来说，企业形象战略的重要任务之一就是要帮助企业制定发展战略，并以此为依据展开企业形象策划。对于已经制定发展战略的企业，企业形象策划的首要任务则是研究其发展战略，用企业形象战略的专业眼光去审视其发展战略，指出其可能存在的缺陷，甚至方向性的问题。对于战略研究非常成熟的大公司制定出的发展战略，企业形象策划则应以此为目标展开，使整个企业形象战略工程成为企业发展战略的有机组成部分。

（四）企业传播与企业形象战略

企业形象战略的实施过程就是企业形象的传播过程。研究和开发企业形象战略计划，是在一种以企业为主体的特殊环境中的传播活动方式，即在特定的组织结构中，特定的企业在特定环境下所进行的传播活动，是在企业内部、企业与社会间的信息沟通活动，是将企业的识别身份转化为企业形象的过程。这整个过程中最基本的内容是将企业的信息经过整理和组织，通过各种媒介和传播方式传达到企业的关系者，包括企业内部员工、主管部门、工商部门、财务部门、金融部门、证券部门以及消费者和社会大众。

1.传播的基本原理和规律

传播是人类社会中的信息传递、接收、交流、沟通与分享的过程。它包括：①信息传递，某一信息源将信息传递给某一目的地的活动；②双向交流，在传播中的双方都是信息传递的参与者，他们之间相互影响，构成信息上的相互交流关系；③信息共享，在传播中，双方通过分享信息在某种程度上取得一致的了解、认识、理解或意向，达到相互间的沟通。

传播是人类的一种基本社会行为。人们不管有意或无意,时时刻刻都在传播,人的任何行为都具有信息传播的价值。人类基本的传播模式可分为四个类型:

(1)自传或称为自我交流,是自身进行的反省、思考等。

(2)人际传播,指的是个人与个人之间直接的信息交流沟通方式。人际传播可分为面对面的直接交流和通过媒介进行的直接交流两种。人际传播具有个体性特点,从传播行为上看属于两个个体之间的私人行为。人际传播具有参与度高的特点,传播双方处于互为主客的传播关系状态,所以双方都高度投入地参与交流和沟通。人际传播的信息交流手段丰富,符号多样化,包括从口头到文字、图像到音频、仪表到时空环境等。人际传播的信息反馈速度快,由于是面对面的直接交流,传播双方有随时获得反馈的机会。人际传播是最富人情味的传播方式,最容易让人感受到感性的力量,有很高的信息记忆值。由于人际传播是个体间的个别传播,不利于信息广泛、迅速、准确地传播。

(3)中继传播,是介于人际传播和大众传播之间的一种方式,这种传播最突出的特点是传播者通过媒介,或面对面向大量的公众进行直接信息交流传播,如大型演出、公开演讲、展览展示活动、记者招待会等。中继传播是直接的传播活动,但不具备人际传播的个别私人性特点,其传播对象不是大众传播中在空间上分散的公众。中继传播的信息反馈比起人际传播来得笼统一些、慢一些,不具备人际传播高度参与的特点。

(4)大众传播,是指传播者通过大众传播媒体将大量复制的信息传递给分散的大众的信息交流沟通方式,如通过电视、报纸、杂志、广播等所做的宣传活动。大众传播是一种间接性传播,它的中介是大众传播媒体,传播信息具有公共性特点。大众传播的信息是要为大众所共享的,需要照顾到大多数人的需要和特点。由于大众传播借助大众传播媒体对信息进行了大量的统一复制,能够准确、快速地向大量的公众传播信息。又由于大众传播是间接传播,影响面大,公众分散且互不联系,信息反馈的条件较差,需要通过专门的媒介以及媒介工作者的采写、编辑、设计、印刷、拍摄等复制表达信息的过程。随着科技的发展,新媒体不断出现,需要更多的专业人员协同工作才能使信息顺利地通过媒介得以传播。

2.企业形象策划与企业传播

企业形象战略是企业树立良好形象的战略。企业形象战略实施的过程属于企业传播的行为,具有如下特点:①企业形象战略以企业本身为主体,其传播的活动是公共性的,而不是私人性的,传播主体情况的特殊性决定了其对内、对外传播上的巨大差别,决定了传播活动的多样性和复杂性。②企业形象战略的传播是一种具有特别目的、受到严格控制的传播活动。受到实施这一战略的企业机构和企业形象战略体系本身情况的影响,整个传播活动是有目的、有计划地进行的。③企业形象战略的传播对象有多元化的特点,有不同的需求和利益关系,如企业的员工及管理人员、消费者、上级机关的主管人员和与企业有关的社会大众,传播面对的公众比较复杂。④企业形象战略综合运用了各种最基本的传播方式和传播手段。因为企业传播面对的是多元的公众,所以在传播沟通上必然要采用各种各样的与各类公众相适应的传播方式和传播手段去与之接触,传播企业信息,也就必然形成了企业形象战略传播在传播方式和传播手段运用上的多样性和复杂性。⑤企业形象信息具有统一性、多样性和一贯性特点。围绕着树立企业良好形象的目的,其信息既有多样性及丰富性,又有很明确的逻辑关系。同时必须对有价值的信息进行整理、规范、统筹、协调,以最合理的方式和最适宜的手段传播出去。企业形象战略的实施是一个长期的传播过程,传播的有关信息必须规范化，以有利于各种传播媒体的作用的发挥，同时又能形成一个统一的整体效果。

企业形象体系是以企业传播系统的 SCMR 模式（情报资源 SOURCE—设计符码 CODE—传播媒体 MEDIA—受众 RECEIVER）为依据，以理念、行为、视觉三大识别系统为中心而建立的一套完整的、独特的符码系统。企业形象信息通过这一系统得以传播，供社会大众识别。

（五）社会公德与企业形象战略

社会公德是根据社会生活的客观需要逐渐形成的一系列维持公共生活、调节人们之间的普通关系的道德准则。人们的社会关系是具体的、丰富的、复杂的，除了阶级关系、政治关系等之外，还有一般的社会生活关系，而维系社会生活关系的社会公德是具体的、丰富多样的，如遵守公共秩序、爱护公共财物、讲究公共卫生、互相尊重、明理有信、文明礼貌以及尊老爱幼、救死扶伤等。通常所说的“人道主义精神”，实际上也是社会公德的范畴。

社会公德有些部分成为社会生活的习惯性规则，有些部分由宪法规定为公民的责任与义务，成为每一个公民都必须遵守的公共守则。违反社会公德，就会遭到社会舆论的谴责，舆论谴责是一种“制裁”，因而社会公德具有半强制性。

社会公德与企业形象的传播有重要关系。从社会学的观点来看，企业形象的传播过程，实质上就是社会公民接收信息并据以判断自己如何处理社会生活关系的过程。在企业形象信息传播之前，公民对此处于“无知”状态。企业形象信息传播之后，公民获得信息，增长了这方面的“知识”。之后公民就这些新获得的“知识”进行分析思考，并对自己如何根据这些“知识”去处理该方面的社会生活关系问题做出一种判断。因而，从企业形象传播的效果来看，公民能否接收到信息“知识”是一个重要方面，而接收到信息“知识”后公民怎样做出判断，则是更重要的方面。

从人的本性来说，每个公民都乐于接收新的信息知识，希望对周围世界有更多的了解，因而企业只要通过传播媒介，并设计出有吸引力的传播形式，那么，要让公民接收到企业形象信息知识是不太困难的。达到这一步，可以在公民心目中形成感觉印象，也可以收到一定的效果。但是，这只是一种粗浅的效果。它可以使公民知道某个企业，可以提高企业的知名度，却不一定能够让公民为企业形象所动，变为企业形象的崇敬者或“知音”。因为公民接收形象信息之后，可能做出两种截然不同的判断：一种判断是肯定性的，即认为该企业形象“不错”，并打算“以后有机会一定要去见识”，或“以后有机会一定要买它的产品”。这是一种对企业有利的“良性传播”。另一种判断是否定性的，即认为该企业形象“原来不过就那么回事”，甚至认为“想不到会这么糟糕”，于是不再理会它，甚至把它作为茶余饭后的“笑谈”，或者作为义愤批评时的一种“佐证”。甚至，一部分公民会发挥“意见领袖”的作用，扩散对企业形象的“恶化传播”。

在这里须认真探究一下，为什么公民在接收企业形象信息之后会做出两种不同的判断呢？影响公民判断的原因是什么呢？

应当说，原因是多方面的、复杂的，如传播形式的不当、内容的贫乏、过分的虚夸、情感薄弱等。这些问题基本上都属于企业形象设计中的问题。而目前被普遍忽视的另一个重要原因，是“社会公德”方面的原因。社会公德是影响公民判断的一个极为重要的因素，有时它甚至会对形象信息的接收判断起到“海关检查”的作用。

企业形象信息中的“社会公德”问题大致体现在以下方面：

1.企业重视环境卫生方面

企业在形象信息中强化保护环境卫生的宣传,并在实际工作中体现这一精神,便会赢得公民的良好评价,认为企业重视社会公德,进而会接受企业形象。美国科罗拉多州的柯尔斯公司是美国著名的啤酒厂,它花费了大约 1 800 万美元成功地举行了以啤酒罐回收为主要内容的反脏乱活动,大大强化了公司注重社会公德的形象。

2.企业提倡"利他主义"方面

利他主义行动就是在任何形式下,不指望得到报答而全心全意帮助他人的行动。对任何一家企业来说,追求最高的合理化利润是应当的,但是这并不意味着企业处处只从自身利益出发而不考虑他人利益。唯利是图,损人利己,是违反社会公德的。社会上流行的"吝啬鬼""钱串子""财迷"这一类称呼,就是人们对这类行为的生动贬斥。企业传达形象信息时,如果着重强调本企业不唯利是图、力求使顾客以最小的投入获得最大的满足,那么,公民由此会认为企业有利他主义精神,是注重社会公德的。

3.企业热心慈善义举方面

"扶危济困""乐善好施",向来是中华民族所颂扬的美德;"见死不救""刻薄寡恩",则是受到贬斥的"恶德"。企业在形象信息传达中强调企业真诚的"爱"与"关怀",也会给公民留下企业注重社会公德的印象。

4. 企业光明磊落的竞争品格方面

企业在竞争中具有一定的品格,就如人具有一定的品格一样,社会倡导高尚的、光明磊落的品格,排斥低贱的、卑劣的品格(如暗施伎俩)。企业在竞争中要像勇士决斗那样凭真本事、面对面地、正大光明地与对手一决胜负,而不能偷袭暗算对手。如果企业在形象信息传达中能着重强调本企业不以"倾销"手段排挤同行企业,不以"巨奖"为诱饵兜售质次价高的商品,不窃取或有意泄露竞争对手的商业秘密,等等,那么,人们也会认为企业注重社会公德。

(六)企业文化与企业形象战略

企业形象战略的一个重要任务,是在企业的内部建立一种为全体员工所认同的文化,形成向心力和凝聚力,这就是人们常说的内部氛围、工作气氛或人文环境。

1.企业文化观点的产生

"企业文化"这个术语是文化学和管理学的嫁接成果,或者说,是企业管理学对文化学基本思想的移植借鉴。

按照文化学的观点,严格意义上的"文化",是指人类社会在一定物质资料生产方式基础上创造的精神财富的总和。文化是一种社会现象,它包括各种外显的或内隐的行为模式,这些行为模式通过交际符号的使用而被学习获得或者被接受传播。文化又是一种历史现象,其发展具有历史连续性。每一社会都有相应的文化,并在社会发展历史过程中积累构成"社会精神遗产"。文化具有民族性和差异性,世界上不同民族、不同地域、不同环境的文化模式有明显差异。模式不同的两种文化体系如果长期互相接触、互相影响,可以发生文化融合而产生新的文化体系。此外,文化还具有"惰性"和"传染性"。文化惰性也称为文化保守性。当社会需要文化利用价值延续下去或满足习惯心理需要时,一种文化的某些特性会长期保留不易消失。比如我国的汉族在风俗、道德等方面的文化特性就延续了几千年。文化传染发生在不同文化体系的相互交流、相互影响过程中。当一种文化的某些特性对另一种文化产生吸引力时，两种文化体系之间自然发生文化传播；当决策机构有目的、有步骤地宣传和“输出”一种文化或介绍和“引进”另一种文化时，两种文化体系之间也会发生文化传播。文化惰性有利于保持民族文化的稳定性，但也会产生妨碍社会进步的消极作用；文化传染性对民族文化的新陈代谢有积极作用，但也可能引起文化失调而导致某些社会问题，增加社会心理压力。

根据文化学的观点，美国学者率先将企业看成一个社会或一个民族的缩影，提出了“企业文化”这个概念。这个概念的提出，一方面是受“文化决定论”的影响，另一方面是对美国企业管理弊病进行反省的结果。

“文化决定论”是当代社会学创始学派提出的一种著名理论，它认为，因为有一群具有共同文化及共同行为模式的人，才有一个社会。不能离开具体的个人去谈社会，更不能离开一种文化去谈社会。社会必须拥有共同的文化，才能表现出共同的行为模式。因此，文化因素是社会生存最重要和最广大的基础，社会是文化的产物，有文化则存，无文化则亡。文化决定着社会的命运和前途。

2.企业文化的含义

对企业文化的含义可以有两种理解，一种是广义的理解，另一种是狭义的理解。

按照广义的理解，企业文化是企业在营销和管理活动中所创造、积累而形成的物质财富和精神财富的总和。它分为以下四个层次。

(1)表层的物质文化。它是指由企业职工创造的产品和企业各种物质设施等共同构成的“器物文化”。企业产品不仅有使用价值，而且有文化价值。通常的情况是：人们比较重视产品的使用价值，而容易忽视产品的文化价值。产品的文化价值主要通过产品的外观表现出来，如造型特点、商标设计特点、包装特色、品牌表现等。产品的价格特色和售前售后服务特点，也能体现产品的文化价值。企业的各种物质设施，包括企业外观(如名称、标志、象征物、空间结构布局、设备配备保护等)和劳动环境及生活娱乐设施等，都体现着文化价值。器物文化既是继承借鉴的结果，又是企业员工创造积累的结果。

(2)浅层的行为文化。它是指企业员工在生产经营和人际关系中产生的“活动文化”。员工行为是复杂的，按行为活动的不同领域，可分为两大类型：一类是关于企业生产经营方面的活动，如产品生产活动、销售活动、科技活动、营销管理活动等；另一类是关于人与人之间关系的活动，如教育宣传活动、人际关系协调活动、文娱体育活动、调查推广活动以及公关沟通活动和公益文化活动等。按行为活动的不同性质，也可分为两大类型：一类是以个人需要为目的而发生的个人行为活动，另一类是以企业需要为目的而发生的集体行为活动。当个人需要与企业需要和谐一致时，员工行为活动可以兼备个人行为活动与集体行为活动双重性质，并可以产生复合效应。比如，员工需要学习新技术以增强能力，提高自身素质水平，为将来的事业成功和升职加薪创造条件，而企业需要培养新技术人才壮大技术实力，这时，员工参加新技术培训教育或刻苦自学的行为活动，便具有双重性质并能产生复合效应，即能使个人需要和企业需要这两种目标同时得以实现。

(3)中层的制度文化。它是指企业在其生产经营管理活动中所形成的一整套制度体系。主要包括企业领导体制(如企业领导方式、领导职位配置原则、领导制度等)、企业组织构造(如根据企业目标而组建的内部组织单位和它们之间的关系以及协调配合、功能互补方面的基本原则等)、企业管理制度(如人事管理制度、生产管理制度、民主管理制度等规章制度及其他一些带有强制性的规定和条例)。

(4)深层的精神文化。它是指企业在整个实践活动过程中所逐步形成的一种企业思想和理性认识。主要包括六大方面:一是企业经营哲学,即企业在生产经营活动中所遵循的根本指导思想和基本原则;二是企业宗旨,即体现企业理想和追求的总目标;三是企业伦理道德,即用来影响职工心理意识和生活信念、评价企业及职工行为并进而调节企业内外各种关系的一系列道德规范的总和;四是企业风尚,即企业全体员工在长期的生产经营活动中所形成的精神风貌;五是企业精神,即能够反映企业现代意识和企业个性特点的企业群体意识,它一般要从企业的经营哲学、道德观、价值观及理想信念中提炼出来并用鲜明、简洁、确切的语言加以概括性表达;六是企业价值观,即在企业中占主导地位、为企业绝大多数成员所赞同的对企业行为的价值取向,也就是全体员工在“什么样的企业行为才会走向成功、才值得推崇”这一问题上的总观点、总看法。企业精神文化的这六个方面是有机统一、不可分割的,虽然在不同环境、不同场合下的表现有所侧重,但在实质上都是互相融合在一起的。

企业文化的核心是企业精神文化。它作为企业已经形成的观念和精神,对企业的生产经营管理活动和职工行为以及制度的创建执行,都有极大的控制力和推动力。

企业形象战略内部认同的最高目标是建立优秀的企业文化。企业形象战略体系中的理念识别系统集中地表现了企业的精神、理念、价值观、行为准则,同时应建立企业行为识别的系统,规范企业独特的识别行为,通过对员工的培训、教育,行为规范,岗位职责规范,文化性、社会公益性活动以及各种仪式,形成独特的内部氛围,使员工自觉地认同这一文化氛围。

导入企业形象战略,建立优秀企业文化的价值在于通过建立共同价值观念与行为准则,使企业的全体员工具有向心力、凝聚力和归属感,并在一定程度上弥补企业文化的分离倾向。因而,在这方面,企业形象战略的导入面临着两项任务:一是解码任务,必须以明确的方式表达企业文化的实际意义,使它成为全体员工的共识;二是创新任务,对已有的企业文化不断进行革新,为企业达到长远目标创造最优的内部环境。

第二节　企业形象战略的特点与功能

一、企业形象战略的特点

企业形象战略是一种超越传统观念的企业形象整体战略,是企业总体战略的一个重要组成部分。作为现代企业持续发展的有力武器,其具有客观性、系统性、社会性、统一性、传播性、差异性、操作性、长期性、稳定性、动态性等特点。

(一)客观性

企业形象战略必须从企业的实际出发,实事求是,必须建立在对企业内外实态进行周密调研的基础之上,这样企业形象战略才会符合企业的实际。企业形象的塑造可以站得高些,但不能脱离企业实际无限拔高,否则会因为无法满足社会公众的期望而损害企业原有形象。

(二)系统性

导入企业形象战略是一项复杂的系统工程,由三个子系统(理念识别系统 MIS、行为识别系统 BIS 和视觉识别系统 VIS)组成完整的形象识别系统。“系统”是指相同或相类似的事物按一定的秩序和内部联系而组成的整体。系统具有整体性、结构性、层次性、历史性等特点。

组成企业形象战略的三个子系统之间各自相对独立，又互相紧密相连。理念识别系统是企业识别的核心和系统运作的原动力，是整个系统的基础；行为识别系统是理念识别系统的外化与表现，是实施的主体；视觉识别系统直观鲜明地向外界传播和展示企业生动具体的视觉形象，是最为快捷的传播形式，它能有效地促成社会大众对企业的认知和识别。

企业形象战略的系统性还体现在它是多学科相互渗透、相互融合的产物。企业形象战略不仅涉及传播学、市场学、设计学、广告学、公共关系学，而且还涉及管理学、心理学等相关学科。导入企业形象战略是一项复杂的系统工程，需要相关专业人员和企业管理者的密切配合和协调。

完整而有效的企业形象战略，应该是企业理念、文化、组织、管理、目标、发展战略、社会责任等内在因素与外在形象的结合。企业形象战略各部分只有在统一的形象目标的指导下，才能规范化、标准化地表现出一个系统整齐划一的形象，这是企业形象战略的核心，是企业形象战略成功的关键。企业形象战略与企业的内部结构、运行机制和管理水平紧密相关。策划形成的成果，要通过有效的组织机构去实施，否则即使是非常优秀的策划和设计也只能成为毫无价值的东西。

（三）社会性

企业的生存和发展离不开社会的理解、支持和合作。企业的根本利益和社会整体利益是一致的。企业对社会做出卓越贡献，它必然会得到社会加倍的回报，本质上它们之间是没有矛盾的。作为一个企业，应有强烈的使命感和社会责任感。因此，企业的形象战略必然具有社会的特征，以便其在更广的范围内被认识和传播。企业形象策划和创意的社会性，应体现在把社会利益摆在首位。企业形象策划理念的确定和表达，必须建立在企业目标与社会需求的完美结合上。企业形象塑造的最终目标是使企业与有关各方处于理想和谐的状态，企业目标只有紧扣社会需求，才有无穷的生命力。

（四）统一性

统一性是企业形象战略得以实现的重要因素。统一性是指企业内外、上下各个方面协调一致。如果企业的名称不能反映企业特性，就是缺乏统一性，这是自我的不一致。又如，企业有一个统一的标志，但是，同一企业的员工对标志的理解各不相同，这也是缺乏统一性的表现。再如，企业对在各种场合出现的企业名称、标志和字体等都无统一的规定，也是缺乏统一性的表现。企业形象策划的一个重要目的，就是要确定统一的标志、标准字和标准色，并将它贯穿于产品的包装、建筑物的设计、员工的着装等所有能给人的视觉留下印象的媒介上，以显示企业内外和上下的统一性。

（五）传播性

企业形象战略是企业信息传达的全媒体策略。在企业形象战略的导入过程中，企业的信息传播不只是局限于大众媒体，而是扩大到所有与企业有关的媒体上。企业形象战略是一种全方位的信息传达体系，一种企业全员传播战略。企业信息的传播对象不仅仅是消费者和一般社会大众，而是全方位的，包括企业内部员工、社会大众和机关团体。企业在实施企业形象战略的过程中，必须进行企业理念的整理和开发工作，动员企业员工，深入开展内部教育活动，内部员工的认同和自觉参与是形成良好的内部形象的关键因素。

(六)差异性

企业形象战略的根本目标是全方位塑造个性鲜明的企业形象。因此,它归根结底是一种差异性的战略。可以说,差异性是企业形象战略的灵魂和生命。只有独创的、有个性的东西,才有存在的价值,才有生命力;反之,就没有存在的价值。所以,企业形象战略注重形象识别的独创性和个性化是企业形象战略策划与实施的关键。无论是理念精神、行为规范,还是视觉识别,都要有自己的特色,个性化、差异性是企业形象战略功能发挥的重要条件。创造与企业竞争对手之间的差异性,是企业形象战略取得成功的重要因素。在当今竞争激烈、强手如林的环境中,企业如果不能因势利导、开拓创新,就可能被淘汰。

(七)操作性

企业形象战略不是一种空洞的抽象哲学,也不是企业装潢门面的花瓶,而是一种实实在在的战略和战术,它必须是可以操作的。企业形象战略的可操作性主要包括两个方面:

第一,三大识别子系统必须具有可操作性。企业理念的构成、表现和渗透方法是具体可行的;行为识别系统是结合企业经营管理、市场营销、公关活动等实际情况的;视觉识别系统不是漂亮的视觉艺术作品,而是企业理念、企业风格个性的具体表现,而且制定的传播应用媒体策略是具体的、可执行的、可控制的。

第二,整个企业形象战略导入计划是符合企业实际状况的,是可以长期执行的。企业的情况各不相同,因此企业形象战略导入的模式和方法也应该各有特点,不能简单、教条地套用国内外企业的一般做法。企业形象战略作为企业形象的系统工程,其每一个步骤、每一个细节都必须是具体可操作的。

(八)长期性

企业形象战略是企业的长期战略,而非短期行为。它有两层意思:一层意思是指,就企业发展的某个阶段而言,企业形象战略的策划和实施需要一个长期的过程,是一项长期的战略。从开始启动、策划到实施导入、反馈修正往往需要较长的时间,如一两年、两三年或更长时间。在国外,有的企业用了 8～10 年。另一层意思是指进行形象策划和实施的目的是为企业创造可以永续经营的无形资产,因此,它必然伴随企业成长、发展的全过程。企业形象战略是企业的一项不断完善、没有终点的长期战略,一个形象目标的实现,是向另一个新目标前进的开始。企业的经营无止境,企业形象战略无终点。

(九)稳定性

企业形象战略的稳定性表现在,一旦企业形象的规划形成并确立,是不能随便改变计划的。因为,一个朝令夕改、朝秦暮楚的企业形象战略是不可能在社会公众的心目中塑造出一个高大、稳固的企业形象的。此外,企业形象一旦形成,在社会公众心目中形成的固定印象是不会随意改变的,在一段时期内是较稳定的,要改变已经形成的形象需要一段时间。

当然,企业形象战略的稳定是相对的,而变化才是绝对的。但它必须有稳定性的一面才有利于与其他企业形成差别,才有利于社会大众的认知和识别。整个企业形象战略的导入和实施,是稳中求变、变中求稳的过程。在这个发展过程中,企业所处的环境、经营规模以及消费者的认识结构都会有所改变,企业形象的内涵也在不断发展、充实或者发生微妙的变化,而如何在变与不变之中寻求平衡点,在稳定中求得不断发展,达到内外、前后的“对应”和“同一”,正是企业形象策划与设计所追求的崇高境界。

（十）动态性

企业形象战略的策划和导入是一项复杂的系统工程，它涉及企业的方方面面，既是企业外在形象的创立或革新，又是企业内部形象的革命。企业形象战略是一项长期的战略，需要较长的时间，在较长的周期内，企业的经营状况、组织机构、市场竞争策略等可能会发生变化，需要不断地完善和修正企业形象计划。即使是在完成企业形象计划后，企业达到了预期的形象目标，随着时间的推移和企业外部环境与内部情况的变化，原先良好的形象和现状的差距也会越来越明显，变革过去的形象，建立新的形象又会成为企业新的形象战略的任务。

二、企业形象战略的功能

企业形象战略通过对理念识别系统、行为识别系统和视觉识别系统的协调统一，对内可以强化群体意识，增强企业的向心力和凝聚力，同时通过标准化、系统化的规范管理，还可以改善企业形象，增强适应能力；对外可使社会大众更明晰地认知该企业，建立起鲜明统一、高人一等的企业形象，为企业未来的发展创造整体竞争优势。企业形象战略的主要功能有以下几个方面。

（一）识别功能

企业形象战略的开发和导入，可使本企业与其他企业区别开来，也使本企业产品与其他企业的同类产品区别开来。如今，各企业的产品品质、性能、外观、促销手段等都已趋同化，企业形象战略这种差异化战略的实施，可以使企业在市场竞争中脱颖而出，独树一帜。这有利于在消费者心目中取得认同，建立起对企业的偏好和信心。

（二）管理功能

在开发和导入企业形象战略的进程中，企业应制作形象战略推进手册作为企业内部规章制度，让企业全体职工认真学习并共同遵守执行，这样才能保证企业识别的统一性和权威性。通过规章制度的贯彻和实施，提升企业的管理水平，保证企业自觉朝着正确的发展方向进行有效的管理，从而增强企业的实力，提高企业的经济效益和社会效益。

（三）导向功能

企业形象战略所倡导的价值目标和行为方式引导着企业员工的追求。因此，企业形象战略可以长期引导员工们为之奋斗，这就是企业形象战略的导向力。企业形象战略的导向功能主要表现在两个方面：一方面是直接引导员工形成特定的人格、心理和行为；另一方面是通过员工对企业整体价值的认同来引导其观念与行为。企业形象战略可以使员工在潜移默化的过程中形成共同的价值理念，并通过对企业理念的认同，共同朝一个确定的目标去奋斗。

（四）传播功能

企业形象战略的导入和开发能够保证企业信息传播的同一性和一致性，并使传播更经济有效。例如，视觉识别系统的建立使得有关企业或企业各部门可遵循统一的传达形式并将其应用在企业所有的媒体项目上，一方面可以收到统一的视觉识别效果，另一方面可以节约制作成本，减少设计时无谓的浪费。尤其是编制标准手册之后，可使设计规格化，操作程序化，并可保证一定的传达水准。在企业形象战略系统的操作过程中，具有统一性与系统性的视觉要素可提高信息传播的频率和强度，产生倍增的传播效果。

(五)应变功能

在瞬息万变的市场环境中,变是绝对的,不变(稳定性)是相对的,企业要随机应变。企业形象战略的导入有助于企业提升自身的应变能力,适应多变的市场。

(六)激励功能

企业形象战略包含着企业的经营宗旨、经营方针和价值追求,是企业员工行为的最高目标和行动准则。因此,企业形象战略与员工价值追求上的认同,就构成了员工心理上的极大满足和精神激励,它具有物质激励无法真正达到的持久性和深刻性。

(七)文化教育功能

企业形象战略具有很强的文化教育功能,因为导入形象战略的企业能够逐步建立起卓越而先进的企业文化和共享价值观。而一个拥有强大的精神文化和共享价值观的企业对其员工的影响是极其深远的。员工不仅会体会到工作的价值,而且会因属于企业的一分子而倍感自豪,从而更加主动地认同企业的价值观,并将其内化为个体价值观的一部分。从这个意义上说,企业形象战略可以提高员工士气,增强企业的凝聚力。同时,企业形象系统的导入还可以为企业吸收最新的理论、科学技术知识、人才等,从而使企业在运转有序、协调统一的基础上加速发展。

(八)协调功能

良好的企业形象战略可以增强企业内部组织成员的归属感和向心力,让他们齐心协力为企业的美好未来效力。也就是说,它可以将地域分散、独立经营的分支业务机构组织统合在一起,形成一个实力强大的竞争群体,发挥群体的效应。

第三节　企业形象系统的导入与确立

企业形象系统的导入是一项影响深远、涉及面广的宏大工程,它意味着企业将进入全方位、高标准的经营管理工作之中。在导入过程中,企业应全面审视自己的经营管理观念、组织战略、内外关系、视觉形象等,使企业在一个新的、更高的起点上完成自我更新和本质升华。

一、企业形象系统导入的基本原则

企业形象系统导入必须遵循三个基本原则,即视觉上的识别性、行为上的统一性和时间上的持续性。

(一)视觉上的识别性

视觉是人类获取外部信息的主渠道。据科学统计,一个人通过视觉获取的信息占其全部获取信息的83%,而听觉只占13%,其他方式仅占4%。因此,视觉行为系统在公众认知企业方面起着极为重要的作用。而在视觉行为系统中,企业标识的视觉识别作用又尤为重要。企业标识,广义的解释就是企业用以与其他企业区别开来的标志,包括语言标志、图形标志和色彩标志等。

1.语言识别

企业的语言识别包括企业精神口号语识别、企业产品广告语识别和企业制度宣传语识别等。对企业来说,最重要的语言识别是企业精神口号语识别,因为它是整个企业中最富魅力、最鼓舞人心的无形价值因素，是企业之魂。按照“独特识别原则”，企业精神口号语必须具有高度提炼的个性色彩和深度蕴含的价值体现。企业精神口号语不仅要简短明了，还要能概括企业的个性。

2.图形识别

企业的图形识别一般指企业标志图形和产品商标图形。企业以一定的图形来表现自己，根本目的在于传递时给予公众强烈的视觉信号。

3.色彩识别

在企业形象策划中，企业往往以特殊的色彩来凸显自己，这种颜色被称作企业色（也叫标准色、主色调）。随着市场竞争的加剧，产品在质量、性能和技术方面的差异日益缩小，企业需要寻求新的差异点。运用独特的企业色，在整个传播过程中造成一种差异，这是提升企业市场竞争力的重要手段。

（二）行为上的统一性

企业形象策划是一项系统工程，企业形象战略将零散的公关宣传、广告创意统统纳入有序的、系统的操作轨道之中。这些非系统性的行为应具有统一性。若企业名称未能表现公司的特性，那是缺乏“统一性”；企业两位领导人对外界发表不一致的谈话，这是“自我”的不一致；企业提出的经营方针与实际活动不符，是缺乏统一性的表现；员工对企业的理念、精神、价值观念的理解有分歧，也属于“自我”的不统一。

（三）时间上的持续性

企业形象战略的导入需要树立长期的观念，且实施企业形象战略后，并非一朝一夕便能奏效，有时常需持续数年乃至几十年才能完成，因而投入的资金也比较多。在某种程度上，可把企业形象战略导入的费用视为一种广义的企业储蓄。

二、导入企业形象系统的方式

企业决定导入企业形象系统，首先要考虑导入方式的问题。这是一个直接关系到导入成效的关键问题。企业形象战略的导入一般有自我启动型、专家创意型和咨询公司推进型三种方式。

（一）自我启动型导入

自我启动型导入是指企业根据自身发展状况，由企业内部各方面人员来开展企业形象系统导入工作。其基本程序是：确定企业形象系统导入的时机；在企业内部各部门确定合格的人选，组成企业形象系统导入领导小组或企业形象系统导入委员会；对企业内部实态进行调查、分析；进行企业形象的创意、策划设计、执行等工作。

自我启动型导入的优点是：由企业内部成员进行企业形象系统调查、创意、策划、设计、执行等，他们对企业情况的了解更深入、细致、准确，能全面把握企业的历史与文化特征、决策者的风格等，并能提出符合企业特征与要求的思路与见解；内部成员能够就企业存在的问题抓住主要矛盾，把握关键性的人物与关键性的环节，对症下药，并实实在在地解决问题；能够为企业节省企业形象战略导入的投资。

自我启动型导入的缺点是：企业自有人才结构很难达到理想的水平。企业内部上下级存在等级，创意、策划者由于某些原因很难畅快淋漓地表述自己的想法，这样会使企业形象系统的导入受到一定的限制；企业内部成员对整个社会发展状况的了解可能不足，其掌握信息的广度与深度可能不如专业公司;企业内部成员还可能缺乏对企业形象系统导入的深入理解和经验总结,使导入的结果不尽理想。

(二)专家创意型导入

专家创意型导入是指企业为导入形象系统,专门聘请专家作为企业的“外脑”,由富有经验的专家组成专家团,专门对企业形象系统的导入进行调查、分析、创意、策划、设计、论证并监督实施。

专家创意型导入的优点是:专家们往往富有企业形象系统导入经验,从而可以保证企业形象系统高起点导入,运作思路系统而完整;所聘专家各有其专业特长,知识水平高,知识结构完备;专家们所掌握的信息量大,对各类企业的特色有更多的了解,因此对企业形象系统的趋势判断较准确;专家们作为企业的“外脑”,不介入企业内部,敢于客观、公正地提出并解决问题。

专家创意型导入的缺点是:专家们身居企业之外,对企业的各类情况不能深入细致地了解,即使能在企业调查中更多地掌握信息,与企业内部人员相比,还是有相当大的距离。专家们要深入企业基层了解情况,与企业内部各类工作人员打交道,充分了解企业的实际,以保证导入的企业形象战略符合企业实际,并真正能以企业形象系统的导入来推动企业的发展。

(三)咨询公司推进型导入

咨询公司推进型导入是指企业委托专门的企业形象系统导入策划咨询公司来承担企业形象系统导入的创意、策划工作,协助企业做好企业形象系统导入工作。随着市场经济的发展,我国专门从事企业咨询策划的公司如雨后春笋,层出不穷,仅北京就有近千家,全国从事咨询策划工作的公司有近 5 000 家,从业者数万人。其中,有外国独资的咨询策划公司,有外资与内资合作的合资合营咨询策划公司,也有专门由国内专家组成的咨询策划公司等。有大到几百人的公司,也有小到十几人乃至几人的公司。其中不乏顶尖高手,也有不少鱼目混珠,层次参差不齐。

咨询公司中有各类专家,从知识结构、专业水平、工作经验及敬业精神上看,其具有与专家创意型导入一致的优点。此外,一个运作良好的咨询策划公司,其内部成员合作紧密,配合默契,有着协调的运作方式和系统的操作规划,可以保证企业形象系统导入的各项工作达到最佳的状态。由于不同的咨询策划公司有不同的工作风格、业务特长,企业寻找合适的咨询策划公司时,一定要对咨询策划公司的业务专长、资信能力、业绩水平、信誉形象等事先进行调查,以确保合作顺利和成功。

三、导入企业形象系统的时机

由于不同的企业在市场上所处的地位不同,它们对企业形象系统的需求程度也不同,各自导入企业形象系统的时机亦不尽相同。任何一家企业导入企业形象系统,都必须从长远的角度出发,把握住导入的最佳时机,以取得最理想的效果。企业一般可利用以下时机导入企业形象系统。

(一)企业建成或改制重组之际

新建企业从开业之初就导入企业形象系统,可以以一种系列性、新颖性、独特性的统一形式,把企业文化信息传播给社会公众。由于是新企业,没有传统及其影响,更没有陈规陋习的束缚，可以设定最佳的企业经营管理观念与信息传播系统，以完美、完整的企业形象带动企业商品的销售，迅速占领市场，站稳脚跟。所以，企业建成开业之际是导入企业形象系统的最佳时机。

在市场经济环境中，企业改制重组经常发生。改制重组后的企业不再使用原企业的识别标志，通常多采用新标志，以利于企业新形象的树立。企业改制重组后，会给社会公众和社会环境带来影响，尤其是上市公司，此时导入企业形象系统，可让社会公众重新了解企业，解除他们心中的疑虑，乐于购买企业的产品或股票。改革开放以来，我国有许多企业通过合资、合作的形式加入了集团化经营的行列，在合作中，都对企业原有的标识系统进行了变更。

（二）企业推出新产品之际

新产品推出之时是给消费者留下美好印象的良好时机。所以，配合新产品的营销与促销而导入企业形象系统，不仅可收到新产品促销的广告效应，而且可以获得树立、强化企业形象之功效。

（三）企业创业周年纪念之时

创业周年的纪念之际，对企业而言，是一个意义重大的时机，此时导入企业形象系统，可使企业迈向更高、更长远的目标。

（四）活动领域扩大和产品结构多元化后

当企业的活动领域逐渐改变、扩大，企业产品结构向多元化方向发展时，企业原有的信息传播系统便会显得不相适应。此时，企业有必要重新导入企业形象系统，或者开发企业形象的新内容，以确保企业文化信息传播通畅。

（五）开拓市场进行国际化经营时

企业发展到一定阶段，在国内竞争中站稳了脚跟后，便会萌发拓展海外市场的念头，或者从创业伊始便将眼光瞄向国际市场。此时，为了树立企业良好的国际形象，使国外消费者能了解、记住企业的形象和产品品牌，企业应导入企业形象系统，以便建立适合海外消费者的品牌形象。

（六）企业发生重要人事变动时

如果企业高层发生人事变动，新领导的思想、观念以及行为作风与原领导的大抵不同，他可能改变过去的经营方针和政策，或对企业组织结构进行较大的调整。如果此时配合导入企业形象系统，就是改变企业形象、鼓舞士气、振奋人心的最佳时机。

四、导入企业形象系统的程序

企业在正式导入企业形象系统以前，必须先规划、编制相应的导入程序，然后按照程序逐项进行策划、导入。企业形象系统导入程序可使企业形象系统有条不紊地得到具体实施。一般而言，企业形象系统的导入要经过以下十一道程序。

（一）建立企业形象系统组织机构

1. 成立企业形象系统委员会

企业形象系统委员会成员应包括企业最高层领导及其他有关人员。企业最高层领导（总经理、副总经理）是企业的决策人员，企业形象系统的策划与实施需要由他们来提供人力、物力、财力以及决策的保障。除此之外，还要有企业各部门经理的参与，企业形象系统策划所需要的信息的提供依赖于他们，同时企业形象系统也依赖于他们在各自部门进行全面宣传和推广。企业形象系统委员会的其他人员,一部分应是企业公关部擅长企业策划的人员,另一部分应是企业外聘的专家与学者,企业形象系统的策划、设计、定型等一系列工作由他们具体完成。

企业形象系统委员会的任务主要有以下几项:①确定企业形象系统开始导入的具体日程与时间;②制定企业形象系统导入与实施的方针政策;③确定企业形象系统导入的价值取向;④全面诊断与调查企业内部、外部的经营环境;⑤提供企业形象系统策划所需要的完整材料;⑥评审、通过企业形象系统策划的各种方案;⑦为策划人员提供方便、帮助与保障;⑧发动企业全体员工积极参与企业形象系统导入的各项活动;⑨在企业内部全面推行企业形象系统;⑩向策划人员及时反馈企业内部对企业形象策划的各种意见与建议。

2.设立企业形象系统执行委员会

企业形象系统执行委员会在组织上隶属于企业形象系统委员会,是企业形象系统委员会下设的一个具体从事企业形象系统策划与推广工作的办事机构。如上所述,企业形象系统委员会的主要工作是制定企业形象系统的决策,负责落实各种资料信息的提供和后勤保障,而企业形象系统执行委员会则负责企业形象系统具体内容的策划。企业形象系统执行委员会的成员在本书中统称为企业形象系统策划人员,他们的主要工作有以下几项:①预测企业形象系统开始导入的具体日程与时间;②编制企业形象系统导入的费用预算;③递交企业形象系统委员会关于企业形象系统策划项目与内容的论证报告;④对企业内部经营环境进行诊断;⑤对企业外部经营环境开展调查;⑥开展企业理念识别、行为识别、综合感觉识别、信息传播识别等企业形象识别策划;⑦负责落实企业形象系统的内外实施与推广;⑧负责对企业形象系统实施效果进行评价与检验。

企业形象系统执行委员会部分成员为有关领域的专家,企业可根据企业形象系统策划项目的要求,邀请他们参加企业形象系统的策划。这些专家在企业经营管理、市场营销、公共关系、社会文化、计算机应用、美术等学科领域既有理论知识又有实践经验,他们分别负责不同项目的策划,将各自项目的初步策划方案提交企业形象系统执行委员会讨论,最后形成更为完善的策划方案。企业形象系统执行委员会的另一部分成员可从企业公共关系部工作人员中选派。他们的主要工作是协助各路专家,与他们进行充分的信息交流与沟通,同时也承担某些项目的策划。

由此组成的企业形象系统策划力量,无论在策划项目的数量上,还是在策划项目的质量上,都是单一的广告公司或形象策划公司所不能企及的。

企业形象系统委员会在审定企业形象系统执行委员会的组成人选时,应处理好自我策划与专家策划的关系。企业自我策划与聘请外界专家策划应很好地结合起来,优势互补,共同努力,把企业形象塑造好。在实践中,容易产生两种倾向:一种是“排外”,有些企业经理不了解外聘专家策划的特点与意义,不了解专家的实力与水平,不愿借助外界智力优势,从而使企业形象系统策划的视野、思路大受限制。另一种倾向是“崇外”,认为“本企业没有能搞企业形象策划的人才”,因而不惜重金聘用外界有关机构和人员,并盲目地相信外聘人员。如果导入企业形象系统的决策过程透明度不高,那么不仅会导致企业员工不理解、不配合,甚至在中层管理人员中也会产生抵触情绪,使企业形象系统策划工作因失去群众基础而难以顺利进行。正确的做法应是把围绕某一目标、策划某一工作、提出某一方案的过程,视为调动企业员工积极性、促进企业发展的契机,作为统一思想认识、规划企业蓝图、振奋企业精神风貌的思想教育过程和舆论宣传过程，让全体员工人人参与，献计献策。这样，才容易取得满意的效果。

（二）企业内外部经营环境的诊断与调查

1. 企业内部经营环境诊断

在正式开展企业形象系统策划以前，策划人员所要做的最重要的工作，便是对企业内部经营环境进行全方位的诊断。通过诊断，可以了解企业的历史与现状，明确企业的优势与劣势，更主要的是可以发现企业内部经营环境中存在的问题与不足。有了对企业内部经营环境的全面了解，策划人员才能进行真正的企业形象系统策划。

企业内部经营环境诊断主要包括八个方面的内容：①企业理念识别诊断；②企业经营战略诊断；③企业人事管理诊断；④企业行为规程诊断；⑤企业服务环节诊断；⑥企业市场营销诊断；⑦企业财务管理诊断；⑧企业识别标志诊断。

2. 企业外部经营环境调查

进行企业外部经营环境调查的目的，是要为企业形象进行定位，或修正企业形象的定位，并为定位提供科学的依据。

企业外部经营环境调查主要包括五个方面的内容：①企业外部宏观环境调查；②企业消费者调查；③企业产品调查；④企业竞争者市场营销调查；⑤企业外在形象现状调查。

（三）企业形象定位

企业形象定位，是要根据市场的竞争情况以及企业的优势条件，确定企业产品与服务在目标市场上的竞争地位。换言之，就是要在目标市场消费者的心目中为企业产品与服务创造一定的特色与个性特征，赋予企业一定的鲜明形象，以便于消费者与社会公众识别，适应他们的需要与爱好。企业形象定位一般要考虑以下问题：①企业提供的产品与服务具有何种特点与优势？②企业目标市场上的潜在消费者需要什么样的产品与服务？③企业目标市场上的新消费群体组成情况怎样？④企业目标市场上的竞争者给消费者提供什么样的产品与服务？

（四）建立企业理念识别系统

当对企业内外部经营环境的诊断与调查结束并取得全部有用的资料后，在企业形象定位准确的基础上，可以开始策划企业理念识别系统。在策划企业理念时，应持非常慎重、认真、科学的态度，因为企业理念不仅要反映出企业的行业特点、个性特征，而且要能被社会公众所认同和内化。企业理念是企业形象系统策划的灵魂，它决定着企业形象系统策划的成败。企业理念识别系统策划方案制定后，要经由企业形象系统委员会评审通过才可实施。

（五）建立企业行为识别系统

企业行为识别系统策划是企业形象系统策划的主要内容，要求其能充分反映企业经营理念，把理念具体化，并具有可操作性。在进行企业行为识别系统策划时，除了企业自有的管理专家参加之外，还需要外界企业经营管理专家与企业形象策划专家的参与。另外，企业行为识别系统策划不仅要破除旧有的、不符合企业生产力发展的行为模式与规程，而且要增加新的、适合并促进企业生产力发展的行为模式与规程。目前一些广告公司或形象策划公司在给企业进行形象识别系统策划时，只做表面的视觉识别策划，而往往把行为识别与理念识别策划给省略掉了，这是对企业形象塑造极不负责任的做法。

企业行为识别系统策划方案制定后，要递交企业形象系统委员会评审；在充分征询企业全体员工的意见与建议的基础上，经反复修订后才可通过。企业行为识别系统策划的最高境界是策划的科学化、规范化、程式化以及可操作化。

(六)建立企业视觉识别系统

企业视觉识别系统的策划必须以企业理念识别与行为识别为依据。可以说,视觉识别是这两者的静态外化。导入企业形象系统仅仅开展视觉识别策划是远远不够的,甚至是片面和有害的。导入企业形象系统,可以从视觉识别策划入手,再过渡到包括企业理念识别、行为识别、综合感觉识别、信息传播识别等在内的企业整体形象识别策划。

企业视觉识别系统策划方案完成后,也要递交到企业形象系统委员会进行审查讨论,在听取企业最高层领导的意见后,经修订予以通过。

(七)建立企业综合感觉识别系统

继企业视觉识别系统策划之后,要对企业综合感觉识别系统进行策划。综合感觉识别系统策划的内容主要包括企业信誉形象、道德形象、管理者形象、员工形象、经营环境形象等。综合感觉识别系统策划方案完成后,照例也要递交给企业形象系统委员会审查通过。

(八)建立企业信息传播识别系统

企业信息传播识别是企业策划主体工程的最后一个项目。信息传播识别在企业形象系统中起着把企业的理念信息、行为信息、视觉信息、综合感觉信息等源源不断地向企业内外进行辐射的作用。在进行企业信息传播策划时,要讲究信息传播的经济性、系统性、真实性、科学性和艺术性。策划方案完成后,要递交企业形象系统委员会审查通过。

(九)编制企业形象系统手册(CIS手册)

当企业形象系统主体工程策划完成后,接下来就要把在前面各个阶段、各个程序所策划的内容编纂成册,作为今后实施企业形象系统的资料和依据。企业形象系统手册其实就是一本完整、详细的企业形象系统实施指南。

企业形象系统手册包括以下五部分内容:

1.企业理念识别系统

此部分收录企业理念识别系统策划的成果,具体有企业宗旨、企业精神、价值观念、方针政策、战略目标等。

2.企业行为识别系统

此部分收录企业各个部门、各种岗位上的全部行为规范和行为模式。这部分内容是企业沿着新轨道安全、有序、高效运行的保障,企业全体员工需人手一份。

3.企业视觉识别系统

此部分收录企业标识系统的全部内容,包括基本要素、附属基本要素、基本要素的组合系统以及应用要素等。

4.企业综合感觉识别系统

此部分收录策划人员在企业信誉形象、道德形象、管理者形象、员工形象、经营环境形象等项目上的策划成果。

5.企业信息传播识别系统

此部分收录策划人员在信息传播项目上的策划成果,主要分为真实、系统的可信任媒介,艺术、科学的渠道,灵敏、快捷的反馈等内容。

企业形象系统手册编制后,同样要经企业形象系统委员会审查通过。

(十)撰写企业形象系统宣言(CIS 宣言)

企业形象系统宣言是一家企业在步入一个新的历史发展阶段时,向全社会进行的一次精神宣誓,是企业向社会公众,特别是目标市场消费者所做的一次永久性的精神承诺。这一承诺将在今后漫长的经营管理过程中,作为一面镜子,检验企业的行为和形象。

企业形象系统宣言一般包括四个方面的内容:①回顾企业所走过的历程;②准确诠释企业经营理念;③概括描述企业品牌的功能优势以及精神意义;④详细说明企业标志的含义。

企业形象系统宣言创作完成后,也要提交企业形象系统委员会审查通过。

(十一)评估企业形象系统实施效果

企业导入、实施企业形象系统以后,为了了解企业形象系统是否达到预期目标,必须对实施中的企业形象系统进行客观地评估,以便找出不足和问题,为企业形象系统下一步的深入实施创造有利条件。企业形象系统实施效果评估工作分为以下三个阶段进行:①企业形象现状评价;②企业形象现状调查与分析;③企业形象现状修正与完善。

企业形象系统实施效果评估工作必须在企业形象系统委员会的直接指导和监督下进行。

五、企业形象系统的传播

企业导入形象系统后,应在一定的时间内将企业导入形象系统的状况、内涵等信息对外进行发布,以完成企业形象系统导入的传播使命。所有对外的传播均应统一标志、统一色泽、统一形象、统一口号。

企业形象系统导入后对外发布的基本内容,因导入内容不同而有所不同。一般应包括:企业的新形象识别系统,企业的新名称、新标志、新设计系统、新理念、新行业标准,企业导入形象系统的成果、成效,企业新的风尚、新的规则等。

企业形象系统导入后对外发布信息的时间不宜拖得太长,应借企业形象系统导入后的相关活动安排其发布时间。例如,企业名称的更改,企业标志、商标的注册等,应在法律手续办完之后,再确定对外公布的时间,并做出适当的安排。企业形象系统导入后对外发布的对象主要有消费者、社会各类公众、地方公众团体、政府、金融机构、原材料供应者、产品经销商等。

阅读材料

美国可口可乐公司和百事可乐公司的企业形象战略简介

可乐双雄的形象大战最富有戏剧性,也最富有启发性。可口可乐年销售量居世界饮料行业第一,被称为“第一饮料”;百事可乐居年销售量世界饮料行业第二,被称为“第二饮料”。1886 年,美国药剂师彭伯顿利用南美 Coca 树叶和非洲 Cola 树籽炼制成一种健脑提神药,再加苏打水与糖浆,合成了深红色的原始可口可乐饮料。其销量从 30 加仑猛增到 1 000 多加仑,此后却一蹶不振。坎德勒在 1891 年以 2 300 美元收购了可口可乐专利权,并在 1892 年创办了可口可乐公司,于 1893 年申请了可口可乐注册商标。无独有偶,美国人布拉伯汉在 1893 年把可乐味的布拉德饮料改名为百事可乐,申请了注册商标,创办了独家生产经营的百事可乐公司。1919年,美国实业家厄内斯特·伍德拉夫以2 500万美元买下了可口可乐公司。这一阶段,两大可乐的市场销售始终平平,难分高低。

1934年,担任可口可乐公司第二任总裁的伍德拉夫之子罗伯特·伍德拉夫聘请设计师雷蒙·罗维重新设计了可口可乐的商标和包装,白色衬底烘托了鲜红圆圈,圆圈内是波状曲线造型的可口可乐手写字体。整个产品识别商标红白对比强烈,色彩鲜明,给消费者带来了强大的视觉冲击和震荡。可口可乐的销售额顿时猛翻了数百倍,以5∶1的优势把百事可乐远远甩在了后面。这个纪录延续保持了20年之久。

20世纪50年代以来,百事可乐公司使出浑身解数更新产品,强化销售,改善服务。它既改变配方推出低甜度的新一代百事可乐,又开发更新不同容量和装饰的外包装,还免费把产品直接送往销售现场。由此,百事可乐的年销售额增长了几倍,同可口可乐的销售量差距从1∶5变成了2∶5。遗憾的是,可口可乐公司采取了有力的销售措施,使得百事可乐的销售形势发生了逆转。

1969年,新任百事可乐公司总裁梯尔毅然作出决策,更新企业识别标志,导入企业CI战略。百事可乐英语原文为"Pepsicola","Pepsi"发音既清脆响亮,又能使人联想到开启饮料罐时气体外逸而发出的"嘶嘶"声。所以,干脆去掉"cola",仅保留"Pepsi",并且在"Pep"和"si"之间点断形成停顿,进一步突出"嘶嘶"声。这一方面引发和刺激了视听感知,形象地表现和展示了饮料企业的经营性质及其发展方向;另一方面扩大了内涵,兼容了可乐型饮料,强化和深化了企业形象的整体统一性和市场营销的整合传播力。视觉识别标志左右贯通无阻,上下反向对称分布了两个相同形态的不规则圆浪形,上为红色,下为蓝色,构成了红、蓝、白的色彩对比,以及开放和封闭的时空对比与变化。为了集中和加强视觉审美效应,在标志两侧分别增加了红色和蓝色的半方框。导入企业CI战略,为百事可乐公司带来了极为可观的经济效益和社会效益,从1969年到1976年,每售出3瓶可口可乐,便可售出2瓶百事可乐。1975年5月,百事可乐全月销售量第一次超过了可口可乐,1985年,百事可乐全年销售量前所未有地超过了可口可乐。

早在1970年,可口可乐公司就更新开发了统一的视觉识别标志。原来的白底、红色圆形轮廓、红色手写字体和图形,变成了红底、红色方形轮廓、白色品牌手写字体和图形,下面还有一条与可口可乐玻璃瓶轮廓线相似的白色波状曲线,既有延续又有变化。

可口可乐新的视觉识别系统实施以后,市场营销效果很好。然而,它没有及时和系统地进行扩展、提升、推广。在百事可乐公司全面导入企业识别系统并形成强大市场冲击的情况下,可口可乐公司最高决策层结束了长期的争论和徘徊,不惜代价地设计、导入、实施了新的企业形象战略。新任董事长唐·基奥和设计师阿·谢克特淘汰了150多种设计方案,最后确定将以红底白字为特征的视觉识别系统应用于新一代可乐型饮料和非可乐型饮料以及其他产品。随后,从企业识别标志出发,进行了全方位的导入和推广,以红色冲击波的色彩策略突出了可口可乐"挡不住的感觉"。行为识别系统以独特的生产经营方式及其管理方式为主题,强调了可口可乐集中经营原浆、设备、技术、品牌和就地分散灌装、销售、服务、公关相结合的双轨制规范化行为方式。理念识别系统力图表现和展示可口可乐的全球性和永恒性,深化了可口可乐从美国大众文化转变为世界大众文化的新策略和价值观。仅视觉识别系统的企业识别手册,就编制了6册之多。这样,不仅保留了风靡世界、深入人心的可口可乐商标,而且把可口可乐识别标志上升到了企业CI战略的高度。

可口可乐公司以弘扬传统和开拓创新的新形象，赢得了亿万消费者的信赖。可口可乐的市场销售额上升了2个百分点，百事可乐的市场销售额却下降了1个百分点，可口可乐公司仍然举世第一，独占鳌头。1993年，可口可乐公司的销售总额和利润分别高达140亿美元和22亿美元。在世界十大食品和饮料公司排行榜上，可口可乐的品牌价值达3 595亿美元。

经过欧美企业界和设计界的共同努力，特别是经过市场竞争的严峻考验，企业形象战略从诞生到完善，逐步走向规范。完整的企业识别系统包括了理念识别系统、行为识别系统以及以企业识别标志为中心的视觉识别系统，三大识别系统既相辅相成、不可分割，又相互作用、相互渗透。世界著名企业导入实践，有力地推动了企业形象战略的形成和发展，在统一视觉传播的基础上，上升到视觉识别系统，并且向理念识别系统延伸和扩展，形成完整的传播策略。

本章小结

企业形象战略是以企业未来形象的确定为目标，对企业形象资源进行调配所采取的方法和策略。企业形象战略是企业总体战略中的一个重要组成部分，是为树立良好企业形象目标而制定的企业个别战略。

企业形象战略是企业形象传播的策略和手段，其策划、实施和研究涉及许多相关的学科，它吸收、借鉴和应用了许多学科的理论和研究成果。

企业形象战略是一种超越传统观念的企业形象整体战略，它具有客观性、系统性、社会性、统一性、传播性、差异性、操作性、长期性、稳定性、动态性等特点。

企业形象战略的主要战略功能有：识别功能、管理功能、导向功能、传播功能、应变功能、激励功能、文化教育功能和协调功能。

企业形象系统导入必须遵循三个基本原则，即视觉上的识别性、行为上的统一性和时间上的持续性。

企业形象系统导入一般采取自我启动型、专家创意型或咨询公司推进型三种方式。

企业形象系统导入程序可使企业形象系统有条不紊地得到具体实施。一般而言，企业形象系统的导入要经过以下十一道程序：建立企业形象系统组织机构、企业内外部经营环境的诊断与调查、企业形象定位、建立企业理念识别系统、建立企业行为识别系统、建立企业视觉识别系统、建立企业综合感觉识别系统、建立企业信息传播识别系统、编制企业形象系统手册、撰写企业形象系统宣言和评估企业形象系统实施效果评估。

中英文对照专业名词

理念识别系统　Mind Identity System，MIS

行为识别系统　Behavior Identity System，BIS

视觉识别系统　Visual Identity System，VIS

企业形象战略　Corporate Identity Strategy，CIS

企业传播系统　Corporate Communication System

复习思考题

1. 企业形象战略的构成要素有哪些？它们之间有何关系？
2. 品牌形象理论与企业形象战略有什么关系？

3. 企业发展战略与企业形象战略有什么关系?
4. 试述企业文化的定义以及它对企业形象战略的影响。
5. 社会公德如何影响企业形象战略的传播?
6. 简述企业形象战略的特点及其功能。
7. 简述企业形象系统导入的原则。
8. 简述企业形象系统导入的方式。
9. 企业形象系统导入的时机如何选择?
10. 简述企业形象系统导入的程序。
11. 海尔的"真诚到永远",今日的"现代生活从今日开始",华联的"天天平价,样样称心"是不是企业精神?为什么?
12. 为什么说企业形象战略的策划和实施必须内外结合?

案例分析

麦当劳的启示:形象深处是战略

中华民族向来以饮食烹调闻名于世。自宫廷御膳、满汉全席至川粤名菜、北京烤鸭,再至麻婆豆腐、卤煮火烧等各类名吃,为世人百尝不厌,赞不绝口,并走向世界。过去,世界公认中国烹调与法式大菜并驾齐驱。现在,随着对外开放和国人的四海闯荡,中国的饮食烹调更受欢迎。许多外国人士甚至认为,"法式大菜为欧洲之冠,中国烹调为世界第一"。过去说,走遍世界,哪里有中国人,哪里就有中国餐馆;而现在,即使在没有中国人的地方,也有中国餐馆。据粗略统计,中国餐馆仅在海外就有16万家,遍布世界各个角落。这无疑是中国饮食业的骄傲。

然而,遗憾的是,在这16万家中国餐馆中,由于受传统经营观念的束缚,相信"好酒不怕巷子深",没有一家中国餐馆能像美国麦当劳快餐那样独家经营,遍布全球。据统计,1994年麦当劳在世界各地新开餐厅751家,全球独家经营的餐厅总数超过15 000家。1994年麦当劳的全球营业额从上年的74亿美元上升到83亿美元,利润从上年的10.8亿美元上升至12.2亿美元,连锁店的总营业额从236亿美元上升至260亿美元,取得了创纪录的成绩。特别引人注目的是,该公司计划每年新开设1 200~1 500家餐厅,平均每6小时开设一家,其中2/3将设在国外。时至今日,在我们这个以饮食文化著称的国度里,已随处可见麦当劳那诱人的"身影",麦当劳成功地抢滩中国,创造了饮食神话般的奇迹!

麦当劳的生意为什么如此火爆,而我们中国的餐饮业迄今为止没有一家能做到这一点?是麦当劳汉堡包的味道超群绝伦么?很显然不至于。虽然麦当劳汉堡包的味道好,但我们"全聚德"的烤鸭、"同盛祥"的羊肉泡馍等,味道不说在其上,至少也不在其下。那么是麦当劳的价格很有竞争力吗?很显然也不是。我们许多小吃、快餐的价格要比它的更有竞争力。

造成这一局面的原因何在?

毫无疑问,这里除了我们僵化的经济体制和经营机制等根本性原因外,还有一个重要原因,就是缺乏高水准的现代企业形象管理。

据报道,全球每天光顾麦当劳的顾客就有2 800万人次。全球迄今最大的麦当劳餐厅——北京王府井麦当劳每天宾客盈门,回头客达20%~50%。世界各地的顾客,特别是以饮食文化著称、"以食为天"的中国顾客,频频光顾麦当劳,吃的是什么?当然,首先吃的是可口的汉堡包。然而,除此之外,更多人往往是"吃"服务、"吃"环境、"吃"气氛。一句话,是"吃"形象。

凡是到过麦当劳的人,无论走到天涯海角,只要看到路边那红底黄字的M形的金黄色拱门标志,就知道，麦当劳在此恭候；来到餐厅门口，熟悉的门脸装饰、熟悉的麦当劳卡通人就会映入眼帘；进入餐厅，世界各地的麦当劳服务员，一样的红白条相间的着装，一样的笑脸相迎，一样的殷勤服务，会使顾客顿时感到"宾至如归"；设计独特的麦当劳纸袋、纸杯等专用餐具，给顾客带来风味独特而质量、规格统一的麦当劳快餐。

麦当劳抢滩中国的成功，对于中国的企业而言并非是一件坏事。是它用铁的事实向我们讲述了这样一个真理，那就是：形象深处是战略。这就要求中国的企业必须去研究这一新生事物，勇敢地去迎接挑战。

思考题：

1. 麦当劳的市场竞争有何特点？
2. 为什么说"形象深处是战略"？
3. 我国广大餐饮企业应从麦当劳的成功经营中吸取什么样的经验？

第三章 企业理念识别系统策划

导入案例

松下:传承百年不变的企业经营理念

随着互联网+的到来,产品更新日新月异,许多企业在时代的浪潮中起起伏伏、生生灭灭。而在邻国日本,存在百年以上的企业超过2万家,甚至有7家企业存在的时间超过了1000年。是什么秘诀让这些企业能够如此长盛不衰?

在12月25日举行的第五届"中国责任地产"课题发布会上,准百年企业——松下电器(中国)环境方案公司高级总监德岛圭一表示,企业的战略会随着时代的变迁发生变化,但是经营理念是永恒不变的。松下得以可持续发展正是因为始终遵从了三个原则:一是要有正确的经营理念;二是能够打造最大限度运用员工个性及能力的环境和制度;三是制定顺应时代变化的战术并付诸行动。

一个古希腊的寓言故事或许最能形象地说明经营理念的重要性:有一个人走在路上,看到几位师傅正在砌砖,便问第一个人,你在做什么?回答是我在砌砖。向第二位师傅问了相同的问题,回答是正在建教堂。向第三位师傅问了相同的问题,回答是我在这里建教堂,同时帮助传播爱与和平。

"抱着理想和信念工作的人与没有理想和信念工作的人相比,工作结果是完全不一样的。如果每个员工都坚守自己的理想和信念,这样就能取得完美的工作成果,这也是一个企业得以持续发展的动力和源泉。"德岛圭一表示,经营理念可以为四大重要问题做出明示:一是公司为了什么而存在;二是公司能为社会提供什么样的价值;三是将利益如何返还给社会;四是员工基于什么标准进行判断,如何采取行动。

对于松下来说,做生意也不仅仅是销售商品,而是一个同时销售公司的思考方式、商品、销售人员的人格和人品、真心和诚意以及良好的服务的综合过程。"我在刚进入公司时,上司和前辈经常这样对我讲,如果客户问你,松下是销售什么的公司?一定要回答,松下首先是培养人才的公司,然后才是生产销售产品的企业。在之后的25年中,我深刻体会到了其中的精髓和含义。"德岛圭一对此颇有感触。

据他介绍,松下的经营思想体系包括纲领、信条、七精神以及松下商人道。公司非常注重透明化经营和激发员工的自主性,因而始终能保持活力。其创始人松下幸之助更表示,自己只是平凡人,并且体弱多病,绝对不勉强自己做力所不及之事。所以,必须要仰仗公司中的广大员工共同努力。公司以上述理念为基础,每年度都会制定相应的发展方针和中长期计划等,将其具化并贯彻到日常的行动方针中。他还透露,松下今后会加速在中国投放养老产品,包括相关服务的运营和管理。

"每名员工,都要具备自己即为公司老板的气魄,来发展自己的'员工事业'。换句话说,要把自己当成一名独立经营个体的领袖，从这个角度出发，全身心寄情于工作，由此可产生更高的劳动价值以及无法想象的巨大能力和成果。”德岛圭一最后说。

资料来源：时宜. 德岛圭一：传承百年不变的企业经营理念[N]. 中国建设报，2015-12-30(003). 有删改。

企业理念是企业的灵魂，是企业哲学、企业精神的集中表现，同时也是整个企业识别系统的核心和依据。企业理念要反映企业存在的社会价值、企业追求的目标以及企业经营的思想。这些内容，通常应尽可能用简明确切的、能为企业内外乐意接受的、易懂易记的语句来表达。

第一节　企业理念识别系统的确立

企业理念是企业的灵魂，它犹如浩瀚大海中的灯塔，指引着企业这艘航船前进的方向；它是企业的原动力，激励全体员工众志成城，为实现企业的既定目标而努力奋斗；它是企业形象策划的核心，企业形象策划自始至终应该围绕企业理念这个核心展开。在实际操作中，我们必须认识到，企业理念的形成不是一朝一夕的事。无论企业自身是否意识到这一点，一个企业的成长发展，一定会有它的文化内涵作为支撑。企业一定会在自己的经营过程中，用自觉或者不自觉的行动来对经营理念作出诠释，也会反映出其价值观念、经营思想。从这个意义上说，理念的设定就不应该简单地由设计者设定一两句富有哲理的话，加上一小段注释，出售给企业就算完事。完整的企业识别系统的建立，首先有赖于企业理念识别系统(MIS)的确立。

一、企业 MIS 概述

（一）企业 MIS 的内涵

MIS 是英文“Mind Identity System”的简称，是指理念识别系统。企业的 MIS，是指企业的理念识别系统，即得到社会公众普遍认同的、体现企业自身个性特征的、促使并保持企业正常运作以及长期发展而构建的、反映企业明确的经营意识的价值体系。

（二）企业 MIS 的构成

企业的 MIS 是企业的基本精神所在，是企业文化在意识形态领域中的再现，是 CIS 最基本、最核心的内容，也是企业导入和实施 CIS 战略整个过程的原动力和重要组成部分。一般来说，一个企业的 MIS 主要由企业哲学、企业精神、企业道德、企业目标、企业宗旨、企业作风等要素构成。

（三）企业 MIS 的作用

企业的 MIS 在现代企业的发展中起着不可低估的作用，企业理念的实施过程，实质上是理念识别渗透于企业与员工行为及视觉标识的过程。理念识别的实施目的在于将企业理念转化为企业共同的价值观及员工的良好心态，从而树立良好的企业形象。这种作用主要体现在如下三个方面：

1. 统一思想作用

MIS 是企业 CIS 的核心，是企业开展活动的行为指南。树立良好的企业形象，首先要统一全体员工的思想，使全体员工同心同德、齐心协力。这就要求 MIS 不仅是企业领导者的思想,而且应在企业内部全体成员中达成共识或认同。先进的企业 MIS 具有统一全体员工思想的作用。

2. 心理定式作用

企业 MIS 是形成和决定员工群体心理定式的主导意识,在全体员工中一旦形成群体的责任感、自觉性、荣誉感,他们就能够按照企业精神和价值观所规定的行为准则,积极主动地修正自己的行为,关心企业的前途,维护企业的声誉,为企业的发展贡献力量。企业 MIS 对全体员工起着心理定式的作用,集中体现在企业的凝聚力方面。

3. 行动导向作用

MIS 贯穿于企业经营活动的各个方面,尤其体现在企业的目标、宗旨和社会责任等重大问题的决策上,这对企业行为起到导向作用,进而对企业生产经营管理起着积极的推动作用。

二、企业理念形成的主要途径

企业理念形成的途径主要有:吸取民族传统文化的精华、借鉴国外先进的企业理念、继承本企业的优良传统、体现企业独特的个性。

(一)吸取民族传统文化的精华

"古为今用"是吸取民族传统文化精华的重要原则。世界上每一个民族都有自己的传统文化。在中华民族五千年的历史长河中,诞生了孔丘、孟轲、老聃、墨翟、韩非等伟大的思想家,形成了以儒家思想为核心的具有中华民族特色的传统文化,成为整个人类文明的重要组成部分。虽然随着时代的发展和进步,中华民族传统文化中的有些内容已经过时,但其中很多思想在今天乃至将来仍将放射出灿烂的光芒,这些超越时代的文化精华无疑是现代企业理念形成的重要途径之一。

企业理念的确立不仅要吸取民族传统文化的精华,而且要结合时代精神赋予其新的内涵,丰富其内容。如衡水电机厂在以儒家思想为核心的民族文化中吸取营养,并结合企业的具体管理实践,创造了把企业引向成功的和谐管理模式。和谐管理思想的核心是"和",而"和"的哲学思想不是来自其他地方,正是中国传统文化。孔子在《论语·学而》篇中就提出:"礼之用,和为贵",意思是礼(典章制度、礼仪礼制)的最重要作用是实现"和"(和睦、和谐)。从"和为贵"中阐发出"和为上""和为兴",具体落实到领导班子和谐、干群和谐、员工间和谐、与顾客和谐、与政府和谐、与社会公众和谐,从而树立起良好的企业形象。"和谐管理"的道德观念有一个"仁"字,同样也是来自于儒家学说中的"克己复礼为仁""仁者爱人"。爱是"仁"的实质,是相互的关心、爱护、尊重和信任。衡水电机厂的这种"仁"是爱国家、爱人民、爱企业、爱员工、爱顾客,具体而富有时代性,并不是空洞的道德观念。

(二)借鉴国外先进的企业理念

"洋为中用"是借鉴国外先进文化和先进企业理念的一个重要原则。在全球经济一体化进程进一步加快的今天,一个国家先进的企业管理思想和管理经验,常常被其他国家的企业学习和借鉴,经过改造以后融入它们的企业文化,甚至直接成为它们的企业理念。例如,日本企业"民主管理"的企业法宝就是 20 世纪 50 年代学习借鉴我国的"马恒昌小组","劳资一体自主管理"的思想更是从我国的"鞍钢宪法"中学的。我国烟台钢管厂的经营宗旨"以优质取胜,靠适销发展"就是借鉴国外企业质量管理和市场营销方面的理念而形成的。改革开放以来，我国许多企业都借鉴国外先进的企业理念，通过改造后形成本企业的理念。

例如：海口京江置业有限公司的企业精神——挑战自我，追求完美；广州本田公司的宗旨——我们以国际企业为目标，通过向顾客提供世界最高水平的商品，贡献社会；上海华联公司的企业精神——至诚服务，奋发创新；四通公司的企业精神——高效率，高效益，高境界；海尔集团的企业精神——敬业报国，追求卓越；二汽集团的企业哲学——不断改变现状，视今天为落后；东方通信股份有限公司的企业精神——挑战极限，超越自我。

这些企业理念尽管涉及企业文化精神层的各个方面，在表述上也不同，但其形成无疑是借鉴了国外先进的企业理念。借鉴国外先进的企业理念，要结合本国的国情和企业的实际情况，不可东施效颦。在这方面，日本企业给我们树立了榜样，日本企业在引进美国CIS战略的同时，与日本优秀企业文化结合起来，形成了企业文化型的CIS战略模式。

（三）继承本企业的优良传统

继承本企业的优良传统是企业理念形成的又一重要途径。因为企业的优良传统是经过企业实践所积累的宝贵经验。设计企业理念识别系统时，应积极继承本企业的优良传统，借鉴其他企业的优良传统，并且在继承和借鉴的基础上加以发扬光大，从而形成本企业更为完善的企业理念。

例如，天津达仁堂制药厂的企业理念就是对老达仁堂药店的企业文化传统的继承和发扬：

达仁宗旨——选料必求地道，炮制必求其精。

达仁精神——敢于拼搏争第一，勇于创新增效益，遵纪守法爱集体，振兴中药重信誉。

达仁思想——振兴中药，造福人民。

现行企业理念有许多是来自企业的优良传统。我国企业在长期的实践中形成了许多优良传统，如“产业报国”“爱厂爱国”“艰苦创业”“团结奋斗”“爱厂如家”“厂兴我荣，厂衰我耻”“全心全意为人民服务”“遵纪守法”等，被许多企业继承和发扬光大。

（四）体现企业独特的个性

每个企业都有自己独特的个性，主要体现在企业员工的群体价值观、经营管理方针、思考和处理问题的方式方法、团体风气等方面。在设计企业理念识别系统时，要强调个性化原则，在不排斥吸收优秀企业文化理念共性的基础上，保持企业理念的个性特点。如美国的国际商业机器公司（International Business Machines Corporation，以下简称IBM）宣称“IBM就是服务”，许多年来，IBM凭着这一理念为消费大众提供了世界一流的服务。美国杜邦公司提出：“为了更好地生活，制造更好的产品。”这一企业理念则含有不断用新产品、好产品来改善人类生活的意义。这两家公司的企业理念的共性是均蕴含着“以人为本”的思想，但两者的表达又有独特的个性。

三、企业理念识别系统构成要素设计

企业理念识别系统属于企业精神文化的范畴，主要由企业哲学、企业精神、企业道德、企业目标、企业宗旨、企业作风等六个要素构成。这六个要素尽管不同、各有侧重，但它们在本质上是和谐统一的。因此，在进行企业理念设计的时候，对这六个要素既应该有所区分，又不可机械地分离，既要在内容上力求完整、全面涵盖，又不可单纯在表达形式上强求一致。

(一)企业哲学设计

企业哲学是从企业实践中抽象出来的、关于企业一切活动本质和基本规律的学说。它是企业经营管理经验和理论的高度总结和概括,是企业家对企业经营管理的哲学思考。企业哲学作为工作的最高原则和基本规律被广大员工认识和掌握以后,化为他们自己的思想武器和行动指南,成为他们思考问题、采取措施、开展工作时自觉遵循的原则和规律。有没有明确统一、本质深刻的企业哲学,企业哲学是不是被广大员工正确理解和掌握,企业的经营管理状况是大不相同的。因此,对企业经营管理规律进行认真深入的总结和思考,通过概括、提炼、升华为企业哲学,是企业理念识别系统策划中的重要一环。

1. 企业哲学形成的途径

企业哲学形成的最根本途径就是企业领导者和全体员工的工作、学习和生活实践。具体来说有如下几条途径:

(1)企业家自身的哲学思维及其世界观、人生观和价值观。企业家的哲学思维、世界观、人生观和价值观由于被企业家自觉或不自觉地用来指导自身的行为,容易在企业范围内达成共识而被确定为企业哲学。海尔集团首席执行官张瑞敏对人与企业的关系有很深的哲学思考,曾撰文指出:"现代化首先是人的现代化,现代化的主体是人,现代化的目的也是为了人,因此人的意识和价值就有着特殊的地位,谁拥有了德才兼备的现代化人才,谁就可以在竞争中获胜。"这对形成海尔"把人当作主体,把人当作目的,一切以人为中心"的哲学思想起到了决定性作用。

(2)企业优秀人物和群体的哲学思维及其世界观、人生观和价值观。由于他们的先进思想和模范行为在员工群体中有巨大的影响力和感召力,通过挖掘提炼以后容易获得从企业领导者到一般员工的普遍认同和自觉接受,进而成为企业哲学。王进喜、孟泰等模范人物的思想觉悟和境界,无疑是大庆油田、鞍钢等企业哲学的主要组成部分。

(3)企业员工共同的哲学思维及其世界观、人生观和价值观。由于其渗透在企业生产、经营、管理等各方面工作中,一旦成为企业中占优势地位的思想观念,就很可能被集中浓缩为企业哲学。

(4)社会公众共同的哲学思维及其世界观、人生观和价值观。前者对社会有巨大影响,后者因同行之间的借鉴而对本企业也有很大影响,它们都是企业哲学形成的主要途径。

2. 企业哲学的内容

企业哲学到底要回答什么问题?企业运行的基本的、深层次的、带普遍性的规律和原则有哪些?企业家们普遍认为,企业哲学必须要回答的基本问题是"企业与社会的关系""企业与人(员工、顾客)的关系"等,这些问题的答案就是企业哲学的内容。下面以案例的形式介绍一些中外企业的企业哲学。

【案例 3-1】

企业哲学范例

(1)松下电器产业株式会社的企业哲学:①坚定正确的经营观念;②自主经营;③堰堤式经营;④量力经营;⑤专业经营;⑥靠人经营;⑦全员式经营;⑧共存共荣经营;⑨适时经营;⑩求实经营。

(2)本田技研工业株式会社的企业哲学:①不模仿人的独创性;②以全球的观点来考虑

问题（另一种说法是“创新经营，全球观点”）。

（3）二汽集团的企业哲学：不改变现状，视今天为落后。

（4）广州本田公司的企业哲学：尊重个性，以人为本。

（5）日本丰田公司的企业哲学：以科学技术为经，以合理管理为纬。

（6）瑞士劳力士公司的企业哲学：仁心待人，严格待事。

（7）北京松下彩色显像管有限公司的企业哲学：在制造产品之前必须制造人才。

（8）沈阳蓄电池厂的企业哲学：是堵必疏，是福必造，是旗必夺。

（9）美国奥辛顿工业公司的企业哲学：照顾好你的顾客，照顾好你的员工，那么市场就会对你加倍照顾。

（10）衡水电机厂的企业哲学：顺应天时，借助地利，营造人和。

（二）企业精神设计

企业精神是随着企业的发展而逐步形成并固定下来的，是对企业现有观念意识、传统习惯、行为方式中积极因素的总结、提炼和倡导，是企业文化发展到一定阶段的必然产物。设计企业精神，首先要尊重广大员工在实践中表现出来的积极的精神状态，要恪守企业的共同价值观和最高目标，不背离企业哲学的主要原则，要体现时代精神，体现现代化大生产对员工精神面貌的总体要求，使企业精神“源于生活又高于生活”，成为鼓舞全体员工为实现企业最高目标而奋斗的强大精神动力。

1. 企业精神的命名方法

企业精神的命名方法多种多样，主要有如下几种：

（1）企业名称命名法。以企业名称（或简称）命名的企业精神，如广东美的集团公司的“美的精神”，美国IBM公司的“IBM精神”，日本松下株式会社的“松下精神”，广州百货集团公司的“广百精神”，海尔集团公司的“海尔精神”等。

（2）“拳头产品”命名法。在企业精神命名中，有的是以企业的“拳头产品”名称来命名的。如沈阳风动机厂根据自己的“拳头产品”凿岩机敢于碰硬、开拓进取的特点，把该厂的企业精神命名为“凿岩机精神”。又如沈阳商中阀门厂把“阀门精神”作为该厂的企业精神，其寓意是“像开阀门那样勇往直前，像高温高压阀那样不畏困难，像最小流量阀那样团结协作，像止回阀那样令行禁止”。这种命名法使企业与其产品融为一体，有利于提高产品和企业的声誉，增强员工的自豪感，把爱厂和爱产品有机结合起来。

（3）榜样人物命名法。这种方法具有极大的激励作用，企业精神以“劳动模范”（或企业英雄人物）的名字命名，如大庆油田的“铁人精神”、鞍钢的“孟泰精神”等。

（4）全体员工命名法。如广州白云山制药厂的“白云山人精神”、广州钢铁集团公司的“广钢人精神”等。这种命名方式有利于唤起员工的主人翁意识。其命名的格式是：“单位简称＋人＋精神”。

（5）内容提炼命名法。将企业精神（或理念）的具体内容加以概括、提炼而命名。如我国台湾统一企业的“三好一道精神”（信誉好，品质好，服务好，价格公道）；常州林业机械厂的“三气精神”（工厂有名气，队伍有士气，职工有志气）；日本佳能公司的“三自精神”（自发，自治，自觉）。这种命名法，提纲挈领地揭示企业精神的内容，便于员工记忆。

（6）借物寓意命名法。以与企业生产经营有关的某一事物之名作为企业精神的名字，如常州自行车总厂的“金狮精神”,日本太阳公司的“蒲公英精神”(见缝即扎根,不计啥环境,生命付大地,开花不求荣)等。这种命名方式形象生动、画龙点睛,有利于员工理解企业精神的实质。

(7)形象比喻命名法。以比喻手法来命名企业精神,如北京百货大楼的“一团火精神”,比喻对待顾客温暖如春,全心全意为顾客服务。此外,还有煤炭企业提出的“火炬精神”,都是采取形象比喻的命名方式。这种命名方式给人的形象感很强,有利于在员工意识中烙上强烈的价值观印证。

2.企业精神的表述方式

企业精神是企业价值观的集中体现,是全体员工的共同行为规范,在企业CIS策略的制定中具有非常重要的作用,因为对企业精神的认同是企业内部统一意志的重要内容。企业精神不仅具有思想特征,还有传播特征,如何表述企业精神关系到职工认同和记忆的问题。

企业精神的表述方式主要有如下三种:

(1)高度概括式。有的企业用高度概括的语言来表述企业精神。例如,TCL的企业精神“敬业、诚信、团队、创新”;广东核电合营有限公司(大亚湾核电站)的精神“更高、更严、更优”;北京市公交总公司的企业精神“一心为乘客,服务最光荣”等。这种表述方式的优点是语言简练,易读易记;缺点是难以准确地把握其内涵。

(2)详细具体式。有的企业用详细具体的语言来表述企业精神。如北京松下彩色显像管有限公司的企业精神是:工业报国,实事求是,改革发展,友好合作,光明正大,团结一致,奋发向上,礼貌谦让,自觉守纪,服务奉献。日本妙德公司的企业精神是:①待人要亲切;②勤能补拙;③今日事今日毕;④遇到工作上的难题,虚心请教别人;⑤批评别人之前,自己必须自我反省;⑥决定要做的事全力以赴,发挥敬业精神;⑦日常行事,严肃中不失亲切。用这种方式表述有具体可感的优点,但也有不方便记忆的缺点。

(3)简繁结合式。这是一种折中的方法,有的企业在表述自己的企业精神时先作简要的概括,再加以具体阐述。这样的表述方式既能使员工记住要点,又能使他们理解具体的内涵。如松下株式会社的企业精神——“松下七精神”的表述就是一个典型的例子。

阅读材料

松下七精神

(1)产业报国精神——产业报国是松下电器公司的纲领,作为产业工人,认识本精神有着重要意义。

(2)光明正大精神——光明正大为人们处世之本,不论有无学识才能,如无此精神,即不足为信。

(3)友好一致精神——友好一致已成为公司信条,公司人才济济,如无此精神,就成为乌合之众,无力量可言。

(4)奋斗向上精神——为了完成我辈使命,只有彻底奋斗才是唯一途径,和平繁荣要靠这种精神争取。

(5)守礼谦让精神——为人若无谦让,就无正常的社会秩序,崇尚守礼谦让的美德,培养高尚情操。

(6)适应同化精神——如不适应自然哲理,进步发达就无法实现;如不适应社会大势,成功就无法获得。

(7)感激报恩精神——对为我们带来无限喜悦与活力者应持报恩之念。此念铭记在心中,便可成为克服种种困难的力量,迎来真正的幸福。

(三)企业道德设计

企业道德是人们在经营活动中应该遵循的,靠社会舆论、传统关系和内心信念来维持的行为规范的总和。企业道德对企业员工行为的软约束,不但可以弥补企业规章制度等硬约束难以面面俱到的局限,而且能够使企业员工的行为自觉地指向企业目标的实现,成为企业不可缺少的道德力量。因此,完整的企业理念识别系统策划,必须对企业道德进行科学合理的设计。

企业道德是社会道德理念在企业中的具体反映。企业道德所调节的关系的复杂性决定这种道德理念不是单一的观念和要求,而是具有多方面、多层次的特点,是由一组道德观念因素组成的道德规范体系。

企业道德设计,应坚持以下原则:

(1)体现中华民族的伦理道德传统。中国自古讲究商德,奉行贾而儒行的儒商精神,后来,一些企业受到启发提出童叟无欺、公平交易、诚信为本、竭诚服务等商业道德理念。

(2)符合社会公德及家庭美德。企业员工是社会人,企业伦理道德只有符合当前的社会公德及家庭美德的基本要求,才不会导致伦理悖论和道德冲突。在2001年我国颁布的《公民道德建设实施纲要》基础上,2012年党的十八大正式提出社会主义核心价值观,其中的“爱国、敬业、诚信、友善”就是对公民个人层面的基本道德规范,需要广大企业加以贯彻。

(3)突出行业和职业道德特点。例如,煤炭企业的企业道德“务实担当,简洁高效,至诚至信,共生共赢”(京煤集团)与商业企业道德“爱岗敬业、无私奉献,文明经商、诚实守信,童叟无欺、礼貌待客,货真价实、公平交易”(北京市城乡贸易中心)既有社会公德共性,又有行业个性。

企业道德内容丰富,不同企业表述不同。中国联通《员工职业道德守则》提出了诚实守信、利益冲突、利益相关方关系处理、信息披露及保密、保护公司资产、举报及处罚6项原则,并要求所有员工都要签署恪守职业道德的声明书。紫光公司的行为准则“爱、学、诚、廉、公、勤”就是职业道德。步长制药集团的“天条”为“反企业文化、冲击、兼职、泄密、弄虚作假、不为市场服务、不廉政”,是员工不可触碰的道德和行为底线。

阅读材料

中国企业的道德体系的构成内容

一般来说,中国企业的道德体系主要由下述10方面内容构成,这些道德是企业制定道德规范体系时应该参考和借鉴的。

(1)忠诚。这是企业全体员工首要的道德规范,它包括忠于国家、忠于企业、忠于职守。忠于国家指处理企业与国家的关系时,以国家、社会为重;忠于企业指处理员工与企业的关系时,以企业为重、以集体为重;忠于职守指员工对岗位工作的态度,要敬业爱岗,认真履行岗位职责。忠诚是一种崇高的道德规范,也是中华民族传统的美德。“不忠于国家的人很难忠于企业,不忠于企业的人很难忠于职守”,这句话是对企业全体员工的忠告。

(2)守信。在我国古代先哲倡导的“仁、义、礼、智、信”五德中,守信是一个基本的道德规范。现代化的企业实行开放式经营,甚至实行跨国界的全球化经营策略,企业与外界建立了许多合同关系,自然使得守信成为企业重要的道德标准。许多企业理念中都有“重合同,守信用”“信誉第一”“信誉至上”“恪守信用”等内容,关键是怎么落实。

(3)无私。这是指事事出以公心。在个人利益与集体、国家利益发生矛盾时,个人利益自觉服从集体、国家利益。无私是做人做事最基本的道德规范,孙中山先生“天下为公”的美德受到广泛推崇。许多企业的企业道德、企业精神中所包含的“为公”“献身”“奉献”等都是对无私的倡导。

(4)勤劳。劳动是人类生存和发展的基础,勤劳是人类共同推崇的基本道德。勤劳不仅是指体力的投入,而且包括脑力和感情的投入。要求企业全体员工出勤率高,准时上班和在工余时间多为企业出谋献策。

(5)节俭。人、财、物是企业的主要生产因素,节俭就是节约人力、财力、物力,决不为讲排场、摆阔气而任意浪费。节俭、简朴是中华民族的又一种美德。企业要缩减开支、节约生产资料,最大限度地降低生产成本,为社会提供价廉物美的产品,从而增强企业产品的竞争力。

(6)团结。“和”是中华文化的优良传统,团结就是注重人际关系的和谐,集体同心同德。团结在企业中的具体体现就是强调“团结”“协作”“齐心”“和谐”。团结就是力量,如果一个企业内部拉帮结派、搞“窝里斗”,那么再先进的设备、再高明的管理方法都无济于事。

(7)自强。自强是企业和全体员工对待困难和挑战的积极态度,是顽强拼搏、开拓进取精神在道德上的投影。现在我国一些企业正处在改革的攻坚阶段,更需要这种自强的道德规范作激励,不等不靠,顽强地挑战市场。要使自强成为企业道德意识,必须逐步形成“唯旗是夺、无功即过”“自强则生、平庸则亡”“进取光荣、退缩可耻”的荣辱观。

(8)廉洁。这是企业干部员工的共同职业道德。廉洁的实质是在本职工作中划清公、私的界限,决不假公济私、徇私舞弊,要求企业领导、管理人员和一般职工都要廉洁奉公。

(9)礼貌。礼貌是人际关系的行为准则和道德规范。对于现代化的企业而言,无论对内的人际交往,还是对外的社会活动,都日益频繁,实现有礼貌的交往,不仅是内求团结的需要,而且是对外竞争的需要,是维护良好公共关系、树立良好企业形象的需要。中国素有“礼仪之邦”的美称,这是老祖宗给我们留下的宝贵遗产。中国的企业也应该成为“礼仪之企业”。

(10)遵纪。俗话说:“国有国法,家有家规。”企业也有企业的纪律。因为纪律是执行路线的保证,是胜利的保证。企业的纪律反映了社会化大生产的客观要求,是企业对员工外加的强制性行为规范,遵守纪律是企业道德的重要组成部分。要使遵纪成为整个企业的道德规范,关键在于企业的规章制度健全,依法治理企业。

资料来源:张德,吴剑平.企业文化与CI策划[M].5版.北京:清华大学出版社,2020:90-91.有删改。

（四）企业目标设计

企业目标是指企业在一个时期内通过努力而希望获得的成果。它代表一个企业的发展方向和未来的趋势，是激励全体员工的精神力量。没有目标的企业是没有希望的企业。韩国现代财团创办人郑周永曾提出："没有目标信念的人是经不起风浪的。由许多人组成的企业更是如此。以谋生为目的结成的团体或企业是没有前途的。"因此，企业目标在企业理念中处于非常重要的地位，设计企业目标在任何企业的理念识别系统策划中都是必不可少的。

1. 确定企业最高目标

企业的最高目标是全体员工的追求，是全体员工共同价值观的集中体现。在企业的目标体系中，最重要的就是企业最高目标。只有确立最高目标，才能够确定整个目标体系，确定企业的其他目标。

企业有了明确的最高目标就可以充分发挥企业各级组织和员工的作用，调动他们的积极性、主动性和创造性，使广大员工将自己的岗位和工作与实现企业的奋斗目标联系起来，把企业的生产经营发展转化为每一位员工的具体行动。所以，在企业 MIS 策划中要十分重视企业最高目标的设计。

2. 完善企业的目标体系

企业只有最高目标是不行的，还必须制定更详细具体的目标组合，形成完整的、可以逐步实现的目标体系。在企业最高目标下面，一般有若干个子目标。

（1）方向组合："单一目标""双项目标"和"多项目标"。

（2）层次组合：战略目标、管理目标和作业目标。

（3）结构组合：企业目标、部门目标和员工个人目标。

（4）时间组合：长期目标、中期目标和近期（短期）目标等。

图 3-1 为企业目标体系示意图。

目前世界上先进的、现代的企业，都毫无例外地摒弃了"经济利益最大化"这种单一目标模式，而建立了一种将企业的经济动机（经济效益）和社会责任（社会效益）相结合的多目标模式，企业目标实现了从单一目标向目标体系的转变。例如，美国著名的高科技公司——HP（惠普）公司树立了 7 个目标：利润、客户、感兴趣的领域（或称专业领域）、增长、人（育人）、管理、好公民（社会责任）。

【案例 3-2】

企业目标设计范例

1. 旧中国

（1）"服务社会，辅助工商实业，抵制国际经济侵略"（上海银行的企业最高目标）。

（2）"实业救国，科学救国"（永利碱厂的企业最高目标）。

（3）"生产辅助社会之进步"（天津东亚毛纺公司的企业最高目标）。

2. 新中国

（1）"振兴中药，造福人民"（天津达仁堂制药厂）。

（2）"创造中国的世界名牌"（海尔集团）。

（3）"中国的 IBM，世界的四通"（四通公司）。

（4）"成为国际性汽车制造企业"（广州本田公司）。

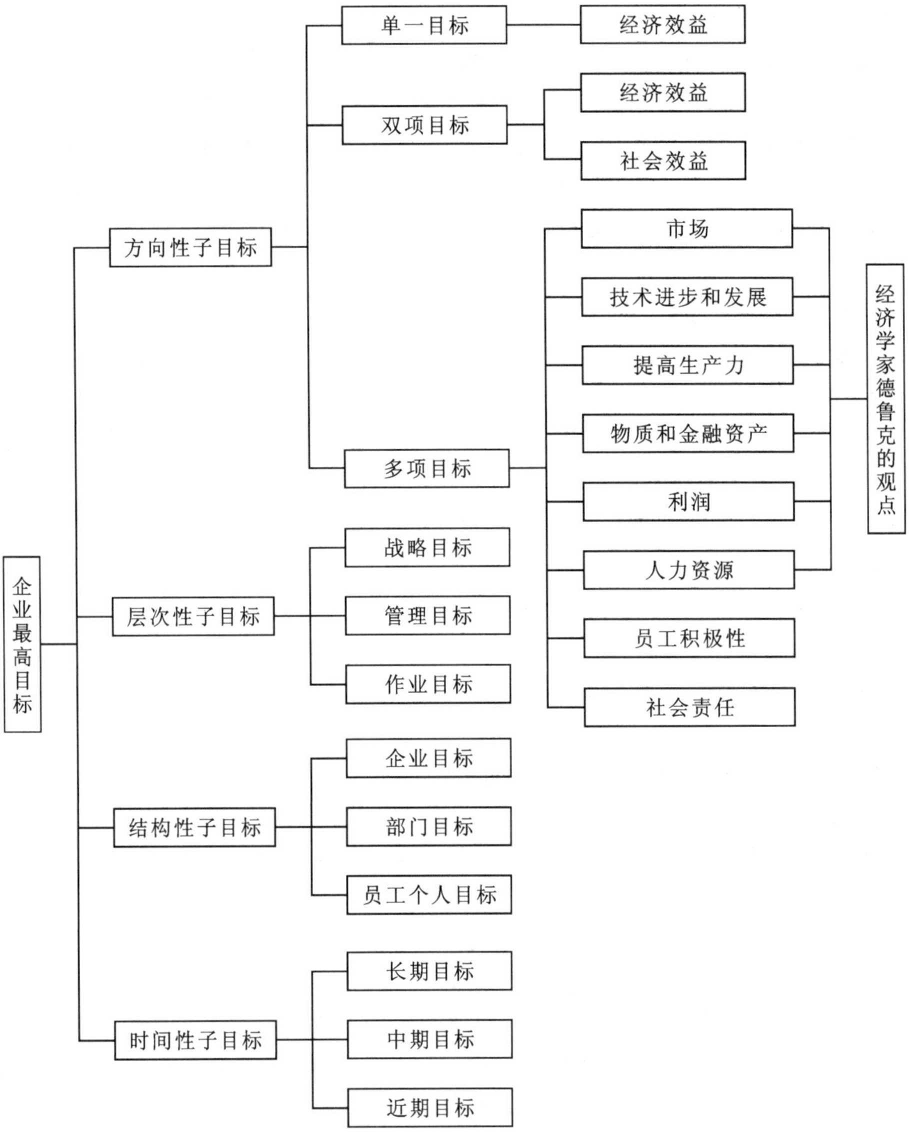

图 3-1　企业目标体系

(5)“造就一流队伍,追求一流管理,实现一流业绩,争创世界一流核电站”(广东核电合营有限公司)。

3. 外国

(1)“认清我们所应尽的职责:鼓励进步,增进社会福利,并致力于世界文化的进一步发展”(松下株式会社)。

(2)“为了更好地生活,制造更好的产品”(美国杜邦公司)。

(五)企业宗旨设计

企业宗旨是指企业所认定的追求境界、发展方向和信念柱石,体现着一个企业崇高的目标和实现目标的执着的信念,是企业理念的重要组成要素之一。例如,美国 IBM 公司确立了“以人为核心,并向用户提供最优质的服务”的宗旨;广州本田汽车公司的服务宗旨是“为顾客提供喜悦，是我们最大的喜悦”；北京铁路局的宗旨是“人民铁路为人民”；北京同仁堂的企业宗旨是“同修仁德，济世养生”；深圳华侨城集团的宗旨是“致力于顾客利益最大化，致力于所有者权益的充分实现，致力于与员工共同成长，致力于为社会作贡献”，等等。这些企业宗旨都体现了企业向社会做出的公开承诺，体现了企业的社会责任感，从而反映企业存在的社会价值。

【案例 3-3】

美国惠普公司企业宗旨的更新

美国惠普公司原来的企业宗旨是“设计、制造、销售和支持高精密电子产品和系统，以收集、计算、分析资料，提供信息作为决策的依据，帮助全球的用户提高其个人和企业的效能”。1990 年，公司第二任总裁 J. 杨认为，“以上宗旨在电子时代还可以，在信息时代需要加以修改。”于是，该公司耗资 400 万美元求助于咨询公司，对企业宗旨进行了创新设计。1992 年，公司启用的新的宗旨是“创造信息产品，以便加速人类知识的进步，并且从本质上改善个人及组织的效能”。这个新的宗旨既保持了企业价值观的基本信念，又体现了时代特色。

资料来源：张德，吴剑平. 企业文化与 CI 策划[M]. 5 版. 北京：清华大学出版社，2020：152. 有删改。

（六）企业作风设计

作风是指人们在工作、学习和生活中表现出来的态度或风格。企业作风是指企业在生产经营管理过程中表现出来的工作态度或风格，是企业风气的核心成分，也是企业理念构成的要素之一。良好的企业作风，是形成健康的企业风气和塑造良好企业形象的需要。

例如：海尔作风——迅速反应，马上行动；长虹作风——团结，勤奋，民主，文明；兰州煤油厂作风——高、严、细、实。企业共有的优良作风是多方面的，主要有团结协作之风、文明生产之风、艰苦奋斗之风、严谨之风、务实之风、勤奋之风、创新之风等。企业要根据自身的特点有所侧重地进行表述。

第二节　企业理念识别系统的渗透

企业理念的实施要经过企业全体员工的了解、领悟和实践。企业理念之所以成为企业活力的源泉，成为调动员工积极性的动力，在于一方面理念能把广大员工的潜力挖掘出来，使之服务于该企业共同的事业；另一方面理念能使个人目标和企业目标得到统一，减少企业的“内耗”。

要将企业理念渗透于企业，需要一个过程。

了解企业理念是渗透过程的第一步。要使企业理念内化为员工的信念和自觉行动，必须让员工知晓企业的经营方针、发展目标、行为准则、标语口号，以便使企业理念初步为员工所认识。员工对企业理念的了解程度从企业内部讲主要取决于两个方面：一是企业领导对企业理念传播的态度；二是企业信息的沟通渠道及传播媒体。两者构成企业理念传播渗透的必要条件和基础。

优秀企业的领导都十分注重让广大员工了解企业理念及其具体内容。他们往往通过创业史的教育、先进模范人物的典型宣传、重要的动员大会、厂史厂规等的知识竞赛进行渗透性灌输。开展经常性的群众性活动,使企业员工在潜移默化中逐渐熟悉并了解企业理念。企业内部传播的渠道因企业情况而异,一般财力较好企业的设备等硬件可以得到保证。

领悟是认知的高级阶段。企业员工了解企业理念及其具体内容,只是理念识别实施过程的起点,要让员工对企业理念从表层接触到心灵的契合,还要求员工把对企业理念的把握上升到领悟阶段。领悟的途径有多种,如企业领导或先进模范通过切身体验和感受阐释企业理念,从而引导员工领悟理念。企业理念不仅要让企业员工领悟,而且要尽可能地成为社会公众关注的热点。

实践对理念识别系统的实施是至关重要的。仅仅了解和领悟企业理念还不够,还应当把领悟到的精神运用到生产、经营和管理的实际行动中去。由抽象的理念感知到付诸行动是一个由内向外的复杂过程。它既带有员工个体的主观意志的认同差异,又在客观上要求理念识别的认同具有一体化的特性。解决这一矛盾,需要企业运用时间锤炼的原则,通过强化从众心理、模仿心理等手段反复教育与引导,从而使员工自觉地将理念由一种心态转换为一种行为习惯。企业可以通过培训,让新员工了解和领悟企业理念,使他们上岗后自觉或不自觉地适应企业理念。企业还可制定赏罚分明的措施,对员工遵守企业规范的行为进行奖励,对违反企业规范的行为进行批评、惩罚,达到使员工重复或终止某一行为的目的,强化企业理念。

一、企业理念的实施和渗透方法

企业理念的实施和渗透有多种方法,其目的是真正有效地将企业理念转化为企业共同的价值观和员工的共同心态。目前广泛采用的实施方法有反复法、翻译法、环境法和英雄式领导法。

(一)反复法

反复法通常采用“唱和”的做法,如朗读企业理念的小册子,宣读张贴在墙上的企业理念。但在实施前,要考虑时机、频率、对象层的选择。因为唱和容易使人产生某种强制的感觉,同时也会让人产生实施对象水平层次低的疑虑,况且新老职工站在一起唱和会造成老职工的心态不平衡,因而持反对态度。在朗读企业理念的时候,要求采用精简的口语化方式,要有亲切感,避免命令式口吻。

反复法不仅指唱和、朗读,也可利用立体音响,借助传播工具请传播员朗读,在公司里播放给全体员工听,或利用流行歌曲形式进行演唱。

(二)翻译法

翻译法是指员工结合自己的切身体验阐释公司的理念,使共有的企业理念化为每个员工的理解,将员工的工作实践与企业抽象理念融为一体。可以采用征文形式在公司内部刊物上进行评比。

(三)环境法

环境法是将企业理念视觉化,使之适用于企业环境。例如,以图案来象征企业理念,做成匾额、壁画或海报,设置于办公室、工厂或其他场所。

(四)英雄式领导法

英雄式领导法是利用英雄式领导起到示范作用。若企业领导仅在口头上阐释企业理念,而不能身体力行,企业员工便不可能见贤思齐,企业理念也就只能沦为装饰性的、虚有其表的空洞仪式。一般企业中要有一个英雄式的领导者,最好是中层主管,要使他成为众人模仿的对象，使人产生“有为者亦若是”的观念，才具有现实意义。英雄式领导法的本意是告诉人们：企业内的人只要努力，就能像眼前看得见的那个人一样；即使不能完全一样，也能相当接近。

二、企业理念的构成

企业理念包括经营理念和行为理念。经营理念是为了实现企业目的、企业使命、企业生存意义所制定出来的企业规范，也是有效地分配经营资源和经营能量的方针。行为理念则是广大员工将企业的生存意义、经营理念转换成一种心态，在平常的言行中表现出来，是以明确易懂的组织规范，让员工明了如何共同强化企业力。

企业的理念是个性与共性的统一。带有普遍性的企业理念具有较强的时代特色，它不仅会在本企业起到很大作用，而且还会通过各种信息渠道渗透、传播到同行业的其他企业甚至不同行的企业，对其他企业起到楷模的作用。

强调凝聚力的企业，必定重视企业内部的干部教育、员工教育，将全体员工个人的思想感情、命运与企业的命运紧密地联系在一起，使他们感到个人的工作、学业、生活等任何事情都离不开企业这个集体，从而与企业同甘苦、共命运。企业理念不仅使企业领导层之间，而且使干部与员工之间产生凝聚力、向心力，使员工有一种归属感。这种向心力和归属感反过来又可以转换成强大的力量，促进企业发展。

三、企业理念的创意

企业形象（CI）必须围绕企业理念来进行创意、设计和实施。设计是一项创造性的精神劳动，大多数设计人员往往习惯于凭借自己的专业知识来从事设计，而不顾及 CI 的战略目标和企业理念，这往往导致不能正确阐述企业理念。如果对企业的文化背景、战略目标、经营理念在时间上和空间上所具有的共性和个性有正确的分析和把握，也就对 CI 战略有了正确而全面的理解，这样，突出理念的 CI 设计是其他设计的先导，并且必定会决定其他设计的基本方向与风格。可以断言，一切其他的设计必须服务于企业理念，只有从企业理念出发，才不会偏离 CI 的本意。

日本著名企业家松下幸之助认为，“经营就是创造”。他把企业经营活动看成是一种类似于艺术创造的活动，首先是一种企业理念的创造。从企业经营的全过程看，制订总体计划、招聘人才、筹集资金、建造厂房设施、开发产品等一系列活动都是创造，而这些创造都是在一定企业理念的指导下进行的。松下幸之助认为，企业必须和社会一同向前发展。企业的发展是动态的，因此，企业理念也在不断地发展和变革。企业面临的内部和外部环境变化后，原来的企业理念也应有所变革。此时，应将竞争对手和企业所处的环境作为主要参照系，考察行业竞争环境对企业价值体系的直接、间接影响，并制定出可以不断适应动态革新的企业理念。企业在转型时面临许多新情况、新问题，为了重振士气，也需要重塑企业理念。

在制定企业理念时，需要将其具体化为理念识别的基本要素和相关的应用要素。从企业理念的基本内容及其功能、含义中可以看到，理念识别的基本要素包括企业经营策略、管理体制、分配原则、人事制度、人才观念、发展目标、企业人际关系准则、员工道德规范、企业对外行为准则、政策等。理念识别的应用要素主要包括企业信念、企业经营口号、企业标语、守则、座右铭等。

企业理念的制定需要发动企业全体员工共同参与，通过调查企业的现状，确认企业的远景;根据调查研究结果和企业理念识别的基本要素,将企业理念识别基本要素的草案适当进行企业内外的测试;就测试结果对企业理念识别基本要素作修正定案;根据修正定案的理念识别要素试作相关应用要素;将试作的相关应用要素进行企业内外测试;就测定结果对理念识别应用要素作修正定案;根据修正定案的理念识别基本要素和相关应用要素编制企业的理念识别手册。

阅读材料

信一公司的理念识别系统
"真挚可信　品质如一"

信一公司的理念识别是在"信""一"和"水"上做文章。

一、"信"的渊源

在中国传统道德文化的理念中,有五个非常重要的字——"仁、义、礼、智、信",可以说这五个字涵盖了中国人理想的人格精神。"信"字占有重要的地位,是其他四个字含义的基础。"言而无信,不知其可",很难想象一个不诚实的人能够仁爱、忠义、守礼、富有智慧。因此可以说,"信"字是中国传统道德文化最推崇和最依赖的精神理念。它超越了时代和阶级,成为一种至高人格标准。具有服务业特性的信一企业,以"信"字作为企业名称,其历史渊源即在于此。由此,我们可从中找出"信"字作为企业名称的立意所在:

(1)信用——说到做到、按时完成任务。

(2)信任——赢得客户信任是目标。

(3)信证——通过 ISO 9002 质量体系认证和 ISO 14001 环境体系认证。

(4)信使——是传播保洁业新概念、新思维、新标准的使者,要彻底改变人们"保洁就是打扫卫生"的陈旧观念。

(5)自信——为所从事的工作感到骄傲。

二、"一"的内涵

(1)"做事,用心专一;服务,品质如一;竞争,争取第一"。

(2)永远坚持"信誉第一"的好传统。

(3)企业从一开始,一步一个脚印,逐渐发展壮大。

(4)企业的每一份成功来自于每一位员工的每一滴辛勤的汗水。

三、"水"的精神

企业哲学——老子说:"上善若水。水善利万物而不争,处众人之所恶,故几于道。"

释义:水善于滋润万物,而不和万物相争,停留在大家所厌恶的地方,所以最接近于道。水最显著的特性是"柔、处下、滋润万物而不与相争",完善的人格如同水一般。

企业警言——能忍人之所不能忍,能受人之所不能受,能为人之所不能为,能成人之所不能成。

释义:别人不愿去的地方,他愿意去;别人不愿意做的事,他愿意做。他具有骆驼般的精神,坚忍负重,居卑忍辱。他能尽其所能地贡献自己的力量去帮助别人,但不和别人争功争名争利。

企业使命——以对城市建筑的保洁、清洗、净化、美化为己任，将自己视作建筑环境的“美化者”，并愿意以这样的社会角色出现在公众面前。要像水一样，来自江河湖海，熏蒸为云，沛然为雨，滋养大地，复再聚汇于海，周而复始，无论如何变化，永不消失自我，也永不放弃泽惠万物的本性。

释义：为了自身的存在和发展，在实现经济效益的同时，追求企业的社会效益，信一公司作为社会的一个构成、一个细胞、一个组成部分，必然担负起社会赋予它的使命，为社会的繁荣与发展履行它应尽的义务。首先，城市建筑是现代人类生存最重要的场所，在现代社会中占有重要的地位，它所体现出的人与环境的关系是现代人类生活中最需要认真研究的一项课题，我们愿意倾全力为现代化城市的环境美化作贡献，以此作为企业发展的基点和永恒的事业。其次，我们的企业是一个大舞台，给每一位成员提供了就业及发展的机会，使他们能够掌握一技之长，成为对社会有用的人。我们在创造物质财富的同时也创造着精神财富，并最终将这一财富奉献给社会。

企业精神——我们每个人都能够做到：

(1)像水一样，除了自己流动以外，还不时带动其他物体，促使或帮助其行动。

释义：水除了自己流动之外，还能够带动其他物体，促使其他物体运动。由此引申到企业中应倡导一种全方位的互帮互助精神，并且波及企业上上下下。“五湖四海皆兄弟”，企业领导要帮助企业员工，员工之间也要互相帮助，做到老帮新，熟帮生。在此过程中逐渐克服由于乡土观念在企业内部形成“老乡帮”的消极影响，树立现代企业意识和思想，挖掘出企业中潜在的资源及积极的因素，使之成为企业向前发展的动力。

(2)像水一样，在遇到阻力或障碍时，反而加倍努力，释放出全部能量，与障碍搏击。

释义：当水遇到阻力或障碍时，其力量就会随之相对增加，并且能够积累出更强的力量，与障碍进行搏击。每个人都应树立勇于面对困难、积极挑战困难的精神。无论是企业的领导还是企业的员工，都应在自己工作所及的范围内把握这一精神实质。在遇到问题时，利用这种精神来积极寻找解决办法，而不是消极逃避。

(3)像水一样，虽然只是涓涓细流，却具有坚忍不拔的意志，持之以恒、水滴石穿。

释义：水滴虽然很小，但是可以穿石。“水”的这种特性用之于管理则寓意即使最平凡的岗位也有其不可替代的作用。

(4)像水一样，在工作时有“无孔不入”的精神，注意每一个细节。

释义：水流无所不到，不停地流往新的地域，开辟新的路线。“水”的这种特性在工作态度上可以引申为在服务质量管理上不断创新，寻求新的突破，为客户不断提供新的服务。

(5)像水一样，时常荡涤各种污垢而其力不减，永远保持自洁，永远不停地自我进步改善，也尽可能帮助别人进步改善。

释义：水时常荡涤各种污垢而其力不减，具有不断的自我更新和超越的能力。水具有包容性和循环更新的能力，企业如果具有这样的能力，就能够在瞬息万变的市场竞争中不断保持竞争的优势。

(6)像水一样，不论来自哪个角落，都能够朝向一个既定的目标不懈前进，经由小溪汇聚成河，经由河流汇成江湖，最终注入大海，实现自我的价值。

释义：不论每一个人来自何方，都是“有缘千里来相会”，既然走在一起，就要干出点名堂。古人云“大丈夫一室不扫，何以扫天下”，我们说“干大事业从扫地开始”。

本章小结

企业的经营理念是企业的灵魂,是企业哲学、企业精神的集中表现,同时也是整个企业识别系统的核心和依据。

MIS是指企业的理念识别系统,即得到社会公众普遍认同的、体现企业自身个性特征的、促使并保持企业正常运作以及长期发展而构建的、反映企业明确的经营意识的价值体系。一般来说,一个企业的MIS主要由企业哲学、企业精神、企业道德、企业目标、企业宗旨、企业作风等要素构成。

企业理念的作用主要有:统一思想作用、心理定式作用、行动导向作用。企业理念形成的途径主要有:吸取民族传统文化的精华、借鉴国外先进的企业理念、继承本企业的优良传统、体现企业独特的个性。

企业理念识别系统构成要素的设计主要是企业哲学、企业精神、企业道德、企业目标、企业宗旨、企业作风等六个方面的设计。企业理念实施的方法主要有反复法、翻译法、环境法和英雄式领导法。

企业理念的设计和实施,可以为企业的行为识别系统和视觉识别系统提供可靠的依据。

中英文对照专业名词

企业哲学 Enterprise's philosophy 企业精神 Enterprise's spirit

企业道德 Enterprise's morals 企业宗旨 Enterprise's aim

企业目标 Enterprise's goal 企业作风 Enterprise's style

复习思考题

1. 什么是企业理念?
2. 企业理念形成的主要途径是什么?
3. 如何确定企业的理念?

案例分析

方正科技的企业理念设计

方正科技集团股份有限公司(以下简称方正科技)是北大方正集团旗下的上市企业,也是国内较有影响力的高科技上市企业之一,其主营业务覆盖产品、销售、服务和高新技术四大领域。为了成为中国综合实力最强的IT服务提供商,公司设计了系统、全面的企业理念系统。

一、企业宗旨

提供创新、优质的产品、方案与服务,全面协助客户、企业和员工实现成功体验。

(1)企业定位:做IT行业综合发展的企业集团。

(2)业务定位:做一个集软硬件于一体的综合供应商。

(3)业务原则:对客户和员工高度负责,谋求共同发展之道。

二、企业使命

(1)成为信息技术领域的领导者,持续追求客户满意的最大化。

(2)保持和发展在信息技术领域中的领先地位。

(3)用不断创新的信息技术帮助国民感受文明生活。

三、核心价值观

(1)诚信。“方方正正做人,实实在在做事”是企业及员工一切行为的原则和根本;正确处理个人利益与企业利益的关系,倡导员工对企业的忠诚;对待客户、合作伙伴要始终坚持依法经营、诚实经商的经营之道,追求双赢的结果;对上级、同事和下级要以诚相待,决不允许使用针对竞争对手的手段处理内部关系。

(2)创新。提倡开放、平等的精神,尊重并激发员工的自主性和创新活力;追求产品和服务创新、技术创新、经营管理创新,通过创新产生高附加值的产品与服务。

(3)客户导向。最大化地满足客户的合理需求;不断创新服务模式,精心打造“全程服务”品牌;公司内部各部门之间、员工之间互为客户关系,要互相支持,热情服务。

(4)全局观念。坚决反对本位主义和唯我独尊的思想意识;企业是志同道合者的乐土,不认同公司核心价值观的人不能留在公司;树立协同工作的全局观念,精诚合作,倡导团队精神;不能为了自己的利益损害别人的利益;在外来挑战面前,团队不畏强手,勇于竞争,追求卓越。

(5)主动高效。快速响应用户和市场的需要,快速解决问题;追求简明、流畅的工作流程,明确时间及责任人;主动承担责任、主动提出问题并解决问题、主动沟通与协作。

(6)追求目标和赏罚分明。强化目标观念,严格对结果的考核;言必行,行必果,以严格的纪律和奖惩措施确保企业目标的实现;工作业绩是衡量员工升降去留的关键指标。

四、基本原则

(一)做人的原则:正直、尊重、勤奋、务实

(1)正直。工作尽心尽责,遇事不推诿;不结党,不营私,不欺心;遵纪守法,遵守公司制度;正而不迂,直而不拙。

(2)尊重。尊重股东、客户和合作伙伴:尊重股东、客户和合作伙伴的意见和需求,重视市场反馈,努力实现客户满意的最大化。尊重他人:关心爱护同事,尊重人格、观点和处事习惯,不因职务高低、部门区别而持不同态度。尊重能力与业绩:尊重、信任每一名员工,相信员工会尽最大努力投入工作,公司将根据个人能力和业绩评价员工价值,并提供发展机遇,不片面强调员工的学历和过往背景。

(3)勤奋。强烈的敬业精神;争创一流的工作态度。

(4)务实。实实在在做好每一项工作;热爱公司,诚实守约。

(二)做事的原则:勇于承担、顾全大局、追求卓越。

勇于承担责任;局部利益服从整体利益,个人利益服从集体利益;在各项工作中超额完成目标;尽可能为客户提供超出其原来期望的服务。

五、核心口号

(1)科技。致力于综合 IT 业务,代表方正科技的高科技企业定位。

(2)创新。最显著的企业特征。多年来方正科技正是通过不停顿的创新变革赢得了市场和用户的支持与信任。

(3)体验。体验经济时代,体验经济是商品经济、服务经济之后的新经济模式,目的是通过企业提供的产品、方案或服务,帮助客户获得更值得高兴和自豪的体验,体验的最高阶段就是成功。

(4)成功。方正科技为客户、投资人和员工提供的终极体验:成功的职业生涯、成功的工作经历、成功的人生感悟。

资料来源:方正科技的企业文化[OL]. http://www.cnpension.net/index_lm/2008-06-19/235496.html.有删改。

思考题:

1.方正科技的企业理念由企业宗旨、企业使命、核心价值观、基本原则和核心口号五部分组成。请分析这五部分的相互关系。

2.假设你是方正科技的消费者,你认同它的企业理念吗?为什么?

第四章　企业行为识别系统策划

导入案例

同仁堂：薪火相传，擦亮百年金字招牌

“炮制虽繁必不敢省人工，品味虽贵必不敢减物力”。这是在 2015 年 4 月 29 日北京市首届“政府质量管理奖”现场评审的过程中，北京同仁堂（集团）有限责任公司（以下简称“同仁堂”）党委书记、董事长梅群在发言中反复强调的一句话。

“这两个‘必不敢’，既是同仁堂的古训，也是同仁堂的堂训，讲的是不论制作过程多么烦琐、工艺多么精细，为求疗效，不敢有半点懈怠；不论中药配方的成本多么高昂、药材多么稀缺，为出珍品，不敢有半点含糊。中医药关乎人命，应心存敬畏；消费者透过药品，可体味良心。”梅群如是说。

纵观同仁堂的历史，堪称一部民族企业的奋斗史、发展史，它的成功简单说就是片名上的六个字——品牌、人才、发展，并立足于此不断前进。

不管历史如何变迁，同仁堂一直坚持诚信经营，让老百姓吃药放心，代代相承才形成品牌。梅群说，“同仁堂特殊的历史背景，造就了同仁堂的质量，并且是以生命为担保的质量。诚信为本，讲究质量，以义取利，义利共生，才能屹立不倒。”

质量观：历代同仁堂人坚持“配方独特、选料上乘、工艺精湛、疗效显著”四大制药特色，生产出了众多疗效显著的中成药。1989 年，国家工商局将全国第一个“中国驰名商标”称号授予了同仁堂，使同仁堂成为迄今为止在全国中医药行业唯一取得“中国驰名商标”称号的企业。

信誉观：若用一句话概括同仁堂的企业精神，那就是：同修仁德，济世养生。同仁堂的创业者尊崇“可以养生，可以济世者，惟医药为最”，把行医卖药作为一种济世养生、效力于社会的高尚事业来做。历代继业者，始终以“养生”“济世”为己任，恪守诚实敬业的品德，对求医购药的八方来客，无论是达官显贵，还是平民百姓，一律以诚相待，始终坚持童叟无欺，一视同仁。在市场经济的竞争环境中，同仁堂始终认为“诚实守信”是对一个企业最基本的职业道德要求，讲信誉是商业行为最根本的准则。

形象观：同仁堂历代传人都十分重视宣传自己，树立同仁堂形象。如利用朝廷会考机会，免费赠送“平安药”，冬办粥厂夏施署药，办“消防水会”等。如今的同仁堂不仅继承了原有的优良传统，而且又为她赋予了符合新时代特征的新内容。同仁堂主要抓了以下几方面工作：第一，利用各种媒体进行同仁堂整体形象的宣传，提高企业的知名度和美誉度；第二，以《同仁堂报》为载体进行企业内部宣传，提高企业的凝聚力和向心力；第三，发挥同仁堂文化力的作用，用同仁堂精神鼓舞教育员工，激发员工的积极性、主动性和创造性；第四，抓同仁堂企业识别系统的设计工作，树立同仁堂面向 21 世纪的新形象；第五，积极参与社会公益

事业，向社会无私奉献一份爱心，提高企业的社会责任感。

企业使命：弘扬中华医药文化，领导“绿色医药”潮流，提高人类生命与生活质量。

企业目标：成为以高科技含量、高文化附加值、高市场占有率的绿色医药名牌产品为支柱，具有强大国际竞争力的大型医药产品集团，简称“三高一强”。

管理信念：同心同德，仁术仁风。

服务铭：为了您的健康与幸福，尽心尽意，尽善尽美。

近年来，同仁堂突出“同修仁德，济世养生”的理念，构筑药品生产销售各个环节外塑于形、内化于心的诚信体系，坚守诚信立业，推进诚信创建，确保百年老字号基业长青。

2003 年，同仁堂提出善待社会、善待职工、善待经营伙伴、善待投资者的“四个善待”理念。“四个善待”是对百年同仁堂立业精髓的传承和治业品质的延展。善待社会就是通过向社会提供高质量的产品与服务，善待病患者、顾客和普通大众，树立诚信企业形象；积极做好公益事业，履行企业的社会责任，赢得良好的社会口碑。善待职工就是真诚对待员工，倡导员工与企业同心同德，为员工创造优良的工作、学习和生活环境，保障员工福利待遇，提供成长的空间和平台，赢取员工心灵的认同感和归属感，促进员工与企业共同成长。善待经营伙伴就是善待同仁堂产业链上的供应商和经销商，坚持信义为重、互帮互助、互惠互利的原则，努力营造诚实守信的经营环境，追求多方利益的共赢和协同发展，共同塑造同仁堂品牌。善待投资者就是以高度的责任感对投资者负责，保证资产的安全与增值，坚持成果共享，责任共担，形象共塑，用最好的经营业绩回报投资者，既考虑投资者的短期利益，又着眼于投资者的长期回报。

经过同仁堂人的共同努力，同仁堂既是经济实体又是文化载体的双重功能日益显现，在品牌的维护和提升、文化的创新与传承等方面取得了丰硕成果，“同仁堂中医药文化”于 2006 年列入首批国家级非物质文化遗产名录。2014 年，同仁堂安宫牛黄丸制作技艺获批列入第四批国家级非物质文化遗产。自 1992 年集团组建至今，先后荣获了“中国商标金奖——商标运用奖”“马德里商标国际注册特别奖”“首届北京市人民政府质量管理奖”“新中国成立 70 周年医药产业脊梁企业奖”等荣誉称号。

作为我国中医药领域的代表性企业，同仁堂不仅拥有深厚的文化底蕴和严苛的制药工艺，更有守正创新的勇气和魄力。从拓展产品门类到布局海外市场，从开辟电商渠道到研发大健康领域产品，作为有着三百多年历史的中医药老字号企业，同仁堂通过积极探索和创新，不断谱写新的乐章，它的明天将会更加辉煌。

资料来源：根据李颖《同仁堂：小心翼翼铸得百年金字招牌》以及相关网络资料整理。

迄今为止，在企业形象识别系统（CIS）中，国内外企业开发最有成效的部分是视觉识别（VI），它力图通过企业的名称、标志、品牌、标准字、标准色体现企业的凝聚力与个性。行为识别（BI）的基本内涵在于将企业内部的组织机构与员工的行为都理解为传播活动，通过这些活动传达企业理念，塑造企业形象。行为识别系统的构成与开发远比视觉识别系统复杂，涉及的层面和因素更多。行为识别至今而言还不能说是发展到了相当丰富、完善的水平，这意味着企业开发建立行为识别系统有着极大的空间和美好的前景。

第一节　企业行为识别系统概述

一、企业行为识别系统的内涵

(一)企业行为识别系统的定义

企业行为识别简称 BI(Behavior Identity),是指在企业的经营理念及经营方针、企业价值观、企业精神的指导下,在内部协调和对外交往中的一种规范性准则。它通过企业的经营管理活动以及社会公益活动等来传播企业的经营理念,使之得到企业内部员工的认可和支持之后,能进一步得到社会公众的接受,从而进一步强化其品牌形象,在市场创立的品牌中树立一种美誉度极高的企业形象,创造更加有利于企业深化发展的内外部环境。从这一意义上讲,BI 以企业独特的经营理念为基本前提,这就决定了 BI 具有某些个性化的特点,并始终围绕着企业经营理念这个核心展开。

BI 还兼具一贯性、策略性特征,它区别于企业的一般性经营活动,能充分利用企业所能利用的各种媒体和传播工具,采用丰富多彩、不拘一格的活动形式,以最大限度地赢得内外环境的认同。这里所说的一贯性,是指具有典型识别意义的企业活动,必须长期不懈地坚持下去,比如说企业定时、定期的集会活动、典礼和仪式,以及具有企业识别意义的、由员工亲自参加的经营活动,甚至包括社会公益活动等。BI 的策略性是指企业识别性活动的形式、内容、方式、时间、场合等都要根据理念识别 MI(Mind Identity)做出策略性的调整和应用。根据不同企业、不同阶段的企业目标以及不同时间、不同场合的受众情况,BI 会有多种多样的表现形式,所有的 BI 活动都是有计划、按步骤、分阶段来实施的。

(二)企业行为识别系统的特点

1.实际而具体,易于操作

BI 是企业识别 CI(Corporate Identity)的"做法",所以它不像 MI 那样高度概括和抽象,它必须立足企业的现状,一项一项去落实,去实施。BI 的所有活动、所有要求都必须实际可行,合乎企业需要。BI 位于 CI 的执行层面,实践性极强,所以 CI 活动的设计虽然要讲究创新、超前,但最重要的是要考虑能否操作。BI 的策划方案中不能只有大的原则、方向,应有周密、详尽的内容,包括活动的组织机构、内容、时间、地点、目的、要求、反馈和修改等,都要十分具体、易行。

2.真心实意,感情诉求

真诚是 BI 的生命。企业举办任何活动,都应出自真心诚意,而不是为了赶时髦、走形式、摆花架子,或哗众取宠追求新闻效应,更不允许弄虚作假,欺世盗名。

3.复杂多样,常变常新

在 CI 策划中,理念识别具有恒定性,一经确定就要相对稳定一段时间,不能频繁改变。BI 则不然,其作为 MI 的具体表现形式,应该是不拘一格、多姿多彩、常变常新的。在 BI 中,最重要的是信息要灵通,能以最快的速度,准确地捕获市场信息,以便及时作出反应,制定应对良策。例如,电视剧《宰相刘罗锅》播出后,在全国引起轰动效应,刘罗锅一下子成了人们的议论中心。北京一家图书馆敏锐地获取了人们迫切地想知道"历史上真实的刘墉"的信息,在馆内开展了题为"刘墉其人"的历史资料展示和咨询活动,顿时,一向冷清的图书馆门庭若市，取得了很好的社会效果。企业在进行 BI 规划时也要学会审时度势，通过员工喜闻乐见的方式表现企业的行为规范。

4.多角度，全方位，多方兼顾，各方协调

企业举办的各种活动必须多方兼顾，不可顾此失彼。例如，企业经营必须讲求经济效益，就内部而言，既抓产、供、销，又抓人、财、物，既要体现社会公众的利益，又要改善职工福利；就外部而言，既要舆论宣传，又重公众沟通；就每一项活动而言，既有长远考虑，又有现实目标。总之，构建企业行为识别系统，必须多层次，全方位，各方协调，配合默契，才能产生好的效果。

（三）行为识别（BI）与企业识别（CI）和理念识别（MI）的关系

（1）BI 是 MI 的动态传播方式，是 CI 的动态识别形式。

（2）BI 的内涵是企业的具体营运活动，并涵盖了企业内部和外部管理工作的方方面面，通过具体行动来塑造企业形象。

（3）BI 的一切活动（行为）必须在 MI 的指导之下，以 MI 为方向和灵魂，是 MI 的具体体现和落实。

（4）BI 的最终目的是取得企业内外公众对 MI 的认同，塑造企业良好的动态形象。

（四）企业行为识别系统建立的原则

行为识别系统包括的内容非常庞杂，它涉及市场营销学、广告学、公关学、传播学、管理学等多方面的内容，但行为识别系统并不是这些内容的全盘照搬。建立行为识别系统的目的在于通过各种有利于社会大众以及消费者认知、识别企业的特色活动，塑造企业的动态形象，并与理念系统、视觉系统相互交融，树立起企业良好的整体形象。

因此，行为识别系统的建立应在总体目标的要求上，综合运用相关学科的思想与技巧，加以整体策划。建立企业行为识别系统，塑造动态形象并为社会公众所接受，不仅是公关部门的事，而且是关系到企业自上而下的每一个员工、企业的每一道环节和每一个部门的事。它不是短期的举措就能立竿见影的。要使之发挥应有的效应，需要长期规划以及全体员工的共同努力。行为识别系统传达的对象不单指向客户和消费者，还必须针对企业内部员工、社会大众、相关机构及团体。企业行为识别系统的规划、设计与建立是一项系统工程，应遵循以下原则：

1.立足长远

建立企业行为识别系统，塑造企业形象，是企业长期的战略目标。其塑造过程，可以说是企业系统工程的组织过程，需要通过长期的艰苦努力，有目的、有步骤、有组织地开展各种有利于树立企业形象的活动，把企业各项点点滴滴的具体工作统一到树立良好企业形象这个总目标上来，并持之以恒。即使企业已经在社会公众中建立了良好形象，也还需要经常组织有针对性的活动加以维护、发展和调整，不断改进和更新企业形象。

2.以诚取信

企业举办任何活动都要出自真心诚意，而不能哗众取宠、夸大其词、弄虚作假。真诚是 BI 的生命。企业必须对消费者有实实在在的承诺，并且加以兑现。企业必须用纯真的感情去感染公众，用发自肺腑的语言叩开公众的心扉，用实际行动实现对公众的承诺，以取得感情的共鸣和公众的支持。那种违反真实客观原则，靠虚假失真广告制造噱头的公关活动，是不可能赢得公众的信任和支持的。其结果必然是以害人开始，以害己告终。

3. 内外兼顾

企业开展活动,既要考虑企业内部员工的需要,又要顾及社会公众对企业的总体印象和评价。公众是形象的主要感受者,衡量企业形象好坏的主要依据是能否满足公众的利益。"当局者迷,旁观者清",企业的缺陷往往只有社会公众才容易发现。如果一个企业在经营管理活动中,始终把公众利益放在应有地位,以公众利益为导向,那么这个企业在社会公众心目中就会留下深刻的良好形象。因此,在CI战略中,行为识别的运作过程要随时根据公众的利益和要求加以修正和调整。

4. 广泛传播

企业举办活动要取得良好效果,除了精心设计之外,重要的是把活动信息广泛地传播给大众,取得大众传播媒体的配合。通过新闻媒体传播是树立企业良好形象的必备手段,在大众传播媒体高度发达的今天,利用新闻媒体对企业举办的活动加以多角度、多层面的正面报道,为企业扩大宣传服务,是行为系统发挥作用的重要体现。企业凡举办大型活动,如产品订货会、信息发布会、厂庆、专题促销活动、社会公益性赞助活动等,都应事先与有关新闻媒体取得联系,让他们进一步了解企业,扩大宣传。还要主动向新闻界提供准确的、有价值的新闻线索,为扩大企业宣传提供素材。有条件的企业,还可以定期或不定期地举行记者招待会,以加强沟通,增进友谊。

5. 防微杜渐

企业是一个有机体,机体的运动必然会产生各种问题。出现问题并不可怕,关键是对待问题的态度。活动中不论出现什么问题,对企业形象都有或大或小的影响,有的甚至会带来难以挽回的损失。因此,防止企业形象发生危机是树立和维护企业形象的重要原则之一。一旦活动中出现形象危机,就应采取有效对策,以重新赢得公众的理解和支持。

(五)企业行为识别系统的行为分析

"行为决定结果"。在一定的条件下,有什么样的行为就会产生什么样的结果。企业必须明确地告知员工对其的期望和要求,只有员工明确了企业的要求并按照要求去做,才能够有效地实现企业组织的目标。对于一个组织中的员工来讲,能否做好工作取决于四个方面的条件:意愿、能力、目标路径、信息。其中目标路径指的就是企业明确的目标和行为要求。

在西方的管理学发展史上,行为学派曾经名噪一时,它统治过管理学界,而且当前仍在影响着管理学的发展。可见人类行为的研究与塑造对社会发展和组织发展的重要意义。

作为CI系统的重要组成部分,BI系统起着对内营造氛围、对外塑造形象的作用。企业必须明确地告知员工行为标准,并对员工的行为标准进行考核矫正,即行为的引导与约束。行为引导与约束是对员工的努力方向、行为方式和应遵循的价值观的规定。行为引导与约束和考核目标相辅相成。考核目标侧重于对员工行为结果在量的层面的短期规定,行为引导与约束侧重于对员工行为过程在质的层面的长期规定。行为引导与约束一般强调全局观念、长远观念和集体观念。

管理学博士勒波夫(M. Leboeuf)在《怎样激励员工——奖励:世界上最伟大的管理原则》一书中指出,他经过20多年的研究发现,世界上最伟大的管理原则是"给出目标与标准,受到奖励的事,会做得更好"。他还列出了企业应奖励的十种行为方式:

(1)奖励彻底地解决问题,而不是仅仅采取应急措施。

(2)奖励冒险,而不是躲避风险。

(3)奖励实用的创新,而不是盲目跟从。

(4)奖励果断的行动,而不是无用的分析。

(5)奖励出色的工作,而不是忙忙碌碌的行为。

(6)奖励简单化,反对不必要的复杂化。

(7)奖励有效行动,反对哗众取宠。

(8)奖励高质量的工作,而不是草率的行动。

(9)奖励忠诚,反对背叛。

(10)奖励合作,反对内讧。

勒波夫列出的应该奖励的十种行为方式,也是企业应该积极倡导的行为引导与约束。值得注意的是,在必要的时候,要毫不犹豫地采用惩罚措施,而不只是一味地奖励。只奖不罚可能会导致优秀员工创造的成绩被少数人造成的损失所抵消。

企业行为识别系统的建立就是给员工一个行为路径与操作通道,使员工能够有效地进行其应当履行的组织行为。

(六)企业行为识别系统的效用分析

建立企业行为识别系统,需要长期的规划与全体员工的共同努力。它不是短期的举措就能立竿见影的,必须立足长远,计划当前。企业行为识别系统效用的分析可从以下五个方面进行。

1.条件分析

条件分析是建立企业行为识别系统的前提,它主要涉及客观方面——企业行为管理历史以及实施条件的问题。任何一个有一定规模的企业,都有企业守则之类的行为规范,并曾持续或间断地实施过这种方案。原有行为习惯是一个重要的因素。在企业状况好的时候,企业可能想不到建立新的行为识别系统。在企业困难时,改变行为习惯本身就是很困难的,士气的低落会给行为识别系统的推行带来更大的困难。实施行为识别规范管理,必须不断地宣传、培训。“强迫成习惯、习惯成自然”是推行新行为识别系统应当牢记的信念。

2.目标设定

目标需要一个定量化的标准,而一般运行标准又很难确定。空泛的目标较易确定,诸如建立一整套完善的行为识别制度,有效地提高企业的知名度、美誉度、销售额、效益等。但制度好定,效果难测。知名度、美誉度如何衡量?提高了销售额、效率和效益,又如何区分是视觉识别还是行为识别的功劳?所以,目标设立必须与一种考评标准和方法相结合。

3.培训计划

培训是行为识别规划的重要部分。行为识别的规范管理,在很大程度上依赖于有效的培训。它将规范中一些具体的执行细节落到实处,反复演示,反复练习。

4.检查督导

只有培训,没有执行与实施,或只有执行而没有完整的考核督导制度也是不行的。检查、考核、督导的进行,可以发现问题,改善规划,加强薄弱环节,这是一种合理的反馈调节机制。

5.奖惩制度

奖惩制度对管理的成效具有很大的作用。在行为识别规范的执行过程中,有必要制定一套合情合理的奖惩制度,以调动广大员工的积极性,使行为识别规范更富有成效。

(七)实施BI的方法

BI的实施是一个系统工程,必须把多种手段配合起来使用,常用的方法有以下几种:

1.公关秀

公关秀就是利用个别事件、偶发事件,通过一系列精心策划的公关活动,打破员工的固有思维方式和旧有行为模式。作为建立BI系统的一种手段,公关秀具有强大的瞬间震撼力,但缺乏持续性,故往往用于建立BI系统的初始阶段,起到"脑力激荡""冲锋号角"的作用。如果没有源源不断的后续手段,它的效果是非常有限的。

2.成文规章

企业的规章制度是BI系统的重要组成部分。没有规章制度的企业恐怕不存在,但我国大多数企业尚未认识到把企业规章制度和企业理念统一起来的重要性,更不知道如何把规章制度与企业理念有机地统一起来。

3.不成文惯例(企业文化)

除了规章制度之外,企业的核心价值观更多的是通过不成文惯例传播的。不成文惯例可意会、可言传,却找不到白纸黑字的相关规定。所以从某些角度来看,不成文惯例也是企业的文化。要利用不成文惯例改变员工的行为,往往需要通过自上而下进行有计划、有目的的示范,也即"言传身教"。若用好了,不成文惯例所产生的效率比规章制度更高,成本更低,影响更深远。

4.战略取向

不论是有意还是无意,我国许多企业的整体战略取向与所声称的"企业理念"南辕北辙,这必然从根本上削弱CI系统的有效性。企业理念应当和企业的战略取向相呼应,理念是战略的指南,战略是理念的体现。

5.选择合作伙伴、员工

企业在选择合作伙伴时,应比较双方的经营理念是否一致。有许多企业在和别的企业合作的过程中,只考虑当前的物质利益,没有意识到理念冲突可能产生的严重后果。同样的,企业在招聘、选拔员工的时候,不能"唯才是用",而应"德才兼备",选拔一些与公司有相似理念的人才。

以上是实施BI的五种常用方法。必须注意的是,BI的实施具有持续性,并不是一蹴而就的,也不是实施过后就可以高枕无忧的。

二、企业行为识别系统的构成

企业行为识别系统基本上由两大部分构成:一是企业内部行为识别系统,具体包括企业管理、员工工作环境、员工的教育培训、员工行为规范化、编唱企业歌曲等内容。二是企业外部行为识别系统,具体包括产品形象、市场调查、服务水平、领导形象规范、营销活动、广告活动、公关活动和社会公益活动等内容。

企业内部行为识别系统与日常的规章制度相比,侧重于用条款形式来建立一种能激发企业活力的机制,这种机制应该是独特的、具有创造性的,因而也是具有识别性的。现代企业应当比以往任何时候都重视人的因素,充分尊重企业内的每一个员工,鼓励员工积极创造,员工们在理解企业经营理念的基础上,把它变为发自内心的自觉行动。如日本本田公司为了鼓励员工提出各种合理化建议,建立了一种按提出建议的数量与质量给予评分的奖励制度。分数可以累计，分值每到一定程度就可以获得相应奖项，达到某个数值还可以由公司出钱出国旅游。充分尊重企业内的每一个员工，鼓励他们积极创造而不是单靠企业规章制度约束是知识经济时代的一大特征。有一家著名企业有一种"人才盘点"规则，每半年盘点一次。它适当调整各种岗位，破除等级观念，及时选拔一些更合适的人来担任合适的职务，同时，让各个岗位的人从更多的视角来观察企业的各种岗位。把企业看成一个整体，使上下都懂得每一个岗位的重要性，每一个岗位的人也都明白其他岗位的人的难处，以培养协作精神。

企业外部行为识别系统是企业行为识别系统的立身之本。在信息社会中，一个企业拥有再好的产品，再好的外观形象，如果同它打过一次交道之后就感到厌烦和难受，那么人们宁可对它敬而远之。在国内，常常有一些商家为了小利而同顾客发生争议。如一家颇有影响的百货商店，由于自己的失误少收了顾客的钱，于是到顾客的家中索要，到顾客单位交涉，最终到法院状告顾客，与其对簿公堂。与此对照的是另一家商场，顾客买了一台洗衣机，回家后发现是坏的，于是打电话给这家商场，没过多久，商场经理就驱车而来，一进门就恭喜顾客中了奖，并解释说，该商场准备了一台故障洗衣机，是专为顾客中奖预备的。商场将会奖一台优质的洗衣机给顾客。这一行为所产生的美誉效果，或许是广告宣传都不一定能达到的。

上述这些对内、对外的行为识别，都不是常规的规章制度所能规范的。行为识别的操作必须有一系列的条款来保证，展现理念精神，激活内部机制，只有富有创造性才能保证行为识别的特有价值。

阅读材料

江铜集团的企业行为识别系统

1.企业行为准则

明长远之理，为创新之事；

兴和谐之道，立诚信之业。

2.企业对员工行为准则

为员工的今天负责，更为员工的明天着想。

3.员工行为准则

做好每件事，善待每个人；

走好每一步，学习每一天。

(1)员工对企业：珍爱企业就是善待自己。

(2)员工与员工：要想别人怎样对待你，你就应怎样对待别人。

(3)员工与主管：尊重是相互的，力量是互动的。

(4)沟通：换位思考，同心互动。

(5)礼仪：细节体现品位。

4.会议行为规范

会议也是管理，要讲实效。

5. **作业区行为规范**

以文明行为保证文明工作。

6. **组织行为准则**

集权为主,科学分权;

统一管理,运营有序;

责权明确,整体协调。

7. **企业对外行为准则**

为顾客创造利益,为社会创造进步。

(1)员工对顾客:顾客是另一个自己。

(2)员工对社会:关爱是相互的,回报是双向的。

(3)公共关系行为规范:企业是社会关系的总和。

阅读材料

京煤集团的企业行为识别系统

1. **设计京煤集团行为识别系统的基本思路**

(1)与人力资源管理对接。人力资源是企业最宝贵的财富。企业要让员工充分发挥他们的潜力和作用,并对员工的行为进行引导与约束。行为识别系统既强调了全局观念、长远观念和集体观念,同时又强调了员工之间的相互协作与相互补充,有利于团队意识的形成。

(2)与理念和制度对接。行为识别系统是对理念识别系统内容的动态表述和具体展开,但是这种展开还没有具体化到制度的层面。行为识别系统不是制度,它是在制度之上的原则化概括。因为任何制度都是有漏洞的,这时候就需要一种高于制度的行为规范来进行质的规定,它是制度的高度凝练,体现制度的本质要求。

2. **高层经营管理人员行为规范**

京煤集团董事会成员、集团经理层、党委常委及其他参与决策的高级管理人员的行为规范如下:

(1)讲战略,战略引领。对市场和企业经营有战略眼光,有战略思维,有全局意识,有经营企业的危机意识,从而保证集团战略目标以及重大经营决策的正确制定。

(2)讲科学,科学决策。正确决策是引领京煤集团跨越式发展的关键,决策必须要科学,要理性,要有深刻的决策背景分析和具体的科学数据来支撑决策,坚决杜绝"差不多""大体上""基本上"等模糊语言,保证整个集团"做正确的事情"。

(3)讲效率,高效决策。决策必须科学,但是也不能长期议而不决,要在科学的基础上保证决策的效率,抢得市场先机,促进企业的跨越式发展。

(4)讲学习。带头学习,提高决策的睿智;创建学习型组织,提高企业整体素质;营造学习氛围,鼓励员工提高自身技能和素质。学习是个人活力之所在,团队活力之所在,企业竞争活力之所在。只有不断学习,才能与时俱进,才能创新和跨越。学习是科学、高效决策的根本保证,企业经营环境的迅速变化也迫使决策者迅速学习,促进管理观念和管理知识的不断更新。

(5)讲团结。求大同存小异,看长处识大体,不把私人的恩怨和小集体的利益带到决策中。团结就是力量,团结是引领跨越式发展的基础。集体的智慧和力量永远大于个人的智慧和力量。

(6)讲奉献。以京煤集团的事业为重,无私奉献;以实际行动感动自己,感动员工,感动客户;以自己的无私奉献精神营造企业文化氛围,塑造企业形象。企业领导人员的行为引导着企业行为文化的方向,体现着企业文化建设的高度和品格,代表着企业的整体形象和风范。这就要求高层经营管理人员必须要有牢固的法制观念和纪律观念,恪尽职守,不滥用职权,不以权谋私。凡要求员工做到的事,自己首先做到;凡要求员工不做的事,自己一定不做。塑造自己在员工心目中的形象,塑造企业在社会中的形象。

3.中层经营管理人员行为规范

集团职能部门负责人及所有权属企业的领导班子成员的行为规范如下:

(1)创思路。创造性地执行高层的战略决策,创造经营管理新思路。中层经营管理者是高层决策者既定方针和战略的执行者。在高层解决了“做正确的事”的问题之后,剩下的就是中层经营管理者如何去“正确地做事”,首先是创新思路,有创新思路才能有创新行为。

(2)创实绩。创造实实在在的绩效,为企业获取最大效益。绩效是衡量中层经营管理者的重要标准之一,既是企业追求的结果,又是企业行为的导向。

(3)创高效。高效执行高层经营管理者的经营决策,高效处理本部门、本企业的经营管理事务,在高效率中求得更好的效益、更大的成绩。

(4)创知能。创建学习型组织,提高员工的整体素质,培养员工求新、求变、积极进取的心态;在事业中造就人才,尊重人才,视人才为企业发展之根本,并为人才的成长创造一个良好的环境。

(5)创“人和”。作风民主,待人公正、平等、热情,言行有礼、有节。“人和”是事业发展的重要前提之一,要最大限度地创造“人和”的氛围,凝聚员工,激发员工的创造力。

4.基层生产人员行为规范

一线生产员工的行为规范如下:

(1)遵安全规章。把安全牢记在心,安全操作,确保操作无一丝一毫差错。

(2)遵质量规则。牢固树立“质量第一”的观念,严格遵守质量要求,在质量上精益求精。

(3)遵纪律规定。严格遵守生产规章制度和劳动纪律。

(4)遵操作规程。严格执行操作规程,规范操作。

(5)遵技术规范。遵守生产技术规定和技术保密规定。

(6)遵协作规约。上道工序为下道工序着想,下道工序是上道工序的检验员,及时向上道工序反馈信息,主动弥补上道工序的不足。

5.基层服务人员行为规范

服务岗位员工的行为规范如下:

(1)爱心。有仁爱之心,爱自己的岗位,善待客户。

(2)诚心。真诚服务,以诚心打动和感动客户,赢得客户。

(3)热心。热情主动,细致周到,多为客户着想,多站在客户的角度考虑问题,最大限度地使客户感受到集团的热情好客,奉献真情,展示集团形象。

(4)耐心。对工作有耐心,对待无理的客户有耐心。

(5)公心。同样热情接待,同样周到服务,不因服务对象的不同而采取不同的服务方式和服务态度。维护集团整体利益,杜绝损公肥私。

6. 公共礼仪规范(办公场所礼仪)

(1)着装

工装上岗,衣着整洁,不穿奇装异服。

工作中,在左胸前佩戴统一制发的胸卡或徽章。

(2)仪表

仪表整洁,头发梳理整齐。男员工不留怪异头发或过长头发,刮净胡须;女员工化淡妆,不浓妆艳抹。精神饱满,给人以有活力和进取精神之感。

(3)环境卫生

保持厂区整洁美观,不随地吐痰,不乱扔杂物。

道路畅通,地面整洁,物品堆放整齐。

小汽车、自行车等车辆有序摆放在指定的位置,并保持车容整洁。

保持办公室整洁、无污痕,桌面和桌下不放置杂物。张贴物整齐、美观。

文件橱内、办公桌上的文件等摆放整齐。

下班离去之前将桌面整理清洁。

(4)言行

遵守上下班时间规定。

工作中,无论是对内还是对外,一律使用文明用语,不说粗言秽语。

上班时保持良好的精神状态,精力充沛,乐观进取。同事之间热情、友好、团结,相互协作,相互帮助。

向上级汇报工作要及时,接受工作布置要专心倾听。

向下级布置工作要全面周到,耐心听取意见,并询问执行过程是否有困难。

在公司内与访客、领导相遇时,应停留侧立,礼让先行,同时微笑点头致意,相互熟悉的可轻声打招呼。

出入办公室,开门、关门动作要轻,尽量不发出声音。进入其他办公室沟通联系、请示、汇报工作时一定要轻轻敲门,得到允许方可入内。

维护严肃紧张的工作气氛,不大声喧哗、高声叫人、吵闹,工作时间不闲聊、不打私人电话。

保持良好的站姿或坐姿,以赢得别人的好感。会见客户或出席仪式遇站立场合,双手不交叉抱在胸前或放腰后面。坐椅子时应从左边入座,站起后把椅子放回原处。要避免出现一些不好的姿势等。

办公桌上不摆放涉及公司机密的文件。

妥善保管、正确使用公司办公用品,及时归还借用的公司物品。

对公司物品要公私分明,切忌将公物挪为私用。

出入公司大门,严格遵守相关规定。

严格遵守公司其他相关规定。

7. 公共礼仪规范(专项礼仪)

(1)名片礼仪

互换名片时，年少者要先于年长者递上自己的名片；职位低者要先于职位高者递上自己的名片；来访者要先于接待者递上自己的名片；男士要先于女士递上自己的名片。

递名片动作要领：递名片者起立，双手执名片的两角，名片的正面朝上，名片上文字的正面朝向对方，态度谦敬地递给对方，并说类似“请指教”“请关照”“今后请保持联络”等客气语。

接名片者忌当着对方的面将名片随便放置于桌上或口袋里；收到的名片未经许可，不要当着对方的面让别人传阅。

(2)电话礼仪

接听电话时，不仅要语调热情、恭敬，而且要面带笑容。人在微笑时，声音也更加圆润动听。

及时接电话(勿让铃声超过三次)，迟接电话要表示歉意。

接电话用语：“您好，这里是京煤集团×××单位”，“请稍候！”等。

打电话用语：“您好，我是京煤集团×××，打扰您，请您……”，“谢谢，打扰您了，再见！”等。

招呼问候用语：“请问您是哪位？”

对方要找的人不在时用语：“对不起，×××现在不在，请问有什么事需要我帮忙？”要转告给另一位接听电话时用语：“请稍等，我将电话转给×××。”

在办公室里接电话忌用高音量。重要来电要做好记录，及时转告有关领导或相关人员进行办理。

公司电话不得长时间私用，公务电话也应长话短说，简明扼要。

(3)介绍礼仪

直接见面介绍的场合，应先把地位低者介绍给地位高者。若难以判断，可先把年轻的介绍给年长的。

在介绍本公司人和其他人相识时，可把本公司的人先介绍给对方。

把一个人介绍给很多人时，应先介绍给其中地位最高的。男女间的介绍，应先把男性介绍给女性。男女地位、年龄有很大差别时，若为年轻女性，可先把女性介绍给男性。

(4)握手礼仪

握手时，距离受礼者约一步，上身稍向前倾，两足立正，伸出右手。

男士在握手前先脱下手套，摘下帽子，女士可以例外。

握手者双目注视对方，微笑，问候，致意，不要看第三者或显得心不在焉。

长辈与晚辈之间，长辈伸出手后，晚辈才能伸手相握；上下级之间，上级伸手后，下级才能接握；主人与客人之间，主人宜主动伸手；男女之间，女方伸手后，男方才能伸手相握。

(5)乘车礼仪

文明乘车，勿大声喧哗。

自觉爱护车内一切设施，在开启窗门、调节座位、于行李架上取放物品、移动窗帘时应小心挪动。

自觉保持车厢内卫生，车上勿吸烟，勿乱抛果皮、纸屑等杂物。

一般情况下，车中座位遵循前卑后尊、左卑右尊的原则。

(6)会议礼仪

参加公司举办的各种会议，应按时到会，不迟到或早退，有事向会议主办者请假。

进入会场之前关闭手机等通讯工具，在会议过程中要保持会场肃静，要认真聆听、记录，不在会场上交头接耳，不起哄、吵闹。

开会时，如公司有外来客人，应主动鼓掌表示欢迎；散会时，要等到宣布散会后方可退场，应礼让来宾和公司各级领导先行之后再井然有序退场，不抢先，不拥挤，也不大声喧哗。

会场上严禁吸烟。

8. **公关活动规范**

(1)公关活动的原则

企业公共关系活动规范是企业行为识别系统的重要内容。通过公关活动可以提高企业的信誉度、知名度；可以消除公众的误解，免除不良影响，取得公众的理解和支持。集团高层管理人员要带头塑造企业形象，员工全力维护企业形象，为京煤集团的发展创造一个良好的外部环境。

公关活动对内要坚持以员工为本的原则，关心员工，尊重员工，凝聚人心，团结协作，充分调动全员的工作积极性，促使员工为京煤集团的发展尽心尽责，以主人翁姿态献计献策；对外要坚持遵守法律、实事求是、平等坦诚、互惠互利的原则，主动协调好同客户、供应商、竞争对手、政府有关部门、金融机构、大众媒体及社会团体的关系，营造良好的生存和发展环境。

如果出现公共关系危机，要迅速作出反应，争取一切可能的力量，充分发掘内外部的各种有利因素来化解危机，以真实客观的信息、真诚合作的态度求得公众的理解和支持。

(2)公共关系行为规范

礼貌平等，不卑不亢，热情周到，言而有信，统一识别，注重形象。

9. **庆典活动规范**

提前发出统一标准的精美邀请函。

会场布置以渲染热烈隆重的氛围为主调，主席台上方悬挂红底白字的横幅，写明庆典的名称。

集团所有参会人员均应统一着装，佩戴统一的集团标识。

所有办公用品和公关用品均应是集团统一标准的视觉形象识别的用品。

热情接待来客。

10. **新闻发布会规范**

会场发言台上方悬挂红底白字的会标，写明发布会的内容，会场布置要庄重、严肃，会场入口处设签到处。

发言人发布消息时，应本着严肃、认真的态度，实事求是地发布消息。

对于记者及其他与会者的提问，发言人应给予及时的解答。如果确实不便于回答，发言人应该礼貌地拒绝，并致以歉意。

发布会结束前，发言人应对所有到会人员表示感谢。

新闻发布会应尽量给记者提供一切方便，会后应根据记者到会情况收集各新闻媒体发布的有关报道，若发现报道有误，应及时通知新闻单位给予更正。

11. **业务洽谈规范**

业务洽谈应选择在有椭圆会议桌的会议厅进行，以利于双方面对面地交谈，涉外洽谈时应在适当地方设置译员的位置。

会场布置以庄重友好为原则，主方应准时到会。

态度要谦虚诚恳，语气要和气委婉。

倾听时要专注耐心，不随意打断别人的讲话。

12. **协议签订规范**

协议签订现场应悬挂红底白字的会标，写明签字仪式的内容，签字桌上应摆放各自的文本和签字用具；现场布置应以成功喜悦为基调。

签约时双方应准时到场。

协议签订后应握手致意，相互道贺。

13. **外事礼仪规范**

迎接人员应准确及时地在来宾到达的地点等候，迎接人员的身份及职称应与来宾的相当，如有迎接仪式应及早准备。

介绍和会面时应称谓得体，行礼有规。要尊重来宾所在国的礼仪习惯。

正式会见时，主方应提前到达并在会见厅门口等候，当来宾到来时，应主动上前行礼表示欢迎并引导客人入座，会谈时既要谦虚友好，又要有理有度。

生活服务应尊重来宾所在国的风俗习惯，特别要注意某些禁忌。

来宾离去时，应提前帮助办好出境及机票等手续，委派与来宾身份相当的人热情友好地为来宾送行，目送客人远去后返回。

第二节　企业内部行为识别子系统的构建

企业内部行为识别子系统主要由企业管理、员工工作环境、员工的教育培训、员工行为规范化、编唱企业歌曲构建而成，每部分的具体内容如下。

一、企业管理

BI规范化管理是CI导入过程中关键的环节，同时也是最难把握的一环。理念可以确定，视觉符号可以设计，人的行为却难以理想化地进行统一。因此，BI系统的顺利实施，需要有效的管理手段作为保证。与美国、日本企业雄厚的管理基础和高度现代化的管理手段相比，我国企业的管理基础还十分薄弱，因此，企业必须将CI战略的实施建立在整体管理水平提升的基础上。就是说，企业在开展BI建设的过程中，首先要在组织上和制度上进行管理革新；其次，要有计划地开展员工培训工作，重视人才的开发和引进，提高员工的整体素质；最后，要特别注重管理人员的选拔和培养，建立一支高素质的现代经理人队伍，从而保证企业整体水平的提高和管理革新措施的有效实施。

二、员工工作环境

员工工作环境的构成因素很多，主要包括两部分内容：一是物理环境，包括通风状况、装饰环境等；二是人文环境，主要有领导作用、团队风貌、凝聚力、竞争环境等。

创造一个良好的企业内部环境不仅能保证员工身心健康，而且是树立良好企业形象的重要方面。企业要尽力营造一个大气、整洁、独特、积极向上、团结互助的内部环境，这是企业展示给社会大众的第一印象。

三、员工的教育培训

实施CI战略,需要企业全体员工的协作,员工是将企业形象传递给外界的重要媒体。如果员工的素质不高,将损害企业形象。所以CI战略的推行,必须对企业员工加强组织管理和教育培训,提高每位员工的素质,使每位员工都认识到自己的一言一行与企业整体形象息息相关。只有通过长期的培训和严格的管理,才能使员工在提供优质服务和优质产品时形成一种风气、形成一种习惯,并且得到广大消费者的认可。

进行员工教育培训的目的是使员工的行为规范化,符合企业行为识别系统的要求。员工教育分为干部教育和一般员工教育,两者的内容有所不同。干部教育主要是政策理论、行业法规、决策水平和领导风尚教育。一般员工教育的主要内容与日常工作相关,如经营宗旨、企业精神、服务态度、服务水准、员工规范等。

培训教育主要包括以下内容:

(1)制订CI战略实施方案,包括企业导入CI战略的背景、发展目标定位,使全体员工对实施CI战略有一个明确的认识,提高实施的自觉性。

(2)编印说明企业标志、企业理念及员工行为规范的CI手册,同时应使员工阅读、携带方便。

(3)举办培训班,对领导和骨干首先进行导入CI战略的培训教育,之后对全体员工进行培训,系统学习企业CI战略,促进员工自我启发。

(4)制作对员工进行教育的专题片,说明企业导入CI的有关背景、经过及具体的理念内容、行为规范和VI使用规范。

四、员工行为规范化

行为规范是企业员工共同遵守的行为准则。制度和规范使企业和员工的行为有章可循、规范统一,它具有一定的强制性。对员工而言,制度和规范是一种约束,但也是其顺利完成工作的保证。制度和规范的设计必须以正确的企业理念为指导,必须有助于员工在一种宽松的环境中准确无误、积极主动地完成自身的工作。制度和规范的内容如果偏离了企业理念,说的和做的不一致,将会造成员工思想与行为的不协调、不统一,直接影响员工的积极性和创造性的发挥,给企业管理带来难度和损失。

五、编唱企业歌曲

在实施CI战略的过程中,可以借公司歌曲来增强企业凝聚力。因为经过企业歌曲的编唱,既能够宣传企业的理念,又可以振奋员工的精神,缓解员工工作紧张的压力,尤其是青年员工对这种形式更易于接受。

此外,行为识别的内部系统还包括福利制度、危机对策、战略规划等内容。

第三节　企业外部行为识别子系统的构建

企业外部的行为识别是通过产品形象、市场调查、服务水平、领导形象规范、营销活动、广告活动、公关活动和社会公益活动八个方面向企业外部公众不断地宣传企业文化和经营理念，从而提高企业的知名度、美誉度，确立企业良好的社会形象，为企业的经营活动营造一个理想的外部环境。

一、产品形象

产品形象，是指产品的命名、外形、功能、质量、商标、价格、包装等给公众留下的整体印象。产品形象直接关系到公众对企业的总体印象，良好的产品形象会给企业的生存和发展带来理想的外部经营环境。消费者对某一产品具有良好的印象，其原因并不仅仅在于产品的外观、性能等，还涉及有关的质量、服务、信誉、附加值等，这些都是产品形象的重要体现。

【案例4-1】

海尔和康佳的产品形象设计开发

海尔追求产品形象的个性化。海尔非常注意产品命名的文化韵味、形象感、可视性，注入高附加值，如电冰箱系列中的海尔冰箱小王子、海尔冰箱大王子、海尔冰箱双王子、海尔冰箱美王子，所有的王子系列与海尔的儿童吉祥物相结合，传递出产品可爱、可亲、可视的形象，这对于引发消费者的购买欲无疑具有竞争优势。

自1990年以来，康佳先后推出"彩霸"电视、"劲力"音响、"好运通"通讯产品，既突出康佳的老品牌，又体现不断推陈出新的强劲趋势；每推出代表性的产品便冠以三级商标，诸如"双星超薄"、"天幕"阔屏幕彩电等，既保持了产品的连续性，又体现了快速更新换代的实力，产生了良好的社会效应，使"康乐人生，佳品纷呈"的康佳电子产品形象显示得实实在在。

二、市场调查

企业必须进行市场调查，以了解消费需要，在此基础上进行新产品设计和开发，特别是要通过市场调查确定好市场定位，即根据市场的竞争情况和本企业的条件，确定本企业的产品和服务在目标市场上的地位，从而为产品创造独特卖点，同时赋予其一定的形象，以满足目标顾客的需要。

三、服务水平

由于经济的发展、技术水平和消费水平的提高，产品越来越趋于同质化。在市场渐趋饱和和全球竞争日益激烈的情况下，产品的差别化战略配合良好的服务，赢得顾客的忠诚，是企业一切活动的出发点和归宿，也是竞争制胜的法宝。对于顾客来说，有时服务质量等软件因素比产品本身等硬件因素更为重要。

就服务内容而言，包括服务态度、服务质量、服务效率；就服务过程而言，包括三个阶段，即售前服务、售中服务和售后服务。服务活动对塑造企业形象的效果，取决于服务活动的真实、真诚。服务来不得半点虚伪，它必须是真心换真心，必须是言必行、行必果，给消费者带来实实在在的利益，让顾客感受到服务的真诚，从而成为企业的忠诚消费者。

四、领导形象规范

企业领导是企业的核心，是员工效仿的典范，也是新闻媒体、舆论界的焦点人物。企业领导常常出席各种场合,常常会见政府官员,在这些不断的社会活动中,企业领导的行为表现总是不断地向公众传递这样或者那样的信息。不管愿不愿意,他们的行为表现潜移默化地影响着他们在公众和员工心目中的形象,这些形象会对企业产生深远的影响。

企业领导在出席社会性、公益性的场合时,其形象所体现的是以企业领导为代表的整个企业的风范和形象,这种风范和形象是企业形象的重要组成部分,体现的是企业对社会的态度,对公益事业的参与,对社会的回报,是企业文化的外在体现。

企业与社区、政府是相连的,企业领导行为的外在表现对社区、政府有着深刻的影响。从企业的利益出发,塑造良好的行为形象,没有负面影响,是每一位企业领导的不变追求。企业领导的形象通过新闻媒介的传播,可使企业形象更具权威性和说服力。

企业领导形象的内涵包括以下三个方面:

1.企业领导的价值观

企业领导的价值观是他们的自身素质和外部环境共同作用后形成的,是由社会经济的发展水平和市场经济的竞争状况决定的。企业领导既是理想主义者,又是务实专家,他们既敢于想象企业的未来,又乐于承担风险,他们以自己独特的价值取向来经营企业,来面对环境的变迁与激烈的竞争。

2.企业领导的世界观

企业领导在企业的战略上要有一种“进取心”,就是构建企业发展蓝图,这是企业领导世界观的经济性体现。企业领导的世界观具有社会性,体现为更多地关注社会对待企业的反响。

3.企业领导的人生观

从宏观上看,企业领导的人生观是个人对人生的态度和见解,体现在企业领导的为人处世、待人接物、言行举止以及价值观、世界观上。它是以经济行为、社会行为为根本的。从微观上看,企业领导的人生观是他们的一些不同寻常的兴趣或者爱好,这些兴趣或者爱好使他们更加适宜与其他企业领导、经营专家以及社会各个阶层的要人交往。企业领导形象主要体现在为人处世、社交活动、生活喜好、管理风格上。

五、营销活动

营销活动包括营销管理、促销管理、广告管理等方方面面,活动形式具体包括产品发布会、订货会、推广会、展览会、经销商会议、消费者恳谈会、市场调研会、品牌评估会等。营销活动行为规范按照活动对象可分为针对经销商的营销活动行为规范、针对消费者的营销活动行为规范、针对学术活动的营销活动行为规范。

企业要努力做到让利于商、以诚待商并服务于商。脚踏实地地练内功,真诚地面对顾客,是实现企业长远目标的需要。经销商和消费者是企业的两种顾客,两种顾客的需要都要满足,但两种需要是不同的:经销商需要的是市场、利润以及可持续发展的品牌;消费者需要的是优质的产品、独特的精神享受和优惠的价格。在这里,服务成为日常工作的重要内容。在促销活动、市场调研活动以及各种类型的终端活动中,态度要诚恳。现代营销的核心是沟通,沟通在针对消费者的营销活动中占了很大的比重,消费者动了心,才会积极响应,才会掏钱购买。活动以易于操作为主,避免烦琐带来的各种不利影响。任何活动都必须在一定的组织工作下开展,特别是准备工作以及事后反馈工作。质量鉴定会、产品评优会、品牌资产研讨会、销售研讨会等学术活动的参与者大多为专家学者，层次高、影响大，因此，参加这类活动要格外谨言慎行，要注意尊重与会人员。

六、广告活动

广告可分为产品销售广告和企业形象广告，对企业形象识别系统而言，应更加重视形象广告的创作，以获得社会各界对企业及产品的广泛认同。企业形象广告的主要目的是树立商品信誉，提高企业知名度，增强企业凝聚力。产品形象广告不同于产品销售广告，它不再是产品本身的简单化再现，而是创造一种符合顾客的追求和向往的形象。通过对商标、标志的展示及代表性产品的形象介绍，让消费者留下深刻的印象，可以唤起社会公众对企业的注意并产生好感。

七、公关活动

公关活动是树立企业形象的主要手段，应当充分抓好公关活动，以规范的行为来传播企业各类信息。媒体报道、新闻发布会、记者招待会等新闻宣传是隐性的广告宣传，比真正的广告宣传更具威力，要注意公关活动的新闻性、真实性、策划性。新闻性是指要注意把握发布新闻和制造新闻的两种技巧；真实性是指要具有真实的内容，避免制造噱头；策划性是指新闻的发布要经过严密的组织，可以延伸到市场活动中，并产生销售效应。文化与体育活动对企业形象的提升、知名度与美誉度的提高有直接的作用，活动必须与企业市场活动紧密地联结在一起，要注意该活动社会影响力的强弱、目标消费者的参与程度、费用、可操作程度和预期效应评估等。可以依企业实力有选择地赞助公益活动，还可以发动员工参与赈灾济困，提倡员工发扬中华民族的美德。

企业公关活动的作用还包括搜集信息、协调谅解、咨询建议、传播沟通和社会交往。搜集信息，有助于全面而准确地分析企业所处的人事环境和舆论环境；协调谅解，包括及时处理组织与公众间存在的矛盾，建立预警系统并实行科学管理，协助处理纠纷等工作；咨询建议，包括展示企业形象、了解公众心理及公众对企业政策的评价，提出公关工作建议；传播沟通，通过信息传播影响舆论，进行双向沟通以达到与公众协调的目的；社会交往，为企业创造和谐融洽的社会环境。

针对不同的群体，公关的手段和传播方式是不同的。

1.针对消费者的传播

企业与消费者的良好关系是以满足消费者的需要、维护消费者的合法权益为基础的。建立科学的顾客关系管理系统，树立真诚为消费者谋福利的观念是维持双方良好关系的前提。企业与消费者的信息传播途径很多，如通过销售渠道、展览展示、直接与最终用户沟通和交流、发布新闻、刊登广告、出版刊物、邮寄信函等。此外，还有举办产品知识培训会、试用活动等。

2.针对社区公众的传播

除以上所提及的传播渠道外，企业还可通过举办座谈会，走访社区团体和部门，赞助文化、体育事业，参与社会公益事业，以取得社区公众的理解和认同，塑造良好的形象。

3.针对媒体的传播活动

媒体是影响和引导社会舆论的强有力工具，良好的媒介关系是企业建立良好的公众形象的有力武器。企业应与媒体建立一种真诚互信的关系,向媒体提供的新闻信息必须保证真实可靠,以借助媒体传播事实,扩大影响。其方式主要有召开新闻发布会、记者招待会,双方互访以及与媒体合作举办各种有影响的活动。

八、社会公益活动

社会公益活动是以赞助社会福利事业为中心开展的公关促销活动,如赞助社会福利、慈善事业,资助公共服务设施的建设等。通过这些活动,在社会公众中树立企业注重社会责任的形象,提高企业的美誉度。

社会公益活动从短期来看,往往不会给企业带来直接的经济效益,而且会使企业付出额外的费用。但是,从长远来看,通过这些公益活动,可为企业树立较完美的社会形象,使公众对企业产生好感,为企业创造一个良好的发展环境。

策划社会公益性活动,可以从以下几个方面考虑:

1.社会公益活动策划的准备性工作

在着手进行社会公益活动策划之前,应首先做好以下两项准备工作:①企业形象现状及原因分析。它要求策划人员在进行策划之前,对策划所依据的材料进行调查。调查材料必须真实、可行,否则,再好的策划也不会取得成功。②确定目标,这是社会公益活动策划的前提。社会公益活动的具体目标同调查分析中所确认的问题密切相关。一般来说,所要解决的问题也就成了社会公益活动的具体目标。

2.社会公益活动的对象选择

企业营销的具体目标不同,选择社会公益活动的对象也不一样。虽然社会公益活动总体上是以资助或赞助某一项活动为主要特征的,但是,社会公益活动的对象不同,其赞助的内容、形式、特点及效果也不同。下面就几种主要的社会公益性活动进行分析。①赞助体育活动。体育运动目前已成为全民性运动,特别是一些国际性的体育盛会,可以超越国家、民族和文化等各种界限,吸引无数人的注意。企业向这类活动提供赞助,可以迅速地提高企业知名度,扩大产品销售。健力宝正是靠大力赞助全国运动会、亚洲运动会、奥林匹克运动会等举世瞩目的大型体育活动而打响品牌,创立名牌,塑造善尽社会责任的优良企业形象的。②资助灾区。资助灾区,为灾区人民排忧解难是社会公益活动的一项重要内容。中华民族素有“一方有难,八方支援”的传统美德,当灾情到来之际,企业能够适时地组织此项公益活动,就会极大地触动社会公众的心弦,使社会公众产生共鸣。科龙集团对革命老区采取千万元扶贫行动,筹建“科龙村”,既促进了贫困地区的经济发展,又扩大了企业的社会影响。③赞助社会福利事业。企业选择对各种慈善事业、社会福利事业进行赞助,比较容易获得社会各界的普遍好感。金利来、健力宝等企业在这方面均有出色表现。④赞助文化教育事业。文化教育事业是一个国家的立国之本、强国之基,企业通过资助“希望工程”、设立教师或教学奖励基金等各种赞助活动,可以凸显企业的民族大义精神和社会责任感。这类公益性活动不是肤浅的、稍纵即逝的,它对企业的影响是深远的。

3.社会公益活动的运作技巧

虽然上述各种公益活动不会给企业带来直接经济利益,但是在实施过程中,企业还是要运用各种有效的公共关系技巧来扩大公益活动在社会上的影响,包括:①举办隆重的赞助仪式;②举办新闻发布会;③传播传奇故事;④邀请社会名流给予评价。

总之，企业在运作社会公益活动时，可以采取各种技巧和方式，大造声势，以此震撼社会公众。

本章小结

企业行为识别是指在企业的经营理念及经营方针、企业价值观、企业精神的指导下，在内部协调和对外交往中的一种规范性准则。本章对企业行为识别系统的定义、特点、原则、行为分析、效用分析、实施方法等几方面进行了详细的阐释。企业的行为识别系统基本上由两大部分构成：一是企业内部行为识别系统，具体包括企业管理、员工工作环境、员工的教育培训、员工行为规范化、编唱企业歌曲。二是企业外部行为识别系统，具体包括产品形象、市场调查、服务水平、领导形象规范、营销活动、广告活动、公关活动和社会公益活动。企业行为识别的内涵在于将企业的内部组织机构与员工的行为都理解为传播活动，通过这些活动传达企业理念，塑造企业形象。

中英文对照专业名词

企业管理　Business management

员工培训　The staff trains

工作环境　The working conditions

市场调查　Market survey

营销活动　Marketing activity

公关活动　Public relations activity

公益活动　Public welfare activity

复习思考题

1. 什么是企业行为识别？
2. 企业行为识别系统由哪两大部分构成？
3. 简述企业外部行为识别系统的规划要点。

案例分析

三亚机场通过优化旅客服务提升企业形象

三亚凤凰国际机场(以下简称凤凰机场)参照学习国际标杆机场，导入国际服务质量评价标准体系，着力提升机场服务品质。凤凰机场在2008年首次接触机场服务质量(Airport Service Quality，以下简称ASQ)项目后，便研究制订了ASQ项目引进计划，积极参与国际机场协会(Airport Council International，以下简称ACI)的全球机场服务质量测评，根据测评结果摸清服务短板，明确改进方向，陆续对近千种服务项目进行了改造升级，在服务设施设备改造方面投入近千万元。在全体凤凰人的共同努力下，2015年度凤凰机场首次荣获"全国五星管理现场"荣誉称号，再度荣获英国航空顾问公司SKYTRAX"全球最佳贵宾航站楼"奖，连续12年获评"全国用户满意企业"，更是一举荣获"2015年度ACI全球500万～1 500万吞吐量机场规模ASQ旅客满意度第一名""2015年度ACI全球ASQ旅客满意度最佳区域机场亚太区第二名""2015年度ACI全球ASQ最佳规模和区域机场(亚太区域和500万～1 500万规模组)"三项世界大奖。

一、与时俱进，筑牢服务根基

2015年，凤凰机场大力推进安全服务管理体系建设，对生产运营手册进行全方位的修订改版，根据民航局的最新规定对机场服务标准进行修订更新，前后历时 7 个月，近百人参与其中，为机场合规运行及高效服务奠定了坚实的基础。

为保持优质的服务水平，凤凰机场重新修订并下发《服务质量标准抽查工作程序》，不定期对旅客排队等候时间、员工微笑问好率等旅客最关心的细节进行抽查，抽查样本量达千余份，有效地提升了旅客候机体验。

二、关注旅客需求，完善基础建设

2015 年，凤凰机场抢抓“一带一路”国家发展战略的大好机遇，加快基础设施建设，不仅完成了机场进场路的改造升级，而且完成了站前综合体的主体封顶，更是实现了建筑面积近 2 万平方米的 T2 航站楼的正式启用，有效缩短了旅客排队等候时间，为广大旅客提供了一个更为舒适的候机环境。

通过长达一年的业内考察、旅客消费习惯调研及内部讨论，凤凰机场最终确定了招商方案，就候机楼内商业、餐饮分别开展了两次大规模的招商活动。凤凰机场商业店铺琳琅满目，涵盖服饰、特产、手工艺品等方面。候机楼内拥有餐饮点 11 个，总面积超过 2 600 平方米，美式风情的汉堡王，浓郁香醇的星巴克，地道海南风味的椰子鸡汤……各类特色餐饮齐聚凤凰机场，令人流连忘返。

三、细节服务，成就卓越品质

凤凰机场始终秉承“凤凰于飞，温馨相随”的服务理念，在 2015 年编制并下发了《三亚凤凰国际机场服务人员形象规范手册》，从发饰、妆容、配饰、制服、行为礼仪和公共礼仪六个方面塑造凤凰机场服务人员的专业形象，并组织开展了“寻找最美服务大使”活动，挑选出“形象好、业务精、服务优”的一线员工，树立榜样，激励员工。

凤凰机场高度重视旅客建议，2015 年全年共受理旅客反馈信息 4 737 条。针对旅客提出的意见与建议，凤凰机场会定期进行汇总分析，在服务月报、服务专题会上进行公布，协同相关部门制订解决方案。

四对标一流，开展对外交流

2015 年，凤凰机场顺利完成韩国仁川机场服务管理团队、印度海德拉巴国际机场考察访问团的来访接待工作，与来访团队就机场旅客服务满意度管理、机场安检管理、航站楼运行管理等方面进行了深入交流，通过业务会谈，学习国际一流机场的服务管理经验，拓宽发展思路，提升服务品质。同时，为学习和借鉴新加坡樟宜国际机场在地面运行、服务质量管理方面的先进经验，优化服务流程，提高服务质量，强化服务管理能力，凤凰机场于 2015 年 11 月组织 23 名管理干部和后备人才前往新加坡中新机场学院和樟宜国际机场进行实地考察交流。

2016 年，凤凰机场将继续以服务品质提升为抓手，从服务细节入手，攻坚克难，喜迎八方来客，践行“凤凰于飞，温馨相随”的服务理念。

资料来源：http://hi.people.com.cn/sanya/n2/2016/0317/c231196-27958984.html.有删改。

思考题：

1. 凤凰机场是如何通过对旅客的服务行为践行服务理念的？
2. 你认为服务行为在企业形象塑造和提升中的地位如何？为什么？

第五章　企业视觉识别系统策划

导入案例

颐和园标志的设计

颐和园始建于1750年，是中国现存建筑规模最大、保存最完整的大型山水古典皇家园林。其园林造景精妙，建筑群气势磅礴、辉煌气派，将自然与人文完美统一，具有重要的文化地位和深厚的文化内涵。

一、颐和园品牌形象中中国传统图形的运用

颐和园标志是其品牌形象的核心，要背负起彰显颐和园传统文化与价值的使命，无论是以何种方式，都应对颐和园的意象进行恰如其分的现代阐释，颐和园的传统建筑、文物典籍、园林风貌等原有的文化意义应该有适宜的新形式。在对佛香阁、十七孔桥、长廊、万寿山和昆明湖等代表性景点元素进行梳理分析后发现，佛香阁是颐和园中心，拥有绝对的统领地位，它是园内最大、最有代表性的人文建筑，代表了人力的杰出创造，是颐和园伟大造园艺术成就的重要象征。佛香阁是一个塔式宗教建筑，矗立在万寿山前山的方形台基上。在针对佛香阁的典型传统造型进行图形化设计时，重点把握其八面三层四重檐、内有8根大柱、下有高大石台基的主要特征，去粗取精，去伪存真。尤其需注意阁内大柱和台基回廊的细节处理，使得图形化的佛香阁造型朴素生动、简练大方。颐和园作为一座皇家古典大型山水园林，如何选择适宜的中国传统图形诠释其内涵是一个复杂的问题。传统图形中的水纹、云纹、植物花草纹样、如意纹、龙纹等均可传递出适当的信息。水纹可以代表昆明湖，寓意颐和园是座山水园林；云纹代表变化和深不可测，寓意佛香阁下“神仙排云出”的排云殿；植物花草纹样代表花草树木，寓意颐和园的古树参天和植被丰茂；如意纹代表吉祥幸福，寓意颐和园的福寿文化；龙纹代表皇家，寓意颐和园是座皇家园林。提炼中国传统图形中以上纹样的综合特征，以古老的旋涡纹为框架进行整合，创造出抽象传统风格图形，并根据佛香阁的造型进行适形处理，使两者完美地结合在一起。

颐和园标志见图5-1，它由佛香阁与水纹、云纹、植物花草纹样、如意纹、龙纹综合抽象变化而来。标志下端的抽象传统风格的图形回抱着佛香阁，与规整严谨的佛香阁形成对比，体现了颐和园山水相依、阴阳回抱的格局。佛香阁庄重而沉稳，抽象传统图形活泼而灵动，具有颐和园自然与人文和谐共生的蕴意。标志对称、庄重、严肃而灵动，有较好的层次感，在整体上形成稳定的三角形，增加了标志的稳重性，反映了颐和园大气磅礴、雄伟典雅的气韵。

二、颐和园品牌形象中色彩的运用

颐和园的标志色彩源于中国传统的色彩——中国红，醒目并具有突出的民族文化特色。

红色是中国传统的颜色，代表吉祥富贵，在颐和园所有的建筑上几乎都有红色，尤其是佛香阁，它是颐和园的中心，是三山五园的中心，是万绿丛中的一点红。标志色彩采用红色可以突出颐和园厚重的历史和皇家文化底蕴。在前期的问卷调查中，过半数的受访者认为红色和黄色最能代表颐和园的人文景观。未选择黄色主要是考虑到标志的后期应用，标志要大量地应用在白色的纸张等媒介上，由于黄色的明度太高，在浅色背景上不容易凸显出来，因此放弃了黄色。标志色彩没有选择绿色主要有两方面原因，一方面是考虑到标志将来在园内的应用，绿色的标志在主要色调是绿色的颐和园内，显得不突出；另一方面考虑到颐和园是世界文化遗产而不是世界自然遗产，因此选用代表文化的红色而不是代表自然的绿色。

三、颐和园品牌形象中文字的运用

汉字在传统图形中常以书法的形式进行运用。颐和园标志中的文字部分来源于颐和园正门上的匾额。文字的大小与造型特征受阅读距离影响，阅读距离越远，文字就越大，笔画也越粗，阅读距离越近，文字就越小，笔画越细。在进行文字的设计时，对匾额中的“颐和园”3个字进行了视觉修正，在保存字体风貌的前提下对笔画进行了缩减，降低了文字的整体灰度，使之适合近距离阅读。颐和园文字标志见图5-2。

图5-1　颐和园标志

图5-2　颐和园文字标志

总的来说，遗产地标志形象的确定是遗产地品牌塑造的前提。颐和园标志的确定是建立景区理念识别系统（MI）、行为识别系统（BI）、视觉识别系统（VI）的重要步骤，是颐和园打造世界知名遗产品牌的前奏，颐和园遵循科学发展观，必将塑造可持续发展的、世界知名的品牌形象。

资料来源：裴朝军，周玉基，景怀宇．论中国传统图形语境下的颐和园品牌形象设计[J]．包装工程，2015(12)：119-122．有删改。

企业视觉识别系统（VIS）是企业CIS战略中最基础的识别系统。科学的VI策划能够增强企业对相关外部群体，如消费者、商业伙伴、投资者、新闻记者和政府部门的能见度。同时，科学的VI策划有助于公司全员了解自身，并由此提高员工的主动性和对公司的忠诚度。高度的主动性和忠诚度会产生高效率，也会产生积极的外部影响。如果公司的雇员喜欢在公司工作，他们的热情也会对客户产生积极的影响。所以科学、系统的VI策划从两个方面对公司产生影响：对外，提升形象，增加产品或服务的销售量并为企业营造良好的社会生存环境；对内，增强员工的归属感、凝聚力。此外，VI的简洁和标准化使沟通变得清晰有效，从而降低内耗，改善员工的工作绩效。所有这一切，能为公司最终实现自己的商业目标奠定良好的基础。

第一节　企业视觉识别系统策划概述

一、企业视觉识别系统的概念

企业视觉识别系统，即 VIS(Visual Identity System)，是 CIS 中最具传播力和感染力的子系统。

人们所感知的外部信息，有 83% 是通过视觉得到的。也就是说，视觉是人们接收外部信息最重要和最主要的通道。企业形象的视觉识别，是将 CI 的不可视内容转化为静态的视觉识别符号，以无比丰富的、多样化的应用形式，在最为广泛的层面上进行最直接的传播。

企业视觉形象与企业视觉识别并不是一个概念。前者是企业与生俱来的客观存在要素，也就是说，一个企业无论是否策划了它的 VI，也无论其所策划的 VI 是否成功，该企业的视觉形象都是存在的，只不过有好坏的差异罢了，而好的企业视觉形象则无疑依赖于一套优秀的 VI 设计。

二、企业视觉形象的作用

一个优秀的 VI 设计对一个企业的作用表现在以下几个方面：

(1)在明确地将该企业与其他企业区分开来的同时又确立该企业显著的行业特征或其他重要特征，体现该企业在经济活动当中的独立性和不可替代性；明确该企业的市场定位，属于企业无形资产的一个重要组成部分。

(2)传达该企业的经营理念和企业文化，以形象的视觉形式宣传企业。

(3)以特有的视觉符号系统吸引公众的注意力并留下深刻印象，使消费者对该企业所提供的产品或服务形成品牌忠诚度。

(4)提高该企业员工对企业的认同感，鼓舞士气。

因此，对于一个现代企业来说，没有 VI 意味着它的形象将消失在茫茫的商海之中，让人辨别不清；意味着它是一个没有灵魂的赚钱机器；意味着它的产品与服务毫无个性，消费者对它若即若离；意味着团队的涣散和士气的低落。

【案例 5-1】

VI 系统设计范例

英国维京(Virgin)公司的业务包括航空、旅游、音像零售、饮料、金融保险等，其经营范围跨度之大，以至于产品似乎风马牛不相及，但是由于该公司很成功地在各个商业领域里严格地推行了统一的 VI 系统，使其品牌形象得到了很好的延伸。消费者在华灯闪烁的纽约时代广场的巨型 Virgin 音像商店享受到的良好服务体验很可能促使他产生在阳光明媚的夏威夷海滩上购买一听 Virgin 牌口味怪异的冰凉饮料的冲动。

创建于 20 世纪 70 年代，而发迹于 20 世纪 80 年代的咖啡连锁店星巴克(Starbucks)更是在重新整合的 VI 设计风格上独树一帜，其商标中所使用的色彩和西文字体与传统欧美咖啡店所使用的迥然不同，结果该公司在美国的经营一路凯歌，并且在本无咖啡文化的中国也得到了长足的发展。

VI设计运用于企业商业运作的最好例子也许在运动时装行业。在很多情形下,一位消费者决定是否购买一套耐克或是阿迪达斯的运动衣往往仅仅取决于他是喜欢耐克的钩子还是阿迪达斯的三道杠!

从市场营销的角度来看,20世纪五六十年代的商品竞争主要体现为商品价格的竞争,20世纪七八十年代的商品竞争主要体现为商品质量的竞争,而随着科技的进步和各个生产企业生产工艺的日益接近,商品在价格和质量方面的差异已经难分伯仲了。20世纪90年代以后,商品的竞争主要体现为产品设计的竞争,这里所说的"产品设计"包括产品的工业设计、包装设计、店面促销设计以及售后服务设计等,而所有这些设计,事实上都基于该企业的VI设计,或者说都是VI设计的应用或延伸。

因此可以说,设计科学、实施有力的视觉识别,是传播企业经营理念、建立企业知名度、塑造企业形象的快速便捷之途。

三、企业VI的系统规划

企业进行VI系统规划并不是一蹴而就的事情,要经过系统的规划和管理。企业进行VI系统规划的几个阶段见表5-1。

表5-1　企业VI系统规划的阶段划分

一、	调研阶段
	访谈高层领导,了解以下内容: 名称思路的修改意见, 标志设计的修改意见, 参观厂房、生产线, 深入了解市场的发展方向
二、	分析阶段
	标志设计的方向分析, 标准字设计的方向分析, 辅助图形开发的方向分析
三、	定位阶段
	VI定位策略, VI定位建议, VI定位方向
四、	提案阶段
	根据访谈结果,对前期提案进行修整设计
五、	确定方案阶段
	确认标志设计,开始深入设计
六、	基础部分设计阶段
	进行核心要素的设计工作(字体、色彩、辅助图形、标准组合)

续表 5-1

七、	应用部分设计阶段
	根据“急用先行”的原则进行 VI 应用部分的设计
八、	培训阶段
	组织企业相关人员，对标志的设计构想、VI 的整体设计思路、应用中应注意的问题等进行培训
九、	制作 VI 手册阶段
	根据企业需要制作 VI 手册
十、	顾问阶段
	在企业日常形象的推广和拓展中积极扮演顾问角色

在设计开发过程中，从形象概念到设计概念，再从设计概念到视觉符号，是两个关键的阶段。这两个阶段把握好了，企业视觉传播的基础就具备了。

就 VI 设计开发的程序而言，可依以下步骤进行：

(1)制作设计开发委托书，委托设计机构，明确 VI 设计的开发目标、主旨、要点等。

(2)说明设计开发要领，依调查结果订立新方针。

(3)探讨企业标志要素概念与草图，即拟定标志设计概念，再从构想出来的多种设计方案中挑选几个有代表性的标志草图。

(4)提出企业标志设计方案。

(5)测试及选择设计方案，包括对外界主要关系者、公司内部职员进行设计方案的意见调查，进而选定认同度较高的作品。

(6)企业标志设计要素精致化。对选定的标志设计方案进行精致化作业，如造型上的润色、应用上的审视，以利于开发设计。

(7)提出基本要素和系统的提案。其他基本要素的开发可与标志要素精致化同时进行，就标志要素同其他基本设计要素之间的关系、用法、规定提出企划案。

(8)编辑基本设计要素和系统手册。

(9)提出企业标准应用系统项目的提案。进行展开应用设计，包括事务用品、包装、旗帜、广告媒体、服饰、交通工具、室内外指示、专卖店等，在此阶段建立应用设计系统。

(10)一般应用项目的设计开发。在上述阶段所开发设计的项目之外，按照开发应用计划进行一般的应用设计项目设计开发。

(11)进行测试、打样。

(12)开始新设计的应用。

(13)编辑设计 VI 手册。

四、企业 VI 手册的编制

VI 手册是对所有设计开发的项目根据其使用功能、媒体需要，制定出相应的使用规定和方法。编制 VI 手册的目的在于将企业信息的每个设计要素，以简明正确的图例和说明统一规范，作为应用时必须遵守的准则。

编制 VI 手册是巩固 CI 开发成果的必要手段。尽可能使企业的视觉设计标准化，表现出统一的形象,这是CI的基本目标之一。

VI手册不仅决定了企业今后的识别形象,而且是实际作业时表现设计水准的关键。

VI手册的编制形式一般有以下几种:

(1)综合编制。将基本设计系统和应用设计系统合编在一起,并以活页式装订,以便于修正替换或增补。国内外不少企业采用这种形式。

(2)基本设计系统和应用设计系统分开编制。依照基本设计系统和应用设计系统的不同,以活页的形式分编成两册,主要是基于使用的方便。

(3)应用项目分册编制。按不同种类、不同内容的应用项目分别编制,适合于大公司、集团、联合企业使用。

VI手册,原则上应作为企业的规章或条例进行颁布,由CI委员会根据手册的项目发放给企业相关的管理部门。

VI手册应广泛推介和宣传,而不应当作商业秘密锁在保险箱里,因为VI手册本身就是塑造企业形象的元素。有的企业存在一种错误的观念,认为花了几十万元制作的VI手册是无价之宝,从不轻易示人,更不做与手册内容有关的任何宣传,究其用心是怕被人抄袭,但如果没有广泛的宣传,VI手册的价值恐怕要大打折扣。

VI手册的编制内容,是由总体的CI项目规划所决定的。为了便于设计者学习和参考,下面将手册的内容作一概要性的说明:

绪论

第一章　基本要素系统

企业领导的题词或前言

关于VI手册的说明

VI设计的目的

VI标志(阴、阳)

企业名称(全称和略称)

标准字体(简、繁体,中、英文)

企业标准色(企业色)

辅助标准色(部门色)

指定字体(中、英文)

企业造型

象征图形

企业口号

第二章　组合系统

基本要素的组合形式

横向组合、纵向组合、特殊组合

制作图(九宫格法)

制作图(比例法)

色彩基准(单色)

色彩基准(两色以上)

禁例

第三章　事务用品

序言

基本构成：名片、信纸、信封、便笺、各型公文袋、资料袋、薪金袋、卷宗袋、合同书、报价单、各类表单和账票、各类证卡（如邀请卡、生日卡、圣诞卡、贺卡）、年历、月历、日历、工商日记、奖状、奖牌、茶具、办公设施等用具（如纸镇、笔架、圆珠笔、铅笔、雨具架、订书机、传真机等）的设计要素和实例。

第四章　包装用品

序言

一般设计的原则基准

基本构成：外包装箱（大、中、小）、包装盒（大、中、小）、包装纸（单色、双色、特别色）、包装袋（纸、塑料、布、皮等材料）、专用包装（指特定的礼品用、活动事件用、宣传用的包装）、容器包装（如瓶、罐、塑料、金属、树脂等材质）、手提袋（大、中、小）、封口胶带（宽、窄）、包装贴纸（大、中、小）、包装封缄（大、中、小）、包装用绳、产品外观、产品商标标识、产品吊牌、产品铭牌的设计要素和实例。

第五章　广告媒体

序言

基本构成：电视广告、报纸广告、杂志广告、企业简介、广告简介、说明书、促销卖点广告、直接邮寄广告、海报、营业用卡（回函）的设计要素和实例。

第六章　旗帜规划

序言

基本构成：公司旗帜（标志旗帜、名称旗帜、企业造型旗帜）、纪念旗帜、横式挂旗、奖励旗、促销用旗、庆典旗帜、主题式旗帜等的设计要素和实例。

第七章　室内外指示系统

序言

主要设施的统一形象（中文、英文）

导示系统（标准标板与方向的指示特征）

安装的基本原则与标准

基本构成：符号指示系统（含表示禁止的指示、公共环境指示）、机构或部门标示牌、总区域看板、分区域看板、标识性建筑物壁画、雕塑造型的设计要素和实例。

第八章　环境风格类

序言

基本要素：主要建筑物外观风格、建筑内部空间装饰风格、大门入口设计风格、室内形象墙面风格、厂区外观色带风格、玻璃门色带风格、柜台后墙面设计风格、公布栏风格、室内精神标语墙风格、环境色彩标志风格、室内装饰植物风格的设计要素和实例。

第九章　员工服饰

序言

服饰统一的基本原则

服饰管理的基本准则

基本构成:男女主管职员制服(两季)、男女行政职员制服(两季)、男女生产职员制服(两季)、男女店面职员制服(两季)、男女运动夹克(两季)、运动帽、鞋、袜、手套、领带、领带夹、领巾、皮带、衣扣、安全帽、工作帽、毛巾、雨具的设计要素和实例。

第十章　交通工具

序言

车辆统一的基本原则

基本构成:

(1)营业用工具,如服务用的轿车、吉普车、客货两用车、展销车、移动店铺、汽船等的设计要素和实例。

(2)运输用工具,如大巴、中巴、大小型货车、厢式货柜车、工具车、平板车、脚踏车、货运船、客运船、游艇、飞机等的设计要素和实例。

(3)作业用工具,如起重机、推土车、升降机、拽拉车、拖车头、公共用清扫车、垃圾车、救护车、消防车、电视转播车等的设计要素和实例。

第十一章　展示风格

序言

展示风格的基本原则

基本构成:展示会场设计、橱窗设计、展板造型、商品展示架及展示台、展示参观指示、舞台设计、照明规划、色彩规划、商标、商标名称展示风格的设计要素和实例。

第十二章　专卖店

序言

专卖店的基本规范和原则

基本构成:各空间区域的平面图和立体图、施工图、各类材质规划、各空间区域色彩风格、功能设备规划(如水电、照明等)、环境设施规划(如柜台、桌椅等家具,盆栽、垃圾桶、烟灰缸等环境风格,各类橱柜)、店员服饰风格、店内外广告招牌造型、店内外标识类、商品展示类物品(如商品陈列台、促销台、价目牌、分类牌、店卡、目录架、品牌灯箱等)的设计要素和实例。

第十三章　一般准则

序言

工作人员行为准则

第十四章　技术性补充说明

技术性补充说明的目的与要求

色彩管理

管理用色标

VI手册编辑完成之后,对其的管理与维护也是不容忽视的问题,即使手册中明确列出的规定,也常会产生解释、判断方面的疑惑,甚至采取错误的施行方法。因此,企业应设置VI专门部门进行管理,在使用VI手册的过程中,针对种种事例作出适当的判断、指导,指出正确使用设计手册的方法。在推进 VI 的过程中，如果发现设计手册没有列举的要素，就必须制定新的设计方法和规定，同时根据需要给予判断。在推进过程中，还需对设计手册中不符合实际的规定进行修改和调整，这些都是管理维护 VI 手册的必要事项。

第二节　企业视觉识别系统的设计原则

企业视觉识别系统（VIS）的设计不是机械的符号操作，而是以企业理念识别（MI）为内涵的生动表述。所以，VI 设计应多角度、全方位地传达出企业的经营理念和管理风格。

企业视觉识别系统的设计原则主要体现在以下几个方面。

一、个性化原则

企业视觉识别系统的个性化原则是指对企业理念、发展战略、行为规范进行策划、整合，并力求显示出独特的视觉识别性，形成差异化特征，使企业"远离竞争者"。

个性化原则表现为三个层次。

（一）行业个性化

不同行业由于其自身的行业特点和市场环境的差异呈现出不同的行业特色，如地产、广告、体育等行业，具有高风险、快反馈的特点，要求企业保持坚强、乐观，有强烈的进取心；汽车销售、计算机、大众消费等风险不大、反馈极快的行业，要求企业善于沟通，具有良好的人际关系；石油开发、航空航天等行业风险大、反馈慢，要求企业具有敏锐的市场洞察力和富有远见的决策力；银行、保险等行业风险小、反馈慢，则要求企业遵纪守法、谨慎周到等。

（二）企业个性化

不同企业组织具有不同的企业理念，随着企业的成长壮大，这种理念得到进一步强化，成为一个企业独特的企业文化和企业背景。要寻求企业的文化理念与其他企业文化理念的差别，并根据企业自身的特点和文化理念来决定其独特的生存方式，清楚地揭示其存在的意义，进而确立并有效传达出企业的个性。

一些企业在视觉形象塑造方面往往"脸谱化"，缺乏鲜明的个性。另外，不少企业标识意识淡薄，一些已颇有规模的企业没有象征企业形象的企业标识，使企业个性无从传达。

（三）竞争者个性化

建立企业视觉识别系统的目的是要建立企业形象对于竞争者的"差异性"，差异性的产生有赖于差异化策略的实施。

美国战略研究专家迈克尔·波特认为，差异化就是企业在全产业范围内树立起一些具有独特性的东西，如设计名牌形象、技术特点、性能特点、顾客服务、商业网络及其他方面的独特性。企业形象通过视觉识别差异化设计后，可以使企业避开竞争锋芒，在市场上占有一席之地。

二、民族化原则

各国的企业文化具有各国鲜明的民族特点，由此决定了企业的经营宗旨、企业精神、企业价值观等的内涵具有强烈的民族性。同时，企业视觉识别中的企业标志、标准字体、标准色等都会因民族心理、审美情趣的差异而打上民族的烙印。

一国公众认可的企业标志,由于民族文化的不同,别的国家的公众不一定会认同。例如,美国公众非常认可美国太平洋安全银行的双“S”标志,但该标志在日本得到的评价却很低,多数日本人认为这是一家家电公司或者食品公司的标志;同样,日本第一劝业银行的心形标志受到日本民众的欢迎,认为心形的外观很有亲和力,但一些外国游客不清楚心形和银行的基本业务有什么关系。可见民族差异性使得标志在理解和接受上存在着很大的差异。

因此,企业视觉识别系统的设计必须充分考虑民族情趣和民族心理。国内不少企业的标志具有民族特性,如中国银行标志的外形是一枚传统的古钱币,中间构成一个“中”字,华夏银行的标志是以传统的龙的形象构成抽象的钱币图案,两者都具有强烈的民族气息,得到了公众的认可。

三、社会化原则

建立企业视觉识别系统的目的是得到社会大众的认可,从而使企业形象得到提升。因此,企业视觉识别系统设计只有获得社会认可,才能发挥它的效用。在设计中应做到以下几点:

(一)引导社会心理

企业视觉识别设计能否取得成功,与其能否取得社会心理的认同和支持密切相关。对此,一些知名企业有深刻的认识。美国宝洁公司是一家著名的生产家庭日常用品的公司,其标志为星星和月亮的图案,该图案在刚面世时受到公众的反对,因为标志的一部分看起来像“666”,而在《圣经启示录》中“666”和魔鬼有关,事实上这一部分是月中人卷曲的胡须。对此,公司不得不将标志中的胡须改为平直式,以消除“666”的误解。

在企业进行标准色的设计时,社会心理的反映尤为明显。日本色彩研究所所长、色彩心理学家小材重顺认为,CI 的意义在于公司职员对企业政策的认同和熟悉,以及顾客和职员对企业方针的接受和实现,因此 CI 的实质不仅是商业制作,更是心理问题。欧美、日本和我国的不少企业以红、蓝为标准色,这种现象不是偶然,而是社会审美心理的反映。

需要指出的是,企业视觉识别设计要获得社会心理的认同和支持,并非简单地迎合,被动地适应社会心理,而是要主动适应并引导社会心理。因为社会心理毕竟会随着社会的发展、文化的变迁而发展、变化,如果简单迎合、被动适应社会心理,就不可能产生具有先进性、前瞻性的企业视觉识别设计。

(二)顺应时代潮流

企业的经营哲学、价值观会随着时代的变化而更新发展,人们的消费观念、审美情趣也会随着时代的发展而变化,因此企业的视觉识别系统也要与时代合拍,顺应时代潮流。

自 20 世纪 90 年代以来,商品的价值判断已从“重、厚、宽、大”转向“轻、薄、窄、小”,这种改变不仅促使企业界强调“产品力”的开发研究,而且对于“形象力”的塑造和诉求也有所改变。企业标志从过去烦琐复杂的图案转向单纯简洁的几何抽象造型,体现了企业向科技、现代精神的奋进。

四、标准化原则

企业视觉识别系统的标准化原则就是指在标志、标准字、标准色等视觉形象基本要素的设计和传达上要保持一致性,达到标准化。标准化原则主要体现在以下几个方面:

(一)简洁化

企业视觉识别系统的简洁化是指在一定范围内对设计内容进行简化,其实质是对客观系统的结构加以调整使之优化。如标志的设计要避免过于烦琐,否则不仅影响其可看性和识别性,而且不利于标准的实施。当然,简洁化也要有合理的度,要使对象整体达到最佳。

(二)统一化

企业视觉识别系统的统一化是指同类事物两种以上的表现形式合二为一或限定一个范围。如公司各部门、各子公司标志应该统一为公司标志,但可以用标志整体或局部色彩差异加以区分。

(三)系列化

企业视觉识别系统的系列化是指对在同一类对象的设计中的一组,结合参数、形式、尺寸、基本结构等作出合理的安排与规划,如根据不同的产品对象设计其系列包装。

(四)通用化

企业视觉识别系统的通用化是指设计可以在各种场合使用,彼此互换。如设计标志时,要考虑放大或缩小可能会引起的人们视觉上的偏差。运用国际检测标准进行检验,IBM 的标志缩小到了毫米级仍可辨认,远视效果极好。

设计标志时,也要考虑不同色彩背景给人的不同感受,使标志尽量能够通用,如不能通用,则需规定各种特殊场合的使用限制。

(五)组合化

企业视觉识别系统的组合化是指设计出若干组通用性较强的单元,可根据需要搭配成不同用途的视觉识别。如具体规定标志、标准字、标准色彩如何搭配,同时又规定哪些组合搭配是错误的。

五、可实施性原则

企业视觉识别系统设计不是设计人员的异想天开,而要求具有较强的可实施性。如果在实施上过于麻烦,或因成本昂贵而影响实施,再优秀的企业视觉识别系统也会由于难以落实而成为空中楼阁。

六、严格管理原则

企业视觉识别系统千头万绪,因此,在积年累月的实施过程中,要充分注意各实施部门或人员的执行情况,严格按照企业视觉识别系统手册的规定执行,保证不走样。

第三节　企业视觉识别系统的要素设计

一般来说,企业视觉识别系统分为基础要素和应用要素两大部分。如果把企业视觉识别系统比喻成树的话,基础要素是树的根部,是企业理念与企业形象的凝缩;应用要素是树的干、叶、花,视觉效应也由其而生。因此,在基础要素设计上开发好的应用要素设计也是设计的任务。

企业所有的视觉识别都建立在基础要素设计的基础上,因此,基础要素设计是企业形象识别的核心部分,它建立在企业文化、企业理念的基础上,是企业意图的充分体现;同时各设计要素要风格统一、有效配合，并且明确各基础要素的组合规范，以标准制图的方式呈现出来，指导企业在未来的应用设计中准确复制和应用。

基础要素设计如果得不到企业多方面的应用，就失去了企业形象识别的意义和价值，因为公众是通过企业向外辐射发散的各种媒介(如广告、包装、产品、往来信函、运输车辆等)来识别企业和形成印象的。这些媒介是企业与公众进行形象沟通的重要方式，也是展示企业文化、企业风格、企业精神的重要方式。基础要素设计在各种媒介上的统一应用，能够反复加深印象，强化企业的整体形象，达到记忆和识别的目的。

一、企业视觉识别的基础要素

企业视觉识别的基础要素一般包括以下几个部分：

(1)企业标志。

(2)企业名称(全称或略称)。

(3)企业标准字体。

(4)企业标准色。

(5)企业造型。

(6)象征图案。

(7)上述要素的组合规定。

二、企业视觉识别基础要素的设计

(一)企业标志的设计

1. 企业标志的内涵

企业标志是通过造型简单、意义明确的统一标准的视觉符号，将经营理念、企业文化、经营内容、企业规模、产品特性等要素传递给社会公众，使之识别和认同企业的图案和文字。

企业标志代表企业全体。对生产、销售商品的企业而言，企业标志指商品的商标图案，它是视觉形象的核心，体现企业内在的素质。企业标志不仅是调动所有视觉要素的主导力量，整合所有视觉要素的中心，而且是社会大众认同企业品牌的代表。因此，企业标志设计在整个视觉识别系统设计中具有重要的意义。

2. 企业标志的特征

(1)识别性。识别性是企业标志的基本特征，是借助独具个性的标志来区别企业及其产品与其他企业及其产品，是现代企业市场竞争的“利器”。通过整体规划和设计的视觉符号，具有独特的个性和强烈的冲击力。在CI设计中，标志是最具有企业视觉认知、识别的信息传达功能的设计要素。

(2)领导性。企业标志是企业视觉传达要素的核心，也是企业开展信息传达的主导力量。标志是企业经营理念和经营活动的集中表现，贯穿和应用于企业的所有相关活动中，不仅具有权威性，而且具有多样性，其他视觉要素都以标志为中心而展开。

(3)统一性。标志代表着企业的经营理念、企业文化、企业规模、经营内容，是企业精神的具体象征，可以说社会大众对于标志的认同等于对企业的认同。只有企业的经营内容或企业的实态与外部象征——企业标志相一致时，才有可能获得社会大众的一致认同。

(4)造型性。企业标志设计表现的题材和形式丰富多彩，如中英文字体、具体图案、抽象符号、几何图形等，因此标志的造型就显得格外活泼生动。标志图形的质量，不仅决定了标志传达企业信息的效力，而且会影响到消费者对商品品质的信心与企业形象的认同。

(5)延展性。企业标志是出现频率最高的视觉传达要素，必须在各种传播媒体上广泛应用。标志图形要针对印刷方式、制作工艺技术、材料质地和应用项目的不同，采用多种对应性和延展性的变体设计，以产生切合实际的效果与表现。

(6)系统性。企业标志一旦确定，随之就应开展标志的精细化作业，其中包括制定标志与其他基本设计要素的组合规定，目的是对未来标志的应用进行规划，达到系统化、规范化、标准化的科学管理，从而提高设计作业的效率，保持一定的设计水平。此外，当企业走向多元化或实施多品牌战略的时候，可以用强有力的标志来统一各关联企业，采用同一标志不同色彩、同一外形不同图案或同一标志图案不同结构的方式来强化关联企业的联系。

(7)时代性。面对发展迅速的社会、日新月异的生活方式和意识形态、不断变化的市场竞争形势，现代企业的标志形态必须具有鲜明的时代特征。特别是许多老企业，有必要对现有标志进行改进，在保留旧有形象的基础上，采取清新简洁、现代感强的设计形式，这样才能使企业的标志具有鲜明的时代特征。通常，标志的更新以十年为一期，它代表了企业求新求变、勇于创造、追求卓越的精神，避免出现企业品牌的老化现象。

企业标志设计不仅仅是一个图案设计，而是要创造出一个具有商业价值的符号，并兼有艺术欣赏价值。标志图案是形象化的艺术概括。设计师须以自己的审美方式，用生动具体的感性形象去描述它、表现它，促使标志主题思想深化，从而达到准确传递企业信息的目的。

企业标志设计的难点是如何准确地把形象概念转化为视觉形象，而不是简单的像什么或表示什么。既要有新颖独特的创意，表现企业的个性特征，又要用形象化的艺术语言表达出来。

优秀企业标志的设计，应该考虑注入企业深刻的思想与理念内涵，传达出鲜明、独特、优良的企业形象，达到实施差异化战略的目的。

随着商业信息传递与科技文化交流速度的加快，传播行为越发讲求效率，通过视觉传播的文字和商业符号一样，都朝着一个方向发展，既要求简洁明了，又讲求造型美观大方，具有个性。企业标志设计也不例外。

3. 企业标志的题材和表现形式

题材的选择是标志设计开始阶段需要十分审慎的一步，只有确定了题材，造型要素、表现形式和构成原理才能得以确定。缺乏严密计划、随意选择题材将导致设计方向的不固定，以致设计作业事倍功半，也难以符合企业的经营状况。因而，必须按照CI总概念报告书所设定的方向，慎重地进行题材的确定。

标志设计的表现形式主要分为文字标志与图形标志两大类。文字标志又可细分为中英文、全名、前缀、具象、抽象及文字与图形组合等形式；图形标志又有具象、意象和抽象等表现形式的区分。标志图形设计的表现手法主要有表象手法、象征手法、寓意手法和模拟手法等。以下就标志设计的题材及表现形式进行分类说明。

(1)以企业、品牌名称为题材。以企业、品牌名称设计字体标志(Logo Mark)是近年来标志设计的新导向。

以企业、品牌名称的字首作为造型设计的题材是常用的形式，也有双字首或多字首的表现形式，造型单位越单纯，形式越活泼生动。在单字首型的标志中有字母(文字)结构、笔画变化和字母(文字)空间变化处理等方法。双字首及以上的标志有平列、重叠、贯通和扣连(正负)等组合方式。

还有以企业、品牌名称与其字首的组合进行设计的,这种设计形式的优点在于具备兼顾字首形式的强烈造型冲击力和字体标志直接诉求的说明性。

(2)以企业、品牌名称或字首与图案组合为题材。这种设计形式是把文字标志与图形标志综合起来,兼顾文字说明和图案表现的优点,具有视听觉诉求同步满足的效果。

(3)以企业、品牌名称的含义为题材。采用与企业、品牌名称的含义相近似或具有寓意的形象,以比拟、影射、暗示、示意的方式表现标志的内容和特点。比如用伞的形象暗示防潮湿,用玻璃杯的形象暗示易破碎,用箭头的形象示意方向等。我国国际航空股份有限公司以凤凰形态的标志图形比拟飞行和祥瑞;日本佐川急便公司采用奔跑的人物形象比拟特快专递;联想集团用方中套圆的几何图形寓示博大深远的联想空间等。将企业、品牌名称的字面意义转化为具体的图形,能使人一目了然。这种标志的设计形式以具象化的图形居多。

(4)以企业文化、经营理念为题材。把企业独特的经营理念与精神文化用具象的图形或抽象的符号传达出来,通过含义深刻的视觉符号唤起大众的共鸣与认同。

(5)以企业、品牌的传统历史或地域环境为题材。刻意强调企业、品牌悠久的历史传统或独特的地域环境,诱导消费者产生对权威性的认同或对于异域情趣的新奇感等,这种设计形式具有强烈的故事性与说明性,常以写实或卡通的造型作为表现形式。

(6)以企业的经营内容、产品造型为题材。这种形式采用直接关联并具有典型特征的形象。这种手法直接、明确、一目了然,易于迅速理解和记忆,如以钱币的形象表现银行业,以书的形象表现出版业等,具有直接说明或象征性告知作用,但应格外注意不能与商标法规相违背。

【案例 5-2】

中国银行标志设计实例分析

随着业务的发展和管理的改进,中国银行在 20 世纪 80 年代开始推行 CI 规划。1980 年,中国银行香港分行推行电脑业务联营,委托著名设计家靳埭强设计标志,后经中国银行总行选定。其标志设计是将古代钱币与“中”字结合,赋以简洁的现代造型,表现中国资本、银行服务现代、国际化的形象。

中国银行的标志具备了原创性、识别性、领导性三个基本特征:

一是原创性。就是做到不抄袭,不模仿。这个标志从题材到形式都令人耳目一新,是十分典型的原创设计,因此成为很多机构争相模仿的对象。

二是识别性。有鲜明的个性,不雷同。世界各地银行的标志创意与造型类似的很多,中国银行的标志与众不同,容易识别,突显出独特的个性。

三是领导性。中国银行标志的造型完满大方,符合国家银行的身份,也体现出了具有中国民族特色的企业文化。要塑造一个良好的企业形象,必须有企业的理念、行为和视觉形象三方面的配合。中国银行的理念根据国家金融政策而确立,为朝着国际化、集团化、企业化、现代化的方向,以新的姿态为中国外向型经济提供高效、优质、全面的金融服务。这个标志充分体现了下面几个方面的内涵:

1. 意念精进

中国银行的标志设计经过100多个构想草图，发展了多个可取的意念，几番讨论后精选出最佳方案，又作了进一步的加工造型，才最终定稿。

2. 以形取胜

中国银行的标志由结了红绳的古钱启发出创意，钱孔与红绳构成了“中”字，现代的造型内含着民族特色。后来，靳埭强先生在中国银行的年报封面设计中运用红绳结古钱的意念表现中国银行与属下机构的紧密联系。

3. 时代恒久

标志形象不是流行时装，不须追随人有我有的潮流。臻善的形象必须与企业的性格搭配，才不会过时落伍。中国银行标志在几十年前制定，今天看来仍不失现代感，可谓是超越时代的形象。

4. 形象前瞻

中国银行采取富有远见的策略，很早就树立了新形象，领先同业，成为全国银行业的形象典范。

5. 规范系统

中国银行是一个非常庞大的企业，视觉形象的应用存在很大的困难。制定统一规范形象策略要经过周密的研究，探索具有高度适应性的应用设计。设计者同中国银行相关人员经过长期的努力，于1992年编订了基本形象手册，到1995年又成功地规范了分支行的门面设计。

6. 灵活生动

建立标志形象只是CI的开始，每一项实际的应用设计都必须符合客观的条件，小心处理每一细节，还须配合各种媒体，灵活应用，使统一的形象生动活泼。

7. 承前启后

以古钱为形象的标志并不是始于中国银行。最重要的是怎样赋予一个平凡的题材新的造型，表现创新的意念。

每一个企业都有不同的特点，应用设计更需符合自身的特点。中国银行在树立鲜明独特的企业形象上所取得的成功，表明在形象设计手册的规划设计中，一定不能将别人的企业形象手册照搬套用。

为了建立完美的企业形象，中国银行除了设计优秀的标志外，还注意培养企业的“内在美”。所有员工的修养、行为举止、谈吐、工作效率、专业知识、团队合作能力以及对企业文化与经营理念的认同，都是长期培训的结果。具有“内在美”，才能配合“外在美”，才能发挥企业良好形象的实际作用。

(二)企业名称的设计

1. 企业名称的含义与作用

企业名称是企业视觉识别的基本要素，现实中容易出现企业名称不雅、名称过长导致不便记忆、与其他企业的名称相同或相似容易被混淆等问题，必须尽快解决。

一个企业的名称、商标一经登记注册，就是这个企业拥有的一笔永久性的财富，企业就拥有了对该名称、商标的独家使用权。企业名称是以文字来表现的识别要素，要表现出企业的本质。一个好名称能够唤起人们美好的联想,使其拥有者得到鞭策和鼓励,进而影响到企业活动,对员工的纪律、士气等诸方面也会产生影响。

具有高度概括力和强烈吸引力的企业名称,对大众的视觉和心理等各方面都会产生影响。企业及企业产品的名称对消费者的选购也是有直接影响的,所以每一位企业经营者都应深刻认识到它在竞争中所起的作用,应精心设计企业及企业产品的名称。

2.命名必须符合有关法规

命名符合法规才能取得注册登记。企业名称的命名必须符合有关法律的规定,否则将不能在工商部门登记。例如,毕业于上海某名校法律专业的陆先生别出心裁地为自己的公司起名"上海资本家竞争力顾问有限公司"。陆先生备齐申请注册资料,相继向上海市浦东新区工商局、上海市工商局提出注册申请,皆遭到拒绝。工商局的理由是:"资本家"一词有特定含义,作为企业名称有损于国家、社会公众利益,易造成消极政治影响,并可能使公众产生误解。对此,陆先生申请行政复议,复议结果仍维持工商局的决定。陆先生于是把工商局告上法庭,亦被驳回。此事虽在法学界有争议,但其名称最终未获得登记。

3.企业名称的题材

(1)以地名作企业名称。此种取名在我国企业中较为常见,如长江集团公司、黄河集团公司、泰山集团公司、嘉陵摩托公司、张家界旅游公司等。

(2)以创业者姓名作企业名称。以姓名作为自己企业或商标的名称,这由来已久。使企业或商标的名称和保证其质量的生产者之间保持联系的最佳方式,就是以自己的名义出售产品。世界知识产权组织商标国际注册部曾随机调查了各国商标,其中有20%采用姓名。在我国也有许多大众熟知的以创业者姓名作企业名称的,还有为了便于记忆而以绰号为商标的,如盛锡福(帽子)、张小泉(菜刀)、王麻子(剪刀)、李宁牌运动服、羽西化妆品、一枝刘药品等。另外,出现了许多商标是由其法定代表人或企业主的姓名衍化而来的情况。

(3)以吉祥物和社会喜爱之物作企业名称。如熊猫电子集团公司、猴王电焊公司、春兰集团公司、红梅照相机厂、金鹿集团公司等。

(4)选用富贵气派类文字作企业名称。此类企业用名又可分为直白与含蓄两类。有些企业用直白的企业名竭力显示自己不同凡响的气派,如金利来公司、富绅公司、富贵鸟皮鞋公司、小霸王电脑公司、皇家度假村、帝王大酒店等。含蓄的企业名称如红都影业公司、新时代大厦等。

(5)选用传统商业味极浓的名称作企业名称。此类名称在旧时的中国最为盛行,如富康钱庄、顺康钱庄、汇丰银行、瑞康盛颜料号等。这类企业名称大都由带有极浓商业味的汉字组合而成,取其生意兴隆旺盛之意。

(6)选用具有现代意味的字词作企业名称。一些企业为顺应时代趋势,迎合现代消费者的审美情趣,倾向于选用具有现代意味的名称,这类名称一般给人一种"洋"气和有情趣的感觉,如北京燕莎商厦、赛格商城、百盛集团、协和集团、美琪美发、海韵健美中心、奥丽斯化妆品公司、美加净化妆品有限公司等。

取一个由英文字母组成的洋名是企业迈向国际化、进行跨国经营所必需的,这样易于被世界各地尽量多的人所认识和接受。取"洋名"不仅能为企业国际化作铺垫,而且能大大提高品牌的品位。

4.企业名称的命名原则

根据调查结果，认为有必要变更企业名称时，需要解决如下问题：应从什么方向去考虑和着手进行企业名称的变更？在什么时候变更企业名称最恰当？应以什么方法命名？应选择什么名称？应在什么时候怎样进行法律上的审核？在打算变更企业名称时，必须认真地考虑其与品牌的整合性、与旧企业名称的连贯性、与商品形象的整合性和在开拓国际市场时应当具有的效果等因素。

在新企业名称的方向明确了以后，即可着手新企业名称的命名。

可以从企业员工当中征集企业名称，以提高员工的参与意识。但员工的意见未必符合法律规范，因此不能认为只要根据企业内部的意见就可以决定命名，应该明确这只是意见的来源之一。企业新名称的命名也可以委托外界专业公司或专业人员搜集更多的意见，从中进行筛选。

概括起来，企业的新名称要具备传播力、亲和力、思想性、独立性、明确性、简洁性、国际性、行效性、吉祥性、震撼力和时代感。

(1)传播力。品牌的传播力取决于品牌名的组成和含义两个因素，两者相辅相成、缺一不可。在保健品中，"脑白金"就是一个传播力非常强的品牌名。"脑白金"这三个字朗朗上口、通俗易记，而且在传播的同时将产品的信息也传递给了消费者，使人们在听到或者看到"脑白金"这个品牌名时，就自然而然地联想到品牌的两个属性：一个是产品的作用，另一个是产品的价值。

以往，许多企业在名称的使用上常常采用多维方式，即企业名称和产品名称分离，不同产品有不同的名称。这种方式虽然能使企业降低经营风险，但也有许多不足之处，比如：增加了费用，每个名称都需要设计费、广告费、包装费；不利于消费者识别，容易造成混乱；不利于企业形象的树立与传播。随着信息时代的到来，信息传播媒介与渠道日益增多，为了避免以上种种不足，企业名称和产品命名应尽量统一，以起到相辅相成的作用。

(2)亲和力。好的企业名称要有一种亲和力。品牌的亲和力取决于品牌名称的风格、特征、倾向等因素。

同样是知名的香皂品牌，"舒肤佳"的品牌知名度和市场占有率与"力士"的相比就显现出了差异。"力士"这个品牌的传播力虽然强，但在亲和力上远远不如"舒肤佳"。一般情况下，在家庭中采购香皂的大多数是家庭主妇。"力士"给人的感觉是高贵的、明星才用的产品，而"舒肤佳"这一名称给人的感觉更贴合目标消费者的心理，通过强调"舒"和"佳"让人产生使用后会全身舒爽的联想，因此亲和力更强，销量自然也就更大。

(3)思想性。企业名称应符合企业经营理念，反映企业的思想。美能达公司的企业名称是由创始人田岛一雄亲自命名的。该名称在日语中含有"饱满的稻穗"的意思。据说，创始人的母亲经常这样教诲他：越是果实饱满的稻穗，头垂得越低，人应该学习稻穗的精神，经常保持谦虚的态度。田岛先生以此作为企业名称，是希望能够刻骨铭记母亲的教诲。

(4)独立性。企业名称要独特，给人留下深刻的印象。

具有独立性的企业名称可以避免与其他企业名称雷同，以防混淆大众记忆，并加深大家的理解，如"海尔""联想""方正"等名称，都具有独特的个性，使人印象深刻。而"狗不理"之类的名称，也能使消费者产生兴趣。生产儿童食品的杭州娃哈哈集团有限公司在这方面做得非常成功，其突破一般的习惯，以儿童歌曲中的"娃哈哈"作为企业名称和品牌名称，不仅新奇,而且含有孩子食用后高兴得笑哈哈的意思,与产品的功能十分贴近。该产品的成功,这个富有个性的名称是功不可没的。

(5)明确性。企业名称应容易发音,语感好,清楚明白,易于流传。

“麦当劳”的名称响亮而有节奏感,因而极具传播力。企业名称如果拗口,节奏感不强,不利发音,就不利于传播,从而很难使消费者记忆深刻。

(6)简洁性。企业命名要尽量选用浅显和好认的文字。在同样的信息传递条件下,企业名称越短越占优势,文字笔画越少越容易记忆,也就是视觉要素越单纯越好。

企业名称不能太复杂,否则就会产生副作用。有的企业喜欢采用繁难字作企业名称,消费者不认识,不易传播。像“万客来”“半分利”等店名,明白简洁,易于传播。

变更企业名称取得成功的日本企业,不少都是把字数减少,如三菱公司(原名三菱电器公司)、京瓷公司(京都陶瓷器公司),这些名称的变更都是为了适应信息传递的需要。

欧美各国也倾向于把企业名称缩短或称呼简化。大部分公司都有一个合法的公司名称(Legal Name)和一个信息传递专用的公司名称(Communicative Name),只有在涉及有关法律的场合才用合法名称,而在一般商业活动中都使用信息传递专用的公司名称,如“3M”“IBM”。

(7)国际性。企业名称要让不同语种的人认识并能发音,不要引起误解或错误的联想。

阅读材料

“SONY”名称的由来

索尼公司在20世纪50年代初名为“东京通信工业株式会社”,在日本有时简化为“东通工株式会社”,将其翻译成英文显得比较笨拙。有一段时间,索尼公司曾尝试采用象征性的标志,在一个细圆环里放一个倒置的金字塔形,使其呈现出独具风格的“T”字形。但是最后它又决定不用象征性的标志,而要起一个能传递公司信息、在世界各地都能被认出、任何语种都能发出一样读音的新名称。公司的命名人员在字典里见到了拉丁文单词“SONUS”(意思是“声音”),公司当时的主要产品是微型晶体管收音机,与声音有关,所以他们开始在这个词上下起了功夫。当时日本正流行借用英文俚语和爱称起名,有些人把生机勃勃的年轻人或聪明的小孩叫“SONNY”(小家伙),当然“SUNNY”(快乐的)和“SONNY”(小家伙)都有乐观的意思和明亮的声音,并同公司所确定的目标接近。但是“SONNY”这个词在采用罗马拼音的过程中易被读成“SOHNNEE”,意思是赔钱。对于此,他们想出了一个好办法,去掉一个字母变成“SONY”,这个名称在任何语言中都能读成“索尼”,容易记忆,有让人想得到的内涵。由于它是用罗马字母写的,许多国家的人都可能把它看成是自己民族的文字。精制的小收音机把公司的新名称“SONY”传播了出去,1958年1月,“SONY”成了索尼公司的新名称。

(8)行效性。企业名称要能够表现商品形象及企业形象,还应符合行业特点,反映经营者的经营特色,使消费者易于识别经营范围,并加深印象。比如“同仁堂”“德仁堂”作为老字号的中药店在我国可谓家喻户晓,“堂”已约定俗成地成为中药店的别称,故人们只要一看到

“同仁堂”或其他什么“堂”的招牌，就会想到是卖中药的。

(9)吉祥性。企业名称要富有吉祥的色彩。如中国长虹股份公司，取长虹“雨过天晴”之意，有“瑰丽壮观”的寓意。同样，以生产彩色电视机著名的康佳公司，其名是取“康乐人生，佳品纷呈”之意。金利来公司的“金利来”原为“金狮”，因考虑到金狮在粤语表达中有“尽输”之音而改为“金利来”，寓意财源滚滚。

(10)震撼力。企业名称应具备不同凡响的气魄，具有冲击力，给人以震撼。如四通集团的“四通”，取自英文“STONE”的发音，意为石头，象征着稳如磐石。

(11)时代感。企业名称要富于时代感，符合时代潮流，才能迅速被大众所接受。

阅读材料

海尔企业名称的演变

海尔集团的前身是1984年由濒临倒闭的两个集体小厂合并成立的“青岛电冰箱总厂”。1984年，它引进德国“利勃海尔”公司的先进技术和设备生产出亚洲第一台“四星级”电冰箱，为体现出双方合作的含义，将产品名称定为“琴岛-利勃海尔”，图形标志以德方标志为基础，经添加笔画而成。当时从适应国情的冰箱装饰考虑，成功地设计了象征中德合作的两个儿童吉祥图案，这一名称和图形标志是企业的第一代标识。这一代标识的开发推广对企业的发展起到了积极的作用。

随着企业的发展，产品畅销，出口量不断增加，然而，企业标志与德方的“近似”，以及企业名称“青岛电冰箱总厂”与产品名称“琴岛-利勃海尔”不统一、不利识别的弊端，影响了国际市场的开拓。经过几次变更，1991年企业名称变为“青岛琴岛海尔集团公司”，产品商标也同步过渡到“琴岛海尔”牌，实现了企业名称和产品名称的统一，与此同时导入CI理念，并推出了以“大海上冉冉升起的太阳”为设计理念的新标志，以及“海尔蓝”标准色，形成了集团CI的雏形。此为第二代标识，这一代标识还存在着不够凝练，工业感、科技感不强的弱点。

伴随着企业的发展和多元化、国际化经营方向的进一步明确，1993年5月，经过深入调研，企业决定将第二代标识中的图形标志去掉，企业名称简化为“海尔集团”，将拼音“Haier”作为主识别文字标志，集商标标志、企业简称于一身，信息更加简洁直接。

海尔标识的三次演变是互相连贯、逐步简化的过程，并以较少的宣传投入成功地实现了自然过渡。从时间上看，海尔集团的企业识别演变似乎很快，但这也恰恰反映出了海尔集团发展的迅速。海尔在电冰箱的基础上已发展出电冰柜、空调机、微波炉、洗衣机、展示柜、小家电等几大类、65个系列、3 000多个品种的产品，并在其他领域积极拓展空间。这么庞大的产品家族，没有完整的、系统的品牌定位战略，无疑会导致市场的混乱。海尔的做法是首先将集团品牌划分为企业牌、产品牌、行销牌三个层次。从家电的长线产品及企业发展现状诸多因素考虑，海尔将各类家电产品以“Haier 海尔”总商标统筹，最大限度地发挥了“Haier海尔”名牌的连带影响力。如今，“海尔集团”的形象已远远超越了“青岛电冰箱总厂”的形象，上升到国际化家电大集团的新层次。

(三)企业标准字体的设计

企业标准字体是指经过设计的专门用以表现企业名称或品牌的字体。标准字体设计包括企业名称标准字和品牌标准字的设计。

标准字体是企业形象识别系统中的基本要素之一，应用广泛，常与标志联系在一起，具有明确的说明性，可直接将企业或品牌传达给观众，与视觉、听觉同步传递信息，强化企业形象与品牌的诉求力，其设计与标志具有同等重要性。

经过精心设计的标准字体与普通印刷字体的差异性在于，除了外观造型不同外，标准字体是根据企业或品牌的个性设计的，对字体的形态、粗细，字间的连接与配置，统一的造型等，都作了细致严谨的规划，与普通字体相比更美观、更具特色（图 5-3）。

图 5-3　各种字体的企业标准字

在实施企业形象战略的过程中，许多企业名称和品牌名称趋于统一。企业名称和标志统一的字体标志设计已形成新的趋势。企业名称和标志统一，虽然只有一个设计要素，却具备了两种功能，能达到视觉和听觉同步传送信息的效果。如著名的电脑公司“IBM”“HP”“DELL”等企业都是采用企业名称和标志相统一的方式。

标准字体的设计可划分为书法标准字体设计、装饰标准字体设计和英文标准字体设计三种。

1. 书法标准字体设计

书法标准字体，是相对于标准印刷字体而言的，其设计形式可分为两种：一种是针对标准字进行调整编排，如中国银行、中国农业银行的标准字体。另一种是设计书法或者说是装饰性的书法体，是为了突出视觉个性而特意描绘的字体，这种字体是以书法技巧为基础而设计的，介于书法和描绘之间。

有些设计师尝试以设计书法字体作为品牌名称，追求特定的视觉效果——活泼、新颖、画面富有变化。但是，书法字体会给视觉系统设计带来一定的困难：首先是与商标图案相配的协调性问题，其次是识别的便利性问题。

2. 装饰标准字体设计

装饰标准字体在视觉识别系统中具有美观大方、便于阅读和识别、应用范围广等优点。如海尔、科龙的中文标准字体即属于这类装饰字体设计。

装饰标准字体是在基本字形的基础上进行装饰、变化加工而成的。它的特征是在一定程度上摆脱了印刷字体的字形和笔画的约束，根据品牌或企业经营性质进行设计，达到加强文字的精神含义和富于感染力的目的。

装饰标准字体表达的含义丰富多彩。例如：细线构成的字体容易使人联想到香水、化妆品之类的产品；圆厚柔滑的字体常用于表现食品、饮料、洗涤用品等；浑厚粗实的字体则常用于表现企业的强劲实力；有棱角的字体则利于展示企业个性等。

总之，装饰标准字体设计离不开产品行业属性和企业经营性质，所有的设计手段都必须为企业形象的核心——标志服务。它运用夸张、明暗、增减笔画、装饰等手法，以丰富的想象力重新构成字形，既加强了文字的特征，又丰富了标准字体的内涵。同时，在设计过程中，不仅要求单个字形美观，而且要使整体风格和谐统一，体现理念内涵，以便于信息传播。

3. 英文标准字体设计

企业名称和品牌标准字体的设计，一般均采用中英两种文字，以便于同国际接轨，参与国际市场竞争。

英文字体（包括汉语拼音）的设计与中文汉字设计一样，也可分为两种基本字体，即书法体和装饰体。书法体的设计虽然很有个性、很美观，但识别性差，用于标准字体的不常见，常见的情况是用于人名或非常简短的商品名称。装饰体的设计应用范围非常广泛。

从设计的角度看，英文字体根据其形态特征和设计表现手法，大致可以分为四类：一是等线体，字形的特点为几乎都是由粗细相等的线条构成；二是书法体，字形的特点为活泼自由，显示风格个性；三是装饰体，对各种字体进行装饰设计，变化加工，达到引人注目、富于感染力的艺术效果；四是光学体，其采用摄影特技，是现代科技发展的结晶。

标准字是 CIS 的基本要素之一，其设计成功与否至关重要。

当企业名称、品牌确定后，在着手进行标准字体设计之前，应先实施调查工作。调查要点包括以下几个方面：①是否符合行业、产品的形象；②是否具有创新的风格、独特的形象；③是否能为商品购买者所喜爱；④是否能表现企业的发展性与依赖感；⑤对字体造型要素加以分析。

将调查资料加以整理分析后，就可从中获得明确的设计方向。

（四）企业标准色的设计

1. 企业标准色的内涵

企业标准色是企业指定的运用在所有视觉传达设计的媒体上，通过色彩的知觉刺激和心理效应，显示企业的经营哲学或商品特征的某一个或某一组色彩。色彩在视觉上最容易发生作用，现代社会中色彩已成为传达意识的一种工具，因此颜色的选择非常重要。表 5-2

为色彩的具体联想和抽象情感。如可口可乐饮料市场的对象多为年轻人，所以公司选定活泼、鲜明而轻快的红色作为品牌的标准色；而柯达公司的黄色充分表现色彩饱和、璀璨辉煌的产品特征。

表 5-2　色彩的具体联想和抽象情感

色彩	具体联想	抽象情感
红色	火焰、太阳、血、红旗、辣椒	热烈、青春、朝气、积极、革命、活力、健康、新鲜、温暖、生气、愤怒
橙色	橘子、柿子、秋叶	快活、温情、健康、欢喜、和谐、任性、疑惑
黄色	灯光、闪电、黄金、香蕉、菠萝、柠檬、咖喱、蛋黄、枯叶、稻穗、黄沙	轻快、明快、鲜明、朝气、希望、快乐、宝贵、轻薄、成熟、刺激
绿色	大地、草原、庄稼、森林、青山	自然、健康、成长、新鲜、安静、和平、凉爽、清新
蓝色	天空、海洋、水、青山	沉静、平静、科技、理智、速度、年轻、寂寞、冷淡、消极、冥想、阴郁、诚实、真实、可信
紫色	葡萄、萝卜	优雅、高贵、细腻、神秘、不安定
黑色	夜晚、黑夜、黑发、黑烟、乌鸦、煤炭、阴暗	沉着、厚重、陈旧、老年、古典、不吉利、悲哀、绝望、恐怖、死亡、地狱、阴险
白色	雪、云、雾、白纸、白布、天鹅	纯洁、洁白、纯粹、纯真、清净、明快、和平、神圣、轻薄、空乏、空白
灰色	水泥、鼠	平凡、谦和、失意、中庸

企业标准色具有科学化、差别化、系统化的特点。进行任何设计活动和开发作业，必须根据各种特征，发挥色彩的传达功能。其中最重要的是，要制定一套开发作业的程序，以便规划活动的顺利进行。

2. 企业标准色的设计方法

企业标准色的确定是建立在企业经营理念、组织结构、经营策略等总体因素的基础之上的。有关标准色的设计，可分为以下四个阶段：色彩情况调查阶段；表现概念阶段；色彩形象阶段；效果测试阶段。

标准色设计应尽可能做到单纯、明快，以最少的色彩表现最多的含义，达到精确快速地传达企业信息的目的。设计时应该注意如下事项：

（1）标准色设计应体现企业的经营理念和产品的特性，选择适合于企业形象的色彩，表现企业的生产技术和产品的内容实质。

（2）突出竞争企业之间的差异性。

（3）标准色设计应迎合消费者心理。首先要避免采用禁忌色，使得公众能够普遍接受；其次是尽量选择公众比较喜爱的色彩。部分国家的公众对色彩的喜爱和禁忌见表 5-3。

表 5-3 部分国家的公众对色彩的喜爱和禁忌

国家	喜爱	禁忌
德国	南部喜欢鲜艳的色彩	茶色、深蓝色、黑色的衬衫和红色的领带
爱尔兰	鲜明的色彩	红色、白色、蓝色
西班牙	黑色	
意大利	绿色和黄、红砖色	
保加利亚	较沉着的绿色和茶色	鲜明色彩(鲜明绿)
瑞士	彩色相间、浓淡相间色组	黑色
荷兰	橙色、蓝色	
法国	东部男孩爱穿蓝色服装,少女爱穿粉红色服装	墨绿色
土耳其	绯红、白色、绿色等鲜明色彩	
巴勒斯坦	鲜明色、翠绿色	黄色
伊拉克	红色、蓝色	黑色、橄榄绿色
缅甸	鲜明色彩	
泰国	鲜明色彩	黑色(表示丧色)
日本	红色、绿色	
叙利亚	青蓝色、绿色、红色	黄色
埃及	绿色	蓝色
巴西		紫色、黄色、暗茶色
委内瑞拉	黄色	红色、绿色、茶色、黑色、白色表示五大党,不宜用在包装上
古巴	鲜明色彩	
墨西哥	红、白、绿色	
巴拉圭	明朗的色彩	红色、深蓝色、绿色等不宜用作包装
秘鲁		紫色(十月举行宗教仪式除外)

设定企业标准色,除了全面展开和运用,以求取得视觉综合效果以外,还需要制定严格的管理办法进行管理。

(五)企业造型的设计

1. 企业造型设计的内涵

企业造型是象征企业经营理念、产品品质和服务精神的富有地方特色的或具有纪念意义的具象化图案。这个图案可以是图案化的人物、动物或植物。选择一个富有意义的物象,经过设计,赋予其人格精神,可以强化企业性格,表达产品品质诉求。

平易近人、亲切可爱的造型,可以给人留下深刻的印象,成为视觉的焦点,直接表现出企业的经营管理理念和服务特质。比如,麦当劳快餐店门前的“麦当劳叔叔”。

企业造型的功能,在于通过具象化的造型,使公众理解产品的特质及企业理念,因此,在选材上须慎重。在造型的设定上,须考虑宗教的信仰忌讳、风俗习惯等。

2. 企业造型的设计要求

(1)个性鲜明。造型图案应富有地方特色或具有纪念意义,与企业内在精神有必然联系,如日本的麒麟啤酒、美国的麦当劳等。

(2)图案形象应有亲切感,让人喜爱,以达到传递信息、增强记忆的目的。海尔的两个儿童吉祥图案的设计,具有活泼、亲切、可爱的特点,对海尔产品形象的推广起到了极大的作用。

3. 企业造型的设计方法

企业造型的功能是通过具体的造型图案图解企业性格或产品特质。所以,设定企业造型要谨慎地选择题材,理性地分析企业的实态、品牌的印象或产品的特性,并以企业想建立的形象为基准来设定名副其实的企业造型。如女性化妆品比较适合用植物或可爱的动物来表现温柔、典雅的情态;体育用品则以充满力量、动感十足的动物为佳。

企业造型可从下列几方面着手设计:

(1)故事性。从家喻户晓的童话故事或民间传说中选择富有个性特征的角色。如英国的 TLT(Tate & Lyle Transport)通运公司采用英国家喻户晓的狄克·威丁顿与猫作为企业造型。孤儿威丁顿是英国童话的主人翁,他在航海途中遇到鼠群袭击,幸好他随身携带的猫根治了鼠患。孤儿水手与猫漂泊流浪、机智勇敢的形象,是 TLT 通运公司选择其作为企业造型的原因。日本的卡西欧电子则以善良的铁臂阿童木形象作为其企业造型。

(2)历史性。基于人类追寻历史、缅怀过去的怀旧心理,可以将历史的创造者、文物作为企业造型。如美国肯德基炸鸡公司以创始人山德士老先生的肖像作为企业造型,以显示其祖传秘方的迷人风味。

(3)材料性。以产品制造的原料或产品的内容作为企业造型的题材,具体而明确地说明企业经营的内容。如英国瓦物涅斯酒业公司以酿酒的木桶作为说明企业经营内容的造型图案。

(4)动植物的特点、习性。各种动植物的特点、习性均有明显的差异。企业可按企业实态、性格、品牌印象及产品特质来选择符合其精神表现的题材,再赋予其特定的姿势、动态,以传达独特的经营理念。如德国运动品牌彪马(Puma)的飞豹、日本运动品牌亚瑟士(Asics)的老虎等都以威武凶猛的动物作为其企业造型。

企业造型设定之后,可依照企业经营内容、宣传媒体、促销活动的不同而制作各种变体设计,如微笑、跳跃、奔跑等不同的表情、姿势、动态,以强化企业造型的说明性与亲切感。

(六)象征图案的设计

在识别系统之中,除了企业标志、标准字体、造型外,具有适应性的象征图案也经常被运用。

象征图案又称装饰花边,是视觉识别设计要素的延伸和发展,与标志、标准字体、标准色形成宾主、互补、衬托的关系,是设计要素中的辅助符号。它主要适用于各种宣传媒体装饰画,可以加强企业形象的诉求力,使视觉识别设计的意义更丰富,更具完整性和识别性。

一般而言,象征图案具有如下特性:

(1)能烘托形象的诉求力,使标志、标准字体的意义更具完整性,易于识别。

(2)能增加设计要素的适应性,使所有的设计要素更加具有设计表现力。

(3)能强化视觉冲击力,使画面效果富于感染力,最大限度地增强视觉诱导效果。

并不是所有的企业形象识别系统都能开发出理想的象征图案,有的企业标志、标准字体本身已具备了画面的效果,象征图案就失去了积极的意义,针对这种情况,使用标准色丰富视觉形象更理想。

一般而言,标志、标准字体在进行应用要素设计时,都是采用完整的形式出现,不容许其图案相互重叠,以确保其清晰度。对象征图案的应用应该是有选择性的,而不是所有画面都出现象征图案。

象征图案是为了适应各种宣传媒体的需要而设计的,但是,应用设计项目种类繁多,形式千差万别,画面大小变化无常,这就需要象征图案的造型设计成为一个富有弹性的符号,能随着媒介物的不同,或者是版面面积的大小变化作适度的调整和变化,而不是一成不变的定型图案。

三、企业视觉识别应用要素的设计

应用要素的设计不仅以一定的设计概念为前提,而且应该反映企业的经营理念和行业特点。在应用要素的设计进入设计稿确定阶段时,应进行多次设计模拟和试验研究,最后定稿。对于一些尺寸较大的物品,如建筑物招牌,应该按原尺寸的一定比例做成立体模型来检查其效果;交通运输工具的视觉识别,可在实际的车辆上贴上设计模拟物来检查其效果;员工制服可由员工试穿样品进行比较。对设计进行模拟和试验,虽然会花费一定的时间和成本,但更有利于获得符合客观条件、更为贴切的设计,以避免使用后的不适和浪费。

(一)事务用品类

事务用品在企业的生产经营中用量较大,是企业视觉识别的重要工具,具有极强的稳定性和时效性。事务用品的统一设计和规划一直被许多企业忽视,它们没有认识到其在企业视觉传达中的重要作用。作为企业信息的媒介物和企业形象的传递者,事务用品也需要体现企业 VI 在实际中的运用和表现。

事务用品类包括名片、信纸、信封、便笺、公文袋、资料袋、薪金袋、卷宗袋、合同书、报价单、各类表单和账票、各类证卡(如邀请卡、生日卡、圣诞卡、贺卡)、年历、月历、日历、奖状、奖牌、茶具、办公设施用具(如纸镇、笔架、圆珠笔、铅笔、雨具架、订书机、传真机等)等。

主要设计要素为:企业标志、企业名称、企业标准字、企业专用印刷字体、标准色彩、企业造型、象征图案。

(二)包装产品类

商品的包装一般包括零售包装、批发包装和储运包装。结合现代设计观念和企业经营理念的包装,能够塑造商品的个性和形象,树立良好的品牌形象和企业形象,提高商品的附加价值。包装是产品的延伸,它不仅描述产品功能,而且还以其独特规范的设计传递企业和商品信息,实现企业和商品的视觉识别。

包装产品类包括:外包装箱(大、中、小)、包装盒(大、中、小)、包装纸(单色、双色、特别色)、包装袋(纸、塑料、布、皮等材料)、专用包装(指特定的礼品用、活动事件用、宣传用的包装)、容器包装(如瓶、罐、塑料、金属、树脂等材质)、手提袋(大、中、小)、封口胶带(宽、窄)、包装贴纸(大、中、小)、包装封缄(大、中、小)、包装用绳、产品外观、产品商标标识、产品吊牌、产品铭牌等。

主要设计要素有:

包装形式:单件设计、成套设计、系列设计、组合设计、组装设计等。

构成要素:企业标志、企业标准字体、标准色彩、企业造型、象征图案;图形(摄影、插图)等;文字(使用说明、质量保证);材质(纸、塑料、金属、布、皮革);结构、制作工艺。

(三)旗帜规划类

企业的旗帜通常是大众首先认识企业的工具,优秀的旗帜设计是极具传递力的传播媒介,同时还能美化工作环境。

旗帜规划类包括公司旗帜(标志旗帜、名称旗帜、企业造型旗帜)、纪念旗帜、横式挂旗、奖励旗、促销用旗、庆典旗帜、主题式旗帜等。

主要设计要素有:企业标志、企业名称略称、标准色彩、企业造型、广告语、品牌名称、商标、图形、材质(布、纸、金属)。

(四)员工服饰类

企业员工的服饰能够反映企业和员工的精神风貌,是企业视觉识别系统的重要组成部分。

员工服饰类包括:男女主管职员制服(两季)、男女行政职员制服(两季)、男女生产职员制服(两季)、男女店面职员制服(两季)、男女运动夹克(两季)、运动帽、鞋、袜、手套、领带、领带夹、领巾、皮带、衣扣、安全帽、工作帽、毛巾、雨具。

主要设计要素有:企业标志、企业名称、标准色彩、广告语;制服的内外造型(外观形态、内部款式);质料,如朴素自然的棉麻布料、庄重挺拔的毛料、华丽高雅的丝绸缎料;不同岗位制服的色彩;专制的衣扣、领带、领带夹、拉链、皮带等服饰配件。

(五)广告媒体类

广告媒体是强化视觉效果的有效手段。从CI的角度看,广告是实现视觉识别、树立企业形象的重要途径,它通过反复利用各种媒介,将企业的信息和产品信息传达给消费者和公众,提升企业的形象。

广告媒体类包括:电视广告、报纸广告、杂志广告、企业简介、广告简介、说明书、促销卖点广告、直接邮寄广告、海报、营业用卡(回函)。

主要设计要素有:企业标志、企业名称略称、标准字体、商标、品牌名称、象征图形等以及基本视觉要素组合方式;尺寸比例;空间位置关系;版式;格式结构关系等。

(六)室内外指示类

室内外的指示除了强化企业经营管理秩序、提高员工的工作效率外,对企业文化的传递也发挥着重要作用。

室内外指示类包括:符号指示系统(含表示禁止的指示、公共环境指示)、机构或部门标示牌、总区域看板、分区域看板、标识性建筑物壁画、雕塑造型。

主要设计要素有:标识物的空间距离、角度、尺寸大小、形状、材质、加工工艺、结构方式、安装形式、企业标志、中英文标准字体、标准色、地址、电话等及其组合、色彩风格。

(七)环境风格类

企业环境分为硬环境和软环境,营造良好的企业环境不仅仅是为了满足企业生产、经营的需要,还在于提高员工的效率,并使员工产生自豪感和凝聚力。

环境风格类包括：主要建筑物外观风格、建筑内部空间装饰风格、大门入口设计风格、室内形象墙面风格、厂区外观色带风格、玻璃门色带风格、柜台后墙面设计风格、公布栏风格、室内精神标语墙风格、环境色彩标志风格、室内装饰植物风格。

主要设计要素有：企业标志、企业名称全称或略称、标准字体、标准色及其应用组合；企业口号、企业造型、象征图案与其他基本视觉要素组合；比例尺寸、制作工艺、材质、安装形式。

(八)交通工具类

企业交通工具是塑造、渲染、传播企业形象特别是视觉识别形象的流动性媒介和渠道。企业的交通工具长期在外活动，宣传面广，能够将企业的形象进行全方位的宣传。同时，制作交通工具上企业标识的花费是一次性的，后期几乎不用维护，因此，美国的许多企业都重视利用交通工具为企业识别服务，充分发挥交通工具流动、廉价的宣传特点。

交通工具类包括：营业用工具(如服务用的轿车、吉普车、客货两用车、展销车、移动店铺、汽船等)、运输用工具(如大巴、中巴、大小型货车、厢式货柜车、工具车、平板车、脚踏车、货运船、客运船、游艇、飞机等)、作业用工具(如起重机、推土车、升降机、拽拉车、拖车头、公共用清扫车、垃圾车、救护车、消防车、电视转播车)等。

主要设计要素有：企业标志、品牌标志、标准色彩、标准字体、企业造型、象征图案及其组合方式；位置；比例尺寸；制作工艺等。

(九)展示风格类

企业通过向公众展示产品、技术，不仅增加了大众对企业的了解，提高了企业的知名度，而且能在这种面对面的沟通中得到消费者的信息反馈，改进企业管理。

展示风格类包括：展示会场设计、橱窗设计、展板造型、商品展示架、展示台、展示参观指示、舞台设计、照明规划、色彩规划、商标、商标名称表示风格。

主要设计要素有：企业标志、标准字体、标准色、文字、图形、企业造型、空间结构、灯光、材料、展品、影音等。

(十)专卖店风格类

干净、大气、符合企业形象的专卖店可以使消费者对企业产生良好的印象，促进消费者购买，实现企业的目标。

专卖店风格类包括：各空间区域的平面图和立体图、施工图、各类材质规划、各空间区域色彩风格、功能设备规划(如水电、照明等)、环境设施规划(如柜台、桌椅等家具，盆栽、垃圾桶、烟灰缸等环境风格，各类橱柜)、店员服饰风格、店内外广告招牌造型、店内外标识、商品展示物(如商品陈列台、促销台、价目牌、分类牌、店卡、目录架、品牌灯箱等)。

主要设计要素有：企业标志、企业名称略称、标准字体、商标、品牌名称、象征图案等以及基本视觉要素组合方式；尺寸比例；空间位置关系；版式；格式结构关系、灯光、材料、商品造型、影音等。

本章小结

本章主要介绍了企业视觉识别系统的概念、设计原则和设计要素。企业进行视觉识别系统(简称VIS)的建设，对外可以提升形象，增加销售并为企业营造良好的社会生存环境；对内可以增强雇员的归属感、凝聚力。企业进行 VI 规划可以划分为调研阶段、分析阶段、定位阶段、提案阶段、确定方案阶段、基础部分设计阶段、应用部分设计阶段、培训阶段、制作VI手册阶段和顾问阶段。企业视觉识别系统的设计原则主要有个性化原则、民族化原则、社会化原则、标准化原则、可实施性原则和严格管理原则。企业视觉识别设计根据基础要素和应用要素两大系统分为基础要素设计和应用要素设计。基础要素设计包括企业标志设计、企业名称设计、企业标准字体设计、企业标准色设计、企业造型设计及象征图案设计,应用要素设计包括事务用品类、包装产品类、旗帜规划类、员工服饰类、广告媒体类、室内外指示类、环境风格类、交通工具类、展示风格类、专卖店风格类共十类要素的设计。

中英文对照专业名词

企业视觉形象　Corporate visual image　　公司名称　Corporate name

字体标志　Logo mark　　法律名称　Legal name

传播名称　Communicative name

复习思考题

1. 企业进行视觉识别设计时有哪些步骤?

2. 企业视觉识别的个性化原则具体体现在哪几个方面?

3. 谈谈你对企业标志设计的思考和建议。

案例分析

"Twitter"Logo的重新设计

Twitter(非官方中文惯称:推特)是一家美国社交网络(social network service)及微博客服务网站,是全球互联网上访问量最大的十个网站之一,由杰克·多西在2006年3月创办并在当年7月启动。

Twitter允许用户将自己的最新动态和想法以移动电话中的短信形式(推文)发布(发推),可绑定IM(即时通信)软件。所有的Twitter消息都被限制在140个字符之内。Twitter在全世界都非常流行,被形容为"互联网的短信服务"。2012年10月,Twitter收购美国移动应用开发工具厂商Cabana。2013年9月,Twitter进行首次公开募股;2013年11月7日,Twitter股票在纽约证券交易所挂牌,股票代码"TWTR"。2015年10月14日,Twitter宣布任命前谷歌首席商业官奥米德·科德斯塔尼(Omid Kordestani)为公司执行董事长。

Twitter的蓝色小鸟标志家喻户晓,这个小家伙名叫拉里·伯德(Larry Bird)。2011年8月,Twitter的联合创始人比兹·斯通(Biz Stone)在与波士顿凯尔特人队的互动媒体总监彼得·斯特林格(Peter Stringer)谈话时确认,这只小鸟是根据前波士顿凯尔特人队的球星拉里·伯德的名字命名的。

旧版标志使用淡蓝色,鸟略肥,感觉笨重,而且是雏鸟。2012年,Twitter发布新标志——简化版蓝色小鸟(图5-4),它不再是之前雏鸟的形象,使用了更成熟、稍微深一点的蓝色,而且鸟已经长大,感觉非常轻盈,昂首向上,体现成熟、自信与自豪。非常有趣,这不正是Twitter发展的轨迹——从不成熟到成熟吗?这只小鸟由重叠的圆圈设计而成,象征着通过网络,网友们的兴趣和思想相连相交。

资料来源:百度百科. Twitter[EB/OL]. [2018-07-25]. https://baike. baidu. com/item/Twitter/2443267? fr=aladdin. 有删改。

思考题:

1. Twitter为什么要重新设计标志?

图 5-4　Twitter 的新标志

2. 新的标志对 Twitter 的发展有什么好处？

3. 是不是所有的企业都需要重新设计标志？

第六章　顾客满意经营战略

导入案例

提高顾客让渡价值:海底捞的成功之道

海底捞作为火锅行业的餐饮巨头,一直深受消费者的信任和青睐,拥有众多忠实的顾客。海底捞能够成为餐饮行业的佼佼者,提升顾客让渡价值是重要的因素之一。

所谓顾客让渡价值是指顾客总价值与顾客总成本的差额。顾客总价值包括产品价值、服务价值、人员价值和形象价值,顾客能够从产品或服务中得到这些价值。顾客总成本包括货币成本、时间成本、体力成本和精力成本,是顾客为了获得产品或者服务所付出的全部成本。

一、提高顾客总价值

顾客总价值是顾客购买某一商品或服务时所期望获得的一组利益。海底捞主要通过三个方面来提高顾客购买总价值。

1. 产品价值

为顾客提供安全卫生、种类繁多、质量有保证的食材是海底捞的一大特色。海底捞透过价值链进行分析,找出可能存在的风险点,并进行严格把控,以应对食品安全带来的风险。海底捞在保留原有基础菜的情况下,会根据实际情况适当地增加一些特色菜,保证了菜品种类的多样性。顾客可以根据自身不同的情况选择自己喜爱的食物,同时也可以根据情况选择不同的锅底。

2. 服务价值和人员价值

关于服务价值和人员价值,以海底捞前沿的个性化服务为例,服务与人员相结合,分为用餐前、用餐时和用餐后进行分析。①用餐前服务:针对女性顾客,海底捞会在工作日准备免费的美甲,在休息日提供手部护理;免费擦拭清理皮鞋;免费打印照片;按摩椅放松服务;部分门店设有儿童游乐园并且有专人陪护;为顾客提供各种零食、水果、游戏、报纸杂志等。②用餐时服务:在顾客坐定点餐时,热毛巾、围裙、透明手机套等被一一奉上后,服务生还会为长发的顾客提供橡皮筋和小发夹,不会让长发影响其用餐;戴眼镜的顾客还会获得眼镜布,以防火锅热气模糊视线影响品尝;卫生间有牙膏、牙刷甚至润肤乳;感冒打喷嚏者会获得姜汤;大约 15 分钟更换一次热毛巾。③用餐后服务:临走时,服务生会递上口香糖或者让顾客打包喜欢的小菜、水果等。海底捞的服务员服务态度好、服务意识强、服务标准统一。这样下来,整个用餐过程将会十分舒适,用户会十分满足。除此之外,海底捞还有一些特色的火锅文化活动,比如四川特色国粹变脸表演、融合中华武术的捞面表演,这些表演很受欢迎。海底捞的服务总能超出顾客的心理预期,随口一说的小请求都会被尽力得到满足,从而获得额外的增值产品和服务，把“顾客就是上帝”诠释得非常到位。

员工的最大价值是为顾客提供最有价值的服务，员工的积极性是服务营销策略实施的必要保障。海底捞通过注重劳动能力升级与员工就业发展模式的创新，使员工的发展与企业的发展有效结合在一起。海底捞员工具有年轻化、文化程度不算特别高、出身较普通的特点，这样的文化背景对激励机制的效果产生了放大的作用。良好的人力资源构成和选拔模式让海底捞人员的价值从一开始就得到了体现，通过人性化的管理理念，人力资源投资的加大，对员工进行薪资奖励和组织员工培训学习，建立了一个富有执行力的营销团队。

3.形象价值

海底捞的品牌形象价值，在于对顾客需求的极大满足。除了就餐区，几乎每一家海底捞都设有等候区、美甲区、儿童游乐区等区域，这无疑提升了客户体验。经历了 20 多年的发展，海底捞在消费者群体中成功地树立了良好的口碑和形象。在同行业的竞争中，海底捞根据自己过往的经营经验和理念，不断进行市场调查，努力改进并一直努力为顾客提供令人满意的服务，巩固企业的品牌和形象优势，留住老顾客。同时，海底捞线上线下齐头并进，线下生意火爆，线上售卖火锅底料、自热小火锅、油碟等自营品牌产品，扩大消费者覆盖区域，获得了消费者群体的认可，赢得了良好的口碑，树立了自己的品牌形象，提升了企业的形象价值。

二、降低顾客总成本

顾客总成本是顾客为购买某一产品所消耗的时间、精力、体力以及所支付的货币资金等。海底捞主要通过以下三个方面来降低顾客总成本。

1.时间成本

时间成本是顾客为了购买某一产品或享受某一服务所耗费的时间。对选择海底捞就餐的客户来说，时间成本主要来自三个方面：一是等待上桌所耗费的时间；二是等待菜品及锅底上桌所耗费的时间；三是就餐过程所耗费的时间。海底捞为此采用下列措施降低顾客的时间成本：①海底捞店面选择在交通便利、商业繁荣、客流旺盛的大型购物商场，并且商场内配有一定规模的停车场，让顾客体验集吃、喝、玩、乐于一体的消费服务。②海底捞店内设有等候区、美甲区、儿童游乐区，同时通过开展相应的活动来提高顾客的积极性，这样的布局安排，能降低顾客因为等待时间过长而流失的比率。③采用电子化点单系统，一方面降低点单的错误率，另一方面加快点单速度，降低顾客的时间成本。

2.精力和精神成本

在精力和精神成本方面，海底捞火锅从经营的各方面和各环节为顾客提供便利，让顾客以最小的成本损耗取得最大的实际价值。海底捞火锅自成立以来始终奉行“服务至上，顾客至上”的理念，提供温馨、优质的服务，致力于研究火锅技术的开发，不断创新，赢得了许多慕名而来的顾客。

海底捞虽然在各个地区都有分店，但是由于消费人群太多，有时无法满足需要，近年来，海底捞在各大城市同步推出外卖业务——外送菜品、厨具，由专人服务，甚至提供郊外野炊服务，还提供了详细的外卖菜单。这种送货上门的方式无疑减少了顾客的精力成本，还可以减少店面的租金，降低产品的货币成本。

海底捞的定位是重体验而非效率的人群，几乎每一家海底捞都配有舒缓的背景音乐、等候区、美甲区、儿童游乐区、抓娃娃机、就餐区、选料区等,甚至有服务员帮忙喂小朋友,和旁边的服务员聊聊天或者玩玩小游戏可以获得奖励,一切都在营造轻松欢乐的就餐氛围。

3.货币成本

降低货币成本是影响消费者顾客让渡价值的关键因素。

(1)生产成本:海底捞提供半份菜品的搭配,减少了顾客吃不完浪费的现象;对供应商提供的各类物品进行质量、价格的对比分析;对菜品的市场价进行把控;对店内菜品的成本及时进行调整;对于费用有计划开支,避免浪费,能够分期购买就分期购买,既降低储存成本又降低损坏率。由此控制成本,提高毛利,减少顾客购买的货币成本。

(2)服务成本:海底捞充分发挥互联网的优势,利用供应链软件及其应用对消费者获取服务流程、企业内部沟通交流流程进行管理和优化,降低供应链环节的成本损耗,从而降低企业提供服务所需的实际成本,减少消费者所需支付的货币成本。

(3)物流管理:海底捞与美国夏晖公司合作,在四地建立了配送中心,这在其他火锅品牌中不多见。为了减少库存并保证菜品的新鲜,各个门店每天需要根据营业情况估算并向计划部报送原料需求量。经过严格的数据分析后,计划部会向配送中心下达采购命令和生产任务。海底捞配送中心的标准化管理水平已经达到国际水准。

(4)低价促销:海底捞在有新的菜品推出时或者针对部分消费较少的菜品会采取低价促销手段。这也是海里捞在市场营销中经常采用的一种消费者喜闻乐见的、可以很好地吸引消费者的营销手段。海底捞在进行了市场调查之后,针对消费水平有限的大学生推出了一系列优惠政策,以此吸引大学生,培养一批新的顾客群体,拓展海底捞未来的市场。

综上所述,海底捞秉承"服务至上、顾客至上"的理念,通过提高产品价值、服务价值和人员以及形象价值来提高顾客总价值;与此同时,通过降低时间成本、精力和精神成本以及货币成本来降低顾客总成本,从而提高顾客让渡价值,获得顾客的信任和青睐,以此来吸引更多的新顾客并保留住了大量的老顾客,从而使得海底捞仅用了20多年的时间,就发展成为餐饮行业的佼佼者。

资料来源:马霜,张意敏,纪逸佳,等.从顾客让渡价值分析海底捞的成功之道[J].现代营销(下旬刊),2020(8):178-180.有删改。

第一节　顾客满意经营战略概述

一、顾客满意经营战略的含义

顾客满意(Customer Satisfaction)经营战略(简称CS战略)的指导思想是将顾客需求作为企业进行产品开发或者服务设计的源头,在产品功能设计、价格设定、分销促销环节以及完善售后服务系统等方面以顾客需求为导向,最大限度地使顾客感到满意。其目的是提高顾客对企业的总体满意程度,营造适合企业生存与发展的良好内、外部环境。企业要及时了解顾客对产品或者服务的满意程度,并以此为根据设定改进目标,调整营销措施,在赢得顾客满意的同时树立良好的企业形象,增强竞争能力。

CS战略是以顾客满意为核心、以信息技术为基础发展起来的一种现代企业管理观念和手段。顾客满意经营战略紧密围绕顾客需求这一中心开展整个企业的经营活动。根据这一特点，应该将顾客满意经营战略概念引入现代企业的整个经营管理过程中，将顾客满意策划的方法运用到产品或者服务的全部寿命周期中，同时坚持全过程、始终面向顾客、持续改进的原则。

CS战略是一种有效的经营战略，它将“顾客就是上帝”这一常用口号与经验上升为涉及企业产品的设计、制造、服务等环节的企业经营管理理论，目的是为了让顾客对企业的产品和服务完全满意，综合客观地测定顾客的满意程度，并根据调查分析的结果，从企业整体来改善产品、服务以及企业文化。它要求企业通过发掘自身经营范围内的产品和服务，向顾客满意的标准逼近，实现其经营个性化，做到让顾客在接受该产品和服务后达到满意状态。可以说，CS战略能够使企业彻底走向顾客导向，它是构成企业竞争力的实质内容，是使顾客感到100%满意从而使企业效益倍增的全新系统。

二、实施顾客满意经营战略的意义

（一）顾客满意既是企业的出发点又是落脚点

任何企业提供产品或服务，目的在于使其提供的产品或服务得到顾客的认可，并让其乐于接受。这就要求企业了解顾客需要什么样的产品和服务，对产品和服务有什么样的要求——再精美的产品，如果顾客不需要，也不会得到顾客的认可。企业只有掌握了这个出发点，才能为顾客提供满意的产品或服务。

（二）顾客满意使企业获得长期盈利能力

CS战略在采取各种措施做到令顾客满意的同时，也使企业获得了许多具有竞争力的、长期盈利的优势。

1.减少企业的浪费

在保证顾客满意的过程中，企业会越来越了解顾客，常常能准确地预测到顾客的需求和欲望。这样，企业就不用花更多的时间和精力做市场研究，新产品的研制和生产也会少走不少弯路，这在很大程度上减少了企业的浪费，压缩了成本。

2.价格优势

满意的顾客往往愿意为令自己满意的理由额外付出。当然顾客的额外付出并不是无限度的，付出的多少取决于满意度之外的一些因素，如全面的竞争环境、顾客的价格敏感度、购买类型和公司地位等。

3.更高的顾客回头率

满意的顾客比不满意的顾客有更高的品牌忠诚度，可能再次购买该产品或者该企业的其他产品。与上述的价格优势结合起来，重复购买率高将产生更多的收入，最终使企业获得更多的利润。

4.交易成本低

销售人员都知道，成交后的重复购买比说服新顾客购买要容易得多。顾客忠诚度越高，意味着销售的成本越低，对于重复购买的顾客，销售人员只需向其推荐该买哪种产品，而不是费时费力地向其解释为什么要买本企业的产品。

5.沟通成本低

满意的顾客乐于将自己的感受告诉别人，诸如朋友、亲戚，甚至其他顾客。研究表明，这种口头宣传的广告比其他沟通方式更加有效，并且几乎不需要成本。

(三)顾客满意使企业在竞争中得到更好的保护

满意的顾客十分忠诚,而且这种忠诚能够长期保持,他们不太可能转向其他产品或为了更低的价格抛弃原来的供应商。即使在企业出现困难时,这些顾客也会在一定程度上对企业保持忠诚,这给企业提供了缓冲的时间,可最大限度地降低对企业产生的影响。

满意的顾客不会很快转向低价格产品。正如满意的顾客愿意额外付出一样,他们同样不太可能仅仅由于价格低的诱惑而转向其他的供应商。不过,在同等质量的情况下,当价格相差很大时,顾客也不会永远保持对高价格产品的忠诚。

(四)顾客满意使企业足以应付顾客需求的变化

顾客的需求随着时代的发展不断变化,如何抓住这一变化并去满足不断产生的新需求,是许多企业在发展中遇到的问题。顾客满意最大化对解决这一问题具有现实意义。因为,以顾客满意为目的的企业,平时所做的工作能够预测到顾客需求的变化,而且满意的顾客一般会给企业改变做法的时间。瑞士航空公司一直以来都具有较高的顾客满意度,但在适应顾客的新需求,如制订常客计划、加大头等舱座位面积等方面都落后于竞争对手,而顾客仍愿意乘坐它的航班,同时在这些方面提供大量的反馈信息。

(五)顾客满意能使企业可持续地发展

满足是人类社会的一种基本愿望,是人类永无止境的自我追求。因此,满足顾客的需求和愿望也是企业永恒追求的目标。进入21世纪,越来越多的企业开始关注“顾客满意”的战略意义。把握趋势才能把握成功,从而把握未来。在这个竞争非常激烈的时代,只有把握住这种趋势和方向,正确确立自己的发展战略目标,才能在竞争中立于不败之地,持续不断地发展。

第二节 顾客满意的构成

一、顾客满意的分类

顾客满意可以从以下几种不同的角度进行分类。

(一)根据顾客需要得到满足时的情绪反应划分

根据顾客需要得到满足时的情绪反应,可以将顾客满意分为如下几类:

(1)满足,是指产品可以接受或容忍。

(2)愉快,是指产品带给人以积极、快乐的体验。

(3)解脱,是指产品解除了人们的消极状态。

(4)新奇,是指产品带给人以新鲜和兴奋的感觉。

(5)惊喜,是指产品令人出乎意料地高兴。

因此,虽然都是满意的顾客,但其满意的水平可能是大相径庭的。

(二)根据市场营销系统的不同层次划分

根据市场营销系统的不同层次,可以将顾客满意分为如下几类:

1.企业满意

企业满意,指顾客对企业的经营理念、运行状况和从中获得的所有利益的主观评价。比如,企业是否履行了社会责任,是否尽可能多地从顾客利益的角度出发考虑问题,在获取企业利益的同时是否兼顾了社会利益等。如果企业的表现没有达到顾客的期望，顾客就会对企业感到失望、不满。

2.市场营销系统满意

市场营销系统满意，指顾客对市场营销系统及运行状况和从中所获得的所有利益的主观评价。比如，广告是否真实、清晰，内容是否健康，销售渠道是否畅通，包装是否美观，标志是否清楚等。顾客对整个营销系统是否满意，关系到顾客对营销系统和营销人员是持肯定和信赖的态度，还是持否定和怀疑的态度。

3.产品、服务满意

产品、服务满意，指顾客对某一具体产品或某项特定服务及其利益的主观评价，即对产品质量、功能、设计、品位、价格等是否满意，对服务的绩效、完整性、方便性等是否满意。

4.人员满意

人员满意，指顾客对所接触企业人员的可靠性、反应性、保证性、移情性方面的评价。

5.形象、环境满意

形象、环境满意，指顾客对与使用、利用产品或服务相关的环境、氛围的感受、评价。

在这五个层次的顾客满意中，顾客对产品、服务的满意是根本，但也不能忽视顾客对营销系统、企业以及消费的环境、氛围的看法和评价。如果顾客对广告持怀疑或不信任的态度，或对企业总体印象很差，要想赢得顾客对产品或服务的满意往往需付出更大的努力。即使获得了顾客对产品、服务的满意，这种满意也会大打折扣。同样，即使产品、服务本身对顾客具有较大的潜在价值，消费的环境、氛围往往也会对其价值的发挥产生不可忽视的影响。

（三）根据购买过程的不同阶段划分

根据购买过程的不同阶段，可以将顾客满意分为如下几类：

(1)购前满意，是指顾客对产品、信息的可获得性以及购买前通过广告、宣传等促销、推销活动与企业人员、产品及其信息的直接或间接的接触过程中所获得的信息是否满意的评价。

(2)购中满意，是指顾客在购买过程中，在对同类商品或商店的比较、挑选中所产生的是否满意的评价。

(3)使用满意，是指顾客在使用和消费产品的过程中，对产品是否具备预期的功效，以及生产厂家所提供的服务是否兑现了承诺的主观评价。

(4)用后满意，是指顾客对用后产品的处置过程中所付出的成本，对社会、环境的影响，以及该产品对新的生活价值追求的影响状况的评价。

顾客购买产品，不仅要求产品使用中能达到顾客的预期，满足顾客的需要，而且在信息搜寻、产品购买和选择过程中，同样也要求获得愉快的体验。同时在使用或利用过后，往往希望尽可能地降低对用后产品的处置成本以及对环境、资源有效利用的负面影响，有时还会希望其对后续生活、消费有所贡献。只有全面考虑顾客的需要，才能使其形成整体的满足感。

【案例 6-1】

一个跟头"摔"出个 CS 战略

宝钢是世界闻名的现代化冶金企业,其从建厂那天起就按照国际化标准生产,生产的产品也符合国际标准,但这个与国际接轨较早的现代化企业没曾想也撞过"南墙"。日本厂商要求在不锈钢板上涂漆,技术人员拿出国际技术标准,振振有词地讲:"不锈钢不需要涂漆。"日方只得另找能生产自己需要的产品的厂家。原来的老主顾小鸭洗衣机厂在这时也提出不再要宝钢的钢板。宝钢的技术人员登门征求意见,问钢板哪儿不好,老师傅说:"我拿在手里抖一抖感觉不好。"技术人员拿技术标准对照后钢板全部合格,问还有什么意见,老师傅说:"我没意见,我承认你的钢板好,但我不买行不行?你们符合国家标准,卖给国家好了。"意思是说,你们卖给我,就得符合我的标准。

一句话点醒梦中人,以技术先进、产品质量高而自居的宝钢人进行了深刻的反思:与国际接轨首先应与国际优秀企业的先进服务理念、服务战略接轨,搞好文化对接,在服务经济时代,在服务文化取胜的年代,使顾客满意是这个时代企业活动的基本准则,企业必须向服务型企业转型。他们率先在全员中导入了 CS 战略,即顾客满意战略。企业的整个经营活动以顾客满意为方针,从顾客角度来分析消费需求;在产品开发上,以顾客的需求为源头;顾客需求和偏好什么样的产品就生产什么样的产品;产品价格制定考虑顾客的接受能力;销售点的建立以便利顾客为准则;售后服务使顾客最大限度的满意,通过满足顾客需求来实现企业经营的目标。宝钢以顾客满意为导向,完成了向顾客导向型企业的转轨。在当今已处于买方市场、竞争激烈、生意难做的情况下,宝钢以买方市场的思维创造了卖方市场(产品供不应求)的神话,使飞走的小鸭(包括挑剔的日本厂商)又飞回来了。

由此,我们可以得到启示:企业与国际接轨首先是文化理念接轨,而且这种接轨是长期的、开放的、融合的、与时俱进的,只有掌握最先进的理念才能抢占市场制高点。观念不变原地转,观念一变天地宽,观念一变才能大发展,学习改变观念,观念影响思路,思路决定出路,出路决定命运,观念更新了,企业就有了生机和活力。

市场环境的根本变化使传统的品质概念发生了根本变化,使"让顾客满意"成为经营的宗旨。市场经济中的利益驱动是"你想要什么我来适应你",产品的品质已由过去的符合技术标准改为"符合顾客的需要"。从一定意义上讲,技术标准对顾客可能毫无意义,因为技术再先进,如果操作不便利,用着不称心,顾客不买账。为顾客服务的追求是无止境的,因此应实行顾客满意战略,企业的全部经营活动都要以顾客的需求为出发点,把顾客需求作为企业开发新产品的源头,不断创新、适时改进,提供符合顾客需要的高质量、高可靠性的产品;当然,产品质量也并非标准越高越好。考虑到产品更新换代,高于顾客需求的质量会造成一定程度的资源浪费,使产品价格过高,所以应以顾客满意为产品的质量标准生产出满足顾客质量要求的产品。企业的收入来自顾客,失去顾客,企业就会失去市场和发展机会;顾客满意,企业就能赢得市场和发展机会,因此顾客满意应成为所有企业和部门的行动指南。

资料来源:陈步峰.一个跟头"摔"出个 CS 战略[J].有色金属工业,2004(2):54.有删改。

二、影响顾客满意的因素

（一）顾客的期望

顾客在进行消费之前，心中就持有对产品应达到一定标准的期望。在购买产品之后，根据产品的使用情况，顾客会形成对产品功效的实际认知，如果产品的实际功效同自己的期望相吻合，顾客就会感到满意；如果产品的实际功效优异，超过了顾客的期望，顾客就会十分满意，甚至感到惊喜、兴奋；如果产品的实际功效没有达到顾客的预期，顾客就会产生不满，甚至抱怨。例如，一位顾客到快餐店用餐，他可能对那里的服务抱有快捷、方便等期望，如果碰到上菜速度慢或食物送错等情况，他就会感到失望或不满。顾客的期望受许多因素影响，主要包括以下五个方面。

1. 产品、服务属性

迎合顾客期望的产品属性包括产品的必要属性和充分属性。从顾客的期望角度来说，必要属性是指顾客期望存在的并认为理所当然应当存在的那些产品属性。例如，顾客干洗衣服，肯定希望衣服能洗得干净、整洁、不变形、不变色等。由于这些都是顾客预期应该具备的，当达不到这些标准时，顾客就会特别注意，就会感到恼火和不满意。然而即使具备了这些标准，甚至更好，顾客也只有中性的感觉。充分属性是指顾客未曾期望，以致会感到惊喜的那些产品属性。因为这些属性超出了顾客的期望，所以，如果不具备的话，不会引起任何的消极影响，但如果具备了，就会产生积极的效果，会提高顾客满意度。

产品的必要属性和充分属性不是固定不变的。顾客的需求在不断变化，产品的必要属性和充分属性也在不断变化，某些去年还是“期望之外”的充分属性，今年可能已经成为“必须具备”的必要属性了。比如，电视机刚刚问世时，能放出图像并伴有声音就足以让消费者感到兴奋了，如果还能具备其他功能，消费者就会感到非常满意；而现在，清晰的图像、优质的音响效果几乎成为一种必需，更多的功能、更漂亮的外观、品牌的声誉等则更多地体现出了充分属性的特点。另外，目标顾客的生活方式、价值取向不同，对于产品的必要属性、充分属性的认识也会有所不同。

2. 促销因素

企业怎样宣传自己的产品，用什么方式与顾客沟通，也是顾客对产品的期望。如果企业言过其实地宣传自己的产品或服务，导致顾客的期望超过了产品的实际功效，顾客发现自己吃亏上当，必然会产生严重的不满；如果企业实事求是地宣传自己的产品或服务，顾客的预期必然与产品的实际功效接近，顾客不仅会对企业的产品感到满意，而且还会因为企业实事求是而对企业也感到满意，增强对企业的信任；如果企业宣传自己的产品或服务时留有余地，那么，产品的实际功效必然超过顾客的预期，顾客就会因感到惊喜而对企业格外信任。

3. 环境因素

受参照物的影响，看到或听到别人消费的体验、经验、经历，是影响期望形成的重要因素。如果产品的口碑好，顾客对其期望也会较高，可能会容易接受较高的产品价格。

4. 竞争产品的影响

顾客在期望形成的过程中，会充分利用过去的经验和现有一切可能的信息，尤其是关于同类产品的使用体验和有关这些产品的信息。如果竞争产品的质量、功能、特性等属性达到了较高的标准，顾客也会对同类产品产生较高的期望。

5.顾客特征

由于顾客追求的生活价值不同,对同一产品会有不同的要求和期望。比如:有些顾客对产品较为挑剔,要求较高;有些顾客对产品较为宽容,期望低一些。另外,顾客自身的知觉、学习的特性以及其曾经的经验、体验也是形成期望的重要依据。

(二)顾客对产品的实际认知

顾客购买产品后,在使用的过程中,对产品的质量、功能、特性等进行体验和判断,形成对产品的实际认知。顾客对产品的实际认知受以下因素的影响:

1.产品的品质和功效

顾客对产品的认知建立在产品实际品质和功效的基础上,一般来说,两者是一致的,但有时在一些内外因素的影响下,顾客对产品的实际认知与产品的实际表现也会出现不一致的情况。如果顾客感到产品货真价实,那么不管原来预期如何,顾客迟早会调整其预期,逐步对产品产生满意感;相反,如果顾客感到产品的实际品质很差,即使原来对产品的预期很低,也会产生不满的情绪。

2.顾客对产品的态度和情感

顾客对产品的评价并不完全以客观的认知因素为基础,往往带有一定的感情色彩。建立在过去经验基础上的态度和情感,对顾客的认知有很大的影响。所谓的"爱屋及乌"就反映了顾客的态度、情感对认知的影响。

3.顾客对产品的期望

如果顾客对某一产品或服务有特殊的期望,在产品的消费过程中,就可能会比他人更刻意地体验能够证实其期望的产品属性或服务项目,而没有持这种期望的顾客,则可能对这些产品属性或服务项目熟视无睹,印象不深。

(三)产品的效用

效用是指商品或服务满足顾客需要的能力。它反映的是商品或服务与人的心理感受之间的关系,是顾客消费商品或服务时所感受到的满足程度。顾客之所以购买某商品,主要是由于该商品具有能满足某种需要的效用。顾客得到的这种商品越多,总效用就越大,但是,随着这种商品消费数量的增加,其效用的增加逐渐减少,呈现出递减趋势,这种现象称为"边际效用递减"现象。

边际效用是指在一定的时间内,最后增加一个消费单位时所增加的效用。由边际效用递减规律可以看出,顾客对某一商品或服务是否感到满意,满意程度的高低,主要取决于商品或服务给顾客所带来的最大满足程度。当顾客初次消费某种新的、未曾消费过的商品时,在求新、求奇等动机的影响下,顾客所得到的满足程度最大,即边际效用最大,对新消费的满意感最强。随着同一商品消费数量或使用次数的增加,顾客对新商品逐渐熟悉,新商品给顾客带来的新鲜感逐渐消失,在这种情况下,再增加这一商品的消费,虽然商品给顾客带来的总的满足程度在增加,总效用也在增加,但顾客每使用一次商品或每消费一单位商品所带来的边际效用在不断降低,顾客对商品的满意感在逐渐下降。随着消费数量的增加,当边际效用降为零时,此时再增加该商品的消费,不仅不会增加顾客的满意感,甚至还会引起顾客的反感、不满。

当顾客的某种需要得到相对满足后,又会产生另一种新的需要,由这种新的需要所引起的动机就会成为主导动机,占据主要地位,原有的需要便退居次要地位,此时,如果继续增加原有商品的消费，边际效用就会降低，顾客感觉到的满足程度就会下降。如果原有需要消失后，还继续增加消费的话，就会使顾客感到厌烦。

我们也可以把顾客所期望的能够给他带来最大边际效用的产品看作是顾客心目中的"理想产品"。这种理想产品可能是现实中的某种产品，也可能是某种不存在的虚拟产品，它代表了顾客对所购买产品的期望。如果顾客期望所购买的产品达到理想产品的效用水平，而产品的实际效用低于这一水平，顾客就会对此感到不满；如果顾客期待的产品效用远远低于理想产品的效用水平，而实际购买或消费后，发现产品的实际效用介于两者之间，顾客就会对产品极为满意。产品的实际效用越接近理想产品的效用水平，顾客对产品的满意度就越高。

（四）顾客让渡价值

顾客让渡价值是指企业转移的、顾客感受到的实际价值。它一般表现为顾客购买总价值与顾客购买总成本之间的差额。顾客让渡价值是菲利普·科特勒在《营销管理》一书中提出来的，他认为，"顾客让渡价值"是指顾客总价值（Total Customer Value）与顾客总成本（Total Customer Cost）之间的差额。顾客购买总价值是指顾客购买某一商品与服务所期望得到的一组利益，它包括产品价值、服务价值、人员价值、形象价值和环境价值等。顾客购买总成本是指顾客购买某商品所消耗的货币成本、时间成本、精力成本的总和。

顾客满意和顾客让渡价值是紧密相关的。顾客购买商品时，总希望把各项成本降到最低限度，而同时又希望能从中获得尽可能多的实际利益，得到最大的顾客让渡价值，使自己的需要得到最大限度的满足。因此，在顾客购买总价值一定的情况下，顾客购买总成本越高，所得到的顾客让渡价值就越小，顾客的满意度就越低；顾客购买总成本越低，所得到的顾客让渡价值就越大，顾客的满意度就越高。

需要指出的是，不同的顾客对于顾客购买总价值和顾客购买总成本的重视程度和重视的侧重点是不一样的，收入水平低的顾客对货币成本非常敏感，收入水平高的顾客对时间成本或精力成本非常敏感，或者对品牌非常重视。因此，即使顾客购买的商品或服务相同，但由于他们得到的顾客让渡价值不同，也会产生不同的满意程度。

第三节 顾客满意经营战略的实施

顾客满意经营战略与传统经营战略的最大区别在于对待顾客的态度不同。前者尊重顾客并站在顾客的角度审视企业的经营活动，后者考虑更多的是如何卖东西给顾客，而很少关注顾客的情感消费。顾客满意经营战略的基本理念是：企业是为顾客而生存的社会服务组织。衡量企业是否成功的尺度掌握在顾客手中，企业卖产品只是形式，卖完善的服务、卖称心如意的服务、卖优质便利的服务才是实质。贯彻顾客满意经营战略首先要识别顾客，客观地认识顾客的要求和期望，然后利用企业资源满足顾客，包括：从顾客角度出发进行产品设计开发；及时跟踪研究顾客的满意度，并据此设立改进目标，调整经营环节，建立科学的顾客满意流程，不断完善产品服务系统，最大限度地使顾客感到安心和便利；创造企业与顾客间彼此友好和忠诚的和谐氛围，体现出真诚与温暖，使满意的顾客成为忠诚的顾客，使潜在的顾客成为新的顾客；按照以顾客为中心的原则，建立灵活高效的企业组织，及时反馈顾客的需求和意见。

一、顾客满意流程

贯彻顾客满意经营战略需要在企业内部建立一套科学的顾客满意流程,即企业为了赢得顾客的满意,从市场调研、产品开发到生产、售后服务全过程进行标准化的典型事项和要求。它是企业达到顾客满意的必经途径。顾客满意流程包括以下几个方面:

(一)建立顾客满意的理念和战略

企业应建立顾客满意的经营理念,以便在此理念的指导下制定出以顾客满意为中心的经营战略(包括顾客满意的经营宗旨、目标和实施的步骤、措施)。

(二)进行以顾客为导向的新产品开发

通过市场调查掌握市场动向,了解市场和顾客的现实和潜在的需求,为企业调整战略、开发顾客满意的新产品和做好服务提供依据,力求从源头做好顾客满意的工作。

(三)建立以顾客满意为目标的质量体系

其主要内容包括:控制生产过程质量,为顾客满意提供产品基础;加强质量改进和技术创新,不断提高顾客满意度;提高销售和服务质量,确保企业实现顾客满意的目标;建立以人为本、以顾客满意为目标、以质量为优先的企业文化,明确员工满意是顾客满意的基础;做好质量经营工作,建立质量经营管理体系,以质量体系的有效运作来实现顾客满意的目标。

(四)寻找改进机会,实现顾客满意

定期或不定期地进行顾客满意度调研、评价和分析,找出问题,寻找改进机会,提高顾客满意度。

(五)以顾客满意来实现顾客忠诚

以顾客满意为目标,不断提高产品质量和改进服务,以顾客满意来实现顾客忠诚。

综合看来,建立顾客满意模式,就是在进行顾客满意度调查和顾客消费心理分析的基础上,从顾客角度出发,针对企业的理念、行为、视觉、产品和服务,将其中卓有成效、为顾客所满意的观念、行为、制度与规范等进行进一步提炼,升华为标准化了的典型事项和要求,以此来作为企业达到顾客满意的必经途径。其中企业理念满意的核心是确立以顾客为中心的目标。它具体表现在企业的经营宗旨、经营方针和经营哲学上,并贯穿于企业的质量观念、服务观念、社会责任观念、人才观念等诸多经营观念中。行为满意的建立,要通过企业的行为机制满意、行为规程满意等予以保障。视觉满意的建立,包括对企业标识、企业标准字体和标准色的视觉满意。产品满意的建立,体现在产品质量、功能、设计、包装、价格满意等方面。服务满意的建立,则是要通过树立顾客至上的服务观念,建立完整的服务目标、服务满意度考核体系和强化服务满意的行为机制来实现。在以上顾客满意流程的五个子要素中,企业的理念满意处于核心和统率地位,它指导并制约着其他子要素的运行和实施。

二、实施途径

要实施顾客满意经营战略,可以从不同的出发点来进行。

(一)在企业文化层面上确立以顾客为中心、顾客利益至上、以顾客满意为目标的经营理念

顾客满意理论中的顾客指的是内部员工和外部顾客(包括经销商、批发商、代理商、最终消费者和原材料供应商、合作者等),顾客满意包括内部员工和外部顾客的满意,顾客忠诚亦

然。企业成功的机制在于顾客满意与忠诚，员工是使顾客满意和忠诚的关键人员。没有员工的满意和忠诚，就不可能创造出令顾客满意的产品、提供超值服务，顾客自然就不满意、不忠诚，离企业而去。当员工满意和忠诚时，就会在与顾客接触的过程中以极大的热情投入自己的智力资本，创造性地为顾客服务，并能及时发现顾客需求动向，及时提升产品和服务的附加值，紧紧抓住顾客的心，令其满意。

(二)让顾客参与产品设计与研发

企业以顾客为中心，经过市场细分、广泛调研，了解目标公众的需求和价值，站在顾客的角度考虑产品开发、设计，提供个性化、人性化的高附加值产品和服务，是正确的，但必须让用户一起参与产品设计。利用互联网和计算机辅助设计(Computer Aided Design，简称CAD)技术与顾客进行有效的沟通和信息交流，及时掌握顾客的各种需求信息，通过各种信息来源渠道对顾客信息库进行及时的更新。经过分析、总结，了解顾客的本质需求，并使顾客的本质需求信息成为企业各个部门的共享资源。以此设计产品，提供令顾客满意的服务。

(三)培育忠诚顾客

在餐饮业，满意顾客中品牌转换者的比例竟高达60%～80%。这说明满意的顾客并不一定能成为忠诚的顾客。而一个企业80%的收益来自20%的忠诚顾客。从忠诚顾客那里得到的收益是非忠诚顾客的9倍。忠诚顾客是通过企业不懈地提供超值产品或服务而得来的。要使顾客忠诚，企业最高管理层必须有长期不懈的决心和资金支持，对企业忠诚顾客进行界定，了解顾客的需求是怎样形成的，他们离去的原因是什么，买了谁的产品。培育忠诚顾客，防止顾客流失的措施可以从以下两方面考虑：

1.妥善解决顾客的抱怨

专家指出，如果顾客抱怨处理得好，82%的抱怨者会再度购买商品。妥善处理顾客抱怨，要求企业建立一套良好的人性化的“抱怨管理”制度。①树立“顾客的抱怨是给企业最好的礼物，对改善企业的经营管理有好处”的观念。②企业必须建立有效的抱怨问题处理机制。③负责处理顾客抱怨的部门应该轮换，以便各有关业务单位都能及时了解顾客的满意度，并获得处理顾客抱怨的经验。④建立所有顾客抱怨的信息、资料库等，并让各有关部门和人员知道这些抱怨以及抱怨的根源，等等。

2.建立忠诚顾客数据库

只有通过数据库进行跟踪调查分析，才能确切知道企业拥有的顾客份额会增加多少，达到某一份额需要多久。建立忠诚顾客数据库，可以为员工及时提供所需的资料，为收集所有与顾客有关的细节创造条件，强化同顾客的快捷联系，以便为其提供有潜在需求的、似曾想到又没想到、满足其期望价值的产品或服务。

(四)充分利用新的信息技术手段

(1)通过信息系统的应用，企业可以有效地优化顾客价值链。

(2)鉴于以信息(知识)作为关键成分的产品或服务变得越来越有价值，由顾客参与创造的知识就变成了企业和顾客所共有的资产。比如，戴尔电脑公司借助互联网络开展直销，使顾客可以得到自己真正需要的电脑配置，而戴尔也创造了零库存生产的神话。

(3)借助于现代信息技术，企业可以让顾客直接参与价值的生产与分配，让顾客介入价值链的任一环节，某些企业甚至将顾客变成了“雇员”。意大利汽车制造商菲亚特为测试新车Punto的设计效果，曾在菲亚特网站邀请3 000多位潜在顾客参与评价打分，结果，菲亚特只用很低的成本就获得了目标顾客关于新车的见解,并设计出了真正反映顾客偏好的汽车。对于顾客而言,他们也得到了自己真正想要的汽车。

(4)企业可以把基本业务流程重新编排组织,以满足顾客的需求。例如,不少家具公司向顾客提供可拼拆的家具,让顾客运回家后自己装。这样看起来比较"麻烦",但有的顾客更愿意接受因此带来的低成本,而且顾客还可以根据自己的需要或偏好来选择家具散件的配套与组合。

(5)借助信息系统,可以将诸如购买、使用、销售、功能集成、价值再创造等多个过程整合在一起。在这里,信息系统的作用更多地体现在过程上,由此创造的产品(或提供的服务)才能以独有的属性满足顾客特定的需求。从戴尔直销电脑到微软的免费软件,从 Gateway 电脑的易于升级到康柏电脑的方便购买,无不反映了当今企业借助信息系统优化顾客价值链以实现企业战略目标的大趋势。

本章小结

顾客满意经营战略与传统经营战略的最大区别在于对待顾客的态度不同。前者尊重顾客并站在顾客的角度审视企业的经营活动,后者考虑更多的是如何卖东西给顾客而很少关注顾客的情感消费。顾客满意经营战略的基本理念是:企业为顾客而生存,是服务于社会的组织。衡量企业是否成功的尺度掌握在顾客手中,企业卖产品只是形式,卖完善的服务、卖称心如意的服务、卖优质便利的服务才是实质。贯彻顾客满意经营战略首先要识别顾客,客观地认识顾客的要求和期望,然后利用企业资源满足顾客的需求,包括:以顾客为本考虑产品设计开发;及时跟踪研究顾客的满意度,并据此设立改进目标,调整经营环节,建立科学的顾客满意流程,不断完善产品服务系统,最大限度地使顾客感到安心和便利;创造企业与顾客间彼此友好和忠诚的和谐氛围,体现出真诚与温暖,使满意的顾客成为忠诚的顾客、使潜在的顾客成为新的顾客;按照以顾客为中心的原则,建立灵活高效的企业组织,及时反馈顾客需求和意见。

实施顾客满意经营战略的意义在于:既是企业的出发点又是落脚点;可以使企业获得长期盈利能力;使企业在竞争中得到更好的保护;使企业足以应付顾客需求的变化;使企业可持续地发展。

影响顾客满意的因素有:顾客的期望、顾客对产品的实际认知、产品的效用、顾客让渡价值。

实施顾客满意经营战略的途径有:树立以顾客为中心、顾客利益至上、以顾客满意为目标的经营理念;让顾客参与产品设计与开发;培育忠诚顾客;充分利用新的信息技术手段。

中英文对照专业名词

顾客满意经营战略　Customer satisfaction operation strategy

产品价值　Product value　　服务价值　Services value

人员价值　Personal value　　形象价值　Image value

货币成本　Monetary cost　　时间成本　Time cost

精力成本　Psychic cost

复习思考题

1. 简述顾客满意经营战略的含义。
2. 简述实施顾客满意经营战略的意义。
3. 如何对顾客满意进行分类?
4. 实施顾客满意经营战略的途径是什么?

案例分析

戴尔直销背后的战略

戴尔(Dell)公司因为其出色的表现引发了人们对其成功奥秘的探讨。人们过多地把目光盯在戴尔独特的直销模式上，却忽略了其背后所蕴含的“顾客至上、让顾客满意”的核心战略思想和支持这个战略的其他一些细节性模式。

顾客满意经营战略(以下简称CS战略)根植于一个浅显的道理：让顾客满意的企业是不可战胜的。戴尔之所以在短短十几年间就发展成为个人电脑市场的领导者，正是由于它成功地运用了CS战略，逐步形成了较为完善的产品满意、服务满意、生产满意和组织结构满意系统，从而在竞争中尽显优势。

现在人们常常讨论的各种戴尔模式，大多局限在模式层面，每一种模式都有其明确的目标和适用范围，正是CS战略将所有的这些模式都纳入进来，无论是直销、流程改进等广为人知的大问题，还是后面要介绍的建立顾客体验小组等小问题，都是为这个战略服务的。

一、产品满意系统是CS战略的核心子系统

CS战略要求企业站在顾客的立场去研究和设计产品，尽可能地预先把顾客的“不满意”从产品本身去除。企业要顺应顾客的需求趋势，发现顾客的潜在需要并设法用较高性价比的产品去满足这些需要。

产品满意系统首先是产品功能满意，戴尔从三个方面来实施产品功能满意战略：

一是根据不同的细分市场研发产品。面对一个庞大的市场，先把其分割再各个进入，这是人所共知的市场细分策略。戴尔的独特之处在于进行产品细分的同时还随着公司的成长壮大进行了充分的顾客细分，并根据顾客需求和实际购买行为的不同研发不同的产品。

1994年戴尔创立之初，顾客只有两类：大型顾客和包括一些商业组织、消费者在内的小型顾客，当年公司的资产为35亿美元；到了1996年，它就从大型顾客市场中细分出了大型公司、中型公司、政府与教育机构三块市场，同年公司资产升至78亿美元；到了1997年，戴尔又进一步把大型公司市场细分为全球性企业客户和大型公司两块市场，政府与教育机构市场则分为联邦政府、州政府和地方政府、教育机构三块不同的市场，小型顾客市场则进一步分解为小型公司和一般消费者两块市场，当年公司资产攀升到了120亿美元。

另外与众不同的一点是：戴尔将顾客细分为“交易型”和“关系型”两种。其中40%的顾客(大部分是大企业)被纳入到关系型中；30%的顾客(大部分是小企业)被划分到交易型中；剩下的30%作为二者的混合。

交易型顾客是那些需要不断做出购买决策的个人或者企业。这些顾客关注的是购买的经济性，盯着诸如性能、规格、特征、折扣等因素，他们从不同的厂商那里购买产品，并且在做出购买决策时，使用评测、评论、广告和口碑等各种信息渠道。

关系型顾客关注的是交易的总成本，价格只是其中的一部分。这类顾客包括中型以上的商务机构、政府或者教育部门。这些顾客关注的是服务、可信度、厂商声誉和产品标准等特征。

这些“比顾客更了解顾客”的市场细分，使戴尔在逐渐扩大规模的同时，仍然维持了稳定而持续的增长。

二是为顾客量身定做产品。戴尔在创立之始就明确规定：要敏锐地洞察顾客的意见与需求，以此来设计产品和服务顾客。因此它创建了“按需配置、按单生产”的直销模式。在这种方式下，戴尔的每件产品都是按照每个用户的个别需求定做而成的。这不仅充分满足了顾客个性化的需求，而且还使顾客产生了“拥有量身定做的独一无二的产品”的超值满意感。

三是根据顾客的直接反馈改进产品。戴尔在按照客户的要求设计生产并交付产品后，还想方设法地

了解顾客使用产品的体验以获得修改设计或改变制造程序的灵感。公司技术支持工程师通过拜访重要客户、接听顾客打入的免费技术咨询电话获得相关信息,经过归纳整理后交给公司研发部门进行进一步的分析和研究。因而,戴尔的主导产品始终能够围绕顾客的使用体验不断改进。新产品开发也始终适应了顾客需求的发展趋势。当竞争对手仍在为预测顾客需求变化举棋不定时,戴尔已经掌握了清晰的顾客订单。

产品质量满意和价格满意是产品满意系统不可缺少的支点。戴尔创立了将零部件的生产制造外包给专业化公司的合作方式。因此,供应商提供的零部件质量的好坏直接决定了最终整机产品的品质优劣。戴尔公司遵循的原则是拥有尽可能少的合伙人,而这些合伙人必须长期在技术和质量方面保持行业领先地位。经过不断筛选,戴尔公司的原料供应商已从发展初期的140多家精简到现在的50多家。戴尔一方面通过效率超常的供应链降低了产品成本,另一方面又通过“零库存”和直销增强了产品价格的竞争力。这样,其价格满意战略水到渠成。

二、服务、生产和组织结构满意系统是CS战略的重要子系统

顾客满意的另一个重要方面是服务系统满意,它已成为企业争取顾客,求生存、求发展的关键。

这里值得一提的是戴尔独创的Dell Plus服务项目。通过Dell Plus程序,在初始建立系统时就执行了用户所有硬件和软件的一体化安装,即在一个无缝的生产过程中安装。这样的“一次性”方法意味着:排除了重复的工作,减少了错误的机会,提高了生产效率。迄今为止,凡是通过Dell Plus感受过戴尔公司高质量的一体化解决方案服务的企业,都成了戴尔品牌的忠实追随者。

在生产满意系统方面,戴尔公司利用先进的计算机技术、便捷的现代通信手段和蓬勃发展的互联网络,使大规模定制生产得以完美实现。通过计算机控制的生产设备使工厂较易快速调整装配线;条形码扫描仪使技术人员能够跟踪每一个零部件和产品;数据库现有的数万亿字节的信息使数字打印机可即刻改变不同产品的包装说明;先进的后勤和供货渠道管理服务软件使其在密切协调制造和销售的同时还保证了较低的成本。由于最大限度地满足了顾客个性化的需求,顾客满意度和忠诚度不断提高。

对于一些全球大客户,戴尔对其个性化需求的满足更是做到了细致入微的程度。以福特汽车为例,戴尔公司为福特不同部门的员工设计了各种不同的配置。当通过互联网接到福特公司的订单时,戴尔公司马上可知是哪个工种的员工,订的是哪种机型,且迅速组装好合适的硬件和通过Dell Plus所定制的软件,甚至包括一些专有密码,然后以最快的速度交至顾客的手中。

戴尔还专门成立了顾客服务部来统筹和顾客服务相关的一切事宜,这就是组织结构满意系统。顾客有任何感受和意见,都可以拨打800免费专线向顾客服务部反映。经过严格专业培训的服务人员会将所有顾客反映的问题记录在案,并对能立即解决的问题予以答复。经过顾客服务部专业优质的服务,大多数顾客的不满都得到了补偿,补偿的力度甚至超过了顾客的期望,从而将顾客从不满意状态转化为满意状态。

为了全面了解顾客的满意程度,戴尔公司还成立了顾客体验(Customer Experience,简称CE)小组,由销售部、技术服务部、顾客服务部、生产部、质量部等部门的代表组成,每周举行一次例会,对影响顾客体验的各因素进行详细分析,并各就各位地予以解决。

戴尔正是通过上述四个系统将CS系统落到了实处,并且将人们称道的一些实用模式通过这个整体战略联系起来,从而取得了令世人瞩目的成就。这为我国企业将看起来虚无缥缈、遥不可及的战略和现实的经营业绩结合起来,使得战略真正能够为企业服务提供了一个思路。

资料来源:魏秉全.戴尔直销背后的战略[J].IT经理人商业周刊,2003(5):77-78.有删改。

思考题:

试运用顾客满意经营战略理论对此案例进行分析。

第七章　企业公共关系策划

导入案例

中车株洲所全球首列“智能轨道快运列车”发布传播案例

中车株洲电力机车研究所有限公司(以下简称“中车株洲所”)始创于1959年,前身是铁道部株洲电力机车研究所,现为中国中车股份有限公司一级全资子公司。

中车株洲所精心策划了全球首列“智能轨道快运列车”产品发布会、新闻发布会及相关传播活动,既充分展现了全球首创的产品魅力,又在国内外展开了有效的营销推广。

公关策划活动是试图影响某一具体受众的特定行为。为达到此目标,必须全面了解目标受众。因此,正确地识别和了解目标受众对策划宣传活动至关重要。本次活动将目标受众界定为政府公众、顾客公众(包括企业客户和城市管理者)、媒体公众和社会公众等。本次策划活动采取整合营销的传播方式,综合协调地使用各种形式的传播方式,以统一的目标和统一的传播形象,传递一致的产品信息。在新闻发布会的策划与实施中有以下可圈可点之处:

1. 在充分调查研究的基础上开展策划和实施

举办新闻发布会需要投入大量的人力、物力、财力,为了使“产出”即“传播效果”达到最优,前期需要进行充分的调研准备工作。经过前期调研发现,随着城市化进程的快速推进,交通拥挤成为城市“顽疾”,“出行难”不仅困扰市民,也困扰着城市主政者。传统轨道交通建设周期长,成本较高,现有城市公交又因载客量小而无法缓解上述问题,而智能轨道快运列车兼具轨道交通大运量和城市公交灵活性特点,能有效缓解出行难问题。科研成果转化为产业成果的可能性很大,可得到国家、本地政府以及中国中车的资源支持,同时,随着“一带一路”倡议的实施,存在很大的国际市场需求潜力。因此,选择合适的时间节点举办新闻发布活动来进行新产品推广是必要的。

2. 明确的目标

中车株洲所在开展此次发布会时,有明确的目标(动因)——“提升产品科技形象,促进产品走向产业”“提升中车全球化品牌形象,让产品走向全球”“增强市场号召力,提升核心竞争力”,明确的目标,为发布会传播口径确定了“基调”,确保相关传播的媒体引导。同时,这些目标突破了狭隘企业话题的局限,具有从企业向行业、从国内向国际公共话题转化的特性,引发公众和新闻传播媒体的关注和报道。

3. 传播内容策划与实施的创新

中车株洲所在传播内容策划方面,确立了“颠覆传统认识,改变出行方式”这一主题,具有新奇性和生活贴近性;提炼了下列“热点”“关键词”作为传播点:“全球首创”“虚拟轨道列车”“解决城市交通拥堵难题”“地铁、公交结合体”。“智能轨道快运列车”作为“全球首创”,

具有“重大性”;“虚拟轨道列车”和“公交结合体”具有新奇性,引发公众的好奇和探究心理;“解决城市交通拥堵难题”和“地铁”与公众日常生活和需求贴近,这些“热点”和“关键词”,有的很重大,有的很平常,有的通俗易懂,有的新奇独特,不仅有效调剂了公众心理认知的距离,也容易激发媒体报道的兴趣。中车株洲所在文稿表述中,尽可能使用公众熟悉的事物来描述专业性术语,例如,在描述“转弯半径”这一专业术语时,与普通公交相比,让公众容易领会;在提到“自由编组”时又举了高速动车组的例子;在表达“智轨车辆虽然庞大但是转弯灵活”这一特点时,将智轨车辆形象地称为“灵活的胖子”,拉近了与受众的心理距离。

4. 做好“媒体内容供应链”、后续传播和舆情监控

公关策划活动的传播效果很大程度上取决于媒体报道的广度与深度。本次新产品策划活动邀请了51家主流媒体进行现场报道,数量可观。一是在“媒体内容供应链”方面下足了工夫,根据媒体公众的不同需求准备了各种类型的信息资源——“资料袋”,包括通稿、背景材料、速记材料和多媒体素材等,为媒体充分准备传播物料,做好媒体高质快速发布的内容供应工作。二是从后续传播来看,中车株洲所在发布会之后,继续组织媒体的后续跟踪报道和举办各类体验活动,使“热点”持续甚至“升温”。三是效果预测、导向监测方面把握得很好,技术含量高,及时搜集舆情信息并进行反馈和回应,有效引导舆论。本次新闻发布会实现了很好的会中控制和后续管理,取得了较好的传播效果。

5. 全媒体、全球发布

在互联网时代,大众媒体向融媒体转型,具有“全媒体”特性,可以为受众个体进行超细分服务,实现任何人、任何时间、任何地点、以任何终端获得任何想要的信息。本次活动运用了“全媒体”传播方式,大大加深了传播的广度和深度。不仅“大众传播媒体”以文字、图片、视频等各类形式在报纸、电视、网络、微信公众号、APP、微博进行全媒体发布,网易、新浪、腾讯、搜狐四大门户网站均在首页头条位置展示报道,增强了信息传播的速度、广度和互动性。在国内传播中,新华社向全国各大媒体提供了“视频通稿”;在国际传播中,主导的海外(英语)直播活动在Facebook、Twitter、YouTube平台的播出,得到了数百万计粉丝的关注和讨论,是中国媒体对接海外社交媒体融合报道的创新性探索。在全球新闻发布中,“推”与“拉”共同发力——《人民日报》、新华社、《中国日报》均在海外版发布报道,此为“推”;德国电视台、俄罗斯之声、美国杂志、《新加坡联合早报》也前来采访报道,此为“拉”。通过上述媒体报道,迅速增加了智能轨道快运列车在海外媒体的曝光度,有效促进了智能轨道快运列车的海外认知。德国电视台、俄罗斯电视台、澳洲新闻网及外国网友均给予了高度评价,并对该产品的应用表达了期待。从后期效果看,包括纽约、墨尔本等在内的全球50多个城市与中车株洲所联系洽谈合作,新闻发布会开展的品牌传播有力推动了新产品的国际化推广。

6. 现场活动强调权威性、仪式感和体验感

该发布会通过“院士站台”,借助“意见领袖”——中国工程院院士的专业分析与点评,充分体现发布会的权威性、产品质量的可靠性及创新性。有关学者认为,从社会角色的归属上看,专家学者等意见领袖介于支配阶级和社会大众之间,他们的独立身份并非静止不变,可以充当前者的旗手,也可以被后者纳入“我们”的阵营。院士站台为新产品背书,符合品牌调性和产品调性,说服力强,影响力大。人类需要仪式感,面对以“人”为主体的营销活动同样需要重视“仪式感”,选择在发布会上举行首条线路签约仪式,体现了该新产品的市场前景,积极引导舆论。发布会中安排了乘车体验环节,增强参与者的感性认识,形成立体、深刻的亲身体验，使报道具有现场感。借助新闻媒体报道，社会公众虽然未到现场，也产生了“心理参与感”。

此外，这则案例中，新闻发布的时机选择、媒体组合信息释放发布范围和节奏都有很精巧的考虑。新闻发布会的时机一般要避免与重要节日和国家重要会议时间重合，这样媒体才能留足版面进行报道。该发布会选择在 2017 年 6 月 2 日举办，不但与“两会”“十九大”错开时间，而且还在“六一”之后的第二天举办，不仅当天获得了媒体的充分报道，而且为后续报道留足了时间段。该发布会在“时间控制”“节奏控制”和“集中性传播与日常性传播”方面做得较好，在话题设计方面也很有特点，取得了较好效果，不过，仅从策划案文本来看，在话题的创意性、议题设置的连贯性等方面还有进一步提升的空间。

资料来源：张景云，宋佳. 如何借助新闻发布会传播中国品牌——兼评中车株洲所全球首列“智能轨道快运列车”发布传播案例[J]. 公关世界，2018(3)：69-75. 有删改。

企业是现代市场体系和国民经济的主体，企业的经营状况，不仅影响到企业自身和员工的利益，而且关系国民经济的发展、综合国力的增强、就业率的提高和社会的稳定。尽管企业有行业、产业、所有制形式上的不同，也有自身经营业务、规模和产品上的差异，但它们都必须面对市场和顾客，都要不同程度地参与市场竞争，并以赢利和资本的增值作为自己长期生存、发展的前提。否则，企业就会失去存在的价值和条件。因此，企业必须通过科学的管理，实现人、财、物、信息、技术等资源的最佳组合与配置，保持旺盛的创新、产销和服务能力，为消费者源源不断地提供优良的产品和服务，以适应急剧变化的市场和需求，使自己在激烈的竞争中掌握主动，实现自身的发展目标。

企业的性质与特点，决定了它们与公共关系的不解之缘。无论是在国外，还是在国内，企业公共关系都是公共关系事业中起步较早、规模较大，也颇具活力的主力军。可以说，企业只要面对市场和竞争，就离不开公共关系工作，而策划是公共关系工作的核心。公共关系策划要在公共关系调研的基础上，针对企业需要解决的主要公共关系问题，认真分析相关信息和因素，按照科学与艺术的方法、原则，最大限度地发挥公共关系人员的创造才能，确定公共关系活动的目标、主题和战略，制订出最佳的活动方案。策划水平的高低在一定程度上决定着公共关系活动的成败，反映着公共关系人员的素质和能力。

第一节　企业公共关系策划概述

公共关系是指一个企业运用有效的传播手段，使企业适应公众的需要，使公众适应企业要求的一种思想、政策和管理行为。它既是一门科学，又是一门艺术。公共关系的科学性与艺术性的统一，最集中、最明显地体现在公共关系策划上。

一、公共关系策划的含义

公共关系策划是公共关系战略的核心，也是顺利实现公共关系目标的前提。

策划的思想源远流长，它与人类社会的历史一样悠久。策划的科学内涵是指在人类社会活动中，人们为了谋求达到某种目标或某项事业的成功而提出的设想及其创造思想过程，是确保决策、计划实现而进行的有科学程序的谋划、构思和设计过程。

公共关系策划的含义是公共关系与策划两层含义的组合,是策划概念在公共关系领域延伸后形成的新概念。其特定含义是对公共关系活动项目的形式和内容出谋划策与设计行动方案的泛指,是公共关系工作人员根据企业形象的现状和目标要求,分析现有条件,谋划、设计企业公共关系战略、专题活动和具体公共关系活动最佳行动方案的过程。

二、企业公共关系策划的要素

由公共关系策划的定义出发,可以概括企业公共关系策划的五大要素。

(一)企业公共关系策划者

企业公共关系策划是企业公共关系活动最为重要的一个环节,它是由高层次的公共关系人员来完成的。人们通常把企业公共关系人员分为三个层次:一是具体操作者,其主要任务是做好礼仪接待工作;二是企业指挥者,其主要任务是沟通内外信息,协调各种关系,塑造企业良好形象;三是公共关系专家顾问,他们是企业公共关系的主要策划者。顾问既可以由企业管理者担任,又可以请专门的公共关系公司负责,其主要的任务是充当企业的智囊和参谋,为企业达成既定目标、解决重大的难题进行成功的策划,设计高水平的公共关系策划方案。

(二)企业公共关系策划对象

这是策划的客体,是根据现实的公共关系目标,或所解决的公共关系问题而确定的传播沟通对象。它既可以是公共关系策划所要针对的某一企业,又可以是需要更深入地了解策划主体即企业有关信息的一般公众。只有抓住了公众,才能体现公共关系的价值。

(三)企业公共关系策划环境

企业公共关系的策划是在一定的环境内进行的。企业公共关系的策划环境既包括对策划有利的条件,也包括对策划不利的条件。在进行企业公共关系策划之前,企业必须弄清楚自己所处的具体境况,这是企业公共关系策划的出发点和依据。只有进行周密的境况审视,才能发现有利于公共关系策划的条件并加以利用,发现问题并加以及时的关注和解决,从而顺利地进行公共关系策划。

(四)企业公共关系信息

企业公共关系调查的目的是获取企业公共关系信息。企业公共关系信息是指一切与公共关系活动有关的,通过文字、数据、信号、图像或声音等形式表现出来的,可以传播、传递、复制和处理的对象。企业公共关系策划通过对信息的收集、传输、加工,把信息作为企业公共关系策划的原材料加以应用。企业公共关系信息必须是准确、及时、全面、可靠的,其中及时最为重要。

(五)企业公共关系策划方法

企业公共关系策划作为一项高难度的专门性工作,有其独特的工作方法。它包括了企业公共关系策划的指导原则、思维方式和具体操作技巧等。

三、企业公共关系策划的基本特征

从企业公共关系策划定义的角度来分析,企业公共关系策划具有以下特征:

(一)目的性

企业公共关系策划工作有着明确的目的性。一般的公共关系策划工作,其目的在于促使公共关系活动从无序转变为有序，从模糊转变为清晰。具体的公共关系策划工作，其目的视环境、条件和所追求的目标而定。

因此，在进行企业公共关系策划设计时，要着手研究企业应该树立什么样的形象，考虑在企业公共关系活动中应重点解决什么问题及其解决的先后次序。企业公共关系策划设计所确定的目标分总目标和具体目标。总目标是指任何公共关系活动都希望达到的最终目标。一般来说，这个最终目标就是拥有理想的知名度和美誉度的企业形象。实现最终目标不能一蹴而就，而是在一定的时间内，受一定量的人力、物力、财力的限制，因而任何企业只能就某个具体目标进行公共关系策划设计，具体目标逐项实现，才有可能一步步实现总目标。因此策划设计的目的性的体现就是总目标与具体目标的统一。

（二）创新性

企业公共关系策划的思维是一种创造性思维。策划设计往往追求独创性，以新颖的策划设计方案提高企业公共关系活动成功的概率。企业公共关系策划设计既是一门科学，又是一门艺术，而创新正是一切艺术的生命源泉、价值所在。离开了创新，艺术也就失去了魅力，就不能称其为艺术了。

企业公共关系策划依靠公共关系人员的创造性素质，遵循企业公共关系的基本原则，通过辩证的思维过程开拓新的境地，并产生别具一格、标新立异的结果。创新性是企业公共关系策划的生命力，它集知识、智慧、谋划、新奇于一身，不断放射出耀眼的光芒，而使之备受青睐，成为当今企业谋求发展的一大法宝。

（三）计划性

计划性即按照企业的公共关系目标，根据企业公共关系活动的特点，有计划、分步骤地实施企业公共关系策划，使公众的观点与行为朝着对企业有利的方向发展。“凡事预则立，不预则废”。由于现代社会是个瞬息万变、错综复杂的社会，一个企业的政策在实施的开始都会受到各种主客观条件的限制，要想顺利地实现企业目标，就必须有一整套经过周密运筹制订的系统性计划。如果说，策划中的“策”体现在创新性上，那么“划”自然就是计划性了。

（四）思想性

企业公共关系策划过程是一种思维过程，它由受到思想特质支配的人脑制约，并通过策划者对社会环境、企业的条件和策划目标的分析来完成。

思维方式是人类运用思维规律、思维方法进行思维活动的综合表现形式，是人类进行思维的具体模式。思维方式不是固定不变的，它是历史的产物，随着人类社会物质生产活动和精神生产活动的变化而不断变化，随着科学技术的进步、社会生产方式的变革而变革。不同的文化背景出现不同的思维方式，不同的思维方式产生不同的谋略策划。

（五）针对性

企业公共关系策划没有一个统一的、一成不变的模式。它受制于企业所处的外部环境、自身条件和公共关系状态以及策划者本身的创造性思维方式，通过设计企业公共关系方案，并运用各种公共关系手段，有效地开展公共关系活动，以期实现公共关系目标。不同的企业需要策划不同的公共关系方案；同一企业在不同的外部环境条件下，需要策划不同的公共关系方案；同一个外部环境，不同的企业，需要策划不同的公共关系方案。这说明企业公共关系策划工作一定要有针对性。

(六)调适性

进行策划设计时,应考虑条件的变化,适时适度地调整企业公共关系策略,必要时还需要调整企业公共关系目标。由于公共关系活动是一项复杂的综合性活动,它的成功与否受诸多外界条件的影响,这就要求策划设计者时时关注条件变化对实现公共关系目标的影响,使策划设计方案具有一定的灵活性,以随时根据条件的变化进行灵活的调整。

企业公共关系策划方案应该有一定的弹性,以便随着环境的变化和方案的实施而进行有针对性的调整。这种调整应围绕着企业公共关系策划的目标,适应市场经济发展的大潮,考虑企业公共关系策划方案实施的环境、目标公众的需求动机和心理承受力来进行。调整后的企业公共关系方案应更有可行性和创新性,调整的内容包括:范围的调整,即通过方案在其实施过程中所涉及的范围的扩大和缩小来进行调适;程序的调整,即通过方案在其实施过程中程序的复杂度来进行调适;手段的调整,即通过方案在其实施过程中采取的不同手段来进行调适;目标的调整,即通过方案在其实施过程中发现的与原有目标的符合性而进行的调整。

四、企业公共关系策划应遵循的原则

企业公共关系策划是企业公共关系战略的关键环节,它需要理性的思考和艺术的提升,同时,它还必须遵循一些基本原则。这些基本原则绝非出自公共关系专家的"概念方程式",而是源于大量的公共关系实践活动的经验和总结。

(一)价值导向原则

价值导向原则是企业公共关系策划的基本原则。价值导向原则的具体含义是指,企业的公共关系策划必须以企业明确的价值观念为导向,而不能无视或偏离企业的价值观念,否则,公共关系策划就会失去其"灵魂",乃至损害企业的形象。

企业的价值导向也被称为企业的经营理念,它是企业对"顾客—职工—企业"三角连锁关系的一种价值陈述,是企业进行"社会定位"的结果。一个企业所倡导或推崇的价值观念,如"顾客至上""以人为本"等,实际上是企业形象的理念要素。企业形象的行为要素和视觉要素必须以理念要素为依托,这是企业形象得到公众有效认同的基础。企业形象只有同企业的价值追求相吻合,亦即表里如一、内外相称,才能获得公众的理解与好感。例如,麦当劳把"最清洁的快餐"作为企业的价值追求或理念要素,该企业在策划或设计企业形象时,就时刻以这一追求和要素为基点。从形象战略的高度出发,它要求前柜员工必须穿戴整洁,且必须由手脚利索的20岁上下的青年人担任,借以体现麦当劳快餐的"快"节奏与活泼的个性;企业对顾客的就餐环境也有特殊的要求,对选料、制作的工艺要求都体现着"最清洁的快餐"这一价值追求。

遵循价值导向的原则,就要求公共关系从业人员在进行公共关系策划的过程中,首先必须对企业的经营理念进行确认,亦即理念识别。这包括明确企业的价值追求是什么,是如何表达的,然后才能进行行为识别、视觉识别、传播设计。企业公共关系策划的每一个环节、每一个要素、每一个步骤,都要充分体现企业的价值追求,具有明确的理念内涵。从企业公共关系策划的过程来看,收集信息、检索情报是为公共关系策划寻求"事实前提";确认价值、辨析理念,则是为企业公共关系策划提供"价值前提"。对企业公共关系策划来说,无论是事实前提还是价值前提,都是不可缺少的。事实前提不足,会使企业公共关系策划丧失科学的依据和客观的基础;价值前提有误,企业公共关系策划就可能背离宗旨,误入歧途。从这种意义上说,评价企业公共关系策划是否可行的价值标准,就是看这种策划是否体现了企业的价值追求,包含了企业的理念要素。

遵循价值导向原则,更具体地说就是要时刻以目标公众的利益为导向。因为任何一个企业,无论是营利性企业,还是非营利性企业,其生存的主要依据就是社会的需要或公众的需要,背离了社会的要求、无视公众利益的企业,在现代化社会中是无法找到自己的生存领地和生存空间的。

随着社会的不断发展,以争夺消费者为核心的企业之间的竞争日趋激烈。消费者是否喜爱企业、信赖企业、认同企业,是否购买企业的产品与服务,完全取决于企业能否充分地满足消费者的不同需要,时刻维护消费者或其他社会公众的利益。竞争的要求,迫使企业必须做出抉择,要么毁灭,要么生存,而毁灭与生存的界限恰恰在于企业的自我选择,即是以公众利益为导向,还是无视公众利益。选择前者就能获得充分的生存权利;以后者为支撑,就只能走向毁灭。所以,以公众利益为导向,是企业为了自身生存所必须确定的价值观念,也是企业的一切行为,包括公共关系策划行为所必须遵循的最终价值准则。

(二)真实性原则

真实性原则就是科学性原则或客观性原则。它包括两个方面的含义:其一,在进行企业公共关系策划时,必须尽可能全面地收集各类信息,客观地整理、分析各种信息;其二,策划程序和步骤必须符合科学的规则与逻辑。

在企业公共关系策划中,光有信息资料是不够的,还需要对信息资料进行客观的分析和科学的评估。分析和评估信息资料,必须进行科学判断和推理,而不能仅凭主观感受,否则就不能做到公正、客观,其结论的正确性也就值得怀疑。

遵循真实性原则,还要求企业公共关系策划人员恪守科学的原则和程序。只有使企业公共关系策划体现科学精神,才能保证其客观性和真实性。企业公共关系策划活动是一种科学的创造性思维活动,它有其自身的规律和逻辑程序。只有掌握这些规律,遵循这些程序,并在策划过程中得心应手地加以应用,才能真正使策划科学与合理。

(三)新奇性原则

企业公共关系策划是一种创造性活动,而不是一种重复性的机械劳动,它与因循守旧、墨守成规、不思进取的行为是格格不入的。它推崇的是标新立异、独辟蹊径、大胆创新、奇中取胜,这就是新奇性原则。

塑造企业形象,维护企业形象,提升企业形象,是现代公共关系活动的重要职责。所以,有人把企业公共关系称为“塑造企业形象的艺术”或“企业形象系统设计理论”。但企业形象是否优良,评价的主体并非企业本身,而是其目标公众。目标公众对企业形象的认同是一个心理反应的过程。从感受性认知到理智性认同,其间的变化一方面受制于信息的刺激程度,另一方面取决于信息刺激的形式。例如,一个喜好面食的人,如果每餐都吃同一种样式的面条,长此以往,他可能会由喜好面食转为厌恶面食。企业公共关系策划的效果是要由公众的感受和行为反应来检验的,而公众感受的丰富性和行为反应的多变性,必然要求企业在传播设计时,针对不同目标公众的认知水平、感受水平,确定不同的信息刺激程度和形式,而不能用简单的单一形式来进行信息传播,否则就会使信息刺激逐渐失去其应有的效果。我们强调企业公共关系策划要遵循新奇性原则的客观依据也正在于此。

新奇性原则的关键在于企业公共关系策划要新颖别致,其创意要独具匠心、奇妙绝伦。新奇性原则要求做到:①新颖。企业公共关系策划要刻意求新,善于策划出有别于其他公共关系活动的新方案。要求思路新、题材新、内容新、形式新。②奇异。企业公共关系策划要善于策划出与平常不同的公共关系活动。这就要求敢于打破常规,策划出各种奇谋异计。角度选择得巧妙,时机把握得准确,对形势的运用恰到好处,方式方法奇妙,就能使企业公共关系活动的效果出人意料。③独特。企业公共关系策划要善于策划出与众不同的公共关系活动。要求策划者匠心独运,设计出有明显个性特征的企业理念、行为规范和视觉标识,突出企业的经营特色,塑造个性鲜明的企业形象。

(四)灵活性原则

企业公共关系策划是建立在对现有信息的收集、分析基础上的。它对信息的分析及情境发展趋势的预测,受策划者的经验、知识和认知方式的影响,因而具有不可避免的局限性。同时,外部环境的变化总是使人们对这种变化的感知处于被动地位,这就要求在进行企业公共关系策划时,必须遵循灵活性原则,即应使所选定的企业公共关系方案具有充分的回旋余地,并尽量在方案中考虑到各种未知的或不确定的因素,对各种可能出现的新问题、新情况、新动向,要制定具体的应对措施和应变手段,从而使企业公共关系策划既周密可行,又灵活主动。如企业周年纪念要借助名人效应来扩大影响,设计方案时就要考虑所邀请的名人的具体名单,与名人联系的方法,接送名人的交通工具,名人届时生病或有其他原因不能出席的处理方法,交通工具出现故障的解决方法,名人出席后若有对企业形象不利的言行时怎么处理等方方面面的情况。只有通盘考虑可能出现的各种情况,才能使制订出来的企业公共关系活动计划具有较强的灵活应变性。

灵活性原则主要体现在以下两个方面:①策划方案要保持一定的弹性。策划方案弹性的具体表现是企业公共关系策划的定量指标和定性指标相结合。企业公共关系策划的目标、实施活动所需的经费预算、开展活动所需的时间,既要确定明确的指标,又允许有一定的调整范围。这样就提高了企业公共关系策划的可操作性和应变性。②企业公共关系策划要灵活运用相关的理论和依据。进行公共关系策划要以有关的科学理论作指导,在操作时要根据实际情况灵活运用,不能犯本本主义或者教条主义的错误。

五、企业公共关系策划的程序

企业的公共关系工作是针对企业的公共关系状况进行的。时期不同,企业的公共关系状况不同,企业公共关系工作的内容和方式也就有所不同。通常将企业公共关系活动的程序分为调查研究、谋划对策、实施方案、效果评估四个步骤。

(一)调查研究

对于一个企业来说,如果其在社会公众心目中的信誉良好,比如生产的产品物美价廉,提供的服务热情周到,它便能赢得更多的顾客,占领更加广阔的市场,实现更大的收益。长此以往,这个企业在社会公众当中的知名度和美誉度就会越来越高,其企业形象也会越来越好。相反,如果企业不守信誉,产品质量低劣,服务态度不好,其在社会公众中的形象自然不好,在市场竞争中必然处于不利的地位。

那么,作为一个企业,怎样才能了解自己在社会公众心目中的真实形象,即自身的公共关系状况如何呢?这就需要企业的公共关系工作人员进行针对社会公众的调查。

1.调查研究是企业公共关系活动的先导

企业公共关系调查研究是指企业公共关系工作人员运用科学的方法，有步骤地考察、了解、分析、研究企业的公共关系状态，以搜集信息、发现问题、掌握情况为目的的一种公共关系实践活动。

调查研究是企业公共关系工作程序中的第一个步骤。其目的就是了解和掌握企业的公共关系状况，即了解那些受到企业的行为和政策影响的公众的认知、观点、态度和行为，同时结合企业内部的各种环境因素、人员因素、经济因素，分析出企业目前面临的问题，然后据此设计企业的新的形象，为企业的公共关系工作指明方向、确立目标。

作为企业公共关系工作的第一个步骤，调查研究是其他各个步骤的先导和基础。没有这个步骤，其他步骤的工作根本就无从谈起，不做好这个步骤的工作，其他步骤的工作也就难以做好。因为只有弄清楚企业公共关系的现状以及企业所面临的公共关系方面的问题，一个企业才有可能制订出有针对性的公共关系计划，才能找到实现企业公共关系目标的最佳途径和方法，以及客观、准确地评估整个活动的效果。

2.企业公共关系调查研究的基本内容

一般来说，企业公共关系调查研究工作都必须从三个方面进行：一是调查企业的自我期望形象；二是调查企业的实际社会形象；三是比较分析这两种形象之间的差距。只有围绕这三个方面的内容进行调查与分析，才能找出企业自我期望形象与实际社会形象之间存在的差距，以及其他方面的问题，从而为下一步确立公共关系的目标打下基础。

(1)调查企业的自我期望形象。企业的自我期望形象即一个企业自己所期望建立的社会形象。对这个问题的调查和研究应当从下列三个方面进行：

①领导层对企业形象的期望。一个企业的领导层对本企业形象的期望，往往代表了这个企业整体对自身社会形象的期望，它对于这个企业的社会形象的选择和建立具有决定性的意义。因此，调查一个企业的自我期望形象，首先必须调查企业的领导层对企业形象的期望。企业的领导层作为整个企业的决策者和领导者，决定和掌握着一个企业发展的总目标、战略、方向、重大的工作项目等。他们对于企业形象的期望，就包含和掺杂在他们所决定和掌握的这些内容之中，而并非是独立或游离于这些内容之外的。一般来说，在企业形象的问题上，如企业的知名度和美誉度应该达到什么指标，企业的领导一般不太可能有非常明确、具体的构想。因此，关于企业的领导层对企业形象的期望情况，不是靠简单地询问一下领导层的成员就能获知的，而是必须要通过详尽研究企业发展的总目标，发展的战略、方向，重大的工作项目和重要政策，经营管理手段，并结合领导层成员大量的日常言行等，才能做出比较准确的测定。

②员工对企业形象的期望。员工是任何企业赖以生存的活的细胞。一个企业的目标和政策必须得到本企业内部广大干部、职工的认同和支持，才能有效地转化为实际的行动。换言之，员工的态度和行为对于企业的目标和策略的实现是具有决定性意义的。因而，对于企业的自我期望形象的调查，不仅要调查一个企业的领导层对企业形象的期望，还应当调查企业的员工对企业形象的期望。员工对企业形象的期望，主要表现在他们对本企业的行为和一些政策的观点、态度和行为上。所以，员工对本企业形象的期望情况，只有通过详细地调查和研究员工对本企业的评价、要求、批评、建议，员工的归属感、自豪感，以及他们在自己的工作上的表现情况，才能了解和掌握。

③企业的实际状况和基本条件。公共关系工作人员了解和掌握了企业的领导层和广大员工对本企业的社会形象的期望情况，就基本上弄清楚了这个企业的自我期望形象。但是，公共关系工作人员不能满足于此，还必须根据本企业的实际状况和基本条件，对这个“自我期望形象”进行审定，使之既能有力地鞭策企业的全体人员，又能较为顺利地真正树立起来。这就要求企业公共关系工作人员对企业的实际状况和基本条件进行调查和研究，完整地掌握本企业在各个方面的基本资料，包括生产状况、财务状况、技术开发状况、市场营销状况、企业人事状况等。

(2)调查企业的实际社会形象。反映企业的实际社会形象的一面镜子就是社会公众对企业的评价。调查企业的实际社会形象，就是调查企业在其公众中的知名度和美誉度，或者说，就是调查该企业的公众对企业的知晓、态度和行为情况。

①调查企业的公众对企业的知晓情况。调查公众对企业的知晓情况就是调查公众对本企业的有关情况的了解现状，包括知道的范围、程度及其原因等。如企业希望公众知道它的社会地位、经营理念等，那么，在公众当中究竟有多少人知道？知道的程度如何？还有多少人不知道？这些人为什么不知道？这些就是需要调查的企业的公众知晓情况。

②调查企业的公众对企业的态度情况。调查企业公众的态度情况就是调查公众对企业的政策和行为的看法和意见等。这种调查比公众知晓情况的调查要复杂一些，难度也要大一些。企业的公共关系工作人员应当列出与企业的政策、行为有关的具体事项，比如经营理念、办事效率、服务态度、业务水平、产品质量等，并列出公众对于所列举的事项可能有的态度类型，比如很满意、比较满意、一般、不够满意、很不满意等，以征询公众的意见，了解和掌握公众对企业的具体评价。

③调查企业的公众对企业的行为情况。调查企业公众的行为情况就是调查公众对于企业的具体政策、行为等准备或正在采取的行动情况。如哪些公众准备或正在予以合作和支持？哪些公众准备或正在进行抵制、反对等行为？这些人为什么要这样做？他们的行为将会或已经对企业产生什么样的影响？其影响的程度和范围怎样等？这些都是公众行为情况调查的内容。

(3)比较分析两种形象之间的差距。通过前面的调查，知道企业的自我期望形象以及企业的实际社会形象之后，接下来的工作就是要进行两者之间的比较分析。要找出两者之间的具体差距，然后弥补或缩小这些差距，这就是企业所面临的并必须加以解决的问题，也就是企业公共关系工作的目标所在。例如，某家房地产开发中心通过调查发现，它在社会公众中的知名度已基本达到企业本身所期望达到的目标，但其在公众中的美誉度远远没有达到自身所期望达到的水平，公众对它的经营理念、服务态度、业务水平、社会效益等方面的评价，与它本身对这些方面的期望存在一定的差距。那么，这家房地产开发中心所面临的问题就是如何提高企业的美誉度的问题，而不是要提高知名度的问题。它今后一个时期的公共关系工作的目标也就是提高美誉度，而不是提高知名度。

3.企业公共关系调查研究的常用方法

企业公共关系的调查方法是指用以保证企业公共关系调查目的顺利实现的途径、方式、手段、措施等。企业公共关系调查方法对于企业公共关系调查任务的顺利完成具有极其重要的作用，主要有观察调查法、询访调查法、问卷调查法、检索调查法、量表测量法等几种主要类型。

(1)观察调查法。观察调查法又叫实地调查法,是指调查人员亲临现场通过仔细察看来获取信息的调查方法。实地观察可采用多种方式。观察者可参与被观察者的活动进行观察,也可以以旁观者的身份观察;可以在自然状态下观察,也可以在人为制造的场景下观察等。以上方法各有利弊,在观察对象没有任何觉察的情况下进行比较合适,因为这样能搜集到比较真实客观的信息。实际工作中,往往综合运用各种方法,可以更快速、准确地搜集到信息。观察调查法只能了解被观察对象的行为,而对于被观察对象的动机、需要、态度、打算等心理活动则了解得不够深入。

(2)询访调查法。询访调查法是指调查人员通过提问请对方作答来获取信息的调查方法。询访调查法按照其所采用的方式或手段可分为面谈询访、电话询访、书面询访、电子邮件询访等。还可以按照其有无确定格式和是否公开意图分为格式确定意图公开、格式确定意图不公开、格式不确定意图公开、格式不确定意图不公开四种。此外,还可以根据接受访谈人数的多少分为个体询访和集体询访。

(3)问卷调查法。问卷调查法是指由调查人员向对方提供问卷,并请其对提出的问题做出回答,从而获取信息的调查方法。问卷一般是一份经过精心设计的问题表格,其主体是问题和答案。问卷调查法的优点是可以节省人力、物力、财力,得到的信息资料便于量化处理,可以避免调查人员的主观偏见,减少人为误差等;其缺点是回收率难以保证,问卷设计的全面性难以把握,且被调查者必须具有一定的文化程度,否则难以作答等。

(4)检索调查法。检索调查法是指从已经储存的信息资料中选择并索取有关信息的调查方法。这里所讲的"检索",包括对印刷信息和电子信息的检索,从一定意义上讲,还应该包括对自己头脑中的记忆信息的检索。印刷信息检索主要通过查阅相关文献的目录、索引、文摘和年鉴、手册、百科全书等来进行,是现阶段应用检索调查搜集信息的主要方式。电子信息检索是通过计算机终端从其信息库中查找已经存储的相关资料。检索调查法具有简单、快速、节省费用、不受时空限制等优点,尤其适用于对历史资料和远程区域信息资料的搜集。检索调查法既可以作为独立的调查方法运用,又可以作为实地调查法的补充。

(5)量表测量法。量表测量法是指公共关系调查者根据一定的调查目的和调查任务,借测量量表对调查对象的主观态度和潜在特征进行测量,以搜集公共关系信息资料的公共关系调查方法。量表能较精确地调查公众的主观态度和潜在特征,它由一组精心设计的问题构成,用以间接测量人们对某一事物的态度、观念和某一方面的潜在特征。此方法在国外比较成熟,相对来讲国内应用得还不是很广泛。

4.企业公共关系调查研究的一般过程

企业公共关系调查研究是按照时间先后依次安排和进行的,作为一种实践性的活动与操作过程,它具有明显的阶段性。将其全过程划分为不同的阶段有利于调查研究活动的程序化、规范化和科学化。

企业公共关系调查研究的全过程可以划分为以下五个阶段:

(1)调查准备阶段。调查准备阶段是企业公共关系调查的起始阶段和基础环节。开展企业公共关系活动所需信息的多寡在很大程度上取决于准备工作的充分与否。该阶段工作主要包括以下三项:

①确定调查任务。企业公共关系活动所需的信息可能千头万绪,与此相对应,调查的内容也就可能十分广泛。但是任何一次企业公共关系活动都有具体目标、具体对象、具体要求

和规定,因此调查的内容切忌包罗万象。也就是说,应该根据开展企业公共关系活动的目标、对象、要求和规定确定调查内容,然后根据调查内容确定调查任务,有的放矢。

②制订调查方案。综合考虑调查研究的目的、目标公众、准备采取的方式、调查内容、调查场所、调查时间及进度、经费开支、人员配备及培训等诸多方面的因素,设计并制订可行的调查方案。

③做好物质准备。相应的物质准备主要涉及调查人员、经费、设备器材三个方面,必须保证调查人员的数量和质量,保证经费支出,保证调查活动所需器材。

(2)搜集资料阶段。搜集资料阶段就是具体的调查阶段,是企业公共关系调查过程的核心阶段。搜集资料的主要工作就是按照公共关系调查方案的要求,深入调查现场,接触目标公众,采取相应的调查方法搜集相关资料。需要特别指出的是,现场实际调查需要得到被调查者及相关企业或者人员的支持与配合,故而调查人员必须处理好各种关系,争取相关人员的支持配合。在现场搜集资料的过程中,必须注意恰当合理地应用调查的策略技巧和技术手段,因为这将直接影响所搜集资料的数量和质量。

(3)整理分析阶段。整理分析阶段是运用科学的方法对搜集到的各种资料进行去伪存真、去粗取精并加以归类、排列的信息处理过程。通过对搜集的资料进行整理分析,实现由此及彼、由表及里、由感性认识上升为理性认识的飞跃。简单来讲,该阶段的主要任务就是对搜集的资料进行有针对性的整理,再加工后形成调查的认识,并提出解决问题的对策。

(4)形成结果阶段。对调查资料进行整理分析后,一般应该形成书面形式的调查结果,也就是形成一份完整的公共关系调查报告,即用以反映通过公共关系调查所获得的主要信息成果或初步认识成果的书面报告。调查报告应该集中反映调查过程中所获得的信息成果和认识成果,以便于企业的领导人员或决策人员参考,也便于将调查成果应用于公共关系活动中。对于调查报告,需要确保内容的客观性和真实性、体例的系统性和完整性以及表述的准确性和通俗性,以体现调查在公共关系活动中的重要地位和巨大作用。

(5)总结评估阶段。调查报告形成以后应该对整个调查过程和调查结果进行总结评估,以便有关人员更清楚地了解调查的完成情况以及准确地掌握调查取得的成果,同时还可以总结经验教训,为以后的调查活动提供参考与借鉴。所以说,总结评估也应该是公共关系调查研究的一个必不可少的重要步骤。

(二)谋划对策

谋划对策,在企业公共关系的工作程序中通常被称为企业公共关系策划,是指企业公共关系策划者为实现企业的公共关系目标,对企业公共关系活动的性质、内容、形式和行动方案进行谋划与设计的思维过程,它是公共关系实务工作中极其重要的一个环节。企业公共关系策划一般包括以下八个方面的要素:

1.公共关系活动的目标

公共关系活动的目标,即公共关系工作人员经过努力要达到的目的以及衡量这一目的是否达到的具体指标。

在确定公共关系目标时要注意:

第一,分目标必须服从总目标,也就是说公共关系策划所确定的目标必须符合企业运行的整体目标。

第二,目标必须有客观依据,必须针对企业面临的具体问题。

第三，目标必须具有明确性，目标含义确切单一、具体清晰而非模棱两可。

第四，目标必须具有可行性，确定的目标应该符合实际，经过努力能够实现。

第五，目标必须具有可控性，确定的目标应该留有余地，具有一定的伸缩性，在出现预想不到的情况变化时可以采取应变措施来实现目标。

企业的公共关系目标，按其作用可以分为四类：

第一，传播信息。这是最基本的公共关系目标，即企业致力于就形象信息、服务信息、产品信息及其他信息与社会公众进行沟通。

第二，增进感情。增进与公众的感情，赢得公众的好感，是企业公共关系活动的长期任务，也是可在短期内达到的目标。

第三，转变态度。在一定时期内，开展公共关系活动是为了转变公众对企业整体形象的某一方面的看法和态度。公众的什么态度需要改变，应以调查所得的资料为依据。

第四，引起行为。公共关系活动的最终目的是在取得公众理解和支持的基础上，促使公众产生某种企业所期望的行为。

2. 确定公众

企业的公共关系活动目标的差异性，决定了公共关系活动对象的区别性。在公共关系策划过程中，我们必须要在企业的广大公众中，根据实现目标的需要，去认定哪些是该项公共关系活动必须关注、交流和影响的目标公众。

确定目标公众的方法一般为：

第一，以活动目标来划定公众范围。这种划分主要强调的是目标公众与活动之间的关联性。

第二，以重要性确定目标公众。在公共关系实践活动中，有时组织将有关公众按与企业关系的密切程度、影响的大小程度、相关事件的急缓程度等因素进行排队，选出最为重要的部分作为目标公众。这种划分主要强调的是重要性。

第三，以影响度确定目标公众。例如，当企业出现形象危机时，目标公众应指企业的逆意公众和行动公众，以防危机的扩散和加剧。这种划分主要强调的是影响度。

不同的企业在每次公共关系活动中对于将谁确定为目标公众很难有统一的标准，基本的原则便是考虑活动目标、重要性和影响度三个方面的因素，由企业自己去灵活决定。

3. 拟定主题

主题是指公共关系活动中联结所有项目、统帅整个活动的思想纽带和思想核心。提炼公共关系活动的主题，是公共关系策划过程中一个极其重要的环节，就好比确定一部大型交响乐曲的主旋律一样。

能否提炼出鲜明突出的公共关系活动主题，主题能否吸引公众、抓住公众的心，可以说是公共关系策划成败的一个重要标志。因而反复揣摩、推敲、提炼，直至最后拟定，对于公共关系策划者来说，都是必要和值得的。

拟定主题，需要有创意，但不能为此故弄玄虚，故作高深。提炼和拟定主题应当注意以下几点：

(1)目标的一致性。拟定主题是为了更好地凸显公共关系的目标，主题必须与公共关系活动的目标保持一致，主题必须服务于目标。偏离目标的主题，会给公众造成错觉，甚至误导公众，因此策划者一定要慎重。

(2)主题的实效性。好的主题不在于辞藻的华丽、技巧的娴熟，而在于产生的实效。主题的实效一是表现在合乎公共关系活动的客观实际，不能话说得好听但实际做不到；二是要能真正打开公众的心扉，切中公众的心愿；三是要考虑社会效果，一味地哗众取宠、迎合低级趣味的主题是要不得的。

(3)主题的客观性。公共关系活动的主题要展示公共关系精神，体现时代气息，而不可商业气十足，也不宜宣传味太浓。总之，主观性不要太强，以免招来公众的反感。

(4)主题的新颖独特性。在传播技术长足发展、各种信息扑面而来的当今社会，没有个性的信息如同过眼云烟，不会给人留下深刻的印象。只有通过主题将策划对象的信息个性化地体现出来，使其新颖独特，才能产生强烈的感召力和巨大的影响力。

(5)主题的通俗简练性。心理学的研究表明，人们对语言的记忆，其音节在16个以下的能取得最佳效果，超过16个音节便容易产生排斥心理。因此，主题的表述必须通俗易懂、简短凝练，以期为公众所理解和接受。

4.选择时机

时机，简而言之，就是时间的变化所带来的机会。从传播学的角度而言，时间是影响传播效果的重要因素之一。能否捕捉到并抓住有利时机，已成为衡量企业公共关系策划水准的重要标志之一。

时机的选择和捕捉有两层意思：一是自身时机，主要有企业的开张典礼、周年纪念、取得重大成果、召开重大会议、推出新产品或新的服务项目、出现失误或被公众误解之时等，这些都是极其有利的时机；二是社会时机，即社会所创造的重大机遇，若能抓住这种机遇，对企业的生存和发展都具有重大影响。

时机具有不可逆转性，企业公共关系策划必须抓住不可复得的机会，迅速果断地采取对策。选择时机时应当注意以下几点：

第一，尽量选择那些能够引起目标公众关注，又具有潜在新闻价值的时机。

第二，要善于利用节日去做可借助节日来传播企业信息的项目；但同时还要学会避开节日，与节日毫无关系的活动项目不但不能借节日之势，反而会被节日的气氛冲淡效果。

第三，要尽量避开或利用国内外的重大事件。因为此时公众关注的焦点是那些重大事件，企业的活动项目效果弄不好会适得其反。但国内外的重大事件发生之时，又是企业借势之机，关键看是否能够借题发挥。

第四，重大的公共关系活动不要同时开展两项以上，以免分散人们的注意力，削弱和抵消自身应有的效果。

5.选择媒介

媒介，即企业公共关系信息传播的载体。企业公共关系工作对象的复杂性、企业公共关系传播内容的广泛性和传播形式的多样性，都决定了企业公共关系传播媒介的包容性。也就是说，只要用心设计，所有的媒介都会成为企业公共关系传播的媒介，关键是看企业公共关系工作人员是否善于利用。

要达到预期的传播效果，企业公共关系策划者必须熟悉各种媒介，了解各种媒介各自的优缺点，善于通过巧妙组合的方式形成优势互补、交相辉映的整合性传播效果。常见的传播媒介有以下几种：

(1)人际传播媒介。它是指人与人之间相互交换社会信息的方式，主要包括个人之间的面对面交谈、书信来往、电话联系等。

(2)群体传播媒介。它是指企业之间交流信息的方式，包括各种座谈会、新闻发布会、联谊会以及一般性的会议等。

(3)大众传播媒介。它是指大众借助各种传媒了解信息的方式，主要包括报纸、杂志、电台、电视台、各种展览会及宣传材料等，还包括网络媒介。网络也是一种大众媒介，即利用网页和电子邮件传递信息，或称作第四媒介。每一种传播媒介都有自己的长处和短处，只有选择最恰当的媒介，才能与公众进行顺利的沟通。

在选择传播媒介时应注意以下原则：

第一，适应对象原则。这里考虑的关键是企业公共关系信息的接收者能否有效地获取企业的信息。此时应当考虑以下一些问题：此次活动的信息接收者是谁？他们习惯于接收哪种或哪些媒体传达的信息？他们对什么形式和内容的信息感兴趣？他们对各种信息的理解能力如何？他们接收信息的条件如何？等等。

第二，区别内容原则。企业公共关系传播的内容千差万别，形式也多种多样，因而对媒介的选择也要求多样化。内容简单而又容易理解的事实可以选择广播、电视；内容比较复杂、需要经过反复思考才能完全明白的道理或技术性较强的应选择印刷品传播等。

第三，合乎经济原则。公共关系传播需要一定的经济投入和其他资源的投入，故而企业在选择媒介时应当首先考虑自己的实力，只要能达到预期的目标，在考虑媒介时应尽力以节省经费支出为出发点，不可一味地贪大。

第四，考虑条件原则。在我国现阶段的发展过程中，经济和科技的发展水平还不平衡，媒介分布和发展的程度，尤其是大众传媒发展的水平极不平衡，故而在选择媒介时必须考虑并且研究当地现有的各种条件，一切脱离实际情况的选择都等于空谈。

6.编制预算

无论是出于何种目的而开展的企业公共关系活动都应该考虑投入与收益的关系，企业公共关系策划的方案必须建立在一定的物质条件基础上才可能成为现实。所以，编制预算成为企业公共关系策划活动必须重视的一个环节。

编制预算的意义在于保证方案的切实可行，并妥善安排轻重缓急，为评估提供依据。经费预算项目可以分为行政开支和项目开支两大类。行政开支由劳动成本费用、日常行政费用和设施材料费用构成，项目开支由已经进行的项目费用、计划进行的项目费用和预测可能需要进行的项目费用等三部分构成。

预算活动经费的方法主要有：

(1)固定比率法。按照一定时期内经营业务量的大小确定预算经费总额。经营业务量可以按照销售额计算，也可按利润额计算，企业自行决定从中抽取一定百分比作为公共关系经费。

(2)投资报酬法。把企业公共关系活动的开支当作一般投资看待，即以相同数量的资金投入获得效益的大小作为依据。

(3)量入为出法。以企业的经济实力和财务支出情况为依据，根据财力允许支出的金额确定公共关系活动经费总额。

(4)目标先导法。先制定出公共关系活动所期望达到的目标，然后将实现这一目标所需的各项费用详细计算出来，从而计算出整个活动所需的经费总额。

7.审定方案

审定方案就是对公共关系策划进行再一次的分析,即方案优化过程,也就是提高方案合理值的过程。其主要目的是看有没有其他的方案既可以达到同样的目标,又可以更加省力、省时、省钱。这一点也是非常重要的,因为我们遇到的多数问题都不会只有一种解决办法,很可能同时有几种不同的方法可以采用,因此需要进行更进一步的分析。

在审定方案的过程中主要考虑以下一些因素:

第一,对企业公共关系活动的目标进行再分析,看该企业公共关系目标是否明确,以及最终可能实现的程度如何。

第二,对限制因素(如资金、时间、人力资源、传播渠道等)进行再分析,看该公共关系活动的策划在当前的主客观条件下是否可行。

第三,对一些潜在的问题进行分析,即预测公共关系活动的计划在实施时可能发生的潜在问题和障碍,分析预防和补救的可能性。

第四,对预期的结果进行分析,判断该计划是否可以付诸实施。

8.撰写计划书

撰写计划书是将策划过程及其结果等与策划相关的主要内容经过整理加工并转化为书面形式,形成反映最终策划成果的书面文件。

撰写计划书是为了将策划的各个工作环节和形成的初始文件进行整理加工,使之系统化、规范化、完善化。其过程为:首先,撰写写作大纲,列出各章的标题和要点等;其次,经过检查进行补充调整,使之内容全面、顺序合理、结构完整;再次,对要点进行说明或阐述,使之成为策划方案的初稿;最后,在初稿的基础上加以润色推敲,使之简洁明了、重点突出、文字流畅。

一份规范的计划书应该由封面、摘要、目录、前言、正文和署名等六部分组成。封面应该在合适的位置标明策划项目的名称、策划主体的名称、完成计划书的日期及计划书的编号。摘要应该简明扼要地表述计划书的核心内容,便于决策者了解计划书的精神实质,形成深刻印象。目录部分应该列出计划书正文的章节名称,如有附件也应一并列出。前言是计划书的大纲,包括计划书的宗旨、背景和意义等。正文一般包括标题、主题、目标、综合分析、活动日程、传播方式、经费预算、效果预测等内容。署名是指在计划书最后注明的策划机构的名称或策划人员的姓名以及计划书的完成日期。

企业公共关系策划的计划书具有非常重要的价值,主要体现在:它是策划者思维水准的具体体现;它是公共关系行动的说明书;它是公共关系活动的实施指南;它是评估公共关系活动的依据和标准;它是策划者脑力劳动的结晶,是极富保存价值的备忘录。

(三)实施方案

企业公共关系策划方案的实施也叫作企业公共关系实施,是在企业公共关系计划方案被采纳以后,将方案所确定的内容变为现实的过程。方案的实施过程在企业公共关系活动中是紧接在策划之后的第三个步骤,也是解决公共关系问题、实现公共关系目标的关键环节。

1.采取合适的工作方式

实施企业公共关系方案,要根据不同类型的公众对象、不同类型的企业机构及其发展过程中的不同阶段,分别采取适合的工作方式,才能达到预期的目的。

通常认为比较行之有效的公共关系工作方式有以下几种：

(1)宣传式工作方式。即利用各种传播媒介向企业的内外部公众传播本企业的信息。向内部公众宣传，目的是让他们了解本企业发展的成就与面临的困难，以及正在采取的措施与行动，以取得内部全体公众的理解和支持。向外部公众宣传的目的是让社会公众迅速获得对企业有利的信息，以对本企业形成良好的社会舆论。其特点是主导性和时效性强，有助于提高企业的知名度，扩大企业影响。

(2)交际式工作方式。即不借助于其他媒介，只在人与人之间的交往中开展公共关系活动。通过各种招待会、座谈会、茶话会等人与人的直接接触，为本企业建立广泛的社会关系网络，以提高本企业的社会地位。其特点是富于人情味，具有直接性、灵活性，给人以亲切感。

(3)服务式工作方式。即通过完美的服务，用实际行动来密切企业与公众之间的关系。对于一个企业来说，自我宣传对于树立企业的良好形象固然十分重要，但起决定作用的还是企业的服务水平。只有不断增强服务意识，端正服务态度，丰富服务内容，掌握服务技巧，实行有效的服务，才能赢得公众的好评。其特点是具体、实在，效果显著。

(4)赞助式工作方式。即通过企业的社会性、公益性、赞助性活动，扩大企业的社会影响，提高企业的社会声誉，赢得公众的理解、赞赏和支持，为树立企业的良好社会形象创造条件。其特点是不拘眼前，着眼长远，影响较大，但花费较多，需量力而行。

(5)征询式工作方式。即通过采集信息、舆论调查、民意测验等手段了解民情民意，掌握整个社会的发展趋势，为企业的管理决策提供咨询，使企业目标与方案的实施尽量与公众的利益要求一致。其特点是了解公众，建立畅通的公众反馈渠道，以便调节企业的政策和行为。

由于企业公共关系活动是发展变化的，所以企业公共关系的工作方式不可能有固定不变的模式。企业公共关系工作最忌讳的就是墨守成规，生搬硬套。因此，我们要根据不断变化的客观需要和可能条件来选择和创造最佳的工作方式。

2.实施的原则

企业公共关系的实施是一个复杂而科学的过程，客观上还需要有一套科学的实施原则作指导。企业公共关系实施原则是企业公共关系实施的工作准则，是企业公共关系管理者和操作者在错综复杂的实施环境中，排除各种实际困难，完成企业公共关系的各项工作，实现公共关系目标的成功法则。实施的原则主要有：

(1)目标导向原则。目标导向原则是指在企业公共关系计划实施过程中，保证企业公共关系实施活动不偏离企业公共关系计划目标的实施原则。在计划实施过程中，由于环境的变化，需要对计划做一些调整，但这些调整不能改变原来的目标，否则就要重新制订计划。遵循目标导向原则实际上是加强控制的一种手段，因此，目标导向原则又叫目标控制原则。不同的控制有不同的控制主体、客体和手段。在企业公共关系实施中，目标控制的主体是实施企业公共关系计划的企业，客体是企业面对的公众，手段就是目标本身。

(2)控制进度原则。控制进度原则是指必须按照企业公共关系实施方案中的各项工作内容实施时间进度的要求，随时检查各项工作内容的完成进度，及时发现滞后和超前的情况，做好协调与调度，使各项工作按计划协调、平衡地发展，并确保按时完成。控制进度原则要求做好预测和及时发现各种可能影响工作进度的因素，针对关键原因采取有效的预防和应急措施。

(3)整体协调原则。整体协调原则是指在企业公共关系实施的过程中,要使各项工作内容之间达到和谐、合理、配合、互补和统一的状态。公共关系实施是一项系统工程,各项工作只有相互有机配合才能达到整体最佳的效果。各自为政,相互矛盾,只能增加内耗,严重时必然会导致公共关系实施的失败。总之,整体协调的目的是要形成全体实施人员思想观念上的共同认识和行动上的一致,保证实施活动的同步与和谐,这样才能提高工作效率,减少或杜绝人力、物力或财力的浪费,保证公共关系目标的实现。

(4)反馈调整原则。反馈调整原则是指通过监督机制及时发现企业公共关系实施中的方法偏差甚至错误,并及时进行调整与纠正。由于各种原因的干扰,或由于实施人员的素质问题,不按照既定工作方法实施的情况时有发生;由于策划设计错误,或由于实施环境突然发生变化,导致原来设计的实施方法无法操作,这些都是实施中的严重问题。在公共关系策划方案的实施阶段,这种反馈调整始终不断地进行着,直至方案目标实现。

3.实施障碍的排除

在企业公共关系的实施过程中,还要排除各种可能影响和阻碍公共关系实施的因素所造成的实施障碍。影响公共关系实施的因素是众多而复杂的,但主要有以下两种类型:

(1)实施主体障碍。主要是来自实施企业自身的影响因素,产生这种障碍的主要原因有:①实施人员障碍。要排除来自实施人员的障碍,关键是选择优秀的实施人员并进行严格的培训,建立一套有效的激励机制和约束机制。②目标障碍。在做公共关系目标策划时,一定要征求各方面的意见,形成目标共识;要对目标进行可行性论证,切实确立明确和具体的目标。③创意障碍。要减少创意障碍,关键在于提高企业策划水平,充分利用企业内外的专家,集思广益,应用创造技法。④预算障碍。进行经费预算时,要了解开支标准,反复测算,并留有充分的余地。尽管如此,有时还是会出现超支,对必要的支出追加经费也是应该的。⑤实施方案障碍。公共关系实施方案要由实践经验丰富、管理能力和责任心强的人员来设计,同时要多征求实施者的意见,力求达到科学、适用、有效、节约,才能克服这方面的障碍。

(2)沟通障碍。这是在企业公共关系计划实施过程中企业与公众之间的传播沟通障碍。企业公共关系计划实施的过程实际上是传播沟通的过程。实施过程中的传播沟通并不是一帆风顺的,常见的沟通障碍主要有:①语言障碍。语言是一种极复杂的工具,要准确有效地使用并非易事。常见的语言障碍有语音混淆、语义不明、语法不通、用词不当等。不同国家、不同民族有着不同的文字,会造成文字障碍,公众若为文盲或半文盲,文字也会成为障碍。②习俗障碍。习俗是在一定的文化历史背景下形成的具有固定的调整人际关系作用的社会因素。常见的习俗障碍有违反道德、礼仪、习惯、传统、风俗等。③观念障碍。观念是由一定的经验和知识积淀而成,在一定条件下为人们所接受、信奉并用以指导自己行动的理论和观点。常见的观念障碍有保守观念、封建观念、自私观念、极端观念、片面观念等。④心理障碍。心理障碍是指人的认识、情感、态度等心理因素对沟通过程的障碍。常见的心理障碍有消费心理、交际心理、政治心理、工作心理等。⑤机构障碍。它是指由于企业层次不合理,如机构臃肿或结构松散而造成的信息传递失真或传递速度减慢等问题。

总之,在公共关系工作的实施过程中,只有努力减少和克服以上所提到的种种障碍,才有可能做好公共关系的实施工作,这是公共关系实施过程中要高度重视的环节。

(四)效果评估

效果评估指的是有关专家或机构依据某种科学的标准和方法,对公共关系的整体策划、准备过程、实施过程以及实施效果进行测量、检查、评价和判断的一种活动。其目的是取得关于公共关系工作过程、工作效益和工作效率的信息,作为决定开展公共关系工作、改进公共关系工作和制订公共关系新计划的依据。

1.评估的意义

企业公共关系评估既是企业公共关系活动四个步骤中的最后环节,又是对企业公共关系活动的总体评价和全面总结。评估既是某一项公共关系活动过程的结束,也是下一次公共关系活动的开始。企业公共关系评估的重要意义主要有以下几点:

(1)企业公共关系评估是改进企业公共关系工作的重要环节。评估对一个企业的公共关系工作具有"效果导向"的作用。公共关系的先驱者埃瓦茨·罗特扎恩曾经说过,当最后一次会议已经召开,最后一批宣传品已经散发,最后一项活动已成为历史的记录时,就是你在头脑中将自己和自己所采用的方法重新过滤一遍的时刻,这样你就会清理出经验和教训,供下一次借鉴。"清理出经验和教训,供下一次借鉴",恰恰说明了公共关系评估对改进公共关系工作的重要作用。

(2)企业公共关系评估是开展后续企业公共关系活动的必要前提。从公共关系活动的连续性来看,任何一项新的公共关系活动计划的制订与实施都不能孤立产生和存在,它总是以原来的公共关系活动及其效果为背景的。因此,对前一项公共关系活动的评估,可以为后一项公共关系活动计划的制订与实施提供决策依据、经验和教训。这是公共关系活动连续性的一种表现。

(3)企业公共关系评估是总结成绩、鼓舞斗志的重要形式。公共关系活动计划实施的效果具有不同的表现形式,往往呈现出复杂的局面,既可能涉及公众利益的满足,又可能涉及公众利益的调整。一般来说,企业内部的领导人员和员工很难对公共关系活动的效果有深刻的认识和全面的了解。所以,当一项公共关系活动计划实施之后,由有关人员将该项公共关系活动计划的目标、措施、实施的过程和效果向领导人员和内部员工加以解释和说明,可以使他们认清本企业的利益及其实现途径,从而自觉地将本企业的战略目标与自己的本职工作紧密地联系在一起,并转变为实际行动。

(4)企业公共关系评估可为有关人员提供信息。一项公共关系活动计划的实施涉及计划的制订人员和实施人员,这两方面人员对公共关系计划的实施抱有不同的期望和要求。一般来说,计划的制订人员希望得到计划是否合理,计划实施的程度、范围和效果如何,实施的方法和程序是否需要调整,实施的花费是否与计划相符等方面的信息;计划的实施人员则希望知道实施的关键环节是什么,哪些实施策略、方法最为有效,实施对哪些公众产生了影响、影响程度如何,哪些方法能够有效地排除障碍等方面的信息。通过评估对公共关系活动计划的制订和实施以及通过实施所取得的效果做出全面具体的评价,可以根据各类人员对信息的不同需求,有针对性地向他们提供所需要的信息。这些信息可以成为开展公共关系活动、改进公共关系工作、制订新的公共关系活动计划的可靠依据。

2.评估的内容

公共关系评估的内容可以从不同的角度进行分类。从理论和实际操作两个角度综合考虑,确定的评估内容包括以下五个方面:

(1)公共关系活动过程的评估。对公共关系活动过程的评估,评估的重点内容主要包括:

①公共关系活动准备工作的评估。此项评估包括:a. 公共关系调查活动的评估。公共关系调研的设计是否合理;调研方法的选择是否得当;调研工作的实施是否合理;调研的结论分析是否科学等。b. 相关材料的准备是否充分。检查拥有的背景资料是否充足;对相关材料的分析判断是否准确。c. 准备的相关材料是否合理。准备的信息材料是否符合活动要求,是否符合新闻媒介的要求;开展活动的时间、地点、方式是否符合目标公众的要求;准备的相关材料有没有相互矛盾的内容,有没有需要与本项活动配合的其他活动等。d. 表现信息的方式是否合适。语言文字的运用、图表的设计、图片的选择、展览方式的选择等是否能够有效地传播相关信息。

②公共关系计划的评估。此项评估主要包括:公共关系计划的目标是否合理可行;计划是否与企业整体目标一致,是否与社会环境条件适应;公共关系战略构思是否科学;目标公众的选择是否准确;媒介的选择及其应用策略是否得当;经费预算是否合理;计划中留有的余地是否适中等。

③公共关系计划实施的评估。此项评估的重点内容有:实施的准备工作是否充分,过程安排是否明确合理;制作的信息内容是否准确充实,表现形式是否恰当;传播发送的信息资料的数量;信息资料被新闻媒介采用的数量;接收信息的目标公众的数量;注意到所发送信息的公众数量;实施的效果如何;等等。

(2)传播沟通基本情况的评估。对传播沟通基本情况的评估,旨在专门分析公共关系的传播效果,以检测传播沟通工作中的得失。传播沟通基本情况的评估要点有:信息制作的评估,信息曝光程度的评估,传播沟通效果的评估。

(3)公共关系状态的评估。公共关系状态既是企业开展公共关系活动的基础,又是企业开展公共关系活动的结果,因此,对公共关系状态的评估是对公共关系工作成效的总结性、全方位的评估。评估公共关系状态时,可以将内部公共关系与外部公共关系区分开来进行。内部公共关系状态评估主要包括评估全体成员的公共关系意识,员工的士气和归属感,企业的凝聚力和号召力,企业内部的人际关系、群体关系等。外部公共关系状态评估主要考察顾客、媒介、社区、政府等多种目标公众在接受信息、产生情感、改变态度、引起行为等方面的情况。

(4)专项公共关系活动的评估。它主要包括对日常公共关系活动的评估、对单项公共关系活动的评估、对年度公共关系活动的评估和对长期公共关系活动的评估。

(5)公共关系人员工作绩效的评估。对公共关系人员工作绩效的评估应该首先区别公共关系人员的职责和分工,职责和分工不同,评估的指标或内容也应该有所不同。

3.评估的程序与方法

(1)评估的程序。一般来说,评估工作可分为如下四个阶段:

①重温目标。评估某项公共关系工作是否有成效,其标准是看既定的目标是否实现。因此,要重温一下公共关系目标。

②搜集、分析资料。公共关系工作人员可以运用本章介绍的常用调查方法,搜集公众的各种信息资料,然后进行比较分析,看哪些达到了目标,哪些没达到,哪些超过了预期的效果。

③向决策部门报告分析结果。企业公共关系工作人员要如实地把分析结果以正式报告的形式上交给决策部门，在报告中应把对企业公共关系工作的评估和企业的总目标、总任务联系起来。

④把分析结果用于决策。这是评估的最后阶段，也是它的最终目的。分析结果可以用于两方面的决策：一是用于其他将要制定的公共关系项目的决策；二是用于企业总目标、总任务的决策。

(2)评估的方法。在完成公共关系活动反馈信息的搜集整理工作之后，就要利用恰当的方法对公共关系活动的效果实施评估。具体采用的方法有以下几种：

①自我评估法。自我评估法是指由组织和参与公共关系计划实施的人员凭自我的感觉来评估工作效果。由于当事人自我心得和心境的特定作用，这种评估的结果往往是比较独特的，通常表现为别人感觉不错的地方自我感觉不好、别人感觉不足的地方自己却相当欣赏、感觉与表达不一致等。

②公众评估法。公众评估法是指依据公众的反应评估工作效果，而公众的反应一般要通过调查研究获知。公众评估法是一种重要的评价方法，通过调查研究公众的反应，可以确认公共关系工作在影响特定公众的认知、态度、观点和行为等方面可度量的效果。

③企业评估法。企业评估法是指由本企业出面对公共关系工作效果进行评估。这种评估一般由企业的主要负责人组织，企业各部门的负责人或有关人员参加，但参与公共关系计划实施的人员一般要回避，以免影响评估的效果。

④专家评估法。专家评估法是指聘请企业外部的公共关系专家对企业的公共关系工作进行评估。外部专家通过调查访问和分析，能对企业的公共关系工作效果作出较为客观的评价，并能对企业今后的公共关系工作提出有价值的建议和意见。因此，这种评估方法很值得重视。

阅读材料

中国公共关系业2021年度调查报告(节选)

为反映2021年度公共关系服务市场的运行态势，综合评价中国公共关系业的发展状况，为专业机构提供积极的行业指引，2022年3月7日至4月15日，中国国际公共关系协会(CIPRA)对中国大陆境内的主要公关公司展开了调查活动。该项活动由协会研究发展部具体实施。项目组采用问卷调查的方法对2021年度全国主要的公关公司进行抽样调查，内容涉及运营管理、业务发展和可持续发展等方面。

项目组对问卷所取得的数据进行了全面统计，并依据行业发展状况和历史数据进行了相关核实和判断，在科学分析的基础上形成了本调查报告。本报告由年度排行榜、行业调查分析、TOP公司研究、最具成长性公司研究及行业发展分析五个部分组成。

……

一、2021年中国公共关系行业呈现的显著特点

(1)2021年，中国公共关系市场开始恢复性增长。调查显示，2021年全行业营业规模约

为745.9亿元人民币,年增长率为8.3%。相较于2020年3.1%的年增长率,公关市场有了较大的恢复性增长。据美国发布的一份行业报告,全球排名前十的公关代理机构总收入在2020年下降了3%之后,于2021年也出现了迅猛的恢复性增长。

(2)TOP公司线上业务占比继续扩大。调查显示,40家公司中,线上业务达到76%。从业务类型看,数字化传播、传播代理及执行,是本年度公关市场的主要业务类型。其中,开展数字化传播业务的公司有17家,而开展传播代理及执行的公司只有4家。分析认为,这种线上业务增长的趋势未来将持续,部分传统型业务公司面临较大的调整和转型压力。

(3)汽车、IT(通讯)、互联网继续占据公共关系市场前3位,快速消费品排名不变,位居第4。调查显示,40家公司中,33家开展汽车业务,25家开展IT(通讯)业务,27家开展互联网业务,26家开展快速消费品业务。与2020年度相比,制造业对公共关系的需求不断增加,跃升到第5。这与中国制造业在全球的规模持续上升有着密切关系。金融业从2020年的第5下降至第6,娱乐/文化业、医疗保健业、旅游业、房地产业排名没有变化,分别位居第7至10。

(4)短视频营销成为公关行业新的重要服务手段。调查显示,新的服务手段应用进展方面,40家公司在短视频营销、事件营销、意见领袖(KOL)管理、危机管理等方面的力量有所增加。其中,35家开展短视频营销,33家开展事件营销,21家开展意见领袖(KOL)管理,20家开展危机管理。尽管短视频营销首次被列为本年度的调查内容,但它已经成为自媒体时代技术进步和市场结合的重要手段,日益成为越来越重要的营销和品牌传播手段。

(5)人力成本不断增加给行业带来较大的运营压力。调查显示,TOP公司平均月薪14972元,比上年同期增长3.8%;大学生转正平均月薪6261元,比上年同期增长2.2%。人员成本逐年增加,这是公关行业的一个显著特点,加上管理费用增加,以及兼并收购出现的商誉和无形资产减值等原因,公关公司始终面临较大的运营压力。2021年,TOP公司和最具成长性公司的年平均员工人数都有了一定程度的增加。这既体现了行业用工需求的提升,也体现了公关行业在增加全社会就业方面所承担的社会责任。

二、中国公共关系行业面临的挑战

(1)公共关系行业分化趋势明显。头部公司呈现一定程度的持续增长,但不少传统型业务公司出现了停滞甚至下降的趋势。预计未来市场将形成几大巨头占据第一梯队的局面。伴随激烈的市场竞争和行业的跨界融合,一部分公司会做大做强,成为服务领域广泛、跨界整合明显、国际化程度高的综合性公司。一部分公司则专注于深耕某一垂直领域,成为针对性强的专业型服务公司。还有小部分不能跟随市场变化做出调整的公司,可能被淘汰出局。

(2)线上服务是大势所趋。线上业务需求激增,比如视频传播、直播带货、网上教学等相关业务需求不断增加。通过线上服务助力公关是大势所趋。科技与公关的融合让一些公关公司成功转型,不仅创造出了有价值的内容,更让品牌和消费者能够进行良好的沟通和互动,在拓展业务范围的同时提升了客户的满意度。

(3)企业内部公关的重要性持续凸显。企业成本管理、裁员与增效、公司信誉与社会责任不断受到关注。一些优秀的企业领导人会注重考虑员工的就业机会,这样的内部公关是企业品牌形象的重要体现。

(4)国家形象传播成为一个崭新的课题。公关行业如何利用自身优势,通过创新手段,帮助中国企业走出去，如何在“一带一路”沿线国家讲好中国故事，成为一个崭新的课题。

(5)资金问题依然是公关公司发展过程中面临的挑战。公关行业的主要服务对象集中于大中型企业，导致提供专业服务的公关公司在结算方式上处于劣势。较长的赊销账期及垫资等问题，使得公关公司的资金状况不甚乐观，再加上运营成本日益攀升，限制了企业的发展空间。在外部融资方面，融资难、融资贵也是公关公司面临的共同挑战。

资料来源：中国国际公共关系协会. 中国公共关系业 2021 年度调查报告[J]. 国际公关，2022(10)：185-189. 有删改。

第二节　企业公共关系活动策划

将公共关系的主体和公共关系的客体联结起来的纽带是公共关系活动。公共关系活动又称公共关系实务，是内容丰富、形式多样的工作实践。公共关系活动策划要遵循以下几个方面的原则。

一、目标量化

公共关系活动特别是大型公共关系活动往往耗费很多人力、物力、财力资源。一个新产品在中心城市的上市传播费用，一般都在百万元以上。为什么要进行这样大的投入？为了企业的传播需要，为了建立品牌的知名度、认知度、美誉度，为了更多的目标消费者去购买企业的新产品，这就是新产品上市公共关系活动的目标。没有目标而耗费巨资做活动是不可取的，目标不明确是不值得的。有一些保健品企业，看到同行开展节日公共关系活动，它们也要做，而且要求活动规模更大、规格更高、发稿更多，但说不清楚为什么要做，要传播什么样的卖点、概念，没有设立目标。有的企业开展公共关系活动，设定了不少目标，如提高知名度、美誉度，促进销售等，但是没有量化(提高知名度、美誉度的百分比，促进销售的货币额度)，方向模糊，错把目的当目标。目标一定要量化，它不是希冀式的观测，而是指日可待。只有量化目标，公共关系活动策划与实施才能够明确方向，才会少走弯路。

二、集中传播

公共关系活动是展示企业品牌形象的平台，不是一般的促销活动，要确定活动卖点(主题)，并以卖点作为策划的依据和主线。很多公共关系活动，企业花了不少钱，公众却不知是什么活动，没有留下很深的印象。只有提炼一个鲜明的卖点，创造公共关系活动的“眼”并进行有效传播，才能把有关资源整合起来，从而达到活动目标。这里的卖点是公共关系活动环节设计中最精彩、最传神的地方，是活动事隔多年，大多情节被人淡忘，但仍能让人记起的一个情节。公共关系活动策划需要创造这样一个非常精彩的高潮，要把这个高潮环节设计得具有唯一性、相关性、易于传播性。当然，集中传播一个卖点，并不是只传播一条信息，而是要把活动目标和目标公众两项因素结合起来，重点突出一个卖点，提高活动的有效性。

三、以公共关系活动为媒体

随着公共关系新工具、新技术的不断涌现，同新闻媒体、广告媒体一样，公共关系媒体也在发生着革命，网络等新兴媒体逐渐被应用于公共关系活动。殊不知，公共关系活动本身就是一个传播媒体,它具备大众媒体的很多特点,只是公共关系活动实施前不发生传播作用,一旦活动开展起来,就能产生良好的传播效应。公共关系活动因其组织利益与公众利益并重的特点,具有广泛的社会传播性,本身就能吸引公众与媒体的参与,以活动为平台通过公众和大众传媒传播。在策划与实施公共关系活动时,配备好相应的会刊、通讯录、宣传资料等,实现传播资源整合,能提升公共关系活动的价值与效果。

四、以调查为基础

国内不少公共关系公司做公共关系活动,因缺乏公众研究意识或公众研究水平有限、代理费少、时间紧等原因,省略公众调查这一重要工作环节,想一个好的点子,找一个适当的日子就开展公共关系活动,这种做法是不正确的。"没有调查就没有发言权","知己知彼,百战不殆"。只有摸清自己的优劣势,洞悉公众心理与需求,掌握竞争对手的市场动态,进行综合分析与预测,才能扬长避短,调整自身的公共关系策略,赢得公共关系活动的成功。公共关系实践表明,对公共关系活动的可行性、经费预算、公众分布、场地交通情况、相关政策法规等都应进行详细调查,然后进行比较,形成分析报告,最后做出客观决策。

五、周全严密

公共关系活动策划,最紧要的就是"周全"。这是因为公共关系活动给我们成功的机会只有一次。公共关系活动不是拍电影、电视剧,不能重来,每一次都是现场直播,一旦出现失误将无法弥补,绝不能掉以轻心。

六、化危机为机遇

大型公共关系活动有一定的不确定性,为了杜绝意外事件发生,公共关系工作人员在策划与实施的过程中要抱有强烈的危机意识,充分预测有可能发生的各种风险,并制定出相应的对策。只有排除了所有风险,制订出的策划方案才有实现的保障。发生紧急事件时,要随机应变,不要手忙脚乱,不要抱怨,应保持头脑清醒,要冷静,迅速查明原因并确认事实的真相。已造成负面影响的,一种方法是及时向公众谢罪,防止再发生,与不同媒体建立对立关系,避免负面报道,策略性处理媒介与公众关系,否则修复较难;另一种方法是化危机为机遇,借助突发事件扩大传播范围,借助舆论传播诚意,争取公众的支持,变被动为主动。

七、全方位评估

在对公共关系活动进行评估时,往往只评估实施效果,会导致评估不够全面。如能在评估时,除实施效果外再评估活动目标是否正确、卖点是否鲜明、经费投入是否合理、投入与产出是否成正比、公众资料搜集是否全面、媒体组合是否科学、公众与媒体关系是否更加巩固、社会资源是否增加、各方满意度是否量化等,则公共关系活动的整体效果才能更好地体现出来。这种全方位评估有利于活动绩效考核、责任到人,更能增加经验,为下一次公共关系活动的策划与实施打好基础。

八、用公共关系手段解决公共关系问题

社会上对公共关系活动的认识在不同时期存在不同误区,加之部分媒体的错误引导,导

致了这种错误认知的蔓延。近年来，对公共关系的认识又有了新的误区，即把公共关系活动等同于促销活动。实际上两者的目标、重心、手段不同。公共关系活动的目标是提高美誉度，提升亲和力；促销活动的目标是提高销售额、市场占有率。公共关系活动的重心是公众、媒体、政府；促销活动的重心是消费者。企业同时需要促销、公共关系两种职能，两种职能不能通用。公共关系是社会行为，促销是经济行为，公共关系活动关注公众，促销活动关注消费者，公共关系与促销区别较大，促销的手段不适用于解决公共关系问题。公共关系活动的公众非常多，消费者只是公众的一种。对于不同的公众，使用的公共关系手段也不一样。所以，要走出“公共关系活动就是促销”的误区，用公共关系手段解决公共关系问题。

总之，公共关系活动策划需要大量经验的积累，只有不断总结经验并应用于实践中，才能策划出更具影响力、更为成功的公共关系活动。

第三节　企业公共关系新闻策划

新闻传播型公共关系专题活动是以传播新闻信息为目的的公共关系活动。此种类型的公共关系专题活动包括以下基本内容：一是主动向新闻媒介提供本组织的信息，如企业文化建设信息、体制改革信息、产品与服务信息等，以便新闻媒介对组织产生良好而深刻的印象，并帮助组织宣传；二是通过各种媒介如报纸、杂志、广播、电视为本组织发布广告、介绍新产品、传播新技术，以便通过媒介架起与消费者沟通的桥梁；三是举办记者招待会，以便及时而广泛地发布重大新闻，扩大社会影响，提高本组织的知名度；四是巧妙地制造新闻事件，吸引新闻媒介及时报道，以便引起社会公众的普遍关注；五是与新闻媒介的人士建立联系并经常沟通，以便通过他们了解社会动态和经营环境，掌握消费者需求变化，预测市场的发展趋势。

下面重点讲解公共关系工作人员如何为组织谋划新闻事件，如何举办记者招待会。

一、谋划新闻事件

谋划新闻事件也叫制造新闻，指的是专门为了新闻媒介进行报道而策划的有意义的事件。这里应注意的是：制造新闻并非弄虚作假，而是以组织发生的真实事件为基础，经过公共关系工作人员的精心谋划，使其具有新闻价值。例如，美国某公共关系公司为了提高新建成的港湾公寓的知名度谋划了一个新闻，在美国国旗诞生二百周年纪念日，于港湾公寓的广场上举行了庄严的升国旗仪式。这一新闻很有价值，当天就通过电视传播到美国各地。通过新闻媒介对这一新闻事件的报道，原本不出名的港湾公寓立刻家喻户晓。

与其他的公共关系专题活动相比，谋划新闻事件的策划和操作都比较难，没有固定的模式可以套用，这就需要公共关系工作人员开动脑筋，寻找时机，大胆创新。如果说有什么经验可寻，那么，一要以组织发生的真实事件为基础，二要使其具有新闻价值。具体说来可参考以下几点做法：

（一）根据热门话题谋划新闻事件

不同的公众群体，关注的话题不同；不同的时期，同样的公众群体关注的话题也不同。所以，公共关系工作人员应深入了解公众心理，了解传播对象在当时最关注的话题。

2001 年 7 月 13 日晚，在北京申办 2008 年奥运会成功之时，北京可口可乐的生产线同时启动，立刻生产金光灿烂的申奥成功特别纪念罐。7 月 14 日一大早，北京市所有的麦当劳餐厅和主要超市的可口可乐包装全部穿上了“喜庆装”。可口可乐“喜庆装”纪念罐，以金黄、红两种颜色作为喜庆欢乐的主色调，巧妙加入了长城、天坛等中国和北京的代表建筑图案以及各种运动画面，将成功的喜庆、体育的动感、更快更高更强的奥运精神以及中国文化有机地组合起来。北京可口可乐饮料有限公司精心谋划的申奥成功特别纪念品与人们关注的热点相吻合，因此具有很好的新闻价值，得到了新闻媒介的广泛报道，广大消费者更是争着去购买、收藏。由此也可以看出，公共关系工作人员为了提升企业形象谋划的新闻事件不是无源之水、无本之木，而是巧妙地利用外界信息，再结合本企业的实际情况进行创造的产物。

(二)抓住“新、奇、特”谋划新闻事件

在激烈的企业形象竞争中，要想成功地为企业谋划新闻事件，引起大众传播媒介的关注和报道，公共关系工作人员必须独出心裁，使公共关系活动具备“新、奇、特”的条件，成为记者们争先报道的新闻事件。

晚餐在人们看来是再普通不过的了，一般人们的晚餐不会有什么新闻价值。但是，2001年8月3日晚在人民大会堂宴会厅举办的世界拳王爱心慈善晚宴却引起了新闻媒体和广大公众的关注。此次活动由中国慈善总会、长城国际体育传播有限公司等主办，北京生命之星医药集团独家承办。据主办者介绍，晚宴邀请到的客人有迈克尔·杰克逊、斯皮尔伯格、道格拉斯等国际名人，有包括成龙、刘德华、周润发、林忆莲、齐秦等人在内的众多港台明星，还有唐·金、霍利菲尔德、鲁伊兹、拉曼、刘易斯等拳坛名流。此次晚宴的入场凭证是各种爱心慈善卡，每卡售价从2 600元到6万元不等。当时，全球有17个国家的电视台联合播放了这次晚宴的盛况。

(三)巧妙地利用各种信息和时机谋划新闻事件

精明的公共关系工作人员应该善于搜集和使用信息，把信息转变成价值，还要善于寻找有利时机，利用“天时”来开展公共关系活动。例如，某企业在新中国成立五十周年纪念日，聘请在人生和事业方面取得成功的新中国同龄人来做报告，并且表彰为本企业作出突出贡献的新中国同龄人。因为把表彰先进与新中国成立纪念日联系在了一起，所以，使这次表彰活动具有了新闻价值。

又如，杭州西湖电视机厂利用哈尔滨举办冰灯节这一时机，把冰雕和电视巧妙地结合在一起，工作人员将西湖牌电视机放在一个个冰雕之上，接通电源，让西湖牌电视机接受冰天雪地的“磨炼”。人们看到西湖牌电视机在寒冷的户外正常工作，图像和声音都十分清晰，这次“有机则乘机”的公共关系专题活动被人们传为佳话，并为新闻媒体广泛报道。

(四)利用名人效应谋划新闻事件

公共关系工作人员可有意识地把新闻事件与某些权威人士、社会名流联系起来，或者在新闻事件中请名人当主角。例如，在美国总统艾森豪威尔67岁生日时，法国人民向美国总统赠送了两桶陈酿了67年的白兰地酒，由于赠送礼品与名人联系在了一起，这次赠送被世界各地记者写成了各种形式的文章广泛传播。

(五)与新闻媒介联袂谋划新闻事件

公共关系工作人员在谋划新闻事件时，应努力与报社、电台、电视台联合行动。有新闻媒体的参与和支持，一方面能使活动进展顺利，达到事半功倍的效果；另一方面能结交新闻媒体的朋友，加深新闻媒介对本企业的印象。

二、举办记者招待会

记者招待会是为了集中发布信息而举行的传播活动。对于一个社会组织而言，利用记者招待会向广大公众传播信息具有传播面广、传播速度快、传播效果好等特点。例如，在北京申办2008年奥运会的过程中，我国政府以及北京2008年奥运会申办委员会曾多次举办各种规模的记者招待会，从各方面回答了世界各地记者们提出的有关问题。通过电视台对记者招待会的现场直播，以及记者们在会后发表的各种有关北京奥运会准备工作的报道，国内外各界人士都对北京成功举办2008年奥运会充满了信心，并且用实际行动给予了关注和支持。其宣传效果甚佳。

成功举办记者招待会的关键是准备充分，工作仔细，真正做到"事无巨细，追求完美"。通常情况下，举办记者招待会的程序大致有以下几个步骤：

（一）确定主题，选择时机

记者招待会是既严肃又正规的公共关系专题活动，因此，举办记者招待会一定要选择适当的理由和时机，不能随意召唤记者，否则，后果不堪设想。

社会组织举行记者招待会可以选择开业典礼、庆祝活动、组织喜获殊荣、导入CI工程、质量认证、企业面临重大转折、新产品试制成功、重大突发事件发生等时机。

在选择了恰当的时机之后，就要确定记者招待会的主题。一般来讲，记者招待会的主题可归纳为以下四种类型：一是宣传组织的整体形象；二是宣传组织形象及某项产品；三是宣传某项活动、某种技术、某种新观念；四是说明突发事件、平息舆论风波。

记者招待会的主题应清晰明了，切忌含糊不清，体现记者招待会主题的标语口号应准确精练，便于记者报道。

（二）选择媒介单位，落实邀请范围

要成功举办记者招待会，应该有目的地选择媒介单位和与会记者。

在选择媒介单位和与会记者时应考虑以下几个因素：一是记者招待会的规模；二是准备花费的费用；三是记者招待会将要影响的区域；四是对信息传播内容和速度的具体要求。选择了媒介单位之后，再进一步落实与会记者名单，每一家媒介请几位、请谁，都要提前确定。请柬要在两周前发出。请柬内容应包括记者招待会的主题、主要发言人姓名、举办时间、地点以及联系电话。记者招待会正式举行的两三天前，应再给被邀请的记者打电话，确定他们能否来参加，是否要车接。

（三）挑选发言人，确定会议主持人

在记者招待会上，一般首先由会议主持人发布或介绍情况，随后由主要发言人做详细发言。记者招待会能否开得圆满成功，能否达到事先预定的公共关系目标，在很大程度上取决于会议主持人和主要发言人。

会议主持人一般由社会组织的公共关系部负责人担任。主持人应该具有庄重的仪表、高雅得体的举止、高超的语言表达力，善于活跃气氛，随机应变，能驾驭会场局面，并有丰富的主持经验。

记者招待会的主要发言人原则上应安排社会组织的主要负责人。因为只有他们才能准确全面地回答有关本组织的方针、政策、经营、生产等重大问题，而且主要负责人在记者招待会上的发言具有权威性、可信性。

如果记者招待会是为了公布某项新成果、新产品、新技术或是公布面临的重大突发事件,那么主要发言人除了领导之外,还可以选择分管这方面工作的部门负责人。

不论是组织领导还是部门负责人担任记者招待会的主要发言人,都应做到掌握情况,对答如流,头脑灵活,思维敏捷,最好还要宽容随和,豁达幽默。

(四)策划报道提纲,准备宣传资料

记者招待会的宣传资料主要包括主要发言和报道提纲。在记者招待会召开之前要准备好宣传资料。

主要发言是记者招待会的中心内容,应具备实事求是、资料全面、严谨深刻、生动具体等特点。主要发言不仅要由专人负责起草,而且还要通过本组织有关领导人审阅,最后交给主要发言人熟悉。

报道提纲指的是记者招待会宣传内容的要点和背景,有条件的话可以附加照片。要有专人事先把这些资料理顺并打印若干份,并且在记者入场时分发给他们,以便记者们在会上提问或会下写报道时作参考。报道提纲要简洁、系统,要用事实说话。注意千万不要出现自相矛盾的地方、漏洞或错别字,否则,会引起记者的反感。

除了准备好主要发言和报道提纲外,同时还要准备好回答记者提问的策略,以供主要发言人作参考。

如果上述资料涉及国防工业、军事机构的秘密或为重要经济情报,要注意内外有别,分寸适当。另外,某一消息发布到何种程度,应首先在本组织内部统一认识、统一口径,否则,会引起记者怀疑,甚至导致报道混乱或失真。

(五)精心准备,认真接待

举办记者招待会要善始善终地做好一系列事务工作,主要有以下几个方面:

(1)邀请记者参加记者招待会,应该把正式的请柬提前送到他们手中。为了表示对记者的尊重,应该以举办记者招待会组织的名义或组织领导人的名义邀请,并且派专人呈送,切忌随意让别人捎过去。

(2)准备好交通工具,安排专人负责接送,并且做好服务接待工作,使记者感到一种热烈、诚恳、友好、亲切的气氛。

在接待服务中应注意对所有来参加招待会的记者一视同仁,不能厚此薄彼。如果有特殊的记者参加,在正式开会时应为其安排一个能够听清楚所有来宾讲话的位置,这并不是搞特殊,而是为了方便工作。

(3)布置会场,准备视听辅助工具。记者招待会的会场应突出招待会的主题和对新闻媒介朋友的欢迎。可以用悬挂条幅、张贴标语、摆放鲜花、开放音响等方法烘托会场气氛。另外,还要预先准备好与招待会有关的图表、画片、地图、放大的照片、实物、产品、模型、录音带、录像带等视听辅助工具。

在会前或会后,可以请记者们参观实物展览、图片展览或进行现场参观,并且允许记者在参观时自由采访、拍摄照片等。

记者招待会的会场内要准备一些纸张和笔,以方便记者。另外,还要准备好签名簿、留言簿,会前请记者签名,会后请记者挥毫题字或书写留言。

记者招待会的会场内应保持灯光柔和,空气新鲜,温度适中。会场内应摆放舒适的座椅,要安静而无噪音。为了避免干扰,会场内不放电话。大型记者招待会应选用长方形桌子，主要发言人与记者面对面而坐，就像教学课堂一样突出庄重、严肃的特点。小型记者招待会最好选用圆形桌子，大家围圈而坐，显得气氛和谐、主宾平等。

(4)策划纪念品。为了感谢记者光临，以及更好地与记者交朋友，可以向记者赠送纪念品。在策划纪念品时应考虑以下因素：第一，突出本组织特色，例如，在纪念品上印上本组织的标志、经营宗旨、典型的广告文辞等；第二，为本组织做宣传，例如，某煤矿向记者赠送乌黑发亮、光洁美观的煤雕，记者一看见这特殊的艺术品就会想起煤矿；第三，纪念品应新颖、小巧，具有艺术观赏价值、保存价值或具有实用价值；第四，纪念品不同于奖品，其造价不应太昂贵，在策划纪念品时应考虑少花钱，多办事，尽量为本组织节约钱财；第五，纪念品最好是特制的，其做工应精益求精，千万不能把残品、次品、假冒产品赠送给记者，否则会起负面作用。某工厂曾经把本厂生产的手提包赠送给记者，结果，由于产品质量差，记者们在返回报社的路上就吃惊地发现手提包的拉链坏了，随后就打电话批评该厂，该工厂给记者留下了不良印象。即使是购买其他厂家的产品赠送给记者，也应注意产品质量，千万不要买处理品，最好买质量靠得住的优质产品或名牌产品。

在现代社会，人们称新闻媒介记者为“无冕之王”，他们是社会组织与广大公众进行沟通的桥梁。一个社会组织与新闻媒介的关系如何，直接关系着社会组织的发展。因此，公共关系工作人员在接待新闻记者时应做到热情周到、滴水不漏、事无巨细、追求完美，利用接待新闻记者的机会为组织塑造良好形象。

(六)应注意的问题

(1)记者招待会必须按时举行，没有极特殊的情况，不能随意提前或拖延。

(2)记者招待会的开始时间不宜过早，最好是上午10点左右、下午3点左右。

(3)小型记者招待会的时间不宜过长，一般以20～30分钟为佳，不超过1个小时。

新闻传播型公共关系专题活动，除了上述的谋划新闻事件和举办记者招待会之外，作为组织，最好还要与新闻媒体联合举办一些活动，如联合举办文艺演出、各种竞赛等，对于组织来说，此时的投入可谓“一石三鸟”。首先，在公众中树立了关心社会文化、体育事业的良好形象；其次，给新闻媒体留下了良好印象；最后，新闻媒体在向社会宣传这项活动时，必然提到协办者的名字，这等于给组织做了广告扬了名。组织对社会献出了爱心，新闻媒体也会对组织给予支持。因此，只要组织经济条件许可，公共关系工作人员就应当谋划一些与新闻媒体联合举办的公共关系专题活动，这对于组织扩大影响、提高知名度和美誉度有百利而无一害。

本章小结

公共关系策划是公共关系工作人员根据企业形象的现状和目标要求，分析现有条件，谋划、设计企业公共关系战略、专题活动和具体公共关系活动最佳行动方案的过程。运用公共关系是一个企业塑造良好形象的有效手段，是使企业适应公众的需要，使公众适应企业要求的思想、政策和管理行为。

公共关系策划有五大要素：策划者、策划对象、策划环境、信息、策划方法。公共关系策划要按以下程序进行：调查研究、谋划对策、实施方案、效果评估。公共关系策划要遵循以下原则：目标量化、集中传播、以公共关系活动为媒体、以调查为基础、周全严密、化危机为机遇、全方位评估、用公共关系手段解决公共关系问题。

公共关系策划还要谋划新闻事件，举办好记者招待会，利用新闻报道宣传企业，提高企业的知名度。

中英文对照专业名词

公共关系　Public relations　　新闻　News　　要素　Element
特征　Characteristic　　原则　Principle　　事件　Affair
网络舆情　Network public opinion　　舆情管理　Public opinion management

复习思考题

1. 企业公共关系策划的要素有哪些?
2. 简述企业公共关系策划的基本特征。
3. 企业公共关系策划应遵循哪些原则?
4. 企业公共关系活动策划的原则是什么?
5. 公共关系工作人员如何为组织谋划新闻事件?如何举办记者招待会?

案例分析

首创公务酒店的品牌形象
——广州大厦旅游饭店公共关系案例

一、项目背景

广州大厦的前身是广州市人民政府的接待基地——榕园大厦。为了适应改革中的广州市政府对接待基地的需求,广州市政府办公厅于1993年在榕园大厦的基础上按四星级标准建成了现在的广州大厦,并于1997年9月28日开业。

广州大厦开业之初聘请酒店管理公司管理,管理公司将大厦定位为商务酒店,拟仿照商务酒店的经营管理模式立足市场。由于市场定位的不准确和经济大气候的影响,大厦的经营一直难以打开局面;1997年9月28日至1998年9月30日,经营利润只有4.3万元。广州大厦的经营陷入了困境,管理公司只好提前撤离,由广州市政府办公厅组建了以邝云弘女士为领导核心的新班子,接手大厦的管理。新领导班子决定通过重新确立酒店定位、树立品牌形象来争取社会和顾客的支持。

二、项目调查

广州大厦新班子在做了大量的市场调查的基础上,对自身的基本情况作了全面的分析,认识到:广州商务酒店星罗棋布,传统的招待所也为数甚多,广州大厦要想异军突起,必须寻找全新的市场定位。广州大厦拥有独特的酒店资源和接待资源,重新整合这些资源,一个全新的概念应运而生——创立全国首家公务酒店的品牌形象。这一全新的品牌形象拥有不同于商务酒店的独特优势:

第一,公务酒店占有独特的公务酒店市场,对于公务消费者而言,公务酒店有更强的适应性,更具信任感、安全感。这无疑是公务酒店独特的细分市场。

第二,公务酒店有一整套完整的适应政务接待、公务活动和其他商务活动的设施设备、人员和程序。

第三,公务酒店背靠政府,依靠与政府职能部门的密切关系,能为客人提供更多的政治、经济等方面的咨询和服务。

第四,公务酒店承担着政府对外联络的职能,它所发挥的“窗口”和“桥梁”作用是商务酒店无法替代的。

三、项目策划

（一）公共关系目标

重塑广州大厦品牌形象。

（二）公共关系策略

1.密切联系目标公众，创造良好的人际传播渠道

公务酒店的公共关系需要独特的传播渠道，那就是依靠公务员队伍的人际传播渠道，依靠酒店员工队伍的传播渠道，将酒店的形象传播给目标公众。在形象策略定位的基础上，广州大厦还确定了以公务客人为主、以商务客人为辅的目标公众群，制订出一整套密切联系目标公众的方案，以保证大厦与目标公众的双向沟通。

2.全面强化公务公共关系，拓展公务市场

要树立公务酒店的形象，离开政府的支持是绝对办不到的。因此，在塑造公务酒店形象的品牌策略中，重点是做好政府及其各职能部门的公共关系工作，让政府及其各职能部门以主人的姿态帮助、扶持大厦，把大厦当作自己的企业，并通过政府及其各职能部门的特殊影响力，提高知名度，拓展公务市场。

3.在服务中传播，在传播中营销

基于公务酒店传播的特殊性，广州大厦为自己量身定做了一套独特的传播方式，那就是“在服务中传播，在传播中营销”，依靠实际行动宣传自身的特点，依靠为目标公众提供优质的服务所产生的口碑宣传自身的形象；通过新形象的不断提升，使目标公众对大厦产生识别和认同，从而建立顾客的忠诚度和美誉度，提高大厦的社会效益和经济效益。

广州大厦确立以全国首家公务酒店为自己的品牌形象。这一形象的释义为：以公务客户、公务活动为主要目标市场，以规范化的酒店服务为基础，以鲜明的公务接待为特色。

四、项目实施

重塑品牌形象，是广州大厦宏观的公共关系策略。广州大厦以综合治理的方式，全面推进了这一计划的实施。

（一）发挥自身优势，重塑品牌形象

广州大厦作为公务酒店，拥有不同于商务酒店的独特优势，在充分把握这些优势并对酒店资源和接待资源进行有机整合和利用的基础上，努力形成了公务酒店的品牌和特色。

第一，为公务酒店的品牌树立健康的形象。广州大厦循正道经营，坚决杜绝黄赌毒以及一些低级、庸俗的服务，努力为公务活动提供一个绝对安全可靠的场所。在服务上以“个性化、人情化”见长，让公务客人倍感亲切、舒适。

第二，为公务酒店的品牌注入亲和力。广州大厦以亲切的“我在广州有个家”为宣传口号，并以实际行动为客人营造家的感觉，既亲近了异乡客人，又得到了广州人的认同。

第三，广州大厦还将公务酒店的品牌形象建设融入企业文化之中，提倡从个人形象做起，携手共塑品牌形象。在广州大厦的文化中有这么一条：要求每一个广州大厦人像追求个人事业那样追求大厦的事业，像维护个人利益那样维护大厦的利益，像珍惜个人荣誉那样珍惜大厦的荣誉。在广州大厦人的意念里，他们所塑造的绝不仅仅是广州大厦的形象，更深层次上，作为广州市政府的接待基地，他们还在塑造广州市作为现代化中心城市的“窗口”形象。

（二）强化自身品质，提升品牌形象

广州大厦人深深认识到，形象的传播，主体是大厦的员工，是酒店的优质服务，因此，广州大厦首先从强化管理入手，全面实施大厦由商务酒店向公务酒店转型的策略。

第一，调整大厦管理机制。

市政府办公厅与总经理邝云弘女士签订了《总经理责任书》，规范了总经理的责、权、利，给了总经理发挥才能的空间。在此基础上，广州大厦坚持以人为本、强化管理，努力建立健全制约机制、竞争机制和激励机制。

(1)在建立完善各项规章制度的同时,实行竞争上岗、考核聘用,彻底砸烂了“铁交椅”,形成“能上能下,能进能出”的用人机制,在员工中树立了强烈的竞争意识和危机感。

(2)实行严格的部门经济考核制,将部门工资总额的提取与部门营业总额、成本、费用挂钩;实行以员工的岗位责任、劳动技能和贡献大小为依据的岗位考核工资制。

第二,强化员工培训。

大厦以全员培训为手段,向员工灌输新的思想观念,并针对公务酒店的市场定位,采取全方位、多层次的培训方式,全面提高员工的政治素质、服务技能和公关意识。1999 年,仅由人力资源部组织的公共训练课程就有 279 个课时,有 3 350 人(次)参与学习;参加各部门组织的专业训练课程的员工有 17 480 人(次)。培训使全体员工更新了观念,提高了专业技术和服务水平,强化了职业道德,激发了群体意识,增强了大厦的凝聚力和向心力,形成了良好的企业形象。

(三)利用各种途径,宣传品牌形象

在总体的形象策略确定后,广州大厦推出了一系列的宣传活动:

第一,选取曾经是广州市市花并被人们誉为英雄花的红棉花作为大厦的形象标志,还选取绿色作为企业形象识别色彩,旨在推行绿色管理,普及环保意识。将富有个性的红棉花与充满生机活力的绿色组合在一起,较好地传递了大厦的信念和追求,有效地宣传了大厦的文化形象,并很快得到了公众的认同。

第二,广州大厦的宣传活动先从内部做起,强化企业形象。大厦在大堂、电梯等公众场所制作了一批有着人情化、个性化的鲜明服务特色的精美宣传画,一方面美化大厦的环境,另一方面在潜移默化中让客人接受大厦的品牌形象。大厦还以绿色为基调,以红棉花为标志,设计制作了一系列宣传品和日用品,反复强调大厦的形象标志,强化大厦的品牌形象。

第三,有针对性地选择公众媒体宣传企业形象,如在广州地铁沿线投放了以“我在广州有个家”为主题的企业形象广告;还在广九直通车站出口处最醒目的位置设立了大幅的灯箱广告,让踏进祖国南大门的宾客第一时间就接触到大厦的形象。

第四,在具有权威性的报刊《人民日报》和《接待与交际》上刊载由记者采写的关于大厦新品牌形象策略的系列报道,引起社会的普遍关注和同行的积极呼应,有效地传达了大厦新的经营理念,传播了大厦的品牌形象。

第五,创办报纸《广州大厦人》,对内作为企业文化建设的载体之一,积极引导全体员工树立正确的价值观,增强团队意识;对外作为与目标公众沟通交流的渠道,传播企业信息,强化品牌形象。

第六,充分利用自身所特有的政府资源,借助政府公务员的特殊影响力来宣传大厦。1999 年中秋节,大厦第一次组织月饼生产、销售时,以红棉花为主题精心设计、制作了形象鲜明、大方得体的月饼盒,及时地将第一盒月饼送到了市长林树森手中。林市长高度评价大厦生产的月饼(“出品早,包装好,质量好”),并嘱托市政府办公厅将大厦的月饼作为广州市政府的礼品送到北京。此次行动从南到北有效地推广了大厦的品牌形象,为大厦的月饼销售作了一次成功的促销。

(四)参与公务活动,强化品牌形象

广州大厦定位为公务酒店,这就决定了大厦必须主动参与各类公务活动,同时强化与政府部门的长期沟通和合作。于是,争取广州市市委、市政府领导的大力支持成了大厦公务公共关系的基础。

以总经理邝云弘女士为核心的领导集体认为:

第一,必须创造出一套适合公务活动的服务模式,并为公务活动营造最佳的环境,创造最佳的气氛,把大厦的“舞台”变成公务活动的“舞台”,让公务客人乐于到大厦来组织各项活动。1999 年 9 月 24 日,广东省五套领导班子成员视察广州市“一年一小变”的成果并在广州大厦召开现场办公会;会后,广州大厦推出精心制作的卫生、实惠、可口的公务套餐,并在 5 分钟内把近 200 份套餐全部送到客人手上,客人在 20 分钟内就餐完毕,有效地节约了就餐时间,受到省、市领导“出品好、服务好、节奏快”的好评。

第二,要把公务活动当作大厦自己的活动来组织。广州大厦凭借自己公务酒店的身份及与政府各职能部门的良好关系,积极参与公务活动的组织和策划,并主动提供迎送、导游等一系列在大厦区域外的服务，以“主人”的身份为主办单位服务。这种参与和服务，缩短了大厦与主办单位之间的距离，使主办单位与大厦真正成了一家人。

第三，要把公务活动当作大厦的公共关系活动来运作。凡有公务活动的场合，就能见到大厦公共关系部的工作人员、各位主管直至正副总经理，他们不但在现场指挥、协调工作，而且面对面地与客人沟通、交流，直接听取意见和建议。这种面对面的沟通，往往能收到良好的效果，有些棘手的问题在沟通中就解决了，下一轮的公务接待也在交流中确定了。

第四，争取参与大型公务活动、外事接待是广州大厦营销中的一个重大策略。通过努力，大厦分别参与了省、市人民代表大会，国际龙舟赛，广州地铁开通仪式以及广州国际友好城市“姐妹城市姐妹情”等多项国内国际大型活动。通过这些高规格的大型活动，有效地宣传了大厦公务酒店的品牌形象。

（五）在服务中传播，在传播中营销

广州大厦创建公务酒店品牌形象以来，没有投放太多的资金在大众传播媒介上做宣传，而是把传播形象的工作与日常的服务工作融合在一起，在服务中传播。广州大厦将有限的资金投入技术改造，投入培训，逐步形成安全、优质、快捷的服务特色，并将这种服务特色推而广之，形成“顾客完全满意”的概念，像对待政务、公务活动一样对待每一项商务活动，像接待市长一样接待每一位客人，努力提升公务酒店品牌形象。

第一，广州大厦采取了一整套与目标公众联系的措施。大厦的 VIP 客人在入住时会收到一张欢迎卡，离开大厦回到所在地后还会收到一张问候卡；逢年过节大厦的目标公众都会收到来自大厦的问候和祝福；一张小小的贺卡，传达了广州大厦人的心意，换来的是客人对大厦的认同感和忠诚感。

第二，广州大厦专门建立了重点客人的生活习惯档案，为这些客人提供符合其所需的、个性化的、人情化的服务。

第三，广州大厦还设置了专门的机构，组织专人调查研究顾客心理与需求，进而制定出相应的服务措施，力求使大厦的服务令每一位客人满意。

第四，广州大厦根据新一代公务员的年龄、层次、工作方式等方面的变化和需要，提供上网、手提电脑以及公务咨询等系列服务，为公务员在大厦构建临时的办公室，方便了公务所需。

广州大厦的品牌形象就是从这样具体、细致、平凡的服务工作中做起来的。

五、项目评估

广州大厦实施公务酒店品牌战略以来，取得了良好的社会效益和经济效益。

（一）首创公务酒店，实现品牌更新

广州大厦在公务酒店这面旗帜下，在政务、公务、会务接待方面突出了人情化、个性化的风格和特色，得到了目标公众群的认同和支持，广州市四套班子的公务活动几乎都安排在广州大厦举行。新领导班子成立以来，在短短的时间内，广州大厦完成了 400 多项接待任务，其中属省市、中央、跨国的重大接待有 50 多项，成功地将公务酒店的品牌形象推向了市场，实现了品牌更新。

（二）在短期内迅速提高了大厦知名度

公务酒店这一全新品牌的确立，引起社会各界特别是行业内有关人士的高度重视，尤其是在《人民日报》和《接待与交际》杂志刊出“广州大厦拓展公务酒店市场”以及采访录“我们正经营中国第一家公务酒店”“请与我同行——携手共创公务酒店市场”等文章以来，在国内引起强烈的反响。广州大厦提出的公务酒店品牌形象的概念及创建公务酒店网络的设想，得到同行和社会各界的关注和呼应。

（三）有效地拓展了公务酒店的市场

广州大厦积极推行“顾客完全满意”的概念，努力提高服务质量，形成了属于公务酒店的风格和特色，获得了公众的认同。慕名而来的公务客人及外宾大幅增加，成功地拓展了自己的市场。

（四）赢得了良好的经济效益

推行公务酒店品牌形象以来，由于形象突出，营销策略得当，广州大厦在完成各项接待任务的同时，经济效益大幅攀升，创造了良好的经济效益。

（五）营造了良好的公共关系

随着广州大厦人的努力，广州大厦知名度的提高，公务酒店形象的被认同，特别是公务酒店品牌含金量的提高，广州大厦不但赢得了公众的理解和认同，取得了良好的经济效益，而且营造了良好的公共关系。如广州大厦在广州市政府、越秀区政府以及城建、供电、人防等诸多部门的支持下，拆除了大门口与相邻的儿童公园之间的围墙，设置了专门通道让客人直接到公园里散步，达到了绿色资源共享的目的，圆了广州大厦人以及客人长久以来的梦。

思考题：

广州大厦旅游饭店首创公务酒店的品牌形象时采取了哪些策略？

第八章 企业广告策划

导入案例

中国银联:我们都是答卷人

2020年新冠肺炎疫情暴发,中国银联也将视线转移到了此处,关注疫情生活问题,制作了《我们都是答卷人》的广告短片。不同于之前我们对银联的印象,这次不是长达十几分钟的微电影广告,也没有发射催泪炮弹,而是用一句"先干了再说"挑起我们的情绪。

视频开头给我们抛出了"现在还能找到工作吗?"因为疫情的影响,不仅找工作难,各行各业都面临着这样或那样的困境,养殖户鸡出不了栏、书店无人上门、饭店生意惨淡……广告视频从多个行业出发,以他们的视角向我们发问,映射当下每一个人的真实境遇。

在前半部分交代氛围沉重的现状后,后半部分给予我们希望。虽然受疫情影响,各行各业都很难,但我们能迎难而上:鸡卖不出去,老大爷就直播带货,直播成为农产品零售和消费的新趋势;年轻人求职受阻,就一边求职一边开网约车,也不失为人生的一种体验;书店无人上门,就借外卖小哥送书到顾客手中,为考生加油打气;饭店没有生意,就换成平价菜市场,维持居民日常生活。将"办法总比困难多"贯彻到底,总会有希望的,呼应主题——稳住生活的你,不会被生活问住。

以新冠肺炎疫情造成的困境引出银联活动,重振引擎助商惠民计划,助力商户开展线上运营,实现"普惠利民,全力拉动消费内需;全面助商,重振实体经济活力"。

中国银联从关注民生的角度,以面临的困境,推出相关公益活动,给在疫情期间迷茫的大众以鼓励:稳住生活的你,不会被生活问住,树立了中国银联温暖治愈的品牌形象。

资料来源:广告头条.银联这次很刚,先干了再说[EB/OL].[2022-03-02].https://www.socialmarketings.com/articldetails/3840.有删改。

企业广告策划是一个现代概念。以策划为主体,以创意为中心,进行科学管理,是现代广告活动的一个重要特征。现代广告活动是一项系统工程,没有完善而周密的策划,就会使整个广告活动目标不明、计划不周、行动盲目,难以取得理想的广告效果,甚至会和初衷背道而驰,导致企业生产经营活动的失败。因此,从这个意义上说,企业广告策划是广告的核心和灵魂。

第一节 企业广告策划概述

一、企业广告策划的含义

企业广告策划,就是指企业广告人通过周密的市场调查和系统的分析,推知和判断市场态势及消费群体的需求,利用已掌握的知识、情报和手段,合理而有效地控制广告活动的进程,以实现广告目标的活动。

企业广告策划所要确定的内容包括广告的目标、广告对象、广告计划、广告策略等,也就是要解决广告"对谁而说,说些什么,如何说,说的效果如何"等一系列重大问题,使广告能"准确、独特、及时、有效、经济"地传播信息,增强广告活动的效果。

企业广告策划具有以下几个特点:

(一)目的性

企业广告策划起始于广告目标的选择,落实于广告目标的实现,广告目标统领着广告策划的方向和内容,从而使广告活动能够有的放矢。当然,广告目标的选择并非随意而为,它是科学策划的结果,一经选定,便贯穿于整个广告活动的始终,指导整个广告活动过程。就这个意义而言,现代广告策划具有明确的目的性。

(二)科学性

企业广告策划是一个创造性的思维活动过程,但它绝不是随心所欲的,而是具有严谨的科学性。这首先表现在广告策划要遵循一定的程序:在采取广告宣传行动之前,必须对市场形势、消费者态度、社会环境、竞争对手的情况进行周密的调查研究;然后,根据所掌握的资料和信息进行综合分析,找出问题的关键点,确定广告目标,拟订广告计划及其具体实施方案;最后对广告效果进行评估,直到实现企业的广告目标和营销目标。广告策划的科学性还表现在广告策划是一个众多科学知识交叉融合的过程,在充分运用广告学、心理学、传播学、营销学、系统论、控制论等多学科的基础上,借助计算机等现代化的先进技术手段,为广告主提供进行广告决策的依据和最优的行动方案,以取得最好的经济效益和社会效益。

(三)灵活性

由于市场竞争日趋激烈,消费需求水平和结构不断更新,市场环境变化很快。在这种情况下,即使是一个最适当的广告策划,也会因市场环境、约束条件和影响因素的变化而不得不调整。现代广告策划在体现出其科学性的同时,还具有相当的灵活性。这主要归结于在现代广告策划流程中建立起了一套良好的信息反馈和监督机制,即它不是一个单向的决策流程,而是一个双向的环流状的决策流程。从开始的广告调研到最后的广告效果评估,针对市场和消费反应的变化,能及时调整和修正其方案,使得整个广告策划活动能保持充分的灵活性。

二、企业广告策划的意义

从广告发展史可以看出,广告最初的作用仅表现为"唤起人们的注意"或"向某人通报某种信息"。这是一个单向和静态的概念,因此,"广告"最初在英文中用"advertisement"这个名词来表示。后来,随着企业在市场中生产经营活动的日益复杂,"广告"逐渐演化成"advertising"。这一变化有其深刻的内涵,那就是广告从表示一个"静态的事物"发展成为表示一个"动态的行动过程"。广告既然是一项活动,就涉及对这一活动过程进行科学管理的问题,于是,企业广告策划也就应运而生了。实际上,企业广告策划这一理论的提出,正反映了人们对广告认识的提高和丰富。

同时,企业广告策划的提出对企业而言亦具有一定的现实意义。企业要在竞争中取胜,必须重视和制订一整套行之有效的战略计划。战略管理是现代企业的一个重要特征,是新技术革命的产物，体现了当今科学技术、产业结构、市场形势迅速发展和变化的要求。企业战略一般包括制定企业目标、确立经营方向、寻求企业优势和确定战略措施等。企业经营管理中的任何行动，都应看成是实现战略的一部分。为了实现企业的总体战略目标，企业的各构成部分都必须相应地制定本部门各群体的个别目标。总体目标规定和制约了个别目标，并依赖各个目标的实现，各个目标都是总体目标的有机组成部分，它们之间相互衔接、相互依存，并相互影响，因此，企业活动是一项系统工程。

企业经营战略的发展对如何开展广告活动提出了更高的要求。广告是企业营销的一个重要组成部分，在实现企业战略计划过程中发挥着不可忽视的作用。广告在企业经营过程中绝不是一种孤立的、只是简单地为了推销商品的急功近利的手段，一切广告活动都必须服从企业的营销目标乃至战略计划的要求。同时，企业广告活动非常广泛，每一环节都有具体作业内容。如何将这诸多内容和活动进行整合，将其最终统一到企业战略计划的框架中去呢？这就需要我们对企业整体广告活动进行规划，这也就是企业广告策划过程。

三、企业广告策划的程序

企业广告策划的程序是指企业广告策划工作应遵循的方法和步骤，是为使企业广告策划顺利进行和保证企业广告策划的成功而对企业广告策划工作自身提出的方法和原则要求。企业广告策划是一项科学活动，不能盲目进行，而应按一定的方法和步骤进行。就广告活动的一般规律而言，企业广告策划可以依次分为四个阶段，即调查分析阶段、决策计划阶段、执行实施阶段和评价总结阶段。每一个阶段又可细分为不同的步骤。

（一）调查分析阶段

这一阶段主要是进行市场调查与分析，收集有关信息和资料，在此基础上才可能有针对性地制定出广告战略和广告活动策略。

第一步，成立策划小组。调查分析工作的开展由广告策划小组分工安排进行。策划小组应在调查工作开展前成立，具体负责某一特定的广告策划工作。小组成员一般包括：业务经理、策划人员、文案创作员、美术设计指导、美术设计员、摄影员、市场研究分析员、市场调查人员、媒体联络员、公共关系人员、心理学研究员。

业务经理在企业广告策划中有其特殊地位，他们一方面了解本企业的营销组合、问题和营销目标，并参与制定和执行广告目标及策略，另一方面又必须把上述详情和要求传递给创作人员。作品初稿完成后，业务经理必须通过自己的演讲，让企业接受广告计划。如有不当，需要协调各方意见，帮助修改。最后需要监督实施。因此，业务经理要有较好的广告学基础，要有雄辩的口才。重要业务的业务经理，常有助理业务经理（有时被称为业务员）与之配合。

策划人员专门负责广告策划工作。当业务经理不善编拟广告计划，或无暇编拟时，策划人员要在了解全盘的情况下，负责代为编拟。因此，策划人员常常需要有统筹全局的能力，能协调与归纳各方面的意见与智慧，编拟成具体计划，并推行实施。

文案创作员负责撰写广告文案，包括标题、正文、新闻稿及说明书等。文案创作员要具有较强的消化与写作的能力。消化是指能将许多有关资料很快看完，并摘出其中的精华。写作是指能写出打动受众的文字。

美术设计指导和美术设计员是小组中极重要的人物。当广告刊发在印刷媒体上时，必须在美术方面有杰出的表现才能吸引消费者。一个大的广告策划,常需两名以上的美术设计人员分工设计,这时就要有美术设计指导负责策划一切。

摄影员负责提供美术设计人员所需的种种摄影资料,对于商品与模特的动态、静态摄影均需有专长。

市场研究、调查、分析是广告计划编拟之前不可缺少的工作。由研究分析员拟订调研计划,安排市场调查人员实施调查,出具研究分析报告,提供给策划小组讨论。

媒体联络员不但要熟悉每一种媒体的刊播价格及传播效果资料,而且要能向主要的媒体争取到广告版面或广告时间。

在举办广告活动时,公共关系人员负责协调与有关方面的公共关系,以获得各方面的支持,并负责与广告客户洽谈有关公共关系的种种工作。

心理学研究员偏重分析消费者心理和动机,其重要性正不断加强。

业务经理、策划人员、文案创作员、美术设计指导、美术设计员及摄影员又被统称为创意人员,其中,业务经理和美术设计指导是策划小组的中坚和理想召集人,如不具备以上全部人员,策划小组最少也应由业务经理(兼媒体联络员)、策划人员(兼文案创作及市场调查工作人员)、美术设计人员(兼摄影工作人员)等三人组成。

第二步,进行商品研究。由专案策划小组将广告主所委托的商品,就其生产过程、品质成分、包装、售价、分销渠道、消费对象、市场占有率等详加研究。

第三步,进行市场研究。由专案策划小组针对市场中各类品牌的同类商品,分别就其生产过程、品质成分、包装、售价、分销渠道、消费对象、市场占有率、广告费用、广告策略等详加调查研究,并和广告主所委托的商品进行比较。

第四步,进行消费者调查分析,收集市场上与广告产品有关的消费者的行为特点。如人们喜欢哪种产品、在什么时候购买、人们如何使用产品、购买的频率等,在心理学研究人员的帮助下分析消费者购买动机和心理。

第五步,当以上调查结束后,必须对所得资料进行统计与分析,并写出市场调研报告,为后续的广告决策提供依据。

(二)决策计划阶段

这一阶段,主要是对广告活动的整体过程和具体环节进行战略和策略的决策及计划。

第一步,进行广告战略决策。着重解决以下四个方面的问题:

(1)制定广告目标。这是整个广告策划中最重要的部分。它确定了广告活动的基本方向和指导方针。

(2)确定商品的销售对象。任何一种商品,绝不可能适应所有人的需要,只能谋求适应其中一部分消费者的需要,如以女性为销售对象,以高收入的家庭为销售对象,以爱好运动者为销售对象,以知识层次较低者为销售对象等。等对象确定后,再计算出销售对象的规模,根据这个规模,估计初步的购买者比例,进一步能扩展到多少比例等。这样,不但能把握销售对象,而且对计算商品的销售目标很有帮助。

(3)确定在所有同类商品中,应以哪几种为竞争对象。市场同类商品多时,不宜在初期便以所有同类商品为竞争对象,应分为几个层次,逐步挑战。当然,如果广告主有压倒性的优势,也未必不可。

(4)确定销售地区。在考虑上述三点以后,应确定是准备进行全面性的促销还是区域性的促销，地域推广的方式如何选择等。确定销售地区可以使广告计划编拟得更精确。

第二步，在明确了广告的战略任务后，接着便要制定实现这一战略任务的具体的广告策略，包括广告主题策略、广告创意策略、广告媒体策略。

第三步，编制广告预算。根据上述安排，详细编制广告费用预算。编制费用预算时应力求精细，并要求做到表格化。同时广告费用总额需做到与广告主规定的预算总额大致相符，原则上以达到后者的95％为宜，余下5％的预算可列为临时所需调度之用。

第四步，编写广告计划。专案策划小组的案头工作至此已告完成。之后应将研讨的一切结论，由负责的策划人员编拟成完整的广告计划。

（三）执行实施阶段

这一阶段主要是执行并实施广告决策与计划。广告计划经批准后，即可进行广告的设计制作，制成广告作品，并对广告作品进行事前测定与评价，然后定稿并按计划发布。

第一步，决定广告表现。在这一步骤里，要进行广告文案、广告构图、广告色彩的设计与表现。

第二步，进行广告制作。广告制作是整个广告创作的后期工程，广告制作的结束也就是广告作品的完成。制作的水平直接影响到广告效果。不同的媒体对广告制作的要求是不一样的。

第三步，根据确定的广告目标，明确广告发布的地区、时间、媒体组合等，将广告正式文本提交媒体单位，正式推出广告。

（四）评价总结阶段

这一阶段主要是对广告发布后的传播效果和促销效果进行评估。

第一步，征集广告信息反馈，测定广告效果。

第二步，总结广告活动经验，写出总结报告。

第二节　广告创意策划

在广告策划之后，广告活动便进入了实质性的创意阶段，这时，广告创作者要考虑的是如何充分、艺术性地阐释广告主题的问题。美国广告专家大卫·奥格威说，如果广告活动不是由伟大的创意构成的，那么它不过是二流品而已。成功的广告战略首先来自不同凡响的、卓越的创意，创意是现代广告的灵魂，是引起消费者注意、激发消费者购买欲望的驱动力。

一、广告创意的内涵

我们生活在一个商业社会中，广告充斥着每个角落，但这些广告给我们的印象是不一样的：许多广告平淡无奇，令人不屑一顾，激发不了兴趣，更谈不上留下印象，更有甚者，个别广告还会引起心理上的反感；而有些广告表现独特，颇具新意，给我们留下了深刻的印象。为什么同样是广告，差别如此之大呢？除了设计、制作方面的因素外，最主要的在于广告创意的水平。

（一）广告创意的含义

“创意”(creative)，意思是“创造、创建、造成”，创意是广告的灵魂和生命。随着我国经济的持续高速增长，市场日益扩张，竞争不断升级，商战已开始进入“智”战时期。顺应这种竞争的变化,广告从以前的“媒体大战”“投入大战”上升到广告创意的竞争。“创意”一词也成为我国广告界最流行的常用词,对一些广告人来说,甚至到了言必称“创意”的地步。

然而,“创意”一词究竟指的是什么?其内涵如何界定?对此国内学者和广告界人士见仁见智,众说纷纭。大致说来,人们一般在以下几种意义上使用“创意”一词:

(1)创意是指广告的艺术构思(不包括制作)。这是一种使用较为普遍的含义。

(2)创意是指广告活动中有创造性的活动。这是对广告创意较广义的把握,如广告主题创意、广告表现创意、广告媒体创意等。这种认识使“创意”一词几乎包括了广告活动的所有环节,很容易造成概念混乱。

(3)创意是指整个广告作品。这是将创意等同于广告的一种认识。

以上这些反映了当前我国广告界对创意这一概念在认识上的混乱。这一方面说明我们开始认识到创意在整个广告活动中的重要作用,是一个良好的开端,但另一方面也说明从基本概念的把握和界定上来认清什么是广告创意是十分必要的,这一认知过程将有助于广告人在广告活动中通过科学的思维产生真正的创意。

“创意”,从字面上理解,是“创造意象”之意,从这一层面进行挖掘,我们认为广告创意是介于广告策划与广告表现、制作之间的艺术构思活动,即根据广告主题,经过精心思考和策划,运用艺术手段,把所掌握的材料进行创造性的组合,以塑造一个意象的过程,简而言之,即广告主题意念的意象化。

创意是广告活动全过程的一个重要环节,它处在广告主题的选择与广告表现、制作之间。我们知道,广告主题仅仅是一种思想或观念,这种抽象的意念必须借助于一定的形象来表现。

(二)意念、表象、意象和意境

为了更好地理解广告创意,有必要首先弄清楚意念、表象、意象、意境等几个相关概念。

意念通常指念头和想法。在艺术创作中,意念是作品所要表达的思想和观点,是作品内容的核心。在广告创意和设计中,意念即广告主题,它是指广告为了达到某种特定的目的而要说明的观念。我们常说“广告立意”,也就是为广告选择和确定一个基本的主题意念或称广告主题。

意念是无形的、观念性的,它必须要借助某一有形的东西才能表达出来,也就是说,在艺术创作中,立意后,还有一个按自己的审美理想“造像”的过程,“造像”即“创造意象”,也就是广告创意。“造像”过程是一种艺术构思活动,因此,它也要符合艺术构思和创作的一般规律。

艺术是用形象思维的方法来反映现实和表达思想的,即通过艺术家们的努力,将现实生活中的客观事物加以概括和提炼,转化成能为公众注意和接受的特定艺术形象并再现出来。这种转化过程融入了艺术家们的感情、思想和创作技能。所以说,艺术是一种形象表现的手法,离开了形象也就不存在艺术。

任何艺术活动都必须具备两个方面的要素:一是客观事物本身,它是艺术表现的对象;二是用以表现客观事物的形象,它是艺术表现的手段。而将这两者有机地联系在一起的构思活动,就是创意。例如,我们常常用鲜艳的花朵来比喻漂亮的姑娘,这属于一种艺术表现。姑娘是被表现的客观对象,花朵是用来表现姑娘的艺术形象,而选择花朵来表现姑娘就是一种创意。通过这一表现活动能使人们清晰地感受到姑娘的娇美,即使是没见过漂亮姑娘的人，也能从花朵的娇艳中想象到姑娘俊俏的模样。

在艺术表现过程中，形象的选择是很重要的，因为它是传递客观事物信息的符号。一方面它必须要比较确切地反映被表现事物的本质特征（或所希望表现的方面）；另一方面又必须能为公众理解和接受，即公众在该形象和被表现的事物之间能产生合理的联想，而不至于曲解或误解。除此之外，形象的新颖性也是很重要的，否则就可能由于表现形式的陈旧化而失去艺术感染力。这正如人们常说的：第一个把姑娘比作花的人是天才，第二个把姑娘比作花的人是庸才，而第三个再这样比的人就只能是蠢材了。

在广告创意活动中，创作者也要力图寻找适当的艺术形象来表达广告主题意念。然而由于广告并非是对主题思想的简单传达，而是要通过意念的传达去刺激、感染和说服消费者，在广告的创意活动中，艺术形象的选择更为重要，也更多地反映了创作者的思想。

符合广告创作者思想的可用以表现商品和劳务特征的客观形象，在其未用作特定表现形式时我们称其为表象，是我们通过感官对客观事物的原型形象的感知和映照。表象一般应当是广告受众比较熟悉的，而且最好是已在现实生活中被普遍定义的，能激起某种共同联想的客观形象。如果表象的联想定义不明确或容易产生歧义，一般就不应选用作为广告的艺术形象。如果一定要选用这种表象，应当首先以某种方式赋予其前期定义。

在人们头脑中形成的表象经过创作者的情感体验和理解，渗透进主观情感、情绪和一定的意味，经过联想、夸大、浓缩、扭曲和变形，便转化为意象。意象是用来表现人们思想和情感的客观形象，是思维化和情感化了的感性形象，它以表象的客观性为基础，又蕴含了创作者的主观感情，比生活中的实际形象更富有想象色彩。表象一旦转化为意象，便具有了特定的含义和主观色彩，而这种含义的形成又必然同一定的客观事物和表现形象联系在一起。

如“太阳神”口服液的广告用不断向火堆中加木柴的形象来表现“太阳神”口服液具有延续生命之火的功能和效用，既贴切又富有感染力。在这一广告创意中，“火中添柴”这一生活中常见的表象同“太阳神”口服液结合在一起，便成为赋予了特定含义的意象，而广告受众则可通过这一意象自然地感受到广告创意人员所要宣扬的“太阳神”口服液具有保健强身作用这一主题意念。

意象对客观事物及创作者意念的反映程度是不一样的，其所能引发的受众的感觉也会有差别。用意象反映客观事物的格调和程度即为意境，也就是意象所能达到的境界。意境是衡量艺术作品质量的重要指标。所选择的意象对客观事物反映得越广泛、越深刻，所引起的受众心理反响越大，其意境就越高，作品也就越成功。

（三）广告创意的原则

对于什么是好的广告，著名广告人大卫·奥格威在其《一个广告人的自白》中将其概括为三种意见：一种人认为，客户认可的广告就是好的广告。另一种人同意雷蒙·罗必凯的观点：上乘广告的最好标志是，它不仅能影响群众争购所宣传的产品，而且能使群众和广告界都把它作为一件可钦可佩的杰作而长记不忘。包括奥格威本人在内的第三种人则认为，广告佳作是不引起公众注意就把产品推销掉的作品，它应该把广告诉求对象的注意力引向产品，诉求对象说的不是“多妙的广告啊！”，而是“我从来没有听说过这种产品，我一定要买它来试试”。

创意是广告的灵魂，一则广告成功与否在很大程度上取决于广告创意的优劣，因此，在某种意义上可以说，优秀的广告来源于优秀的创意。上面三种意见从不同角度衡量了广告作品的优劣,我们也可以将其看作是对广告创意的要求。具体而言,雷蒙·罗必凯强调了广告创意的独特性,即好的广告(创意)是那些具有原创性的艺术作品或构思;大卫·奥格威则强调了广告创意的实效性,即好的广告(创意)必须让消费者在感觉不到任何推销压力的情况下自觉地接受广告产品。由于创作风格的不同,这两位广告大师对广告创意的评判未免有失偏颇,其实,只有同时具备了独特性和实效性的广告创意才是优秀的广告创意。

台湾有一位广告专家曾对"创意"做过一种不失为精辟的分析。他认为"创意"必须抓住两大要诀:①创意是旧元素的新组合。他用万花筒的原理来解释这一说法:万花筒中装有一定数量的彩色碎片,同一万花筒中这些碎片的数量和质量是不变的,但只要转动万花筒,使这些碎片进行重新组合,就会有无穷的新图案和新花样。创意正是将各种广告活动所涉及的要素进行重新组合,使之产生新意的活动。②创意的产生有赖于对事物因果关系的观察能力。人类的创意与万花筒不同的地方在于万花筒的转动是随意的,无论变化成哪种图案都无所谓;而人类的创意活动是有目的的,即必须使创意的结果符合实现目标的要求。具体到广告创意来讲,就是要使广告主的期望和消费者的欲望相一致,这就需要创意人员能够根据其对各要素之间关系的观察,预计到各种要素按一定方式组合所可能产生的结果。这里所讲的两大要诀实际上就是广告创意的独创性和实效性原则。

1.广告创意的独创性原则

广告界有句名言:"在广告业里,与众不同就是伟大的开端,随声附和就是失败的根源。"它揭示了独创性是广告创意最鲜明的特征。

独创性原则是指广告创意中不能因循守旧、墨守成规,而要勇于和善于标新立异、独辟蹊径。人们平时的行为以及处理各种问题的方式,是受到先天的本能反应和后天的学习经验影响的,我们可将这一行动过程看作是人们对外部环境所传递的信息的反应过程。当外部环境趋于稳定、输入信息极少变化时,人们的反应将趋于一种被动的惯性反应,即经常所讲的下意识。按神经学家的解释,当刺激信号没有变化时,脑细胞将停止反射活动,因此,就不可能引起人们对信息的关注或产生积极的心理体验,而只有当这种刺激信号变化时,才能引起反射。这种变化越是出人意料,反射也就越强烈。这就是创意独创性原则的心理基础。

独创性的广告创意具有最大强度的心理突破效果。与众不同的新奇感总是那样引人注目,并且会引起人们强烈的兴趣,能够在受众脑海中留下深刻的印象,长久地被记忆,这一系列心理过程符合广告传达的心理阶梯目标。一个普通的商品信息或观念,经过具有独特性的创意塑造,其广告传达就能达到不同寻常的震撼效果。

基于此,世界上著名的广告公司和广告人无不将保持创新的活力放在首位,通过不断地创新来挖掘灵感,启发创意的思维。以萨奇兄弟广告公司为例,从公司成立的第一天起,其创办人萨奇兄弟就为自己的企业制定了开拓业务的宗旨,就是在保证质量的前提下,紧紧盯住"需要""独特"这四个字。需要是指要满足客户多样化的需求;独特则是要敢于与众不同,不怕标新立异,在广告创意上要能人所不能,言人所未言。萨奇公司在广告业中初步确立自己的地位归功于查理·萨奇所推出的一则超越常规的绝妙的广告创意——"怀孕的男人"。这则广告是为英国健康教育委员会制作的,其目的是在社会上掀起反对早孕和未婚先孕的运动。广告的画面上是一个挺着大肚子的男人,旁边有一行文字:"假如怀孕的是你,你是否会更加小心一些呢?"这则广告没有有关社会责任的任何说教或严词指责(而这恰恰会使这则广告因与其他公益广告雷同而流于一般),只是用了一个不合常理的男人怀孕的画面,外带一句问话，便将广告主题形象生动地表达了出来，新鲜有趣，别出心裁，从而取得了良好的劝导效果。“怀孕的男人”这一充分体现了独创性原则的广告创意也因此被视为广告中的经典构想和作品。

阅读材料

移动互联网时代的广告创意需求

移动互联网时代，企业需要这样的广告创意：第一，广告创意要与企业的品牌产品定位使命有相关性；第二，广告创意要主题鲜明、简约，引领企业跟上时代的步伐；第三，广告创意要有延展性，促进企业产品的生命力绵延；第四，广告创意要发挥主观能动性，带动企业整合全媒体资源。

广告创意是为企业的品牌产品服务的，所以，它的第一要则是要符合企业对产品的市场定位和概念定位，针对产品的核心目标消费群的消费习惯和生活习性研究制定相适应的市场营销策略。第二要则是广告创意、广告调性要让用户的品牌形象、产品形象具有正能量。尽管当今的移动互联网时代是一个自媒体时代、信息碎片化时代、人人互相娱乐的时代，爆炸式新闻和非常规的广告创意仍会引起小震动，但是不管采取何种营销方式，对企业产品广告创意设计理念的塑造和维护企业正面的、积极的社会形象都是必需的。只有这样的广告创意才会得到社会主流的认可，才会使企业产品具有一定的生命力。

企业要通过广告，以产品为媒介向社会传递企业精神和卖点诉求，进行市场营销，广告创意要与企业产品的定位息息相关。

科学技术的发展带动了整个社会的消费升级、认知升级和体验升级，消费者不再会被传统的单项传递的信息内容所左右，或者说受传统的传播渠道、传播信息量的限制，对任何尚未见识的设计创意都会为之感动。今天，信息碎片化，媒体碎片化，消费者具有了大量获取信息的途径，对广告创意提出了更高的要求。

资料来源：崔虹．互联网＋时代下的广告创意需求[J]．世界广告人，2015(5)：51．有删改。

2．广告创意的实效性原则

我们强调独创性是广告创意的首要原则，但独创性不是目的，广告和广告创意的目的只有一个，那就是“促销”。

如果说独创性揭示了广告创意最本质的内涵的话，那实效性原则则体现了对广告创意最基本的要求，它为广告人寻找、选择和确定广告创意提供了一个基本方向和标准。我们崇尚广告创意的首创性精神，但不能为了追求独创而独创，这或者可能会有“哗众取宠”之嫌，或者可能因过分追求艺术的原创性而导致“曲高和寡”，从而不得不感叹在广告受众中“知音难觅”。

在涉及广告创意的目标效果时，有一点应引起我们注意。我们说广告创意的目的或终极使命是促销，但广告并不等于销售。它只是一种旨在促成消费受众产生某种心理上的、感情上的或行动上的反应的一种说服过程，或者说是一种信息传达过程。因此，传达的效率直接影响着消费受众的反应形式和反应强度，从而最终影响广告产品的市场接受程度。换而言之，广告创意能否达到促销的目的基本上取决于广告信息传达效率的高低，这就是广告创意的实效性原则。为保证实效性，广告创意还应符合以下几个要求：

（1）可理解性。广告创意最终要落实到广告受众，受众对广告创意的理解影响着广告传达的效果，因此，广告创意不仅要强调新颖性、独创性，还要强调可理解性，要注意协调二者之间的关系。

按照信息论美学（由传统美学和信息论结合而产生的作为广义信息论一个分支的现代美学理论）的观点，在一个给定的时间单位中，信息接收者只能理解作品的一个有限的量。那么，怎样的艺术作品才能在有限的时间内最大限度地为受众接受呢？信息论美学遵从自然科学的研究方法，把美看成是可以分解为一系列能在电脑指令系统中加以辨识与计算的基本符号，通过对艺术作品信息量的测量，得出这样一个结论：艺术作品要能适应于个体接收者，它的基础之一就是作品中信息自身和信息之间的组合必须达到最优化。“最优化”就是指艺术作品的“新颖性”与“可理解性”之间的辩证关系。一件艺术作品，越新颖，所含的信息量越大，它的可理解程度就越低，即越不容易被人所接受。

艺术作品既不能是完全新颖的，那意味着完全不可理解，又不能是完全可以理解的，那意味着信息是完全陈旧的，毫无新颖之处，即信息量等于零。

从一定意义上来看，艺术家的匠心经营实质上就是按照最优化的要求来创造艺术作品，即在新颖性与可理解性之间的辩证关系中寻找一个最佳结合点。

根据信息论美学的基本原理，我们在进行广告创意时，就要善于将各种信息符号元素进行最佳组合，使其具有适度的新颖性和独创性。其间的关键就是要在“新颖性”与“可理解性”之间寻找到一个最佳结合点：既要新颖别致，又不能令人不知所云，这就需要我们把握住“不即不离”的审美距离。正如美学家朱光潜先生在《文艺心理学》中所指出的那样：创造和欣赏的成功与否，就看能否把“距离的矛盾”安排妥当，距离太远了，结果是不可了解；距离太近了，结果又不免让实用的动机压倒美感；“不即不离”是艺术的一个最好的理想状态。

例如，荣获美国《商业周刊》1991年度最佳广告的尼康相机广告，便很好地处理了“新颖性”和“可理解性”之间的关系。在广告画面中，仅仅是四个漆黑的方块，每个方块上各有一组文字说明，分别暗示读者错过了一些十分有趣的场面或图景。如有一组文字是这样写的：“一位美国总统正在拎起爱犬的耳朵。”在黑方块下面的广告语又这样说：“如果你能在脑子里将它勾画出来的话，大概是采用尼康相机把它拍摄下来的。”相机广告竟然没有一帧照片，而仅是四个黑色方块，这就够新颖独特了，读者一眼看上去，就会产生好奇、疑惑心理，不得不去阅读广告的文字说明，而文字说明简洁明了，切入准确，解释合理。受众在充分理解广告内容后，又会对广告创意产生回味，形成共鸣，尼康的形象也就在受众的心目中得到了塑造。

（2）相关性。相关性是指广告创意中的意象组合和广告主题内容的内在联系。我们知道，一个意象或意象组合具有多方面的特征，每一特征都与一定的意义和意味相对应，代表一定的意思。意象的复杂性对于创意构想来说，一方面为广告意象的运用提供了多种角度和多种可能性；另一方面，我们也应看到，并不是任何一种意象（意象组合）都能准确地表现广告主题内容。如果意象（意象组合）和广告主题内容没有联系，这种创意不但无助于广告主题的表现，反而会转移人们对广告内容的注意，干扰人们对广告内容的认识，甚至会造成对广告内容的误解。

阅读材料

企业短视频广告如何创意?

这个时代被称为短视频时代,随着2G、4G到5G的技术演进以及智能移动终端设备功能的日益丰富,短视频已然成为碎片化信息输出的重要端口。商业化运作的短视频广告生产模式让创意的作用逐渐显露出来,产生了既有别于传统视频广告的新方法和新特征,又有对传统视频广告创意的移植与传承。

1. 叙事方式的衍生与改变

如何在大量的同质化短视频中脱颖而出,实现最大的商业效益?通过观察发现,传统视频广告的叙事创意方式仍然具有一定的借鉴意义,制造矛盾,将看似不合理的场景通过叙事成为合理的解释仍然是广告创意的有效方法。娱乐、亲情、正能量等主题依然是短视频的注意力抓手,因为如果短视频无法在5秒钟内吸引住观看者的注意力,用户就会用手指在屏幕上轻轻"一划而过"。

在短视频平台上,不同主体在传播内容的叙事方式上具有明显差异。对于企业来说,有必要将传统视频广告的叙事风格和短视频平台生活化的碎片叙事方式结合起来。如果企业想把一些草根视频转化为具有商业价值的流量池,就需要将这种新的信息刺激方式与广告商品特点相结合,同时增强视频的专业表现力,往往会取得意想不到的效果。

2. 社交化信息流传播模式的转变

移动互联网时代,传播模式产生变化,变成分布式流量多接点传播模式。每个人、每个APP都可以成为传播节点,用户的聚合和主动分散传播,让短视频完成社交生态循环。因此,生产者在制作短视频广告时不得不考虑不同短视频平台之间的特征差异以及受众人群之间的特征异同。当人们在消费短视频信息并有意愿进行扩散传播的时候,意味着消费者的价值观念与企业、产品所倡导的价值理念一致,从而构建的社交圈层形成独具特色的用户画像,也为广告创意提供了清晰的目标人群,让广告创意更具有针对性,同时,不同的社交圈层也让短视频广告创意更加多态化。

另外,算法为汇集流量池提供了技术支持,让用户自然接收他所喜欢的内容,形成社交圈层,为创意提供了更好的先决条件,并能够科学及时地对广告效果进行评估,让广告创意建立在科学的基础上,让企业可以测定广告的真实效果。

此外,短视频具有民间文化特征。无论短视频广告是否经过专业润色,草根特征仍然是短视频的基本底色之一,这不仅仅指内容场景的生活化,还包括内容精神层面充满了草根性。企业在运营短视频广告时要利用草根性这一特点,以获得大多数人群的共同关注,同时加强用户的黏合度,让短视频里生活化的自然状态悄悄占据用户的内心。

3. 避免记住KOL而忘记产品

如今,企业品牌在KOL(Key Opinion Leader,关键意见领袖)身上投放得越来越多,KOL可以带来巨大的流量,但同时也很容易让用户忽略产品。与KOL合作可以获得很好的流量,但也大多仅在KOL的自有粉丝渠道传播,尽管流量增加了,但是产品却被忽略掉。让KOL内容成为品牌的一部分,就要在产品调性、价值认同等方面和KOL形成一致,并结合 KOL 的其他短视频内容，及时转化为产品的商业变现，扩大产品在用户心中的认同感。

社交化短视频广告为企业品牌官方内容注入原生力量，为具备创作能力的 KOL 注入商业流量。随着 5G 时代的到来，万物互联，3D、4K 高清影像、AR、VR 都会丰富创意表现手段，也会为创意演化提出新的话题。但是无论时代如何改变，创意的关键仍然是人与人之间的情感构建，真诚和坚持仍然是广告成功的第一要素。

资料来源：魏东. 企业短视频广告如何创意？[J]. 中关村，2020(9)：44. 有删改。

二、广告创意的过程

任何一件艺术品都有一个好的创意，伟大的艺术品更有伟大的创意。那么这些创意尤其是那些闪烁着才华和灵气的经典作品是如何产生的呢？创作了《蓝色狂想曲》的作曲家格什温在回忆他构思的过程时说，火车上的声响对作曲家常起刺激作用，他经常在噪音深处听见音乐。就在那里，他忽然从头至尾构筑出《蓝色狂想曲》的整个结构。他心里并没有新的主题出现，但运用了已经印入脑海的那些主要素材来构想整部作品。他所听到的就像是一种美国的音乐万花筒——那各民族融合的幅员广阔的国家、举世无双的民族活力、大都会的狂热……从波士顿返回后仅一个星期，除了少数钢琴独奏的华彩乐段外，格什温便完成了《蓝色狂想曲》的钢琴谱。在这里，火车开动时铿锵的节奏和隆隆的撞击声成为格什温灵感迸发的契机。类似于此的情况在中外艺术史中举不胜举：水中的涟漪启发达·芬奇给《蒙娜丽莎》画上永恒的神秘微笑，森林中鸟儿的欢鸣和疾驰的马蹄声促生了约翰·施特劳斯那有名的《维也纳森林的故事圆舞曲》……以上这些都反映了艺术创作过程中灵感的存在。

灵感是创作欲望、创作经验、创作技巧和诱发情景的综合产物，是最令人感慨万千的精灵。由于捉摸不定、瞬息万变，灵感很容易被神秘化进而变成玄化的结果，在很多人眼中变成天赐神授之物，这种看法在广告界尤其普遍。广告创意人员强调灵感在广告创意中的作用，反对创意是一定程序的产物，他们往往在桌边枯坐，一杯接一杯地喝着苦咖啡，乞灵于“缪斯女神”向他们展露微笑，而不愿意更深入地了解商品和市场的有关资料。

我们不否认灵感在广告创意中的重要作用，只是强调应以正确的态度看待灵感的产生。对任何人来讲，灵感都不是毫无缘由地不期而至，它只喜欢那些对它有了深厚的积淀和充分准备的人，没有这些，你或者对灵感的叩门听而不闻、视而不见，或者无法把偶然碰到的灵感火花点燃成璀璨的广告作品。《美国电影摄影师》杂志在采访著名导演斯皮尔伯格时问及《外星人》的灵感是怎样产生的，他说艺术、建筑、电影、戏剧以及写作领域里有创造能力的人们，其创作都是来源于他们最早记忆中积累的印象。他不相信会有什么能启发灵感的白色灵光闪现——那是民间流传的神话。他的灵感是所有才华的总和，那是早在 1947 年他在俄亥俄州的辛辛那提市出生时就开始累积，六岁看流星雨，看《绿野仙踪》《彼得潘》，迪士尼的每部影片，希区柯克和库布利克的所有影片，斯坦贝克和福克纳的所有小说，加上读小学、初中、高中和大学的所有经验以后……于是，果然有一样东西从天上掉下来打在他头上，它以一个身材矮矮的、又湿又软、又胖又扁的小人物形态出现，名叫 E. T.。

因此，灵感不是创意的前提，更不是创意的全部，它只是广告创意人员在经过一段艰辛而严密思考后的超越性产物。从某种意义上而言，我们在创意过程中的种种努力就是要有意识地捕捉这种灵感。灵感以及灵感的捕捉正是詹姆斯·韦伯·杨所讲的创意所具有的某种神秘的特质，就像传奇小说般在大海中会突然出现许多岛屿，充满奇幻的气氛。然而科学家知道，大海中的环状珊瑚岛是由不计其数的在海面下活动、看不到的珊瑚所建造累积而成的。那么，创意是否也与此一样？它是否是一长串看不见的构想创意过程的最后结果？如果是这样，则此过程能否加以识别，进而可以有意识地跟踪并加以利用？最后，能不能为创意的产生发展寻找一种定则或技巧？对于这一系列的问题，詹姆斯·韦伯·杨的回答是肯定的。他认为，生产创意，正如同生产福特汽车那么肯定；生产创意，同样是在大量生产作业的装配线上进行。而在此生产中，人的心智发展也遵照一个作业方面的技术要求，这个作业技术是能够学到并受控制的，因而对其有效使用这件事，就是“练习其技术”，这与有效使用任何工具的情形是完全相同的。

在学习任何技艺时，最重要的莫过于原则和方法，产生创意也是如此。作为一个广告人，首先必须懂得广告创意的原则与基本方法，只有具备广告原则与方法的知识，才能在技术人员的配合下制作出成功的广告。

詹姆斯·韦伯·杨是世界公认的广告泰斗，1974 年（他逝世后一年）被授予美国广告人的最高荣誉“美国广告杰出人物”称号。《产生创意的方法》是他最后一本著作。尽管该书只有 15 000 字，却是谈创意的书中颇具启发性的一种，在广告界影响很大。他在书中详细地介绍了广告创意产生的原则和方法。

他认为，不管产生创意的一般基础原则是什么，实际上只有两项原则是最重要的：第一项，创意完全是把原来的许多旧的要素进行重新组合，这是关于产生创意最重要的事实真相。第二项，牵涉到把旧的要素予以新的组合的能力，这一能力主要指了解各要素间相互关系的本领。创意时心理素质的差异、知识结构的差异导致创意方法的不同，从而产生了不同水平的创意。对某些人而言，可能每一事实都是各自独立的一点知识；对另外一些人而言，这些知识可能是许多相互联系的环节。而看清事物间的这类相互关系，是进行新组合、产生创意的关键。因此，在心智上养成寻求各事实之间关系的习惯，对于产生创意十分重要。

【案例 8-1】

椰树集团：被低俗广告带偏的企业形象

“椰树牌椰汁”是创立于 1988 年的饮料品牌，在 2019 年的新包装设计上，它却让自己 30 余年来积攒的良好产品形象招来非议。该产品包装从之前的椰树、椰子的自然风光图片改为了衣着暴露的女代言人图片。在街边的广告牌中，该企业则打出了“用椰汁擦乳，每日多饮椰汁能使乳房饱满”的宣传语，同时宣传语还着重强调“我从小喝到大”，暗示椰汁具有“丰胸”的功效，被网友直呼“低俗”“辣眼睛”。其播放的广告片中，也采用了“大胸性感美女”的形象，让人脸红，不适合少儿观看。

在收到消费者反映之后，“海口工商”微信公众号于 2019 年 2 月 13 日发出消息，指出海南椰树集团椰汁广告涉嫌内容低俗、虚假宣传等问题；同时，海口市龙华区工商局对海南椰树集团涉嫌发布违法广告的行为进行了立案调查。知名医疗微博号“丁香医生”也于当天发出微博，向公众表示喝椰汁不丰胸，从医学的角度直接表明了自己的态度，认为椰汁广告有虚假宣传的用意。

2019 年 2 月 14 日，椰树集团发布新广告。15 秒的广告视频仍保留了“从小喝到大”的广告词，但用中小学生形象换下了女模特，以宣传“从小时候喝到长大”之意。这一行为阻止了原广告片的进一步传播，也在一定程度上减少了后续对企业形象的不利影响。

2019年3月18日,“国家广播电视总局”微信公众号和国家广播电视总局办公厅发出立即停止播出“椰树牌椰汁”等部分版本广告的通知。通知称,一些电视台播出的“椰树牌椰汁”等部分版本广告存在导向偏差和违规播出涉性广告等问题,违反了《广告法》《广播电视管理条例》《广播电视广告播出管理办法》等规定。同时指出:“‘椰树牌椰汁’部分版本广告,片面追求感官刺激、宣扬低俗内容、违背社会风尚,价值导向存在偏差,易对广大受众尤其是未成年人产生误导。”

细心的网友梳理后发现,这不是椰树牌椰汁首次陷入低俗广告争议。据媒体报道,2009年和2017年,不仅是椰树椰汁,椰树集团的橙汁、石榴汁的广告风格也都曾被消费者质疑过于低俗。

“椰树牌椰汁”本身产品足够“硬核”,在椰汁饮品市场具有垄断性地位,深入家家户户的老品牌却用低俗广告来博眼球,实在是自砸“老字号”招牌。在海南当地媒体南海网上,至今仍保留着关于椰树低俗广告争议的页面。一则海南低俗广告的调查显示,海南“最臭广告”一项中,椰树石榴汁票数最高,占41.4%。而在“你对海南的低俗广告有何感受”一项中,选择反感的占了83.1%。

“陷入争议的广告的确达到了传播效应,却不一定带来正面效应。”业内人士说。中国食品产业分析师朱丹蓬也指出,椰树集团面对市场萎缩和品牌老化,想出广告炒作的馊主意。走这个路线,是很失败的一个做法。

在“眼球经济”时代,为了提升产品知名度,企业在广告设计上做足噱头来吸引眼球本无可厚非。然而,一些企业和广告制作方过度强调所谓的“出奇创意”,极尽所能、不惜代价、没有底线,只为广告内容能吸引眼球,以为获得更多的关注,就能扩大销量。椰树集团在考量这类广告传播力强劲的同时,却忽略低俗广告非但起不到好的效果,对品牌没有促进作用,反而会引发消费者反感,使企业的美誉度和形象受损。因此,只有把好产品和服务质量关、提升广告创意水平,才是提高企业知名度、美誉度进而提升企业形象的根本保证。

资料来源:[1]国家广播电视总局办公厅.总局通报“椰树牌椰汁”等3款违规广告,要求立刻停止播出[J].广电时评,2019(6):4.[2]杨召奎.椰树牌椰汁低俗广告背后是创新乏力[N].工人日报,2019-02-18.[3]宾振宇.从危机传播视角浅析椰树椰汁“涉嫌虚假宣传事件”[J].视听,2019(10):200-201.有删改。

第三节 企业广告策划与企业效益

广告活动是市场竞争的直接结果,也是企业决定参与市场竞争的标志,从某种程度上来说,一个企业的广告就是该企业对市场的宣战书。正因为企业广告的这种促进市场竞争的性质,使得广告对企业的经营管理产生促进作用,推动企业改善自身的生产运行,提高整体竞争能力。现代企业管理主要有四个方面的内容:生产管理、销售管理、组织机构管理(或称行政管理)和信息管理。针对这四个方面的内容,企业经营管理人员进行各种层次和各种形式的决策,指导企业的生产与经营。广告正是通过竞争机制,对企业在这几个层面的管理行为产生推动和促进作用,从而提高企业的经济效益。

对于一个企业来说,为了提高企业的市场生存能力,可取的办法只有以下几种:提高产品质量;扩大适销对路和市场需求量大的产品的生产;降低生产成本;开发新的产品;提供良好的售后服务。几乎所有的经营管理行为,都应该围绕这几个方面来进行。

一、广告策划的基础

为了取得更好的经济效益，使企业在市场竞争中立于不败之地，企业首先应该加强产品质量管理，保证生产出货真价实、品质优良的产品供应市场，并通过不间断的和有计划、有步骤的广告宣传，提高产品的知名度，使之成为广大消费者普遍接受的和“指牌购买”的名牌产品。其次，鉴于市场竞争日益激烈、商品供应日新月异，企业必须通过广告活动获取准确而及时的市场信息，加强对新产品的开发研究和对现有产品的更新改造，并根据市场信息，通过管理途径，及时地调整生产计划，扩大适销对路的产品的生产规模，调整企业产品结构。再次，为了使本企业产品在价格上具有与同类产品的其他品牌进行竞争的能力，必须加强对企业生产过程的管理，节约能源，降低原材料消耗，达到通过降低成本来降低产品定价的目的。最后，为使产品在消费者中间建立长期信誉，打消消费者对产品的品质顾虑，企业必须做好售后服务工作。所有这一切，都是生产管理部门应该配合企业的广告宣传所做的工作。

二、加强销售管理

企业通过广告活动收集市场信息，制定产品的市场计划和销售策略，对产品进行市场定位，以达到更多更快地售出产品、降低商品流通成本费用的目的，使企业获取更大的经济效益，加快发展步伐。同时，企业的广告活动还要求销售管理部门及时做好产品生产、流通和销售环境的协调工作，建立健全销售网络，使产品及时到位，以配合广告活动的进行，保证广告活动产生好的效果，而不致造成浪费。

三、加强行政管理

在企业的行政管理方面，由于广告活动所带来的竞争压力，势必要求企业的行政管理部门人员机构简约精干，工作效率高且运行有序，更好地达到协调企业内各有关部门运转的目的。

四、加强信息管理

广告在企业信息管理方面的功效，主要是促进企业进行信息收集和信息处理，提高企业的信息预测能力，以及企业应用广告信息指导生产和产品开发的能力，改善企业的经营管理和生产运行，从而提高企业的市场生存能力。

（一）巩固市场

企业通过不间断的广告宣传，可以时时提醒自己产品的消费者和对自己的产品已产生消费偏好的人不要忘却自己的产品。同时，通过对自己的产品不同于其他品牌的同类型产品的特点的不断宣传，还可以说服潜在的消费者对自己的产品产生兴趣，促使他们购买自己的产品，从而达到巩固已有市场、维持和提高产品的市场占有率的目的。

（二）收集信息，不断改进产品品质，开发产品的新功能

企业通过广告活动进行广泛的市场调查和信息反馈，并根据消费者的意见和对市场消费动向的预测改进产品，开发产品的新功能，以适应市场的变化，使名牌产品长盛不衰。

（三）保护企业的合法权益

许多产品在市场上获得成功、成为名牌之后，往往会引起竞争者的两种反应：生产不同品牌的同类产品；伪造冒牌产品，侵犯合法厂商的权益。

在市场中,出现不同品牌的同类产品无可非议,但往往一些同类商品以仿冒的名目出现,如其包装、外观和名牌产品的大致相同,只有少许区别,商品的名称也极为相似,以达到鱼目混珠的目的。很明显,这是一种企图分享名牌商品的市场效果的行为,对于通过艰苦创业得来的名牌商品的市场利益颇有影响。至于冒牌伪造商品,其包装、形状、商标等与名牌商品的完全相同,然而品质低下,价格低廉。这些伪劣仿冒或假冒商品都严重地侵犯了合法厂商的权益,使名牌商品的消费信誉受到严重损害。遇到这样不正当的和非法的侵权行为,名牌商品的生产企业只有尽快地通过广告,向社会上的广大消费者详细说明产品的辨别方法,才可能制止其侵权行为,从而保障自己的合法权益。

广告对于企业一般而言具有这些功效:开拓市场,促进销售;促进企业生产的发展;指导和推动企业从事新产品开发;推动企业改进经营管理,提高企业整体竞争力;改善企业公共关系形象,提高企业的社会地位;维护企业声誉,保护企业合法权益。简言之,广告是生产者和消费者之间的桥梁。

近年来,工商企业的一大发展趋势就是生产与销售一体化,生产和销售在分工合作的基础上产生更大的相互制约和相互促进作用。企业的生产必须根据市场的需要来决定,才能保证所生产的产品尽快地在市场上销售,同时,市场的销售活动也受企业生产的制约。由于市场竞争愈演愈烈,只有品质好、价格合理、在消费者心目中树立了一定的品牌形象的商品,才能够在市场中销售出去,销售部门又反过来要求企业生产出品质优良、成本低的商品供应市场,并由生产部门抽出一部分人力、物力做好售后服务工作。广告活动的目的是进行直接的市场促销,它从三个方面对企业的生产产生促进作用:

第一,企业通过广告活动来扩大产品销售,从而推动企业生产的发展。随着生产与销售的一体化发展,生产和销售成为制约企业经营的两个关键因素。企业在生产出产品后,只有通过销售,才能够回收所投入的生产资金,进行下一步的生产。同时,为了取得更好的经济效益,企业必须想方设法加快资金的流转速度,缩短资金的周转周期,降低资金流转成本。要做到这一切,只有加快商品的流通、缩短商品的销售周期。为缩短商品的销售周期,加速商品的流通,企业需要进行大规模、有计划、有目的的广告活动。同时,广告具有开拓和巩固市场的功能,能使产品的市场销售量提高,市场对企业产品的需求量也加大,从而促使企业扩大生产规模。

第二,广告活动的日益信息化和为企业提供全面服务的发展方向,使广告活动对企业的生产产生愈来愈重要的影响。企业可以通过广告活动获取市场信息,并用这些信息来指导企业的生产与经营活动,及时地安排好适销对路和市场需求量大、竞争力强的产品的生产。

第三,广告加速流通、促进销售的功效的发挥,一方面可以使企业在市场销售量增加的情况下挖掘自身的生产潜力,开展适度的规模经营,甚至扩大再生产规模,从而使产品的生产成本下降;另一方面加速了资金的流转,缩短了资金的流转周期和流转成本,降低了产品的流通与销售费用,同样可达到降低成本的目的。因而,广告还具有降低生产成本的功效,对企业提高整体经济效益有莫大的帮助。当然,这一切只有在广告活动有计划、有目标进行的情况下才是有效的。

【案例 8-2】

天猫“双十一”广告主题的变化

新媒体环境下消费者心理已经呈现出新的特征，如消费心理的变动性、个性化、非程序化等，消费者购物的关注点也不再局限于性价比、便宜等基础层面的需求，开始追求“让自己变得更好”“让生活更丰富”等高级层面，这是一种深层而内化的消费心理变化。这些深层且内化的变化被天猫洞察到了。天猫“双十一”活动从 2009 年 11 月 11 日开始，经过十多年的发展，其意义已经超越了购物本身。近几年，天猫“双十一”广告主题设计展现出对购物本质的思考，努力探索与消费者，特别是与更为年轻一代的消费者建立价值连接。

天猫“双十一”广告主题的变化体现在下面三个方面。

1. 从物质消费转变为精神鼓励

最开始天猫“双十一”广告主题都是从购物狂欢的角度出发，联合各类品牌强调“促销”“实惠”“低价”等关键词，重点是号召消费者进行消费。天猫通过广告信息的传播使其他品牌触及消费者。这类广告主题虽然明确，短时间内可以促使消费者产生购买行动，但和消费者之间还是存在距离。从 2017 年开始，天猫逐渐洞察到了消费者消费心理的变化。2017 年天猫“双十一”的广告主题为“祝你双 11 快乐”，广告创意在情感方面主动贴近消费者。2018 年是天猫“双十一”活动十周年，以“精彩，刚刚开始”为主题，天猫广告创意围绕着不同人的十年变化展开，线上引发讨论，线下发起相关活动，调动消费者的参与热情。2019 年是天猫“双十一”广告主题出现转折的一年，提出了带有“双十一”氛围的“愿望 11 实现”，来表达对不同群体消费主张的理解，再次拉近与消费者的距离。同时利用首次拍摄的微电影建立与年轻消费群体的连接，取得不错的效果。这种与消费者构建精神层面连接的品牌主张在 2020 年继续延续。2020 年，天猫“双十一”广告主题为“1 起挺你，尽情生活”，为努力认真生活的人们加油打气。经济环境处于调整缓冲期，人们的消费态度比较保守，天猫并没有急于利用购物节号召人们消费，而是用充满激情的广告创意，鼓励人们回归理想生活状态，给予消费者精神层面的支持。

2. 从号召购物到思考购物的本质

近些年，天猫“双十一”广告主题开始侧重引导消费者思考购物的本质。与最开始的联合各类品牌进行促销推广不同，从 2017 年开始，广告内容表现越来越凸显购物真正的意义，2017 年以后每年的广告短片都通过展现不同用户的购物需求来表达品牌对消费者的支持，带给消费者极强的共鸣感。广告大师比尔·伯恩巴克曾说过：“虽然人们常常用语言掩饰真正的动机，但对人性的洞察才是让创意理念产生效用的核心。”品牌需要主动与消费者沟通，并建立深入稳定的情感连接，只有了解当下消费者的心理和消费趋势，才能将广告信息植入目标群体的心中。

3. 从推销辞令变为故事营销

将广告故事化，可以在品牌与消费者之间建立情感连接。天猫 2019 年“双十一”活动主题为“愿望 11 实现”，围绕主题首次推出了一支微电影，意在与年轻消费者对话。短片的主角是一个 20 多岁的女孩，她正处在人生的十字路口，迷茫困惑。消费者看到这支广告时，会感到格外熟悉，女孩面对的人生困境，消费者也会遇到。女孩面对的内心冲突，消费者也会感同身受。短片在社交平台传播时引发了消费者的广泛讨论和强烈的情感共鸣。故事营销不是重复或强调品牌的优势或产品特性,而是创造消费者想要或者需要看到的内容。天猫把对消费者心理的理解转变为广告主题,利用故事进行创意传播,打动消费者,同时引发对品牌及活动的关注。

通过对天猫"双十一"广告主题的梳理可以发现,品牌洞察到随着消费的升级和消费者自我意识的崛起,传统的单向传播式和打扰式广告已经不能满足消费者场景化、碎片化、社交和个性化的消费需求。天猫"双十一"活动在广告创意和传播方面都体现出对消费者的理解和共情,打造多场景和多样化的广告内容,呼应消费者丰富的物质、精神需求,在广告创意和传播中将物质消费转化为对购物行为本身的思考,将"双十一"购物节升级为一种精神符号。

资料来源:王粟.基于天猫"双十一"广告主题变迁分析消费心理对广告创意传播的影响[J].商场现代化,2021(17):16-18.有删改。

本章小结

广告策划是指广告人通过周密的市场调研和系统的分析,推知和判断市场态势及消费群体的需求,利用已掌握的知识、情报和手段,合理而有效地安排广告活动的进程,以实现广告目标的活动,主要解决广告"对谁说、说些什么、如何说、说的效果如何"等问题,具有明确的目的性、严谨的科学性、充分的灵活性等特点。

广告策划要遵循一定的程序,就广告活动的一般规律而言,其整个进程可分为调查分析、决策计划、执行实施和评价总结四个阶段,每个阶段又包括更详细的工作步骤。

企业广告策划是一个现代概念。以策划为主体,以创意为中心,进行科学管理,是现代广告活动的一个重要特征。现代广告活动是一项系统工程,没有完善而周密的策划,就会使整个广告活动目标不明、计划不周、行动盲目,难以取得理想的广告效果,甚至会走向初衷的反面,导致企业生产经营活动的失败。因此,从这个意义上说,企业广告策划是广告的核心和灵魂。

中英文对照专业名词

广告　Advertising　　程序　Process　　创意　Originality

市场　Market　　信息　Information

复习思考题

1. 什么是企业广告策划?
2. 简述企业广告策划的程序。
3. 简述广告创意的内涵。
4. 简述广告创意的独创性原则。
5. 简述广告创意的过程。

案例分析

肯德基塑造品牌形象战略

肯德基是全世界最大的炸鸡公司,目前已有15 000多家分店,分布于60多个国家和地区,备受各国人士的赞赏和喜爱。自1987年肯德基在中国的首家分店在北京开业以来，已经累计售出240万吨鸡类产品。如今，肯德基在中国管理并经营着950多个城市和乡镇里的4 000多家连锁餐厅。2000年11月13日，在由中国连锁经营协会发布的五家“2000年度中国优秀特许品牌”中，肯德基是唯一被特别推荐入选的外资国际品牌。2002年，在全球品牌排名中，肯德基居第49位，品牌价值54亿美元。

肯德基在进入与拓展中国市场的过程中，始终把“肯德基”作为中国餐饮业的第一品牌来运作，运用各种战略来塑造这个品牌形象。如运用“首先攻占大城市，准确选址”策略提升肯德基的品牌层次，以全球推广的“冠军计划”提供标准化服务来支持品牌建设，围绕形象定位进行公共关系宣传强化“烹鸡专家”形象等。其中，围绕形象定位进行公共关系宣传是重要的手段，肯德基在全球市场的成功有一半应归功于此。

1. 广告宣传

肯德基的广告宣传策略为它的形象提升和产品宣传作出了巨大的贡献，主要有如下三个特点：

(1)面向重点城市，大量投放广告。重点是北京、上海、广州等特大城市。

(2)启动新动画形象，焕发品牌新活力。为更好地巩固品牌形象，每隔一段时间，肯德基就会有针对性地推出新一轮的电视广告片，并不断花重金寻求新颖的广告创意。

(3)与主要竞争对手进行广告竞争，维护自己“烹鸡专家”的形象。比如，有一段时间，麦当劳的电视广告是一对俊男靓女“狼吞虎咽”地吃香喷喷的“香辣鸡翅”。这对肯德基“烹鸡专家”的形象提出了挑战。对此，肯德基迅速作出反应，先是在电视台轮番轰炸“谁让我是烹鸡专家”的广告，接着又在大城市主要报纸上连续投放打出半版大小的广告，广告词写得颇为含蓄：“我的独家神秘配方，整整60年的烹鸡经验，不是能随便克隆的”，有力地维护了自己的形象，和竞争对手加以区分。

2. 企业公共关系行为

肯德基热心各国的公益事业，一直积极关心需要帮助的人们，积极回馈社会，树立了良好的企业形象。近年来，肯德基在自身不断快速发展的同时，对中国的公益事业，尤其是中国儿童教育事业的投入加大，已成为公司“回报社会”的一个核心内容。具体内容及活动有：为“希望工程”捐款，捐赠书籍、画册等；邀请残疾儿童、贫困儿童免费品尝肯德基鸡类产品；举办形式多样的公益文体活动。例如，2000年3月，员工捐款在重庆万州地区种植了1 000亩肯德基希望工程林；2000年8月至12月，以夏令营营服、现金等形式资助300多名宋庆龄奖学金获得者；2001年7月，与《新民晚报》共同举办肯德基杯中学生足球赛。

思考题：

1. 肯德基为了塑造品牌形象运用了哪些策略？
2. 肯德基是如何运用广告宣传和公共关系行为来塑造品牌形象的？
3. 从上面的案例中你得到了哪些启示？

第九章　企业形象策划与企业文化

导入案例

格兰仕——让顾客感动

“将心比心、以心换心地去做人，去工作。作为一个生产企业，事实上要对得起老百姓辛辛苦苦赚来的钱。”这是格兰仕公司总经理梁庆德的座右铭。

梁庆德说格兰仕人努力提供使顾客感动的服务，他们的宗旨是为广大消费者服务。只有提供真诚的服务，顾客才会感动，顾客能感动就不怕没有市场。只有付出，才可能得到市场；没有付出，就永远得不到市场。

格兰仕人正是用这种经营思想为广大消费者服务，换来了自己的神速发展。那么，格兰仕公司是如何做到令顾客感动的呢？

1. 别具一格的售前服务

微波炉上市之初，毕竟是一种新型家电产品，不少消费者对它缺少认识和了解。要使消费者普遍认识和接受微波炉，首先必须进行深入的微波炉知识普及。从 1995 年起，格兰仕公司开展了大规模的微波炉知识推广活动，在全国各地 150 家报刊上特约开设了“微波炉使用专栏”“专家谈微波炉”等栏目，介绍微波炉的功能、特点和选择、使用、保养方法，同时开设了“微波炉系列菜谱介绍”“微波炉美食文化指南”等栏目，详细讲解了数百种菜肴的烹饪方法与技巧。

2. 为顾客提供附加价值

美国营销专家李维特说过，未来竞争的关键，不在于企业能生产什么产品，而在于产品能提供多少附加价值。

格兰仕公司聚集了国内一大批专家，花费了一年多的时间，编写出了《微波炉使用大全：菜食谱 900 例》等书，并在全国 30 多个城市的大型商场开展免费赠书活动，耗资近百万元。

3. 愿意为任何细小的事情负责

广东汕头有一位顾客购买了一台格兰仕微波炉，在搬家时不小心碰坏了外壳，公司维修部职工专程将新的外壳送到他家。这位顾客深受感动，拿出几百元酬谢金，被格兰仕维修部职工婉言谢绝。

国外有位顾客服务专家曾说过，要提供令顾客疯狂的服务，只有疯狂的顾客服务才会使顾客疯狂地为企业介绍其他的顾客。

第一节　企业形象与企业文化的关系

一、企业形象与企业文化

企业形象与企业文化是两个不同的概念，但又是相互联系、相互交叉的概念。

(一)企业形象

企业形象是指社会公众和企业员工对企业的整体印象和评价。公众印象是公众对企业的初步认识，印象与形象可能一致，也可能不一致，形象有实态形象和虚态形象之分。实态形象是企业实际经营的成果、水平、产品质量、利润和规模的体现。实态形象与虚态形象之间构成三种关系，即：实态形象＝虚态形象；实态形象＞虚态形象；实态形象＜虚态形象。

公众评价是通过公众态度和公众舆论体现的。公众态度是人们的内在意向，是倾向性意向，较为稳定，比起印象要加深一步。舆论则是通过语言交流对企业形成的看法，它是人们意向的表面化。公众印象、公众态度、公众舆论是三个不同层次的概念。企业形象就是通过这三个层次在社会公众中逐步明确化、稳定化而确立的。

(二)企业文化

企业文化有广义和狭义之分。广义的企业文化是企业精神文明和物质文明的总称。狭义的企业文化则是企业及其员工持有的思想观念、价值取向和行为准则的总和。关于企业文化的内涵有种种表述，其中有代表性的有以下几种：

(1)传统风气说。加利福尼亚大学美籍日裔教授威廉·达内在1981年出版的《Z理论》中把企业文化概述为：一个公司的文化由其传统和风气所构成。这种公司文化包括一整套象征、仪式和神话，它们把公司的价值观和信念传输给雇员们。这些意识给那些原来就稀少而抽象的概念添上血肉，赋予它们生命。

(2)价值观与神话说。美国哈佛大学教授泰伦斯·狄尔和麦肯锡咨询公司顾问爱伦·肯尼迪于1981年出版了《企业文化》一书，书中阐明了他们对80多个企业进行调查后得出的结论：杰出而成功的公司大都有强有力的企业文化，企业文化由价值观、神话、英雄和象征凝聚而成，这些价值观、神话、英雄和象征对公司的员工具有重大的意义。

(3)信念原则说。美国管理专家托马斯·彼得斯与小罗伯特·沃特曼对43家优秀企业进行研究后认为，企业文化包含为数不多的几个基本原则，这些原则是算数的，必须严肃对待，它们代表了企业存在的意义。一个伟大的组织能够长久生存下来，最主要的条件并非结构形式或管理技能，而是我们称之为信念的那种精神力量，以及这种信念对于组织的成员所具有的感召力。

(4)三层面说。美国哈佛商学院的约翰·科特与詹姆斯·赫斯科特所著的《企业文化与经营业绩》一书将企业文化分为表现文化、制度文化和观念文化等三个层面，其中观念文化是核心，三个层面相互作用和影响，形成了企业文化多姿多彩的形式和无穷的魅力。

企业文化可以概括为结构说，即企业文化是由企业观念文化、企业管理文化、企业营销艺术三部分构成的。

企业观念文化包括确立新的营销观念和规范营销道德两个方面。

企业管理文化包括正确的价值取向、执着的开拓追求、坚定的团体观念和完善的激励机制等内容。

企业营销艺术包括企业营销环境的美化及企业营销活动的多样化和技巧化。

综上所述,企业文化具有以下丰富的内涵:企业文化是企业活动的产物;企业文化具有丰富的多样性;企业文化具有强烈的时代色彩;企业文化具有明显的群体差异;企业文化具有显而易见的区域差异;企业文化具有沉淀性和延缓性;企业文化具有优劣之别;企业文化具有可控性等。

(三)企业形象与企业文化的异同

1.企业形象与企业文化的联系

企业形象与企业文化有许多交叉的地方,这些内容是:

(1)有关企业的理念部分,既是企业形象的灵魂,又是企业文化的核心。

(2)有关企业的制度部分,既是企业形象要着力建立、调整的内容,又是企业文化不可缺少的组成部分。

(3)有关企业的外观面貌,既是企业形象要着力设计和塑造的,又是企业文化中易为外界所感受的外在表现。

经过这样一比较,似乎企业形象与企业文化没有区别。人们在运用这两个概念时常常有以下几种情况:

(1)视企业形象为企业文化。自20世纪70年代企业形象传入东方后,企业习惯于把企业形象与东方传统文化结合在一起,使企业形象的内涵与企业文化的内涵近于重叠。

(2)视企业形象为表、企业文化为里。这种理解是把企业形象的内涵局限于企业视觉系统这种狭义的层面,企业文化所囊括的应该是企业的理念、行为等与系统有关的内涵。

(3)视企业形象为系统,企业文化为其子系统。把企业形象与企业文化当作一大一小两个概念,且前者包容后者。

(4)视企业形象和企业文化为两个有联系而又有区别的概念。

2.企业形象与企业文化的不同

企业形象与企业文化是两个不同的范畴,二者尽管在其内涵上有许多交叉之处,但它们的适用范围和侧重点都是不同的。不同之处主要表现在以下几个方面:

(1)着眼点不同。企业形象着眼于企业给社会公众产生的印象和影响,企业文化则着眼于企业内蕴力量的凝聚;企业形象可进行理性策划、强力推行,企业文化则是在潜移默化中逐步形成的。

(2)形成历史不同。企业通过把握关键时机进行重大调整和重新设计,就可以推出新的形象;企业文化则是企业行为长期沉淀的结果,不可能一朝一夕造就,它具有历史的长期性。企业形象面向未来,企业文化关联着传统。

(3)认知顺序不同。企业形象引起社会公众的注意往往是由表及里,由具体到抽象的过程;企业文化的辐射则是从里往外的过程。

(4)评价层面不同。企业形象的评价多从企业的社会反应层面来考核,企业文化则要从企业的深层管理及经营业绩来进行评价。前者的评价依据易流于表层,后者的评价依据则要深入里层。

企业形象同企业文化是两个不同的概念,要依据不同的情况选用。在进行企业形象设计和塑造、加强企业文化建设时两者则是一致的,这时企业形象策划是企业文化建设的一个环节。

二、企业形象与企业文化战略

西方学者所说的企业文化，主要是指企业的指导思想、经营哲学和管理风貌。它包括价值标准、经营哲学、管理制度、思想教育、行为准则、道德风范、文化传统、风俗习惯、典礼仪式以及企业形象等，不单是思想和精神方面的内容，也包含社会心理、技能、方法和企业自我成长的特殊方式等因素。

企业文化战略是指建立共同价值观，用精神激励的办法调动企业成员的积极性，规范企业成员的行为，并使之自觉遵守，形成一种作风和精神，从而获得企业长远发展的精神动力。

企业文化除了具有导向功能、激励功能、凝聚功能、调控功能、整合功能和辐射功能外，还能树立良好的企业形象，提高企业在竞争中的地位。企业是社会经济的细胞，企业的社会责任就是在经营活动中，依照法律、按科学规律生产并管理好企业，为社会提供更多更好的产品和服务。企业在自己的实践中形成的企业文化对内起到凝聚全体职工的作用，对外有助于逐步树立良好的企业形象，在社会上建立高度的信任感和良好的信誉。

企业文化并不是“趣味性”“游戏性”的结合体。除了工资、晋升、与上司的关系、公司内部员工的受教育程度、企业社会功能的强弱、社会地位等因素和所形成的员工士气(工作欲和归属意识)之外，还包括员工之间随着工作欲和归属意识而产生的共通性，这才是企业文化。

第二节　企业的价值观和核心理念

一、企业价值观与企业形象塑造的概念

企业价值观是企业作为一个共同体长期形成的一种共识，是人们对企业、企业生产行为、企业产品、企业公众形象、社会声望与资信等总的看法，是企业的一种共同的、稳定的心理定式或文化积淀，它具有民族性、时代性、科学性和独特性。企业形象塑造是指企业为适应社会公众和消费者的需要，按照一定的标准和要求，综合运用创意策划、企业标志、广告宣传、商标选型和公共关系等手段，把以企业价值观为基础的企业经营理念和产品服务特色，通过自身行为和各种媒介传达、表现出来，使社会公众和消费者对企业形成一定的整体看法和最终印象，从而为企业创造一种理想的经营环境。企业形象塑造是一个全面的系统工程，其内容可分为三个层次：精神层、制度行为层和物质层。精神层包括企业价值观、经营理念和经营宗旨等；制度行为层包括企业的组织制度、管理行为、技术水平和服务水平等；物质层包括企业的建筑物、设备配置、产品包装、企业标志及各种代表企业形象的物质形态等。

(二)企业价值观与企业形象塑造的关系

1. 企业价值观是企业精神形象的核心

企业价值观作为企业全体(或大多数)员工所持有的，判定某种事物或行为的好坏、对错以及是否有价值或价值大小的看法和根本观点，直接决定着企业精神、经营理念、道德规范和经营宗旨等企业精神形象的内容，是企业精神形象的核心。在市场经济大潮中，没有独特的企业价值观，企业精神形象塑造就会陷入盲目中，而缺乏个性风格的企业精神形象，吸引

力和感召力不足，是无效形象。企业要通过独特的企业价值观彰显企业的风格，定位于自己的坐标和最佳位置上，从而塑造出有利于自身发展的企业精神形象。

企业价值观主导着企业制度行为形象的性质和方向，培育和塑造出一系列崇高、积极的企业价值观，可以为满足员工高层次的精神需要提供一个明确的奋斗方向和努力目标，有助于产生较持久的精神动力，使企业充满生机，是塑造企业制度行为形象的内在保证。塑造正确的企业价值观的根本目的就是要增强企业的凝聚力和企业员工的归宿感，从而最大限度地激发企业员工的敬业精神和奋斗热情，并将这种精神和热情投入到企业的生产经营和管理活动中去，为社会公众和消费者提供富有企业特色的一流的产品和服务，造福社会和人类，在社会中塑造合乎企业价值观和时代特色的企业制度行为形象。

2.企业价值观决定着企业物质形象塑造的效果

企业物质形象是企业长期发展和奋斗的历史凝结，是展示企业综合实力和发展态势的集中体现，是塑造企业整体形象最重要的物质手段。企业建筑物的风格、产品包装的设计以及企业标志的构思，无疑都凝结着企业价值观的成分，是企业价值观的物质外显。企业物质形象的塑造离不开企业将代表企业形象的企业标志等物质形态在社会上进行的全方位宣传，更离不开扎实的技术功底和雄厚的财物基础。所以，塑造企业物质形象应全面考虑企业自身的物质实力和企业价值观状况，然后运用适当的现代化传播手段将集中体现企业形象的企业标志等物质形态在社会上加以宣传，做到实事求是和表里如一，这样企业才能在社会公众和消费者心目中树立起良好的企业物质形象。

企业价值观是企业文化的核心。企业经营者在经营企业的时候，首先要把“人”经营好，要引导员工把个人的价值观与企业的价值观统一起来，激励员工为实现个人和企业的共同目标努力；要大力培育鼓励创新与适应变化的企业文化，提高企业的感召力、凝聚力和向心力，充分调动员工的积极性、主动性和创造性，促进企业的发展和人才的成长。价值观是一套关于事物、行为之优劣、好坏的最基本的信念与判断，是个体用来区分好坏并指导行为的心理倾向系统。价值观对个体有巨大的影响，一个人进入企业，首先就会考虑该做什么，不该做什么，什么是重要的，什么是次要的，对这些问题的思考受到个体价值观的影响。在企业人力资源管理中，价值观具有导向、促进、激励等功能。价值观能使员工认同企业的目标并为之奋斗，而不计较自己的得失。只有员工与企业产生理念共鸣，才能长期合作，成就事业。

三、企业的核心理念

企业的理念文化是对本企业的最基本的看法和假设，具有独特的、稳定的、基本的和最核心的特点，它影响并决定了企业制度文化、行为文化和视觉文化。但是，目前对理念文化的探讨和研究主要局限于企业的价值观、企业精神以及企业哲学等，很少有人专门对企业理念进行系统的研究。企业理念文化主要由企业使命、企业愿景、企业的核心价值观和企业的经营哲学等四个部分构成。这四个部分相互作用、相互影响，形成了一个有机的系统。

（一）企业使命

企业的使命，也叫企业的宗旨，是指企业制定的需要企业员工用毕生的心血甚至生命去追求实现的目标。它具有长期、很少变化和不具体等特点。它表明了企业存在的根本意义；经过企业的一代人甚至是几代人长时间的奋斗和追求，有可能实现，也有可能不能实现，甚至根本就不可能实现，但是企业一定会在每一天通过每一项活动和每一单业务等，一点一点地向自己的使命靠近。优秀的企业一般都在使命陈述中确定自己的经营范围和奋斗目标。美国著名的管理学者 P.F.德鲁克认为，通过对以下三个问题的深入思考可以明确企业的使命，即：我们的企业是一个什么企业？我们的企业将是一个什么企业？我们的企业应该是一个什么企业？惠普公司认为自己是一家领先的计算、成像解决方案与服务的全球供应商，公司致力于创建这些技术，并通过简单的信息家电、功能完备的电子化服务和可靠的永续运行架构，让个人和商业机构更加容易从中获益。

（二）企业愿景

企业愿景是在企业使命的指导下制定的，为实现企业使命服务的阶段性目标。企业愿景主要是指企业制定的在今后 5 年、10 年甚至更长的时间内所要达到的目标，它常常表现为战略目标。通常来讲，优秀企业的愿景一般具有宏伟、大胆的特点和一定的冒险性，是基于现实基础的一种对未来的梦想，甚至带有一点赌博的性质。它虽然具有要经过艰苦的努力才能实现的特点，但是又对员工具有强大的吸引力，会使员工情不自禁地被它吸引，并全力以赴、如痴如醉地为之奋斗。例如，1945 年，沃尔玛公司的创始人萨姆·沃尔顿从一个小杂货店起家，他的第一个目标是 5 年内使小杂货店成为当地最好的、利润最高的杂货店，他实现了。1977 年，他制定的在 4 年内使公司销售额增加到 10 亿美元的目标，又实现了。1990 年，他提出在 2000 年使商店数量增加一倍，总销售额增加到 1 250 亿美元的目标，最后也实现了。沃尔玛公司的这些阶段性目标极大地鼓舞了员工的士气和斗志。

（三）企业的核心价值观

企业的核心价值观是指企业及其领导人对顾客、员工、股东和社区等的基本看法和价值取向。核心价值观使企业成了一个有个性、有灵性和有思想的企业。美国著名管理学家汤姆·彼得斯和詹姆斯·柯林斯等认为，拥有明确的价值观并坚持它，是优秀企业的一个显著的特征。IBM 公司前总裁小托马斯·沃森说，为了生存和取得成功，任何一家企业首先要建立一套完整的信条作为所有政策和行动的前提。IBM 公司的核心价值观主要有：充分考虑每个雇员的个性；花大量的时间令顾客满意；尽最大的努力把事情做对；谋求在所从事的各个领域取得领先地位等。

（四）企业的经营哲学

经营哲学是企业的使命、愿景和核心价值观的具体体现，也是企业制定具体竞争战略直接的指导思想和指导方针，它常常阐述了企业成功的关键因素。如便利商店的经营哲学主要体现为：快速的交易；新鲜、高品质的产品；供应顾客想要与需要的商品；公平的售价；清洁、安全环境与友善的商员等。麦当劳公司的经营哲学是高品质商品、快速服务、清洁卫生和物有所值等。经营哲学的具体化和表现形式就是企业具体的管理方法和管理制度。

企业使命、愿景、核心价值观和经营哲学互相影响、互相作用，最后形成一个统一的整体，是企业全体员工的信仰，它引导着企业不断前进。企业使命是企业理念中最根本的，规定了企业存在的根本目的和意义，在某种程度上决定了企业的愿景、核心价值观和经营哲学等其他企业文化。企业愿景是企业在今后几年内所要达到的目标，是实现企业使命的阶段性目标。企业核心价值观是企业在实现企业使命和愿景的经营过程中所必须坚持的基本信条，它具体指导并决定了企业的经营哲学。企业的经营哲学是企业核心价值观的具体表现。

第三节　企业形象策划与企业文化的整合

一、企业形象策划与企业文化建设

（一）企业形象策划与企业文化建设的关系

企业形象策划与企业文化建设具有同一性，其指向是完全一致的。

企业形象策划是为了增强企业的凝聚力、向心力、感召力、吸引力，企业文化建设也是为了提升企业的导向功能、激励功能、凝聚功能和约束功能。企业形象策划与企业文化建设都是围绕全面提高员工的素质、激发员工的积极性、改善社会公众与企业的关系进行的。企业形象策划和企业文化建设都是为了保证实现企业的整体目标，是为了企业的生存和发展而采取的战略措施。

企业文化建设有因袭和创新两条途径。因袭传统文化，必须继承其优秀部分，剔除其糟粕。历史发展是连续的，人无时无刻不生活在传统中。历史传统有巨大的影响力，其中优秀的传统文化经受了历史的考验和锤炼，有其难以泯灭的光辉。继承传统文化的关键是对传统文化的科学分析。分析可依据以下标准进行：能否促进企业的成长和经济的发展；能否促进企业员工的素质提高和人格健康；能否增强企业对内的凝聚力和对外的亲和力。

企业文化的创新是适应社会和企业本身的发展需要而创造企业文化的行为。企业文化创新的过程，一是吸收创造的过程，二是对旧文化的否定、摒弃过程。我国企业文化的创新要充分体现时代的特色，体现时代的共性，体现社会主义市场经济条件下企业的共性。同时要充分考虑企业所处的社会环境、市场环境和行业特点、历史传统、员工素质，在此基础上从观念、道德、精神、追求、情义、审美、技巧等诸多方面进行新的设计和策划。

企业文化建设是一个过程，企业文化的形成则是这个过程的结果。同样，企业形象策划也是一个过程，企业形象的确定也是企业形象策划的结果。不过，企业形象策划位于企业创建之初，企业文化建设则贯穿企业始终。企业文化建设是企业自身的行为，企业形象策划既可以是企业自身的行为，又可以是借助“外脑”运作的行为。

（二）企业形象策划对企业文化建设的作用

一般而言，若已形成了成熟的、具有巨大影响力的企业文化，就用不着再去重塑企业形象了，其企业形象已处于良好的状态。需要进行企业形象策划的企业，往往是企业文化已显陈旧或企业文化残缺，需要通过企业形象策划来强化企业文化建设。企业形象策划对企业文化建设具有巨大的促进作用，具体表现在以下方面：

1.通过企业形象策划，培育企业精神

企业精神是指企业在其营销活动中所形成的，并为全体员工所认同和信守的理想目标、价值观念等意识形态的概括和总结。企业精神是企业文化的灵魂。企业精神一般具有鲜明的个性、激励警策性、持久传承性。企业精神的塑造和培育是企业的理性行为。企业形象策划有利于形成企业的精神。

2.通过企业形象策划,增强员工的团体意识

企业形象策划要对企业的营销理论进行梳理、更新、明确,要对企业的内部管理制度进行调整、规范。这些活动都是围绕人本思想的中心进行的。企业形象导入的过程就是以人为本、上下同心的过程。企业员工通过亲自参与企业形象导入的活动,自然而然地把自己当作企业的主人,从而更加热爱企业、关心企业,自觉地接受、认同和执行企业理念和制度。员工的团体意识增强了,企业的凝聚力和向心力也就显现出来了。

企业的团体意识既是企业各种组织目标的黏合剂,又是企业各种职能运行的润滑剂,还是员工创造力发挥的兴奋剂。它激励员工积极向上,执着追求,维护企业荣誉,不懈地努力,承担社会使命。

3.通过企业形象策划,推动企业谋求长远的发展空间和恰当的市场位置

企业形象策划绝不是单纯的工艺设计。企业形象策划是对企业成长战略和市场发展空间的全局性的、长期的谋划。其中,企业的经营范围、所处的空间环境、竞争对手状况、企业的资源状况、企业的历史传统、企业的人员素质、企业的已有文化等是企业制定战略的内部依据。企业要依据内外部的客观条件来确定自身的发展方向和路径。

企业在求生存、求发展并进而决定是采取专业化发展还是多角化发展方式的过程中,相应地形成了自己的价值取向、审美观念、道德信条、行为规范等一系列意识形态,这些意识形态经过漫长的岁月沉淀下来成为文字或企业员工约定俗成的共识,就铸造了企业的文化。因而,企业形象策划是其因,企业文化是其果;企业形象策划是源头,企业文化是湍流;企业形象策划是对未来的描绘,企业文化则是从历史走向现实的华章。

企业形象策划对企业文化所起的作用还可以从其他方面进行分析,仅就这几方面看,企业形象策划就是企业文化建设不可缺少的重要组成部分。因此,重视企业形象策划就是重视企业文化建设。

没有文化的企业是没有灵魂的企业。没有哪一个有成就的企业不是富有企业文化内涵的,反过来,凡是不拥有文化的企业都难以成长壮大,难以成就一番大事业。

企业不能忽视企业文化建设。

企业文化建设不能忽视对企业形象的理性策划。

企业形象策划是建立企业优秀文化的开端。

二、企业文化的培育

企业文化管理的重心是培育企业文化。如何有效地培育企业文化?培育企业文化对企业形象的塑造有何重要意义?弄清这些问题,对企业形象管理将具有十分重要的意义。

企业文化是企业长期追求而形成的观念形态,是企业实际活动的积淀和升华。优秀的企业文化不是一朝一夕就能自然形成的,而必须经过企业领导和员工长时间的努力和精心创造。因此,企业文化的培育和建设,是一项长期而复杂的系统工程。企业文化的培育必须着重抓好以下几个环节的工作:

1.企业文化建设的重点应放在人这个基点上

企业文化亦即企业人化,它是以人为圆心,以人的解放、人格的完善、生产力的发展为半径的文化活动。因此,在企业文化建设中,必须始终目中有人,重点做好“人”这篇文章。企业文化的导向功能、约束功能、凝聚功能、协调功能等,讲的都是和人的关系,而不是和机器

或物的关系。在企业文化建设中，要用教育、熏陶、感染的方法来培育并逐步形成员工的价值观、道德规范、行为准则，提高他们的政治素质、业务素质和文化素质。企业文化建设应从尊重人的价值以及满足人的精神层面的社会需求角度来实施其内容。

在企业管理方面，西方国家目前正出现一种软化趋势，其中心内容是尊重人，相信人的创造精神，强调非计划、非理性的情感因素在企业管理中的重要作用，主张以此为基点去协调和控制人的行为。这种以尊重个人为基础的无形的软约束，能将企业的发展目标转化为员工的自觉行动，实现个人目标与企业团体目标的高度一致，因而它比正式控制更具有持久性和影响力，能起到硬约束所起不到的作用。美国 IBM 公司创始人老汤姆斯・华生所规定的公司准则第一条就是“必须尊重人”，他的这一行为准则后来被奉为“公司哲学”。华生家族都懂得，公司最重要的资产不是金钱，而是员工。

日本企业经营成功的一条重要经验也是重视人的因素，通过尊重人的软性管理来调动员工的积极性。日本战后经济的腾飞是与其企业在管理上重视“感情共鸣”分不开的。日本企业在激发员工的积极性上注重以“感情”为核心，并借助于“理智”与“感情”相结合的方法。在日本企业文化中，从业人员直接接触的对象在切身利害关系上相互融通，促使企业形成“以厂为家”的风气，以处理“家庭关系”的宽容心理处理各成员间的相互关系。在日本，企业成员隶属于“个别的、封闭式的社会集团”，存在着互怀善意的人际关系，日常生活中受“情义”支配的成分颇大。日本企业文化也渗透了这种已成为日本社会风气的“情义”，从而在从业人员之间系起了一条感情的纽带，使之时刻感到“若不好好工作，就是对公司无情义”。这种恩耻意识在日本企业文化中占有重要地位。上级施恩于下级，则得人心；下级知恩图报，好好工作，则受尊重。日本人以背叛自己所属的社会集团、伤害本集团名誉为耻，有较强的雪耻心理。企业文化中的这种恩耻观强化了从业人员与其所属集团的“一体感”。总之，日本企业文化的中心内容是尊重人、相信人、承认从业人员的贡献，培养从业人员的精神文化素质和现代心理，激励其增强自主性、创造性。因此，这种企业文化能使从业人员产生精神上的愉悦，使企业从平凡的人身上得到不平凡的成果，保持旺盛的发展生机。

在我国，很多优秀企业在创建自己的企业文化时也十分注重人的作用。1983 年，广州白云山制药厂就提出了要办成具有“一流技术、一流产品、一流效益、一流环境、一流服务”的新型的现代企业的奋斗目标，随即也提出了“爱厂、兴利、求实、进取”的“白云山人精神”。它要求全体员工在“爱厂”的前提下与企业同舟共济，激励企业员工为“兴利”奋发向上，同时必须保持“求实”的科学态度，具有“进取”的拼搏精神。由此可见，我国企业在创建自己的企业文化时，只要充分意识到“人是企业最宝贵的财富”，将员工视为企业的主人，尊重他们，关心和爱护他们，激发和调动他们的积极性，就能创建优秀的企业文化。

2. 企业文化建设要注重特色，体现出鲜明的个性

企业文化体现了一个企业的风格、特色和价值观念，因而建设企业文化能反映出一个企业的个性特点。无个性也就是无形象。培育什么样的企业文化，塑造什么样的企业形象，倡导什么样的价值观念，都应从本企业的实情、实际和实力出发，定目标、定起点，切莫照搬照套、生硬移植。

在企业文化建设中，要突出企业特色和体现个性，就不能舍弃优秀的文化传统，这是建立具有个性的企业文化的着眼点。只有从文化传统中提炼出为现实的企业文化可用的养料，企业文化这棵大树才能根深叶茂、硕果累累。在企业文化建设中，要把企业的昨天、今天

和明天连成一线，使人们的思维、行动有一个“基准线”。如果企业的基本原则、基本思想经常变化，就难以形成个性化的企业文化。

3.企业文化建设要在分析总结现存文化的基础上加以完善和提高

要建设符合要求和实际的企业文化，应对企业现存的文化进行分析和总结，即企业创建以来，它已形成了什么样的传统作风、行为模式和特点，现存文化中哪些是积极向上的、激励人们前进的，哪些是保守与落后的，是与现代化的进程相悖的，等等。在分析总结的基础上，把企业最优秀的东西加以归纳、定格和完善，加上必要的设计和理论提炼，用富有哲理的语言加以表述，形成制度、规范、文件、口号。企业文化一经形成，就应全力抓好它在实践中的普及、应用。

良好的企业文化要深入人心，并成为鼓舞士气的力量，应注意做好以下几方面的工作：

(1)领导要以身作则，身体力行。企业文化建设的成效，很大程度上取决于领导的精神状态和思想作风。领导在实践中有意识地精心设计和培育企业文化，就能使企业文化由点到面地推开，并普遍被人们所接受。

(2)要广泛深入地开展宣传教育。当然，这种宣传教育应采取生动活泼、寓教于乐的形式，否则，员工会产生逆反心理。

(3)要培育典型，塑造英雄。榜样的力量是无穷的，企业的英雄人物会影响和鼓舞一大批员工。

(4)要建立制度，并不断予以强化。企业文化建设不是短期内就能奏效的，而是一个长期的战略任务，必须健全企业文化建设的制度，长期不懈地抓下去。

三、企业文化对企业形象塑造的意义

现代企业管理实践充分说明，加强企业文化建设有助于塑造良好的企业形象，忽视或无视企业文化建设，绝不可能树立良好的企业形象。

具体而论，企业文化对企业形象塑造的意义表现在以下几个方面：

1.企业文化为企业形象的塑造提供了精神动力和智力支持

在市场经济条件下，企业面临的竞争空前激烈。在激烈的竞争中，有的企业成功了，有的企业却惨遭失败，根本原因是企业的价值观不同。价值观是企业文化的核心，是企业一切行为的内在灵魂，它为企业的存在和发展提供基本的方向和行动指南，解决企业干什么、朝什么方向干以及干得好坏的问题。经营状况差的企业，大多忽视或无视对企业价值观的追求。

2.企业文化为企业形象的塑造指明了方向和重点

我国要建立的是社会主义市场经济体制，从事的是有中国特色的社会主义现代化建设，这就决定了我国所要建设的企业文化的性质是崭新的有中国特色的社会主义企业文化。它既不能全盘照抄照搬西方企业文化的模式，又不能墨守成规，必须在新的时代进行新的实践和新的理论总结，创造出顺应世界历史潮流，博采广纳中外文化传统精华，符合社会发展方向，有助于培养企业“四有”新人，能够对整个中华民族产生巨大凝聚力的崭新的企业文化。

3.企业文化能增进公众对企业的整体了解，提高企业的社会价值，使企业向外界展示自身的良好形象

现代企业有两种类型：一类是开放型的企业，另一类是封闭型的企业。前者是有生命力

和发展前途的企业，后者是注定要衰亡的企业。开放型的企业，其特征不是文化娱乐设施等硬件向外界公众开放，而是企业员工观念的开放、心态的开放，是企业对外界的开放。要使企业真正成为开放型的企业，就必须加强企业文化建设，实施企业文化战略，通过营造浓郁的企业文化，使外界认识到企业具有的良好形象。

本章小结

企业形象与企业文化是两个既有联系又不相同的概念。企业形象是指社会公众和企业员工对企业的整体印象和评价。企业文化是指企业及其员工持有的思想观念、价值取向和行为准则的总和。

企业形象策划具有很强的边缘性和实践性，与企业文化建设有着密切的关系。它们有着共同的灵魂和核心，有着共同要塑造的内容。

企业形象塑造要利用企业价值观和核心理念，处理好企业使命、愿景、核心价值观和经营哲学的关系。

企业形象策划对企业文化建设具有促进作用：培育企业精神；增强员工的团体意识；推动企业谋求长远的发展空间和恰当的市场位置。企业形象策划是企业文化建设的开端，企业不能忽视企业文化建设，企业文化对企业形象的塑造有着重大的意义：为企业形象塑造提供了精神动力和智力支持；指明了方向和重点；有利于展示企业的良好形象。

中英文对照专业名词

企业文化　Corporate culture　　经营哲学　Business philosophy
企业使命　Corporate mission　　企业愿景　Corporate vision
企业价值观　Corporate values

复习思考题

1. 简述企业形象与企业文化建设的关系。
2. 简述企业价值观与企业形象塑造的关系。
3. 简述企业核心理念的构成。
4. 企业文化的培育应做好哪些工作？
5. 企业文化对企业形象的塑造具有什么意义？

案例分析

狮子湖集团的企业形象与企业文化策划

一、项目背景

清远狮子湖集团是青岛颐杰鸿泰集团公司抓住清远打造旅游强市的历史机遇，乘着珠三角会展经济蓬勃兴起的东风，于 2006 年 8 月收购原狮子湖高尔夫度假俱乐部基础上投资兴建的高端政商休闲平台。它集高尔夫球场、主题酒店、温泉、游艇、度假别墅等于一体，是清远市政府重点扶持的大型旅游开发项目之一。第一期工程 18 洞高尔夫球场、五星级主题酒店和度假别墅于 2010 年亚运会前正式投入运营。

狮子湖集团作为一家新组建的集团公司，如何在传承颐杰鸿泰集团文化的基础上整合原狮子湖高尔夫俱乐部的文化,建立属于狮子湖集团的强势文化?如何建立一套适合狮子湖集团当前和未来发展需要的企业形象系统,使狮子湖集团的形象既能支撑企业战略目标的实现,又能保障企业文化有效落地,让形象与企业战略和文化高度协同?这一系列问题成为摆在狮子湖集团领导面前的重大课题。

二、项目内容

睿盛品牌策划公司遵循系统变革、循序渐进的咨询思路,结合自身多年的企业咨询经验和狮子湖集团的实际,对狮子湖集团进行了企业形象与企业文化项目策划。

1.第一阶段:企业形象策划

睿盛品牌策划公司通过对狮子湖集团进行问卷调研和访谈调研,并以同行业标杆企业为参照,为狮子湖集团重新设计了 Logo,对包括 VI 基础部分和应用系统在内的 103 项内容进行了设计和规范,从而构建了狮子湖集团新的 VI 识别系统。睿盛品牌策划公司为狮子湖集团设计的企业形象系统,完美展现了狮子湖集团的高端休闲定位,同时通过设计元素的有效组合,传达出狮子湖休闲中心磅礴大气、独树一帜的形象特质。

2.第二阶段:企业文化体系构建

睿盛品牌策划公司对狮子湖集团的企业文化理念进行提炼,为狮子湖集团编制了企业文化理念 MI 手册,它包括狮子湖集团的愿景、使命、核心价值观、应用价值观和传播语等。为使新的企业文化体系能够顺利建立,睿盛品牌策划公司为狮子湖集团量身定做了一套企业文化实施体系,包括文化理念宣传、文化理念落地和文化理念深耕三个阶段共 20 项工程。

三、项目总结

狮子湖集团与睿盛品牌策划公司通过密切配合与共同努力,终于完成了狮子湖集团"管控模式—企业文化—人力资源"项目的所有工作。通过实施系统的、有步骤的管理变革和文化导入,狮子湖集团形成了清晰、有效的集团管控模式,建立了有狮子湖集团特色的企业文化,顺利地实现了由传统的人事管理向战略型人力资源管理的转变,项目达到了预期的目的。

项目结束后,狮子湖集团领导对睿盛品牌策划公司的专业、高效给予了高度的评价,对咨询项目实施效果表示相当满意。

思考题:

试分析狮子湖集团企业文化与企业形象之间的关系。

第十章　企业形象危机的处理

导入案例

法国“碧绿液”的“眼泪”

有一天你或许会踏上法国的国土，走进那富丽堂皇的宾馆，你一定会在餐桌上看见这么一个小小的瓶子，圆肚细颈，翠绿色晶莹剔透，独特的装饰相当引人注目，这便是法国享誉盛名的“碧绿液”矿泉水。在法国，矿泉水是其生产的主要饮料，产量在世界排名第一，而碧绿液正是其中的佼佼者，素有“水中香槟”之美誉，年产 10 亿瓶，其中有 60%销往国外，在美国、日本和西欧其他国家，这种绿色小瓶已经成为法国矿泉水的象征。

可有一天“碧绿液”“哭了”，那是在 1990 年的 2 月初。美国食品药品监督管理局在每年例行的检查中发现，一些“碧绿液”矿泉水中含有超过规定 2～3 倍的化学成分——苯，这是一种长期饮用会致癌的物质。

这一消息对“碧绿液”无疑是致命的，因为“碧绿液”的美国市场是如此广大，自从它 1976 年进入美国，首先得到了运动员的喜爱，接着又被热衷于体育的美国人所认可，第一年销售了 300 万瓶，第二年销售量达到 2100 万瓶。到了 20 世纪 80 年代初，美国矿泉水市场的 85%已被“碧绿液”占领。之后，公司根据美国人的口味又生产了“果味矿泉水”，深受美国人的欢迎。1988 年，其销售额超过了 5.5 亿美元。面对如此大的一个市场，法国人怎么甘心轻易地失去呢？

这突如其来的危机，使“碧绿液”的信誉一落千丈。面对如此困境，公司总裁勒万采取了一个令人咋舌的行动。在报纸宣布这一消息的第二天，他便召开了记者招待会，宣布收回 1990 年 2 月 9 日以前出厂并销往世界各地的全部“碧绿液”矿泉水，并当众销毁。在记者招待会上，不少记者对这一看似大动干戈的行为提出了质疑，他们指出：“这次在美国发现的不合格矿泉水充其量只有 10 瓶，虽然含苯量超标，并不至于造成比吸烟更严重的危害，何必如此做呢？”勒万回答：“我们要让公众感受到的是超一流的服务，绝对纯清的绿液，我们绝不能允许顾客对我们产品的质量和形象抱有丝毫的怀疑，否则我们将信誉扫地。”

商业界的人士认为这一行为足够疯狂，但这却是鼓足顾客信心的一支强心针。

这一行为得到了法国政府的赞许，并赢得了全美甚至全世界的关注。第二天，股票交易所内该公司的股价在猛跌 16.5%以后又反弹了 2.5%。

接着，勒万根据调查的结果，向公众宣布，这是一项人为的技术事故，主要是由于净水处理器滤水装置没有定期更换，造成滤水能力下降造成的，同时向公众公布了详细数据。

这就向公众证明这不是由于水源污染造成的，只要在装备上加强管理，“碧绿液”将依然以纯清的面目出现。在记者招待会上，公司当场宣布了对滤水系统进行新的技术处理的重要措施。

经过这一场风波以后，“碧绿液”重新上市。为了巩固市场，赢得消费者对“碧绿液”的信心，恢复其信誉，当天，巴黎大大小小的报纸杂志都登了“碧绿液”整整一个版面的广告，画面上画着一只巨大的绿色玻璃瓶，在瓶口下端的商标上印着“新产品”的鲜明字样。在广告的左边是几行清晰的小字，上面写道：“出于对产品质量的追求和对消费者的尊重，我们加强了其技术管理以保证其纯度，‘新产品’这个标记就是这种纯洁度的象征。从今天起，顾客就可以买到它。”

同一天，运往世界各地的“碧绿液”又上了货架，由于消失了几天，霎时间形成了一场抢购风。“碧绿液”重新投放市场的招待会也在法国驻纽约的总领事馆召开。那些被公司异乎寻常的行为吊足胃口的报纸、电台、电视台的记者们蜂拥而至。招待会上，公司重新公布了对“碧绿液”新产品进行抽样调查的结果，“碧绿液”美国分公司的总经理当场仰首痛饮“碧绿液”，这张巨幅照片第二天便出现在各大报纸上。

同时，“碧绿液”还展开了新的广告攻势。电视屏幕上，观众可以看到一个白色的背景，一只绿色的小玻璃瓶，一滴水从瓶口沿着瓶身流下来，犹如眼泪一般，“碧绿液”好似一个受了很大委屈的女孩在呜咽低泣。画外音一个父亲般的声音娓娓地劝慰她不要哭：“我们仍旧喜欢你。”女孩答道：“我不是在哭，我是高兴啊！”这则广告清新自然，充满人情味，更耐人寻味。

事实证明，“碧绿液”公司采取的这一系列公关活动的效果很好。在美国，大约有 84% 以上的消费者仍热衷于“碧绿液”。

当一个公司的经营遭受打击时，维护其信誉往往是其倾全力犹不及的大事。“碧绿液”公司在面临形象危机时，通过及时、有效、准确、新颖的公共关系矫正，化解了形象危机，所作所为令人惊叹，成为形象矫正的一个范例。

资料来源：周朝霞．企业形象策划实务[M]．2 版．北京：机械工业出版社，2009：300-302．有删改。

企业危机是客观存在的，是不以人的意志为转移的。正如美国《危机管理》一书的作者史蒂文·芬克所指出的那样：危机就似死亡和纳税一样，是管理工作中不可避免的，所以必须随时为危机做好准备。本章重点介绍企业形象危机的含义、分类、危害和特征，讨论如何对企业形象危机进行控制、管理、预防和化解。

第一节　企业形象危机及其危害

一、企业形象危机的含义

2001 年 9 月，南京冠生园被揭露使用陈馅做月饼，受到当地媒体与公众的批评。

面临即将掀起的信誉风波，南京冠生园这家一向有着良好品牌形象的老字号企业做出了一件让人不可思议的事情：它公然宣称“使用陈馅做月饼是行业普遍的做法”。这种不负责任的言辞令公众一片哗然。一时间，谴责、批评、起诉、退货、索赔接连而来，有着 88 年历史的南京冠生园不久便宣告倒闭。

2005 年 3 月，亨氏、肯德基因部分产品含有苏丹红而成为媒体和公众关注的焦点；强生的婴儿油被印度药物管理专员指出含有液状石蜡油，可能对婴儿造成危害，消息传到中国，引起轩然大波。

2008 年 9 月初,媒体报道三鹿集团生产的三鹿牌婴幼儿配方奶粉受到三聚氰胺的污染。9 月中旬,国家质检总局在全国开展了婴幼儿配方奶粉及液态奶三聚氰胺专项检查,结果蒙牛、伊利、光明等多家知名企业纷纷被查出产品含三聚氰胺,导致整个乳制品行业陷入危机。

2010 年 5 月 23 日,中央电视台新闻专题节目《每周质量报告》曝光了美的生活电器紫砂煲的生产黑幕,称紫砂煲产品中的天然紫砂基本都是以普通陶土为原料,用化工制剂进行增色制造而成,而非真正的紫砂。"紫砂黑幕事件"在广大消费者中引起极大反响,不少网民在论坛上发帖表示愤怒。

2011 年 3 月,中央电视台"3·15"特别节目《"健美猪"真相》的报道,将我国最大肉制品加工企业双汇集团卷入"瘦肉精"的漩涡之中。肉制品行业又一次受到消费者的质疑,同时消费者对食品行业食品安全的不信任激增。

2012 年 4 月 15 日,中央电视台《每周质量报告》报道河北一些企业用生石灰处理皮革废料,熬制成工业明胶,卖给绍兴新昌一些企业制成药用胶囊,最终进入患者腹中。"毒胶囊事件"让整个医药行业震荡。

2012 年 11 月 19 日,一则酒鬼酒塑化剂超标 260%的报道引起了轩然大波,不仅导致酒鬼酒在超市被下架,股价跌停,而且引发了白酒行业的大地震,使得整个白酒行业处于一片阴霾当中。

2018 年上半年,由广州某医生吐槽鸿茅药酒而被跨省抓捕的事件——"鸿茅药酒事件"引起政府部门、媒体和民众的广泛关注,一时间,质问和谴责鸿茅药酒的言论铺天盖地,全国多地药房门店的鸿茅药酒被下架,退回配送中心,鸿茅药酒的生产和营销受到了严重影响。

上述企业所发生的各种危机,并非是孤立存在的,而是与企业内部管理和外部环境密切关联的。

第一,存在于企业管理中大大小小的各类问题与缺陷,都可能导致企业危机的发生。如发生于 2011 年 3 月的双汇"瘦肉精"事件,该企业为应对过于激烈的市场竞争,而忽视了扩张下的严格管理,是事件爆发的重要原因。

第二,我国消费者消费意识和维权意识的提高,也推动了部分企业危机的产生。如 1998 年,湖南常德一位老人因服用某口服液致死,其儿子将生产企业告上了法庭。在这期间,该企业对危机没有很好地进行处理,结果导致员工罢工、买家退货、贷款取消、产品堆积等问题。不久,企业便倒闭了。

第三,国家有关部门检查、监督力度的加强,使不少企业的潜在问题得以暴露。无论是肯德基的苏丹红事件、雀巢奶粉的碘超标事件,还是新闻媒体报道的毒胶囊、毒火腿、毒茶叶等都将相关企业及行业推向了危机的"火山口"。

第四,媒体信息和网络舆论的扩散,使得一些企业传闻很快由"星星之火"形成"燎原之势"。如 2005 年 7 月,媒体传出了"国产啤酒 95%加甲醛"的消息,一时间国产啤酒处于四面楚歌的境地。尽管国家权威部门很快作出"国产啤酒放心喝"的结论,但人们仍然要问:是谁把国产啤酒"妖魔化"了?

有关调查表明,中国企业的危机管理能力薄弱,大部分企业内部不存在危机管理程序。当危机出现时,80%以上的企业家不知道该怎样正确应对。正是由于企业对危机的性质、后果、原因等判断迟缓，极有可能将原本不大的事件演变为一场空前的危机。正如“鸿茅药酒事件”后期，鸿茅集团在官方微博发布自查报告并表示：在鸿茅药酒事件发生后，公司未能认真研判风险，主动发声，主动处置，就给社会带来的问题和影响表示道歉，恳请公众谅解……

在互联网时代，危机管理是每个企业必学的一课。任何企业都不能漠视任何一个决策带来的道德、法制和舆论的影响力，也不能忽视自媒体的“蝴蝶效应”和“发酵效应”。鸿茅药酒事件带给我们最大的启迪可能是，当企业被卷入一场舆情事件中时，很可能会遇到最大的媒体冲击和最专业的专家质疑，企业当务之急是要尽快制定一个完善的危机处理方案，保持高度警觉并始终在第一线进行监控。

经济的全球化使企业面对的市场竞争愈加激烈。随着企业经济交往的日益密切，企业行为也将面临更多的变数，由此也带来了更多的经营风险。企业危机是客观存在的，是不以人的意志为转移的。企业应该如何认识危机？如何有效控制和管理危机？如何成功预防和度过危机？这些问题已经成为关系到企业生存与发展的重大问题。

综上所述，鉴于企业在生存和发展中所发生的每一次危机都直接或间接地影响到企业的自身形象，可以把企业形象危机定义为：企业在经营过程中出现的可能危及企业形象和生存的所有事件。

阅读材料

企业网络舆情危机及应对策略

近年来，随着互联网及信息技术的迅速发展，国内互联网用户的规模逐年扩大。第49次《中国互联网络发展状况统计报告》显示，截至2021年12月，我国网民规模达10.32亿，网民规模稳步增长，人均上网时长不断增长。随之而来的是网络的影响力极大增强，网络媒体及自媒体得到越来越多的关注。从媒介形态到信息传播，网络媒体都展现出强大的生命力与社会影响力。作为舆情传播的新载体，网络不仅拓宽了公众的表达渠道，也使得企业舆情更多地以网络舆情的形式在用户间发生、传播。因此企业越来越重视对网络舆情的管理。

网络舆情危机是企业在网络环境下面临的一种新的危机形式。当前，在网络日益发达、网民积极作为的情况下，企业舆情危机事件呈现出数量不断增多、涉及企业类型不断增加、涉及领域日益扩大等趋势。在网络舆情危机应对过程中，企业对舆情信息研判不力或应对措施不当，危机就会进一步升级，最终导致企业形象受损，并造成一定的经济损失；企业如在网络舆情危机中采取了有效的应对措施，就有可能转“危”为“机”，不仅可以修复受损的企业形象，还可以推动企业形象的再造，让网络舆情危机转化为企业形象建设的契机，提高企业的知名度。

相较于传统媒体中的企业舆情危机，企业网络舆情危机具有以下特征：①舆情危机的突发性和信息传播的迅速性；②舆情内容的危害性和危机应对的急迫性；③应对行为的关注性和舆情引导的难控性。网络媒体时代，多元化的传播载体、公众话语权的不断强化以及网络媒体的“放大镜”和异化升级作用等，使得舆情危机的应对处置更加复杂难控，对企业舆情处置能力和形象修复工作提出了更大的挑战。

为此，企业在网络舆情危机应对和形象修复中应积极采取如下策略：①正视危机、积极应对,从主观意识上加以重视,提高形象维护意识;②利用媒体及时发布信息公开危机处置过程,主动设置舆论议题化“危”为“机”,从应对行为上予以支撑,强化修复行为力度;③总结经验教训,从机制建设上完善管理,建立起一套系统规范的舆情应对和形象修复机制,树立良好的企业形象。

二、企业形象危机的分类及其危害

企业形象危机可以依据企业危机类别的不同而划分为企业形象内部危机和企业形象外部危机。

(一)企业形象内部危机

企业形象内部危机是因企业经营管理不善引发的危机事件或状态,可以分为单一危机和综合危机。单一危机是指引发企业危机的某个事件,如信誉危机事件、安全危机事件、原料危机事件等;综合危机是指企业多个危机事件相互作用的不利管理因素,这些不利管理因素涉及经营管理的各个环节,反映的是一种危机状态,可统称为“经营危机”,一般是由于企业管理水平较低造成的。

我国企业管理水平普遍较低,企业危机主要属于综合危机。为了利于对企业内部危机进行深入研究,按专业管理分类,企业综合危机可划分为战略危机、人力危机、财务危机、生产危机、物流危机、营销危机、品牌危机、文化危机、关系危机、安全危机等类别。这些危机类别相互作用构成的综合危机状态就表现为企业的经营危机。

企业是一个经济组织,经营过程中的任何危机事件都有可能引发其他危机事件的发生。

1.战略危机

战略危机是指因宏观战略管理不利因素造成的企业危机。主要是因为企业决策层对国际形势、国家政策、行业动态等外部经营环境缺乏深入了解,对行业未来发展趋势的预测出现偏差,对企业内部资源的优劣势认识不足,从而导致确定的战略方向、战略目标、战略形态等战略管理要素不符合企业的经营环境,致使企业陷入危机。

2.人力危机

人力危机是指因人力资源管理不利因素造成的企业危机。主要是因为管理体制不健全、责权混淆,管理无计划、执行力低,员工发展空间小、工作环境简陋、福利待遇差,企业缺乏凝聚力、能动性差、员工忠诚度降低、培训机制滞后、人才流失率高等,致使企业陷入危机。

3.财务危机

财务危机是指因财务管理不利因素造成的企业危机。主要是因为财务体制不健全、无预算控制、负债率高、资金周转不灵、融资渠道不畅、收益率低、应收账款难以回收、投资亏损等致使企业陷入危机。

4.生产危机

生产危机是指因生产管理不利因素造成的企业危机。主要是因为原料供应不及时、生产设备老化、产品破损率高、生产成本失控、产品质量合格率低、不能按时供货、生产研发能力弱等,致使企业陷入危机。

5.物流危机

物流危机是指因物流管理不利因素造成的企业危机。主要是因为运输费用高、运输时间长、运输损耗大、库存积压、存在安全事故隐患、物资供应不足、物流配送不及时、配送准确率低等，致使企业陷入危机。

6. 营销危机

营销危机是指因营销管理不利因素造成的企业危机。主要是因为目标市场不明确、产品定位不准、产品缺乏创新、分销渠道不畅、销售政策不积极、价格体系无竞争力、促销手段传统、产品投诉多、售后服务无保障、市场断货、毛利空间萎缩、品牌知名度低等，致使市场拓展受阻，企业陷入危机。

7. 品牌危机

品牌危机是指因品牌管理不利因素造成的企业危机。主要是因为品牌结构不合理、品牌形象模糊、品牌知名度和品牌忠诚度低、品牌形象受损等对销售的推动作用太弱，致使企业陷入危机。

8. 文化危机

文化危机是指因企业文化管理不利因素造成的企业危机。主要是因为领导人集权、经营观念落后、品德修养差、内部矛盾尖锐、信息沟通不畅、企业形象俗套、员工缺乏工作热情和创造能力、行为不规范、企业文化缺位等致使组织缺乏向心力，企业陷入危机。

9. 关系危机

关系危机是指因公共关系不利因素造成的企业危机。主要是因为供应商停止供货、分销商不积极配合、客户终止合同、合作伙伴撤资、政府行政制裁、新闻媒体负面报道、金融机构催贷、经济纠纷、人事矛盾等，致使企业陷入危机。

10. 安全危机

安全危机是指因安全管理不利因素造成的企业危机。主要是因为安全职责不明确、安全管理体制不健全、安全防范不严密、违反安全操作规程、安全检查疏忽、肆意破坏、发生伤亡事故等致使安全保障系数不达标，企业陷入危机。

（二）企业形象外部危机

企业形象外部危机是国家、社会、自然界及其他单位等外部环境引发企业危机的各类事件，它属于企业不可控范畴，其危害具有公众性，需要借助外部危机管理，并结合内部危机管理，双管齐下，才有可能利用互补优势实现对危机的抑制，最终消除危机所造成的危害。

通常，企业形象外部危机表现形式单一，但容易引发关联危机。外部危机同内部危机一样，各危害事件之间都存在必然的联系，并相互作用、相互影响。针对不同的危机主体，危机会产生不同的正负效应：一部分危机主体会受到危机危害，另一部分危机主体也可能借助危机获得收益。如对制药厂来说，疫情危机可能对企业原料供应造成影响，但也可能使企业生产的药品供不应求。针对危机危害性的主要特点，本书侧重讲解危机的负面效应。为了清醒地认识外部危机，可以将其划分为自然危机、政治危机、金融危机、疫情危机、安全危机、能源危机、特异危机、网络舆情危机等。

1. 自然危机

自然危机是指因自然灾害类事件对企业造成的危机。主要是因为地震、洪水、飓风、风暴等自然灾害直接造成企业经济损失、人员伤亡或间接造成企业物流中断、订单流失等经济损失。

2.政治危机

政治危机是指因国家政权动荡类事件对企业造成的危机。主要是因为战火纷飞、人心惶惶、游行示威、流血冲突、社会混乱、外贸通路阻塞、投资环境恶劣、能源物资紧缺、物价飞涨、股市狂跌、外强入侵、外交关系紧张等国民正常生活秩序遭到破坏,从而危及企业的生存。

3.金融危机

金融危机是指因经济萧条、通货膨胀类事件对企业造成的危机。主要是因为物价上涨、股市暴跌、消费者信心指数下滑、投资项目减少、破产企业增多、市场经济疲软、国际经济纠纷、失业率猛增等经济大环境萧条危及企业的生存。

4.疫情危机

疫情危机是指因流行疾病类事件对企业造成的危机。主要是因为环境严重污染、传染病扩散、医院人满为患、区域人口隔离、外来流动人口稀少、消费力大减、服务业生意冷清、人心恐慌或动物瘟疫等疾病传播威胁到生命健康,从而危及企业的正常经营。

5.安全危机

安全危机是指因国家安全类事件或外部单位安全类事件对企业造成的危机。主要是因为反政府组织的政治颠覆、国民设施遭到破坏、种族冲突、恐怖暴力事件、战争、大量民众外逃等社会局势动荡,或外单位火灾、房屋倒塌、毒气泄漏等安全责任事故,危及企业的正常经营。

6.能源危机

能源危机是指因能源供应短缺类事件对企业造成的危机。主要是因为能源供不应求、能源价格上涨、能源稀缺等致使企业不能正常开展经营活动。能源危机最易影响的是同能源关系紧密的航空、石油、运输、矿产等行业。比如伊拉克战争导致的石油紧缺和石油价格飞涨就容易对航空等关联行业构成威胁。

7.特异危机

特异危机是指因国际争端类事件对企业造成的危机。主要是两国之间的政治矛盾影响正常的贸易往来,国际公约之争造成贸易通道被封闭或引发反倾销案等。其根源一方面是由于国际政治矛盾,另一方面是因地域间经济的自我保护。比如日本引发的温州打火机反倾销案事件就属因地域间经济的自我保护形成的特异危机。

8.网络舆情危机

网络舆情危机是指互联网上存在的,可能对企业的品牌形象、声誉以及消费者和股东信心造成威胁和影响的舆情。由于网络舆情危机是相对于负面突发事件而言的,因此也被称为网络负面舆情。依据人民网舆情监测室发布的企业舆情危机事件案例,可将企业舆情危机事件的诱因归纳为产品或服务缺陷型、内部管理漏洞型、公共安全型、领导或员工言行失当型等类型。网络舆情一般源于个体的意见表达,随着其他群体意见的跟进而愈演愈烈,如果不加控制,就会导致网络舆情危机,甚至会衍生出一系列的社会事件。

三、企业形象危机的特征

认识危机的特征,是企业有效识别危机的前提。通常而言,危机主要具有如下五个特征:

(一)突发性

企业内部因素所引发的危机大都是由一系列细小的事件逐渐积累导致的。因为人们的疏忽,可能对这些细小的事件一无所知,也可能对这些细小的事件习以为常、视而不见,所以,危机的爆发经常出乎人们的意料,危机爆发的时间、地点以及影响的程度常常是人们始料未及的。

比如,1984 年美国联合碳化物公司在印度博帕尔的工厂发生的毒气泄漏事故造成 12.5 万人中毒,6 495 人死亡,20 万人受伤。其实,在事故发生之前的 3 个月,该公司的内部文件中已经明确指出:只要异氰酸甲酯储气接触到水就可能发生毒气外泄,而公司过去光气外泄的记录已达 107 次,其中异氰酸甲酯与光气混合的次数达 22 次。然而该文件并未引起工厂的重视,才导致这一重大事故的发生。

组织外部因素所造成的危机,如地震、洪水等自然灾害,国家政策的突然变化,是由人们难以控制的客观因素引发的,因此具有很大的偶然性和随机性。

(二)危害性

危机常常是在当事者毫无准备的情况下瞬间发生的,会给当事者带来很大程度的混乱和惊恐,很容易造成决策失误,带来巨大的损失。对于企业而言,危机爆发之后,不仅会破坏企业当前正常的生产、经营秩序,而且会破坏企业可持续发展的基础,对企业未来的发展造成不利的影响,甚至还可能威胁到企业的生存。

例如,瑞士劳达航空公司经营着从瑞士滑雪圣地到世界各地的航线,凭借优质、富有特色的服务,该公司牢牢地占领着这一细分市场。20 世纪 80 年代,正当劳达航空公司准备通过并购壮大规模的时候,公司的一架客机坠毁。罹难者家属的赔偿加上随之而来的乘客流失,使劳达航空公司很快就破产了。美国大部分航空公司在“9・11”恐怖袭击事件之后的一周之内,载客率大为下降,许多大的航空公司因此大幅裁员。

(三)公众性

大众传播业的发展,信息传播渠道的多样化、传播的高速化、范围的全球化,使企业危机情境迅速公开化,成为公众关注的焦点,成为各种媒体最佳的“新闻素材”。因此,有人说有关危机信息的传播比危机事件本身的发展还要快。在危机信息的传播中,各种媒体最有影响力,因为危机信息的主要来源是各种形式的媒体,而媒体对危机报道内容的选择和对危机报道的态度影响着公众对危机的看法和态度。有些企业在危机爆发后由于不善于与媒体沟通,导致危机不断升级。对于危机的利益相关者而言,由于危机涉及他们的切身利益,对危机事态的发展以及组织对危机采取的措施更加关注。

(四)紧迫性

对企业而言,危机一旦爆发,紧迫性非常强烈。危机的紧迫性具体表现在:第一,危机潜伏期所积蓄的危害性能量在很短的时间内被迅速释放出来,并呈快速蔓延之势,要求企业立即采取有力的措施予以处理,任何延迟都会带来更大的损失;第二,危机事件具有传导效应,一个业已发生的危机,会像石子投入水中一样引起阵阵涟漪,如果不对危机的发展势头进行有效遏制,可能引发一系列的不利影响,导致更大的危机;第三,飞速发展的现代通信技术极大地便利了沟通,如果危机爆发之后组织反应迟缓,必然使企业形象在社会公众,尤其是利益相关公众的心目中一落千丈。为获得社会公众的同情、理解和支持,企业需要迅速对危机作出反应和进行处理。

(五)二重性

"危机"一词,可以理解为危害加机会。危机所带来的危害很好理解。危机带来的机会包括两个方面:一方面,危机的爆发使企业认识到自己的不足,如果能对症下药,就可以有效克服自己的弱点。已经发生的危机可以看作是企业的疫苗,避免今后危机再次爆发。另一方面,危机的爆发往往使企业成为公众注目的焦点,如果企业的危机处理措施得当,就可以使企业化险为夷,转危为安,形成新的发展机会。不少企业在危机发生之后过于悲观,看不到危机所带来的机会,在危机处理的过程中显得消极被动,导致危机处理效果不理想。

【案例10-1】

内江婴儿中毒事件

杭州未来食品公司1997年在四川内江成功处理婴儿中毒事件是转危为安的一个典范。在得知中毒身亡的婴儿曾食用公司生产的未来牌营养米粉之后,未来食品公司总经理迅速带队奔赴内江,在防疫站的检查结果出来之前,公司就对失去婴儿的那对夫妇郑重承诺,无论未来食品公司是否有责任,如果他们再生孩子,将来孩子的教育费用由公司承担,直至孩子上完大学。在防疫站的检查结果排除了未来牌营养米粉的质量责任之后,公司趁热打铁,以向内江市精神文明建设委员会捐赠10万元为契机,促成了在内江设立分厂的目标的实现。妥善处理的结果不但使未来牌营养米粉在当地的销量直线上升,而且使未来食品公司得以在四川安营扎寨,建立生产基地。

第二节　企业形象危机的控制和管理

一、企业形象危机控制和管理的基本理念

企业危机管理的水平固然与危机管理体系是否健全有关,但基本的前提是企业是否具备以下七方面健全的危机管理理念:

(一)预防化

企业危机的形式是多种多样的,每一种危机不论形式如何,都会对企业构成威胁。应付不测以求得生存,是危机管理和危机公关的基本思想。

如果说危机公关和危机应变方案的策划是企业生存的重要因素,那么我们就应该在危机发生前制订危机应变方案,以确保危机到来时能有所准备地面对危机,并顺利渡过危机,将危机给企业带来的负面影响降到最低。有了危机应变方案,当危机到来时,就可以从容地应对危机了。

任何企业在发展过程中都不可能一帆风顺,各种风险与突发事件会随时袭来。是否具有预察系统并快速地采取相应行动关系企业的生死存亡。IBM、松下、可口可乐、雀巢、娃哈哈等知名企业都遇到过灾难性事件,但能以及时和高效的公共关系活动安然渡过危机;三株、巨人等企业则因反应不力而元气大伤。

在著名的跨国公司中,危机营销被更多地转到了预防层面。这些企业经常进行调查分析,以及早发现引发危机的线索和原因,预测将要遇到的问题,从而制订多种可供选择的应变营销方案。同时还通过加强培训树立员工的危机意识。比如壳牌英国公司总部有一栋遇

到重大危机才启用的办公楼。壳牌中国公司每年都要对员工、合资方的管理层进行危机公关培训，参加人数占全部员工的10%以上。美国很多公司都设有专门的危机公关顾问，负责危机的预测和危机发生后的公关策划工作。

（二）全面化

危机管理的目标不仅是“使公司免遭损失”，而且是“能在危机中发展”。

很多企业将危机管理与业务发展看成是一对相互对立的矛盾，认为危机管理必然阻碍业务发展，业务发展必定排斥危机管理，导致危机管理与业务发展被割裂开来。危机管理机构在制定规章制度时往往不考虑其对业务发展的可能影响，而业务部门在开拓业务时则盲目地扩张，根本不顾及危机问题。

全面化可归纳为两个“确保”：一是应确保企业危机管理目标与业务发展目标相一致；二是应确保所有危机都有专门的、对应的岗位来负责。

因此，危机管理绝不能头痛医头、脚痛医脚，而要全面、整体进行，争取获得多重效果和长期效益。

（三）价值观的一致化

危机管理有道亦有术。危机管理的“道”是企业的价值观与社会责任感，是企业得到社会尊重的根基。危机管理的“术”是危机管理的操作技术与方法，是需要通过学习和训练来掌握的。

危机管理之“道”是企业危机之“术”的纲。例如，企业是否真正以消费者为中心，是否真正以诚相待、为消费者负责，在危机爆发时是否“说真话，立即说”，是否有蒙混或侥幸过关的心理，是否有据“理”力争的心态，是否有诡秘运作的做法等等，所有这些都是企业的价值观与社会责任感的具体体现。

【案例10-2】

泰诺中毒事件与本田“缺陷车事件”

1982年，在泰诺中毒事件发生之后，当时强生公司的总裁伯克很明确，只有公司的文化、最核心的公司价值和理念才能使公司走出这一危机。强生公司信条的第一款是：“我们首先要对医务人员、病人、母亲和其他所有我们产品和服务的用户负责。”而正是这个信条带领强生公司走过了艰难境地。

20世纪70年代，日本本田公司发生过一次严重危机，就是著名的“缺陷车事件”。当时的本田刚挤入小轿车市场，在几家实力雄厚的大企业的夹缝中生存。然而，其刚打开销路的“N360”型小轿车却出现了严重的质量问题，造成上百起人身伤亡事故。受害者及家属组成联盟以示抗议，本田一下子声名狼藉，企业生存岌岌可危。可贵的是，本田并未在舆论的重压下乱了阵脚，而是立即决定以诚恳的态度承认失误。它马上举行记者招待会，通过新闻媒体向社会认错，总经理道歉之后引咎辞职，同时宣布收回所有“N360”型小轿车，并向顾客赔偿全部损失。公司还重金聘请消费者担任质量监督员，经常请记者参观访问，接受舆论监督。本田的诚心打动了挑剔的日本人，在公众心中树立起了“信得过”的形象。

（四）关联化

有效的危机管理体系是一个由不同的子系统组成的有机体系，如信息系统、沟通系统、决策系统、指挥系统、后勤保障系统、财物支持系统等。企业危机管理的有效与否，在很大程度上取决于它所包含的各个子系统是否健全和有效运作，任何一个子系统的失灵都有可能导致整个危机管理体系的失效。

（五）集权化

集权化的实质就是要在企业内部建立起一个职责清晰、权责明确的危机管理机构。因为清晰的职责划分是确保危机管理体系有效运作的前提。同时，企业应确保危机管理机构具有高度权威性，并尽可能不受外部因素的干扰，以保持其客观性和公正性。

危机的集权管理有利于从整体上把握企业面临的全部危机，从而将危机策略与经营策略统一起来。但值得注意的是，为了提高危机管理的效率和水平，不同领域的危机应由不同的部门来负责，即进行危机的分散管理。危机的分散管理有利于各相关部门集中力量将各类危机控制好。但不同的危机管理部门最终都应直接向高层的首席风险官负责，即实现危机的集中管理。

（六）互通化

从某种意义上说，危机战略的出台在很大程度上依赖于其所能获得的信息。而危机战略能否被正确执行则受制于企业内部是否有一个畅通的信息沟通渠道。如果信息传达渠道不畅通，执行部门很可能会曲解上层的意图，进而产生与危机战略背道而驰的行为。

有效的信息沟通可以确保所有的工作人员都能充分理解其工作职责与责任，并保证相关信息能够传递给适当的工作人员，从而使危机管理的各个环节正常运行。企业内部信息能否顺畅流通在很大程度上取决于企业是否具备完善的信息系统，因此企业应加强危机管理的信息化建设。

在危机面前，企业要掌握对外报道的主动权，以自己的组织为消息第一来源。一般来讲，在企业出现危机时，最好成立一个以企业重要人物为中心的新闻中心。这一机构可以是临时性的，也可以是长期性的。在危机发生时，它的作用在于将危机真相告诉消费者。设立这样的机构，有助于大批媒体采编人员在离开危机发生地后，仍然能获得很多关于危机的消息，尽可能地避免媒体在事后的猜测。这一机构有必要安排一人专门写稿，介绍危机的详细情况以及企业所作出的决策。

（七）创新化

危机管理既要充分借鉴成功的经验，又要根据危机的实际情况，尤其要借助新技术、新信息和新思维进行大胆创新，切不可墨守成规，故步自封。

二、企业形象危机控制和管理的一般程序

（一）做好危机准备方案

(1)对危机持正确积极的态度。

(2)使公司(组织)的行为与公众的期望保持一致。

(3)通过一系列对社会负责的行为来建立公司(组织)的信誉。

(4)时刻准备把握危机中的机遇。

(5)组建一个危机管理小组。

(6)对公司(组织)潜在的危机形态进行分类。

(7)制定预防危机的方针和对策。

(8)为处理每一个潜在的危机制定具体的战略和战术。

(9)组建危机控制和险情审核小组。

(10)确定可能受到危机影响的公众。

(11)为最大限度地减少危机对公司(组织)声誉的破坏性影响,建立有效的传播沟通渠道。

(12)在制订危机应急计划时,多倾听外部专家的意见,以免再犯同样的错误。

(13)写出书面方案。

(14)对有关方案计划不断地进行试验性演习。

(15)为确保处理危机时有一批训练有素的专业人员,平时应对他们进行专门培训。

(二)做好危机传播方案

(1)时刻准备在危机发生时将公众利益放在首位。

(2)掌握对外报道的主动权,以公司(组织)为第一消息发布源。

(3)确定发布信息的媒介。

(4)确定信息传播所需针对的其他重要的外界公众。

(5)准备好公司(组织)的背景材料,并不断根据最新的情况加以充实。

(6)确定举行新闻发布会和媒介索取最新材料的场所。

(7)在危机期间为新闻记者准备好通信设备。

(8)设立危机新闻办公室以接受媒介的电话询问,若有必要,可 24 小时备询。

(9)确保公司(组织)有足够训练有素的人员来应付媒介。

(10)应有一名公司(组织)的高级人员来负责危机小组的管理。

(11)确保危机管理小组能有效地工作。

(12)准备一份应急新闻稿,留出空白,以便在危机发生时可直接充实并发出。

(13)确保危机发生期间通信线路的畅通。

(三)做好危机的处理工作

(1)面对灾难,应考虑最坏的可能,并及时采取行动。

(2)要以最快的速度来控制危机,调配训练有素的人员对危机进行控制和管理。

(3)要让危机管理人员不断地了解危机管理的进展情况。

(4)为危机管理人员设立专用的电话,以应付外来的询问。

(5)要倾听公众的意见,把握公众情绪,可能的话,通过调查研究来验证公司(组织)的看法。

(6)设法使受到危机影响的公众站在公司(组织)的一边,帮助公司(组织)解决有关问题。

(7)邀请公正、权威性机构来帮助解决危机,以便确保社会公众对公司(组织)的信任。

(8)时刻准备应付意外情况,修改公司的应急计划,切勿低估危机的严重性。

(9)要善于创新,以便更好地解决危机。

(10)别介意临阵退缩者,因为有更重要的事情需要解决。

(11)把情况准确地传达给总部,不夸大其词。

(12)危机管理人员要有足够的承受能力。

(13)处理完危机后,要吸取教训。

(四)做好危机中的传播工作

(1)危机发生后,要尽快对外发布有关背景情况,以显示组织已有所准备。

(2)只有确切了解事故的真实原因后才能对外发布信息。

(3)不发布不确切的消息。

(4)了解更多事实后再发出新闻稿。

(5)举行新闻发布会是有效的方法。

(6)熟悉媒介通常的工作时间。

(7)制定预防危机的方针和对策。

(8)如果新闻报道与事实不符,应及时指出并要求更正。

(9)建立广泛的信息渠道,与记者和当地的媒介保持良好的关系,及时通过他们对外发布信息。

(10)善于利用媒介与公众进行沟通,以控制危机。

(11)在传播中避免使用行话。

(12)确保公司(组织)在危机处理中有一系列对社会负责的行为,以增强社会对组织的信任。

三、企业形象危机控制和管理的六个阶段

(一)第一阶段:危机的预防

将危机预防作为危机管理的第一阶段并不奇怪,令人奇怪的是许多人往往忽视了预防危机这一既简便又经济的办法。预防危机,一方面要将所有可能对商业活动造成麻烦的事件一一列举出来,考虑其可能的后果,并且估计预防所需的花费。这样做可能很费事,却很管用。因为公司雇员中的任何一个人都可能因为失误或疏忽使整个公司陷入危机。另一方面,谨慎和保密对于防范某些商业危机至关重要,比如在敏感的谈判中由于泄密而引起的危机。

(二)第二阶段:危机管理的准备

危机是不可避免的,所以必须为危机管理做好准备,比如行动计划、通信计划、消防演练等。大多数航空公司都有准备就绪的危机处理队伍,还有专用的无线电通信设备以及详细的应急方案。

【案例 10-3】

电话公司的托儿中心

在 1992 年的安德鲁飓风过后,电话公司发现,它们在南卡罗来纳州短缺的不是电线杆、电线或开关,而是日间托儿中心。许多电话公司的野外工作人员都有孩子,需要日间托儿服务。当飓风将托儿中心摧毁之后,必须有人在家照看孩子,这就导致在最需要的时候工作人员反而减少了。这一问题的最终解决,是通过招募一些退休人员开办临时托儿中心,从而将父母们解脱出来,投入到电话网络的恢复工作中去。

(三)第三阶段:危机的确认

这个阶段的危机管理通常是最富有挑战性的。在寻找危机发生的信息时,管理人员最

好听听公司中各种人员的看法，并与自己的看法相互印证。

【案例 10-4】

奔腾芯片危机

1994 年年底，英特尔公司的奔腾芯片发生了危机。引发这场危机的根本原因是英特尔将一个公共关系问题当成一个技术问题来处理了。随之而来的媒体报道简直是毁灭性的，不久之后，英特尔的收益损失了 4.75 亿美元。更可笑的是，当公司愿意更换芯片时，却很少有用户肯接受，仅有 1%～3%的个人用户更换了芯片。可见，人们并不是真的要更换芯片，他们只要知道有权利换就行了。如果公司在危机前能够确认公众的感觉，也许危机就可以避免。

（四）第四阶段：危机的控制

这个阶段的危机管理需要根据不同情况确定工作的优先次序。

首先，让部分职员专职从事危机的控制工作，其他人继续公司的正常经营工作，这是一种非常明智的做法。也就是说，在首席执行官领导的危机管理小组与一位胜任的高级经营人员领导的经营管理小组之间，应当建立一座防火墙。

其次，应当指定一人作为公司的发言人，所有面向公众的发言都由他主讲。

再次，及时向有关人员，包括客户、雇员、供应商以及所在社区的公众通报信息，而不要让他们从公众媒体上得到有关公司的消息。管理层即使在面临着必须对新闻记者做出反应的巨大压力时，也不能忽视这些对公司消息特别关心的群体。事实上人们感兴趣的往往不是事情本身，而是管理层对事情的态度。

最后，危机管理小组中应当有一个唱反调的人，这个人必须是在任何情况下都敢于明确地说出自己意见的人。

总之，要想取得长远利益，公司在控制危机时应更多地关注消费者的利益而不仅仅是公司的短期利益。

（五）第五阶段：危机的解决

在这个阶段，速度是关键，因为危机不等人。几年前，美国大型连锁超市雄狮食品(Food Lion)突然间受到公众瞩目，原因是美国某电视台的直播节目指控它出售变质肉制品，结果导致公司股价暴跌。对此，雄狮食品迅速采取行动，邀请公众参观店堂，在肉制品制作区竖起玻璃墙供公众监督，改善照明条件，给工人更换新制服，增加员工的培训，并大幅打折，通过这些措施重新吸引客户。最终，美国食品药品监督管理局对它的检测结果是优秀。此后，其销售额很快恢复到正常水平。

与这一案例相似，当手机产生的电磁辐射会引起脑瘤的指控出现时，手机制造商们迅速请专家直接向公众解释实际情况，公众的担心很快就消除了。当百事可乐的软饮料罐中发现了注射器时，公司采取了类似的策略，迅速向公众演示，说明这些异物只可能是由购买者放进去的，公众的不平很快便平息了。

（六）第六阶段：从危机中获利

危机管理的最后一个阶段是总结经验教训。如果一个公司在危机管理的前五个阶段处理得当的话，第六个阶段可能获得一个能弥补部分损失和纠正混乱的机会。

将群情激愤的危机成功地化解的经典案例之一，是强生公司对泰诺事件的处理。当被氰化物污染的泰诺胶囊引发一系列死亡事件后，当时的首席执行官认为必须采取强有力的措施来保证公众的安全和恢复公司最畅销产品的信誉。通过整页的广告和电视宣传，公司将3 100万个胶囊从全国各商店的货架上和家庭药柜中收回，然后重新设计了包装，并在3个月内将市场占有率恢复到危机前的95%。这个奇迹的取得当然不是没有代价的，但与不这样做而引起名誉受损再去恢复名誉所要付出的代价相比，就显得微不足道了。从商业角度看，泰诺危机的结果是强生公司再一次证明了它对客户的关心以及对道德标准的坚持。虽然这是一场悲剧，但悲剧过后，公司的声誉明显得到了提高。

其实，公众对商业企业的预期并不高，以至于公司在做一件本应当做的事时会受到热情洋溢的称赞。

总之，要尽一切努力避免企业陷入危机。而一旦遇到危机，就要接受它、管理它，并努力将眼光放长远一些。事实上，对危机管理最基本的经验可以用这样六个字来概括：说真话、赶快说。

四、企业形象危机控制和管理的注意事项

(一)不要等到危机发生时才匆忙应对

企业需要有很强的公关意识和专业的实际行动，并且建立一套健全的“危机预警系统”。企业内部的信息沟通不畅，没有危机意识，没有建立起相应的“危机预警系统”，是危机公关最为忌讳的。

【案例 10-5】

欧莱雅安瓶面膜事件

巴黎欧莱雅官方微博于2021年10月13日、14日连续两天发布直播预告，承诺10月20日将在李佳琦和薇娅的直播间推出“全年最大力度”的安瓶面膜优惠。之后，在2021年11月1日至3日期间，欧莱雅品牌在天猫官方旗舰店持续放出大额优惠券，这使得消费者在达人直播间购买的价格远高于欧莱雅官方旗舰店的价格，造成了消费者的经济损失。之后“巴黎欧莱雅虚假宣传，付定金后发放大量优惠券，欺骗消费者并且不一视同仁退差价”等声音出现，网络负面舆情范围持续扩大。

其实早在2021年11月初相关舆情就已出现，经过近10天的发酵，到11月12日，已有近万名消费者于黑猫投诉平台发起集体投诉。由于欧莱雅的行为涉嫌虚假宣传、不正当竞争，包括《人民日报》等在内的权威媒体也对该事件进行了报道，微博相关热点话题形成。直到2021年11月17日，两位主播才发表正式声明回应，并要求品牌方24小时内给出解决方案。之后，欧莱雅官方发布解决方案，希望通过发放优惠券的方式来平息此次事件，但这实际上只是在吸引消费者复购，对于之前的购买行为并未进行直接补偿，导致大部分消费者对其解决方案并不满意，从而使得网络负面舆情风险持续上升。

尽管该事件早已平息，但它给消费者带来的心理阴影及对品牌信任度的丧失，可能是欧莱雅难以承担的隐形损失。正如《人民日报》官微所点评：“尊重消费者，才不会透支信任。”

面对新媒体环境下的网络舆情危机，此次事件至少给了我们如下启示：①企业应处理好主播直播间和品牌直播间的关系，做好促销活动的统筹。②主播作为意见领袖，应积极寻求

解决方案。③企业对于危机应做到及时回应，建立公关团队，处理好与媒体的关系。④企业对于危机事件的解决方案应合理满足消费者的需求。

（二）不要去打官司

打官司往往会扩大事件的影响，导致企业形象受到损害。即使官司能赢，在消费者心目中也会留下不负责任、不关心消费者的不良印象。

在1998年的恒升笔记本电脑事件中，恒升公司状告消费者王洪及对事件作过报道的媒体《微电脑世界》《生活时报》，无异于将自己推向泥潭。

（三）不要只是辩解

从20世纪70年代初开始，人们对发达国家企业生产并销售的婴儿奶粉感到不安，因为有证据表明，其易导致婴儿营养不良。媒体对此已有报道，但相关公司没有反应。

1977年，一场著名的"抵制雀巢产品"运动在美国爆发了。美国婴儿奶制品行动联合会的会员到处劝说美国公民不要购买"雀巢"产品，批评这家公司有不道德的商业行为。对此，雀巢公司只是试图把它作为营养健康问题予以处理，虽然提供了不少有关的科学数据分析，但问题并没有得到解决。人们因感到雀巢公司忽视了他们合法和严肃的要求而对公司敌意倍增，结果雀巢公司遭到了新闻媒介更猛烈的抨击。

整个危机持续了10年之久，直到1984年1月，雀巢公司承认并实施世界卫生组织有关经销母乳替代品的国际法规，国际抵制雀巢产品运动委员会才宣布结束抵制运动。

（四）不要保持沉默

如果要避免无谓的麻烦，完全可以采用开新闻发布会的形式，所有内部的沟通和与新闻界的接触都由新闻发言人来完成。这样不仅能避免因为与外界沟通不足而导致各种流言的产生，而且能给企业树立一种良好的形象。

（五）不要手足无措

危机在许多企业毫无准备的情况下发生，企业很可能因手足无措而导致事件的失控，甚至从此走向衰落。

（六）不要逃避责任

如果可以预见到民事诉讼的损失，企业必须主动表示关注。在事件发生后，即使起因在受害者一方，企业也应该主动承担责任，积极进行处理。一个企业如果有诚意，那么对或错或许变得不再重要。对人们而言，感觉胜于事实。

处理危机时不可以改变已有的事实，却可以改变人们对事实的看法。

强生公司因成功处理泰诺中毒事件而获得了当年度美国公关协会颁发的银砧奖。它是这样做的：在事发后立即收回了芝加哥地区的泰诺药品，使公众觉得自己受到了重视；反之，如果强生公司一味采取强硬的态度，那么，企业信誉会因人们对中毒的恐惧而遭受巨大的打击。

（七）不要反应冷淡

在东芝事件中我们可以注意到，在消费者上网对东芝"赔美国人美金，给中国人补丁"的行为进行披露后，东芝就应采取足够的措施预防事件的进一步扩散，但在相当长的时间内东芝对危机的反应非常淡漠，并没有主动与消费者进行沟通。待东芝公司在一周后想起该说点什么时，已经错过了危机公关处理中最重要的"前24小时"。其实，就算自己有道理，也至少应该向消费者进行解释说明，以求达成谅解，缓和对立情绪，不使消费者产生受到歧视的感觉。如果东芝能在消费者“讨伐”之初就迅速进行沟通,化解矛盾,这件事也许不会发展成严重的危机。

【案例10-6】

康师傅的馊水油事件

2015年8月2日,一段时长2分41秒的视频在社交媒体中广泛传播。崔永元等微博名人的转发,更是加速了该视频的传播。视频中,一名导游痛斥台湾顶新集团滥用馊水油的行为,指出其子公司康师傅大量使用馊水油,因此,号召消费者抵制该品牌,维护食品安全。

8月3日上午,康师傅集团发表了严正声明——“康师傅强烈呼吁社交媒体勿沦为谣言的温床”。网友却几乎一边倒地表示怀疑,并声称要对康师傅集团进行抵制。网友为何如此?

首先,近几年多发的食品安全事件,令民众对食品安全的信任度降到最低。

其次,声明中没有公布民众最关心的油品来源。

最后,向警方报案和指责社交媒体散布谣言的做法,容易激发民众的负面情绪。

虽然康师傅是否使用不合格油品有待相关部门查证,但据媒体报道,康师傅集团因此损失的市值超过30亿港元。因此,不可否认的是,康师傅此次的危机公共关系处理,没能将自身从舆论漩涡中解救出来。

资料来源:中国公关网,http://www.chinapr.com.cn/.有删改。

第三节　企业形象危机的预防与化解

一、企业形象危机的预防

(一)提高企业自身的免疫力

这是预防并避免危机成本最低、风险最小,也是最明智的办法。提高企业对危机的免疫力,要从以下几个方面入手:

(1)强化全员,特别是企业主要管理者的危机意识,使这种意识融入企业文化之中。认为企业不会发生危机本身就是企业最大的潜在危机。

(2)加强企业信用管理,树立企业在公众心目中的良好形象。

(3)加强产品质量管理,努力做到所有产品零缺陷。

(4)加强营销管理,做好售后服务。

(5)加强公共关系管理,并持之以恒。

(6)强化企业团队精神,努力争取员工对企业的忠诚,以免祸起萧墙。

(7)提高主要管理人员的管理能力,强化他们对企业的责任心。

(二)善于寻找企业自身的弱点,发现潜在危机

一方面,企业领导要有自觉反思企业弱点的习惯,从而带动主要管理者乃至普通职工积极寻找企业弱点。另一方面,企业要经常与企业内外的公众沟通,定期或不定期地向企业内外公众发放问卷进行调查,虚心听取他们的意见、建议及对企业可能出现的危机提出的忠告。

问卷调查的内容大致包括：

(1)企业哪些方面做得很好？哪些地方需要改进？

(2)对企业的哪些方面不满意？

(3)现有热销产品的前景如何？

(4)与企业的信息交流畅通吗？哪些方面不畅通？

(5)企业最有可能出现危机的领域是什么？

(6)这些领域出现危机会有什么样的前兆？

(7)企业需要改进的地方已经改进了吗？改进得好不好？

(8)如何评价与企业的关系？

(9)如果给总经理提一个忠告，会是什么呢？

(10)谈谈印象中企业的优劣势。

通过管理层的自我分析与反思和对企业内外公众的问卷调查，找出企业存在的弱点，把这些弱点视为企业可能发生的潜在危机，然后按照危机发生概率的大小和对企业危害的大小分别列表，见表10-1、表10-2。

表10-1　潜在危机发生概率表

序号	最有可能近期发生的危机	有可能发生但近期不会发生的危机	可能发生的危机	几乎不会发生的危机
1				
2				
3				

表10-2　潜在危机可能给企业带来的损害表

序号	造成严重损害且控制困难的危机	造成严重损害但能有效控制的危机	造成一般损害且容易控制的危机	损害轻微且易于控制的危机
1				
2				
3				

在上述两张表的基础上再编制表10-3。

表10-3　危机发生概率与损害大小表

序号	最有可能发生且损害严重的危机	最有可能发生但损害一般的危机	损害严重但发生概率不大的危机	损害很小但容易发生的危机	损害小且发生概率小的危机
1					
2					
3					

有了表10-3后，就可以模拟危机管理了。危机管理的内容主要包括：

(1)成立危机管理领导小组。

(2)拟订危机管理计划：

①应对危机的基本原则。

②确定负责人。

③对可能出现的危机给予尽可能明确的定义(要依据可以调动的应对危机的资源和可能对企业带来的危害来理性地定义,而不是就事论事地、感性地定义)。

④如何避免危机的发生。

⑤描述潜在危机发生的可能情景以及企业应对此危机的措施。

⑥危机管理小组及所有部门、分支机构和分销渠道的主要负责人名单、所有可能的通讯方式。

⑦危机发生后的人、事隔离。

⑧危机预算。

⑨危机一旦发生,企业的基本姿态。

⑩危机一旦发生,企业最先要做的事情。

⑪危机一旦发生,能调动的资源及调动这些资源的非常程序。

⑫危机一旦发生,应与哪些机构打交道,孰先孰后,谁负责与哪个机构打交道,如何打交道。

⑬媒体沟通与信息发布。明确与媒体沟通的责任人以及信息发布的第一发言人、第二发言人,信息发布口径的统一问题,对可能的责难的应对。

二、企业形象危机化解的基本原则

危机一旦发生,企业必须直面现实,有效地应对和化解危机。化解危机的基本原则主要有:

1.领导原则

危机的突发性及无章可循、变数多的特点,决定了应对危机是一种策略性极强的决策,也是一种无章可循的非程序化决策,这种决策在很大程度上需要决策者(一般为领导)的主观判断。一方面,领导的权威、经验和能力以及感觉是他人无法取代的;另一方面,处理危机需要调动很多方面的资源,而领导在调动资源如抽调人员等方面,有他人无法比拟的高效率。

2.扁平化原则

平时那种遇事层层请示的规矩,在应对危机时就不适用了。非常时期应当用非常规矩,这就是扁平化原则。通过扁平化方式使与危机有关的信息以最快的速度传到领导那里,以作决策参考。

3.快速反应原则

危机一发生,媒体以及各种信息渠道都会以最快的速度披露和传播危机信息。企业内外公众以及竞争对手都在翘首关注企业会做出怎样的反应,这时如果企业反应迟缓,不仅会错过处理危机的最佳时机,而且会影响公众对企业处理危机的信心,甚至给公众留下不敢负责的印象。实际上,对危机的快速反应往往能有效地避免危机的扩散和恶化,甚至能把危机消灭在萌芽状态——这是所有危机管理者的梦想。

4.隔离原则

危机一发生,就会在短时间内给企业主要管理人员增加大量工作,在这种情况下,一方面要快速有效地处理危机，另一方面还要保证企业的生产经营活动正常运转，这就需要进行危机隔离，具体说就是人与事的隔离。人的隔离主要是指对领导成员进行合理分工，抽出专门人员应对危机，其他人做好正常的生产经营工作。事的隔离是把危机事件和其他业务分开，尽可能减少对正常工作的影响。

5. 主动原则

出现危机，一般情况下企业都是被动的，但这不妨碍企业采取主动的行动。积极主动的行动不仅能反映企业的负责态度和解决问题的诚意，而且能避免企业被媒体及公众牵着鼻子走。

6. 坦诚原则

发生危机，企业不要粉饰事实真相，更不要撒谎，对未知的事实不要妄加推测，也不要对危机信息像挤牙膏一样一点一点地披露，特别是坏消息，应尽量一次性发布完。要自始至终以坦诚的姿态应对危机，因为坦诚面对，更容易获得公众的理解和同情。

7. 口径一致原则

出现危机，企业要指定第一、第二发言人，以经过研究确定的口径发布危机信息和企业的行动信息。由于媒体和有关方面会通过发言人以外的其他人（比如普通职工）来了解情况、搜集信息，企业一方面要采取措施尽可能地减少非正规渠道披露信息的可能性，另一方面要提前在企业内部统一口径，以免横生枝节。

8. 行动原则

企业对外的姿态固然重要，但更重要的是行动，要让行动来证实企业正在负责任地处理危机，同时要以行动给企业的合作伙伴信心。

9. 负责原则或公众利益优先原则

不管危机会给企业带来多大的损失，都要以负责任的态度来维护公众的利益。

10. 调查原则

一旦发生危机，要马上对危机真相进行调查。调查结果对企业有利，就以最快的速度告知公众；调查结果对企业不利，也要及时说明真相并做出承诺，要告诉公众企业将采取哪些补救措施和改进办法。如果有关方面结论不同，那就请权威机构尽快做出结论，因为在有权威结论之前各种猜测都可能成为公众心中的结论。

11. 沟通原则

危机发生时，企业要积极主动地与公众进行沟通。企业的公众包括内部公众和外部公众，内部公众是指企业员工，外部公众则是指与企业有关的人群、机构，如供应商、分销商、顾客、媒体等。

在企业的内外部公众中，员工是最复杂也是最敏感的。他们关心自己的工作、前途，进而关心企业的前途和命运。与员工沟通的首要工作是稳定军心，以免耽误危机以外领域的正常工作。在与员工沟通时要设身处地地想员工最关心的事情，要善待员工。危机发生了，在这个时候，企业尽量不要裁员。一方面裁员会分散危机处理的精力；另一方面裁员会给人“企业不行了”的感觉，严重影响投资者、分销商、供应商的信心。

虽然顾客对于企业的重要性不言而喻，但企业发生危机时应把顾客放在怎样一个位置上，不是每一个企业都清楚的。很多企业认为不能让顾客知道企业的危机，否则就可能失去这些顾客，这就错了。因为企业不可能阻止顾客对危机的了解，顾客可能通过各种渠道了解危机信息,这些信息可能是不规范的,甚至是错误的,以致误导公众,使公众认为企业不负责任,这对企业有害无益。相反,如果顾客能从企业获得有关危机的信息,不仅表现了企业对顾客的尊重,而且可以有意识地引导顾客少受流言蜚语的影响。当然,没必要把所有危机信息都告诉顾客,只把顾客关心的核心部分告诉他们。这些内容包括:

(1)危机是什么?

(2)危机是如何发生的?哪些是企业的原因?哪些是客观原因?

(3)危机对顾客有哪些影响?

(4)危机对企业有哪些影响?

(5)企业打算或已经采取哪些措施处理危机,以保护顾客的利益?

与顾客沟通时还要清楚地对顾客以往的支持表达谢意,并希望继续得到他们的支持。与顾客沟通的方式有很多种,如专门开通顾客热线来解答顾客的疑问。

出现危机时企业与媒体的沟通也至关重要。企业首先必须清楚,媒体对企业发生的危机会感兴趣,这是由媒体的行业特点和记者的职业特点决定的。那些出现危机后试图躲避媒体的行为实在是自欺欺人的行为。所以企业发生危机后必须做好与媒体的沟通工作。

此外,危机处理和化解完毕后,企业要及时总结经验教训,并使企业的各项工作尽快恢复到正常状态。危机恢复也需要一个完整的计划。这个计划主要涉及以下几个方面内容:

(1)从危机中得到哪些经验和教训,这要让企业所有的人特别是管理者认真反思。

(2)做出适当的调整,包括人事调整、组织机构调整、供应商和分销商调整,以及产品结构调整和战略调整等。

(3)处理有关责任人。

(4)尽快采取必要的措施以恢复企业的声誉。

(5)审视增强企业危机免疫力的各项举措,并做出适当的改进。

(6)进入新一轮的危机防范过程。

12.设身处地原则

在处理与企业有关各利益方的关系时,不要从企业自身的角度出发,而要设身处地地站在对方的角度去考虑问题并采取措施。

13.效果优先原则

危机出现后,要千方百计地去化解危机,扫清企业发展的障碍,不要对投入成本斤斤计较。危机管理应该有相应的预算,但这种预算必须无条件地服从危机处理的效果,否则省钱的结果很可能是付出更大的代价。

三、企业形象危机的处理程序

企业形象危机的处理程序一般有五个阶段:

(一)隔离危机

隔离危机即在危机事件发生后,立即采取一切可能的隔离措施,将危机控制在可能控制的范围之内,切断一切使危机蔓延的途径。企业的策划人员应认识到,企业是一个整体,各部分之间联系紧密,如果只是急于平息危机而不先隔离危机,危机就有可能失去控制,造成更大的灾难。因此,隔离危机是控制、转化危机的前提。

（二）处理危机

危机发生后会迅速扩张，因此，处理危机要当机立断，找出危机的症结，对症下药，及时采取措施，迅速处理危机，力求在较短的时间内使危机得以控制与解决。在面临危机时，一方面要坚持不懈、排除万难去处理危机；另一方面还要透过危机看“良机”，注意努力取得内外公众的支持、谅解、合作，形成处理危机的合力效应。

（三）消除危机后果

危机往往会给组织带来相当大的负面影响，留下一定的“后遗症”。因此，策划人员应将消除危机造成的“后遗症”作为矫正性公关策划中的一个重点内容加以研究，从物资、人身、心理等方面拟订方案，采取措施，消除危机所造成的后果。

（四）维护组织形象

危机发生后会对组织形象造成极大的损害，因此，在处理危机时，要始终把组织形象的重塑放在重要位置，危机处理的过程也是形象的再建设过程，要及时提出维护公众利益、寻求公众谅解的实际措施，要与新闻媒介保持密切的联系，争取合作。从组织自身来看，危机爆发初期，要正视危机的发生，通过媒介及时向公众说明情况；危机解决的过程中，重要事项应以书面材料的形式发给记者，并为记者的采访、报道提供便捷的条件。

（五）危机总结

危机过后，组织应当对危机事件以及危机处理工作进行全面的总结，包括：对危机事件产生原因的全面认识；对自己在危机中的行动进行评价；分析各种对策、措施的效果；就危机事件提出应吸取的教训，今后的防范措施和管理办法、思路等。

【案例 10-7】

海底捞回应“后厨出现老鼠”

2017 年 8 月 25 日，有媒体曝出“暗访海底捞：老鼠爬进食品柜，火锅漏勺掏下水道”的消息。报道称，记者在海底捞的两家门店暗访近 4 个月，看到老鼠在其后厨的地上乱窜，打扫卫生的簸箕和餐具同池混洗，用顾客使用的火锅漏勺掏下水道……

对此，海底捞火锅通过其官方微博发布了下面的“关于海底捞火锅北京劲松店、北京太阳宫店事件的致歉信”（注：有修改）：

关于海底捞火锅北京劲松店、北京太阳宫店事件的致歉信

尊敬的顾客朋友：

你们好！

今天有媒体报道我公司北京劲松店、北京太阳宫店后厨出现老鼠，餐具清洗、使用及下水道疏通等存在卫生安全隐患等问题。经公司调查，认为媒体报道中披露的问题属实。卫生问题，是我们最关注的事情，每个月我公司都会处理类似的食品卫生安全事件，该类事件的处理结果也会公告于众。无论如何，对于此类事件的发生，我们十分愧疚，在此向各位顾客朋友表示诚挚的歉意。

各位顾客及媒体朋友可以通过海底捞官方网站（www.haidilao.com）上的“关于我们—食品安全—公告信息”或海底捞微信公众号（ID：haidilaohotpot）“更多—关于我们—食品安全—管理公告”查询我们已往对于该类事件的处理结果。

这次海底捞出现老鼠，以及暴露出来的其他在卫生清洁方面的问题，都让我们感到非常

难过和痛心。今天,媒体朋友也为我们提供了照片,这让我们十分惭愧和自责,我们感谢媒体和顾客帮助我们发现了这些问题。

我们感谢媒体和公众对于海底捞火锅的监督并指出了我们工作上的漏洞,这暴露出了我们的管理出现了问题。我们愿意承担相应的经济责任和法律责任,但我们也有信心尽快杜绝这些问题的发生。我们也已经布置在海底捞所有门店进行整改,并会后续公开发出整改方案,也希望所有的媒体和支持海底捞的顾客监督我们的工作。

再次感谢社会各界对海底捞的关心与监督。

四川海底捞餐饮管理有限公司

2017 年 8 月 25 日

四、化解企业形象危机常用的几种方法

(一)权威公断法

邀请或协助公正性、权威性机构(如中国消费者协会、国家技术监督局、媒体等)帮助解决危机,是企业控制危机事态发展、转危为安的关键所在。不少危机事件的平息,很大程度上得益于成功地运用权威公断法。

【案例 10-8】

东芝公司的危机营销

1999 年,因为笔记本电脑软件功能有瑕疵,日本东芝公司向美国用户赔偿了 10.5 亿美元,但使用同一产品的中国用户,却没有享受到同等待遇。对此,中国舆论一片哗然,“赔美国人,为什么不赔中国人”的呼声以排山倒海之势在国内蔓延。见势不妙,东芝公司开始危机营销行动。公司先后请中国消费者协会的会长和法学专家出来发表谈话,帮助中国消费者理性地对待维权、依法进行维权。其后,又请代理商联想科技发表致东芝用户的公开信,说明 15 年来出售了 1 500 万台东芝电脑,但至今没有任何用户因软件功能瑕疵而遭受损失。最后,东芝终于挺过了这一难关。

(二)就事论事法

对刚刚发生的危机,可以有针对性地进行处理,以免事态的扩大。

【案例 10-9】

“尊重顾客的意愿”

1998 年 4 月 17 日下午,开张仅十天的重庆家乐福江北金观音店开展了为期三天的特价酬宾活动,其中 1.25 升的百事可乐售价为 5 元。当天重庆某报在刊登的特价酬宾广告中写道:“百事可乐原价 5.00 元,现买一赠一。”由于广告有歧义,造成顾客理解为“每罐百事可乐 2.50 元”,与商家原意不符。就在顾客与收银员为价格僵持不下时,家乐福江北金观音店店长只说了一句话:“尊重顾客的意愿。”

在此次事件中,家乐福江北金观音店店长只是说了句“尊重顾客的意愿”,便圆满解决了问题,平息了公众的愤怒情绪。紧接着,这位店长又及时采取了补救措施,一方面最大限度地满足顾客,另一方面又从安全角度考虑,对商业环境的秩序做了合理安排,并修正了产生

歧义的广告，从而避免了事态的进一步扩大。

（三）公益法

公益活动也可以转变公众对企业的看法，或是转移公众的注意力。如1996年比利时发生可口可乐中毒事件时，可口可乐公司在努力减少事件造成的损害的同时，承诺事件处理后给每个比利时家庭送上一瓶可口可乐。结果在消除事件损害后，可口可乐公司很快地挽回了声誉，商品重新出现在比利时商店的货架上。

（四）现身说法法

现身说法可以消除消费者对产品的误解，重塑消费者信心。如1996年比利时发生可口可乐中毒事件时，为澄清事实，可口可乐公司的第一个举措是总裁当场喝了一瓶可口可乐。

（五）民族大旗法

民族大旗法是指以维护国家、民族的利益为先化解企业形象危机的方法。

（六）转移视线法

这种方法在危机影响范围小，并且容易解决的情况下才可行，而且在运用时要作最坏的打算，准备辅以其他方式，否则，一旦处理不好，引发更大的危机时会难以控制。

在处理危机时并不限于一种方法，几种方法可能同时用到，关键是要适用。

本章小结

企业形象危机是指企业在经营过程中出现的可能危及企业形象和生存的所有事件，它可以分为企业形象内部危机和企业形象外部危机两大类共18种形式，具有突发性、危害性、公众性、紧迫性和二重性等特征。

企业形象危机控制和管理的基本理念包括预防化、全面化、价值观的一致化、关联化、集权化、互通化和创新化七个方面。

企业形象危机控制和管理的一般程序是：做好危机准备方案；做好危机传播方案；做好危机的处理工作；做好危机中的传播工作。

企业形象危机控制和管理有以下几个阶段：危机的预防；危机管理的准备；危机的确认；危机的控制；危机的解决；从危机中获利。

企业形象危机控制和管理应注意以下事项：不要等到危机发生时才匆忙应对；不要去打官司；不要只是辩解；不要保持沉默；不要手足无措；不要逃避责任；不要反应冷淡。

企业形象危机的处理程序是：隔离危机；处理危机；消除危机后果；维护组织形象；危机总结。

化解企业形象危机常用的方法有：权威公断法；就事论事法；公益法；现身说法法；民族大旗法；转移视线法。

中英文对照专业名词

形象危机　Image crisis　　全面化　Comprehensive　　集权化　Centralized

关联化　Correlative　　互通化　Communicating　　创新化　Creative

负面网络舆情　Negative internet sentiment

网络舆情危机　Internet public opinion crisis

复习思考题

1. 试述企业形象危机的含义、分类、危害及其特征。
2. 如何理解企业形象危机控制和管理的基本理念?试举例说明。
3. 企业形象危机控制和管理的一般程序有哪些?应注意哪些事项?
4. 企业形象危机应如何预防?其基本原则有哪些?
5. 如何理解企业形象危机的处理程序?试举例说明。
6. 谈谈你对化解企业形象危机常用的几种方法的理解和认识。
7. 何谓网络舆情危机?企业应如何正确处理?

案例分析

中国核建的舆情管理案例

在互联网和自媒体高度发达的今天,舆情管理已成为影响企业正常运转乃至生死存亡的重要因素,必须给予足够重视。中国核工业建设股份有限公司(以下简称中国核建)从目标和技术两个层面,完善舆情监控机制,有效防范和化解出现的各种舆情危机,维护了中国核建作为上市央企的公信力和声誉。

一、目标层面:注重关口前移　实施"防火""救火"双维绩效

提高企业舆情管理绩效,必须要以科学的绩效目标为基础。在实践中,不少企业由于对舆情管理认知不够深入、内部协同处置不够有效、闭环管理不够充分等原因,舆情管理工作多集中在事后处置环节,且多表现为应急处置。

中国核建也曾经历过这样一个阶段。2016 年 6 月成功上市后,资本市场的关注为企业品牌提升带来契机的同时,相关利益方的监督甚至质疑也陡然增多。由于企业管理习惯、机构改革、人员调整等因素,舆情管理职责一直由综合部门履行,与公关事务一同推进。此时对舆情管理的重点是对已酿成舆情事件的"灭火",从理性层面上,对舆情管控总体目标等深层次思考有所欠缺。

随着实践的推进,中国核建开始组织相关团队系统总结企业舆情管理的得失,以改变相对被动的工作状态。

2019 年以来,中国核建逐渐认识到,加强理论层面顶层设计特别是舆情管理价值创造路径研究十分关键。为此,中国核建确立了舆情管理的三项共识:一是坚持"事实第一位、舆情第二位",科学把握"舆情"和"事情"的关系;二是坚持目标导向,不能将舆情管理的过程混同于目的;三是推动关口前移,注重"防火"更胜于"救火"。

在此基础上,构建两个层面的舆情管理绩效目标:

其一,针对未酿成事件的舆情,以消除企业运行隐患和维护企业品牌美誉度为目的,发挥企业舆情作为企业风险"探测仪"的功能。引导各部门、子公司从防患于未然的角度予以核实,从对相关利益方负责的角度反观企业工作是否存在不当行为,以决定是否需要制定补救和改进措施,确保一般舆情事件消灭在萌芽状态,转化为完善企业自身工作的机遇。

其二,针对已爆发的重大舆情事件,则以尽可能降低事件危害为目的,果断担当"救火员"。引导各部门、子公司坚持从事实出发,秉承法治思维,履行社会责任,把正视矛盾、有效化解问题作为第一应对之策,同时做好舆情善后和品牌修复,有步骤地淡化舆情造成的不良影响。

按照以上舆情绩效目标,2021 年 1 月至 2022 年 5 月底,中国核建共监测到负面及敏感舆情共计 69

例。其中，依照中核集团相关舆情预警界定标准，属于重大舆情事件的有1起，98%以上属于常规舆情。中国核建紧扣双维目标管理思路，将常规舆情线索及时转送主体部门和单位予以初核，视情况作出必要的澄清和针对性宣传引导，有效地化解了企业潜存风险，维护了中国核建作为上市央企的公信力和声誉。

二、技术层面：坚持系统思维　完善舆情闭环管理机制

全民移动互联网时代，舆情产生、传播大大突破了时空限制。在日益复杂的舆论生态下，企业要想实现"防火""救火"双维工作目标，完善舆情监测、报告、分析、处置、改进这一工作链条，进而实行清晰的闭环管理，就显得势在必行。

在技术层面，以下三方面尤为值得关注。

首先，有效监测是基础。在海量信息中及时精准识别涉企舆情信息，本身有着较高的技术门槛。在企业自身不具备大规模专业监测能力的情况下，引进专业外部机构协助是十分必要的。为此，中国核建结合实际，形成了第三方监测加自主监测的工作机制。

一是依托中核传媒及人民网专业舆情监测力量，建立起主体监测框架。专业机构借助大数据资源优势和技术优势，可以快速、高效、精准地捕捉舆情信息，实现实时动态监测。

二是依托公共搜索引擎，实施人工检索。适时制定、更新监测关键字段，在上市信息披露前后等特殊时段，开展针对性监测。

三是整合内部资源，实现舆情监测线上线下全覆盖。推动公司综合值班机制、公文批办机制、舆情管理机制互融互通，对综合值班信息、上级单位转批公文涉及舆情线索的，快速报告、快速响应。

其次，科学研判是关键。对涉企负面敏感舆情，是否经过科学研判，决定着舆情处置的成败。在研判时，应准确把握和正视不同相关利益方的舆情诉求，保持冷静客观的立场和态度，摒弃先入为主的"对抗"思维，对舆情产生的主体、原因进行有效分析后寻求化解之道。

作为上市公司的中国核建，根据舆情产生的主体不同，大致将涉企舆情归纳为五类：一是投资者特别是中小股东对自身权益的关切和忧虑；二是监管机构对企业违法违规行为的处罚、通报；三是社会公众基于个人兴趣点对组织的质疑、批评；四是内部职工寻求舆论力量对自身权益的维护；五是商业合作伙伴之间的法律诉讼衍生舆情等。

整体上掌握了不同主体的舆情特点，十分有助于企业制定有效的应对思路：①对中小投资者，采取尊重和积极回应为主的策略，在政策层面保护中小股东的合法权益，维护资本市场的诚信。②对监管机构发布的涉企舆情，虚心接受，举一反三，认真排查整改。③对社会公众、内部职工的相关维权诉求、质疑等，进行必要的初核，在初核的基础上视情况采取回应措施。④对商业诉讼衍生的舆情，一般视为正常舆论反应，选择"冷处理"。诉讼事件达到信息披露条件的，依照上市公司信息披露管理办法作出正式回应。

最后，正确做事是根本。相较于企业被虚假失实舆情中伤所带来的危害，因企业主动行为不当所产生的舆情事件，其处理难度以及危害会更大。这启示我们，舆情事件应对的根本之策，是引导全员坚持做正确的事和正确做事。

为此，日常工作中可以围绕以下几点进行强化引导：一是厚植争做优秀企业公民的文化土壤，坚守社会公众利益至上原则，将合规思想纵向到底、横向到边贯彻下去；二是重视媒介素养提升，充分认识舆情事件处置的不可控性和当前媒介传播的特点，严格遵守公司信息披露、文化宣传等规定，避免因企业主动信息披露不当造成的舆情；三是引导职工增强企业主人翁意识，发现企业内部管理、生产等暴露的缺陷，及时向组织报告；四是加强统筹分析，对可能引起舆情的业务工作进行必要的风险预测，提出应对建议，防患于未然。

资料来源：李小禹．企业舆情管理应从两个层面完善提升——以中国核建舆情管理实践为例[J]．国企，2022(13)：68-69．有删改。

思考题：

1. 企业网络舆情具有哪些特点？与传统媒体舆情相比，其发展有何新变化？
2. 企业应该如何利用新媒体平台进行舆情管理？

第十一章　企业网络形象策划

导入案例

LAMS 公司的企业网络形象策划

LAMS 公司是一家专营牛仔裤的公司，通过建立一个网站来实施企业网络形象策划。LAMS 公司在建立网站时，确定的独特点是给顾客提供自己设计和定制牛仔裤的服务，开展一对一的营销。

建立网站后，LAMS 公司希望产品可以被全球各地的客户所认识进而订购。尤其是定制这一功能，可以充分发挥消费者的自主性，是互联网交互性的重要体现。社会各界、媒体也可以通过网站了解公司的最新动态和发展趋势。

在网站的结构和内容设计上，首先确定栏目，包括“关于我们”(企业的历史和经营范围介绍)、“潮流先锋”(LAMS 牛仔裤的最新款式展示)、“我行我塑”(牛仔裤的定制服务)、“社区讨论”(博客论坛)、“牛仔文化”(介绍一些关于牛仔及牛仔裤的小知识)以及“联系我们”(反馈意见)；其次确定网站目录结构，在根目录下只放了首页，按目录内容建立子目录，次要栏目放在同一目录下，所有程序放在特定目录里，每个目录下都建立独立的 Images 目录；再次确定网站的链接结构——树状链接结构；最后采用全域导航，用户浏览网站时可以在任何地点、任何时刻，利用全域导航到达相应的页面。

1. 网络理念识别设计

(1)企业网络理念。LAMS 公司网站的最大特点是可以实现网上定制，因此公司设计其理念时，突出顾客至上的服务理念，以及随心率性的自由文化。LAMS 的网络理念是：Finding The Perfect Pair of Jeans。

(2)每一页都包含一个统一的企业标识，放在最容易看到的左上角位置，这样符合视觉设计的一致性原则。LAMS 的企业标志像一本书的外观，寓意为 LAMS 犹如一本内容丰富的书。

(3)建立“关于我们”栏目，其中包含 LAMS 的历史、与 LAMS 和业务相关的信息。这样客户可以对公司进行综合和全面的了解。

(4)建立虚拟社区。在网站上设立“社区讨论”栏目，让喜欢 LAMS 牛仔裤的消费者在其中交换思想，互动沟通。

2. 网络行为识别设计

(1)产品展示。LAMS 的产品是男、女牛仔裤，差异体现在风格、布料及服装细节如纽扣等方面。网站上列出一些畅销款式进行展示，并且给消费者的定制提供一定的参考。

(2)定制流程。消费者首先可以选择男式或女式；然后选择牛仔裤的风格(自然型、潮流型或成熟型)；下一步选择版型(瘦版或宽松版)；接下来还可以选择质地(牛仔布、黑白印花布或是新型的涤棉混纺布);最后可以根据身高来选择合适的标准尺寸。

(3)设置游戏。针对目标客户群的要求,网站设置了一些游戏环节,旨在吸引他们再次浏览。比如说,可以提供牛仔裤常常搭配的一些上装,如牛仔外套、T恤衫、衬衣等,消费者可以给网上模特任意搭配上装,以观看不同款式牛仔裤配合不同上装的效果。另外,也可以在网站上设置其他难易程度不同的一些游戏,这些游戏不一定和产品有关系,但是要设置消费者喜欢的游戏,提高他们对网站的黏性。

(4)收集反馈意见。LAMS公司网站设置了"联系我们"的页面,列出了公司的E-mail地址、电话号码以及邮寄地址,方便及时地收集顾客的反馈意见。

3. 网络视觉识别设计

(1)Web浏览器的屏幕是有限的,要利用有限的空间传递尽可能多的信息给用户。公司将网站页面尺寸设计为1024×768,整体造型为矩形。

(2)整个网站以蓝色为主色调,因为蓝色是牛仔裤的本色也是经典色,能体现产品的特点。色彩布局清晰、识别统一。采用蓝底白字,让用户清晰地识别出企业的主要产品和主要业务。页面设计简洁明了。

(3)在设置页面时,采用表格布局页面并将表格宽度设为百分比而不是固定像素,这样页面就可以自动适应屏幕而不是以水平拖动滚动条来适应,有助于顺应用户的需求。

(4)避免了GIF动态和花哨的背景,整个页面一目了然。

(5)图片使用的都是GIF和JPG格式。在保证图片质量的前提下尽可能地压缩图片。使用微缩图片,点击可以显示大图。图片大小都在50KB以内,保证网页下载时间控制在10秒以内。

(6)内页面设置了返回首页的链接。消费者只要点击左边主页的栏目标志,就可以直接快速地回到首页。

(7)将产品展示的视频及广告置于网页上,配上相应的音乐,达到拓宽感官维度的目的。

(8)在网站交付使用之前,先经过全面调试和试运行,确保其在不同的浏览器和分辨率下都具有良好的视觉效果。

创新、适应并满足消费者的需求是企业营销的永恒主题。在网络时代,企业的营销和人们的生活都离不开网络,甚至在一定程度上依赖于网络。消费者的消费需求、消费观念、消费决策和消费方式随着网络的发展和普及发生了很大变化,企业的营销方式和手段也要随之发生相应的变化。因此,在网络经济条件下,企业的形象战略也要随之发生变化和调整,以适应消费需求的变化。企业网络形象是企业形象战略在互联网上的一个延伸,它与传统的企业形象策划有很大的不同。对企业网络形象的研究和应用,即如何通过网络的方式对企业的理念(MI)、行为(BI)和视觉(VI)系统进行规范及推广应用是企业和学术界关注的热点问题。企业要利用网络的优势,根据网络时代的消费特点,进行网络营销策划和网络形象塑造。

第一节　企业网络形象策划概述

网络化和信息化是现代社会生产和生活的新特点,利用网络和信息技术来实现快速发展是现代社会各行业的新趋势。在网络时代,网络推动了消费市场的巨大发展,企业的形象塑造离不开网络，消费者的消费信息大多来源于网络。所以，如何在网络时代策划与塑造良好的企业形象成为新的课题。

一、企业网络形象识别系统的概念

企业网络形象识别系统即 Internet Corporation Identity System，在传统 CIS 的基础上发展而来，也就是网络 CIS(以下简称 ICIS)。它是一套针对企业网络经营状况和所处的市场竞争环境，为使企业在网络竞争中脱颖而出而制定的形象策略。美国学者对此的解释是：ICIS 是指透过网络树立企业形象，满足顾客需求，而成为深获顾客依赖与支持的企业战略。在网络经济、网络消费和网络营销时代，企业必须利用网络进行网络形象塑造，建立 ICIS。ICIS 包含三个部分，即网络理念识别(Internet Mind Identity，以下简称 IMI)、网络行为识别(Internet Behavior Identity，以下简称 IBI)和网络视觉识别(Internet Visual Identity，以下简称 IVI)，三者相辅相成。

ICIS 与 CIS 有以下不同之处：

(1)工作中心不同。CIS 以企业为中心，更注重于产品或服务的品质和品牌形象的塑造，而 ICIS 更注重顾客利益的满足，以顾客为中心，让顾客有愉悦感和满足感，注重于企业网络形象的塑造和传播。

(2)实施流程不同。ICIS 是先建立网站，确定网络理念，然后运用网络技术进行网页设计，与顾客互动，进行网络形象塑造。它更注重企业与顾客的互动交流。CIS 是确定企业理念，再依据理念进行行为系统和视觉系统的设计，然后在传统的媒体上进行宣传推广。

(3)表现的渠道不同。ICIS 是利用网络媒体在互联网上进行传播。CIS 是利用传统的媒体。ICIS 是一个全新的概念，它是传统意义上的 CIS 设计、网站制作技术和网上电子商务的集成，通过发挥网络媒介交互性、及时性等其他媒体无法比拟的功能让企业形象深深扎根于顾客心中，满足顾客的各种需求，使顾客满意。

二、实施企业网络形象策划的必要性

在网络时代，社会经济和企业的发展对网络产生了较强的依赖，企业的网络形象塑造也显得更为重要。据国家工信部统计，截至 2018 年 6 月末，三家基础电信企业的移动电话用户总数达 15.1 亿户，同比增长 10.6%，上半年净增 9 229 万户。其中，移动宽带用户(即 3G 和 4G 用户)总数达 12.6 亿户，占移动电话用户的 83.2%；4G 用户总数达到 11.1 亿户，占移动电话用户的 73.5%。如此庞大的网络用户群体催生了企业网络营销的需求，同时也催生了一批网络营销策划机构。网络形象营销作为网络营销的重要组成部分也提到了企业的议事日程。企业利用网络媒体进行形象塑造和宣传已从单一的官方网站向微博、微信公众平台、移动客户端(APP)转化，所以，企业的网络品牌形象塑造也从最早的单一搜索引擎、单一信息覆盖向更多的平台碎片化方向发展。企业除了将内部的自媒体(官方网站、官方微博、官方微信平台)营运好之外，还需要将外部的信息传播和活动策划进行外包，以加快企业形象塑造和传播的进程。

(一)实施 ICIS 的必要性

实施 ICIS 的必要性主要体现在以下几个方面：

1. 同行企业众多网站内容和形式设置的同质化

不少企业在网站的设计上没有进行创新,文字、图片、视频、风格等重复其他企业的较多,没有鲜明的个性形象,不利于吸引消费者。如果不进行ICIS策划,就不能有效地塑造和传播企业独特的形象。

2.增强交易的确定性

网络市场的虚拟性导致网络交易具有一定的不确定性,这就需要企业利用其网络形象不断地提高企业的知名度和美誉度,从而增强网络交易的确定性,降低企业的营销成本,提高经济效益。

3.成本低,效果好

网络作为传播企业形象的载体,在塑造和宣传企业形象时,不仅相对于传统的媒体成本很低,而且能突破地域、时间限制,传播速度快、范围广、反馈即时,还能以极其丰富的表现形式来展示,效果非常好。所以,几乎所有的企业都选择以网络塑造和传播企业形象。

4.网络提供的新型价值增值服务对企业形象的塑造起到了促进作用

网络提供的微博、微信和短视频等新型价值增值服务可以帮助企业更便捷地展示形象,比传统的媒体效率更高、效果更好。

(二)实施ICIS的战略意义

实施ICIS战略具有如下战略意义:①企业进行网上宣传和营销的主阵地,提高企业的知名度;②升级品牌形象,增值企业的无形资产;③吸纳人才,增强企业的竞争力;(4)营造良好的外部经营环境和内部文化环境,增强企业的凝聚力,增加企业的经济效益。

第二节　企业网络形象的策划

一、互联网及网络信息传播的特点

(一)互联网

互联网有广义和狭义之分。广义上的互联网包括计算机网络、移动通信网络、有线电视网络等,狭义的互联网一般是指计算机网络。Internet,虽然被翻译成因特网、国际互联网等各种不同的称谓,但其实质上是计算机互联网络之全球网络——“网络之网络”。

互联网的起源是美国国防部高级研究计划局提出的以封包交换通信技术为基础建立的独立通信系统。随着越来越多的私人投资互联网络,互联网络也就越来越成为没有明晰、权威的规范,可以毫无争议地规范和管制的空间,网络在技术和文化方面都具有自由运转的特性。网络时代的到来,宣告了一场新的科技革命的到来。这场以信息技术为核心的新科技革命对人类带来的影响完全可以与火的发现、电的发明相媲美。网络时代的主要元素是信息,通过计算机和互联网,信息技术的发展空前加快,人们了解信息、传递信息的渠道增多,速度变快,信息的及时性、有效性和互动性也变得更强。

(二)网络信息传播的特点

1.传播的数字化

网络是以信息技术为基础的高速数据传递系统,只传递数字0和1。

2.传播的互动性

网络公众通过BBS论坛、QQ聊天室和网络调查等方式实现即时的信息交流、情感沟通。

3. 传播的快捷性

网络传播省略了传统媒体的印刷、制作、运输、发行等中间环节，发布的信息能在瞬间传递给受众，而且网络传播的内容可以方便地实现刷新，在内容上具有极强的时效性。

4. 信息的大容量

互联网络实现了在线资源共享，任何资料库内的信息资源只要联网，都可以成为公众的共享资源。

5. 检索的便利性

利用搜索引擎或新闻站点等多种检索方式，可以快速地获得自己所需的信息。

6. 媒体的综合性

网络综合了报纸、广播、电视等传统媒体的传播方式，将文字、图片、声音、视频综合为一体，为公众提供全方位的信息。

7. 信息的再生性

网络中传播的信息可以复制或打印，成为个人信息。

8. 传播的开放性

网络的开放性体现在传播对象的平等性和传播范围的广阔性。

9. 传播的选择性

网络传播的网站众多，内容丰富且分工精细，网民的选择范围极为宽广，每位网民都可自由选择适合的个性化网站。

二、企业网络形象策划的原则和策略

ICIS 策划有与传统 CIS 策划不同的原则和策略。

（一）ICIS 策划的原则

ICIS 策划的总体原则是以顾客或用户的需要为导向。不只是企业的产品和服务，其形象也要符合顾客或用户的期待和需要。在这个原则之下，还有以下几个具体原则：

1. 实用性原则

这是 ICIS 策划的基本原则，可以使 ICIS 快速而准确地传达信息，更好地满足顾客的物质和精神需求。

2. 继承性原则

ICIS 不是对传统的 CIS 的否定，而是在其基础上将相关内容在网络上利用现代网络技术更好地展示出来，同时仍然要利用传统的媒体。

3. 时效性原则

企业要不断地在网络上更新信息，如新产品信息、关于企业文化建设的信息，不断地完善网络服务，与顾客进行即时的沟通和交流。

4. 交互性原则

企业与顾客交互是网络的最大特点和优势，企业可以实现与顾客的零距离沟通，为其提供个性化服务，可以针对不同的客户，为其设置或提供特定的信息和服务。如德意志银行网站让客户以个人或公司的身份在网上注册，为其提供所关注或感兴趣的不同信息，这样的互动既可以保守银行的商业秘密，同时又能让客户较全面及时地了解企业，使企业更好地开展营销活动。

(二)ICIS 策划的策略

1. 主动出击策略

网络的互动性和自媒体性使企业能直接面向消费者发布新闻和信息,实现企业和消费者的共鸣,更主动、更有效地塑造企业形象。

2. 建立个性化企业形象策略

通过个性化的形象定位,建立个性化的网络形象,可以吸引更多的目标受众,圈住"粉丝"。为受众提供个性化的资讯和服务,以友好、易用和高效的界面来塑造企业的网络形象,让访问者产生良好的体验。

3. 建立个性化的网站策略

通过个性化网站的建立,可以了解消费者的信息,增强服务的针对性,促进企业网络形象的塑造。

4. 加强与消费者的多维立体网络沟通策略

在网站上用可视、可听、可感的广告、新闻等与消费者进行沟通,可以强化企业的网络形象。

三、企业网络形象设计的具体内容

ICIS 的内容包含三部分,即 IMI、IBI 和 IVI。下面介绍三者的策划设计。

(一)IMI 设计

IMI 设计是将企业的理念、价值和文化在网络上展示出来,取得网民和目标顾客对企业价值观的认同,从而使其认可企业的产品和服务。IMI 的内容与传统的 MI 的内容必须保持基本一致,但要根据网络的特点、传播对象和范围的情况进行调整。企业网络理念是企业理念在网络上的拓展和体现,只是在网络表现形式上有所不同。理念在网站上的表现就是网站的主题定位,要利用网络的丰富性、渗透性强的特性进行设计。IMI 的设计依据有:①体现全球范围内网民的文化共性。由于网络信息的传播范围是全球性的,传统的本土的理念是行不通的,要寻求全球性的共同的属性(如爱心、诚信、友善、感恩),以适应不同顾客的共同价值需求。②体现较强烈的时代感。网络理念要与时俱进,适应时代的发展和变化。③考虑作为消费者的网民的消费需求和心理,提炼出容易让网民接受和认同的网络理念,但不能与传统的企业理念差别太大。

IMI 设计之后要利用网络进行传播。除了利用网络页面上的旗帜(BANNER)直接宣传外,还可以利用虚拟社区进行宣传,如利用专题论坛、聊天室和博客等。这些形式利用了网络无边界的特点,可以将企业的信息注入虚拟社区中,让更多的网民参与到与企业的互动交流之中,将企业的理念悄悄地传播给公众和潜在的消费者。

(二)IBI 设计

ICIS 面对的是网民,所以企业要分析网民的心理和行为特点,结合自己的产品特点和资源优势,有针对性地设计 IBI,以增加访问量,树立良好的网络形象。IBI 设计的主要内容有网络员工管理、网络个性化营销、网络公共关系等。

1. 网络员工管理

网络员工主要是指网络信息发布者、在线工作服务人员、栏目或广告设计人员、网络论坛发言人、网络信息监督人员等。网络员工的行为展示企业的形象，网络员工管理是IBI的重要内容和环节。一方面，需要对网络员工进行相关的培训，如要熟练使用内部网络，通过网络开展企业的管理活动，进行网络信息的收集和发送。另一方面，规范网络员工的网络行为，如快速、准确、清楚、礼貌地回答顾客所提出的问题，所发表的言论要与公司的理念(MI)保持高度一致，若有出入，要及时删除、更新或解释致歉。

2. 网络个性化营销

首先是建立个性化的网站。个性化的网站要在栏目设计、语言风格、图片设计、色彩搭配、互动沟通方式、营销方法(互联网营销、搜索引擎营销、网络会员制营销)等方面独树一帜，与众不同，特色鲜明。其次是通过一定的渠道进行网站推广。企业推广网站的方式很多，主要有以下几种：在传统的媒体宣传和广告中加入网址进行推广；在企业的产品包装上，办公用品上，宣传品、纪念品、名片上，甚至运输车辆上印上企业的网址；利用会议、面谈交流和社交的机会将网址告诉他人；靠网络自身进行宣传推广，如起一个好的企业域名并在一些著名的搜索引擎中注册，建立与行业网站、热门站点、企业供应链的上下游企业和企业黄页的链接，扩大网站的受众；还可以利用电子邮件发送企业产品或新闻的信息。最后是以消费者为主导的个性化营销，为细分的各类顾客提供不同的营销信息，采取不同的营销手段，如通过邮件列表进行个性化营销。企业通过新闻邮件、电子刊物、网站更新通知等邮件列表接触目标顾客，发送服务信息，以发展潜在客户，培养忠诚的顾客。要取得好的效果，邮件列表的内容一定要有价值，要让目标顾客感兴趣，内容和形式要融入网络员工的个人感情，有亲和力。另外，还应注意不要让发送的邮件成为“垃圾邮件”，要吸引消费者加入邮寄名单，可以在网站上设计一个给消费者带来一定实惠的小活动或与之类似的其他方式让顾客提供自己的邮件地址。

【案例11-1】

小米成功的网络营销

林志颖曾在微博中透露这样一个想法：想要一款“黑米”手机，用其爱子的声音做手机开关的铃声。小米科技的总裁雷军对林志颖的想法立即做出回应。借着综艺节目《爸爸去哪儿》的影响力，“黑米”的相关信息被网民们疯狂转发。小米科技借势利用网络成功地进行了网络营销。

3. 网络公共关系

企业可以利用网络媒体的即时性和互动性特点，创造更多与顾客沟通的机会来提高企业的知名度和美誉度，如可以利用网络多媒体的特性发布图像新闻。①发布企业的新闻信息。如将新产品的图片和新闻发言人的语音、视频整合起来，以可视化方式发布企业新闻，或通过新闻组和邮件列表的方式发布新产品信息。②栏目赞助。企业通过对有影响力的会议、政府组织或倡导的大型活动、非营利性活动的赞助，利用网络上的超级链接引导网民了解企业的信息。③向顾客或记者推送电子信件。网络公共关系人员可以用电子信件向有一定关系的老顾客、新闻记者发送企业新闻或产品信息。④主持召开网络会议。在网络上举办专题研讨会，搭建一个与网民进行互动沟通的平台，企业的新闻发言人或公共关系人员通过积极的发言，在网民和公众心目中树立良好的形象。⑤发布公益广告。根据企业和企业所在行业的特点，发布一些公益性广告，取得公众的好感和支持。⑥利用行业网站展示企业形象。很多企业都很重视行业网站，在这种网站上不能只是介绍企业的基本信息，还要宣传企业的经营理念，传播正能量，树立好形象。

【案例 11-2】

海尔的网络公关策略

海尔在赞助2008年北京奥运会时，在网页上设置了一个链接“海尔奥运”，引向指定的界面，以吸引对奥运会有兴趣的消费者。随着互联网的进一步发展，海尔把自己打造成了一家全球领先的美好生活解决方案服务商。在互联网和物联网时代，海尔从传统制造企业转型为共创共赢的物联网社群生态企业，率先在全球创立物联网生态品牌。海尔围绕“智家定制”（智慧家庭定制美好生活）的战略原点，构建了食联生态、衣联生态、住居生态、互娱生态等物联网生态圈，满足全球用户不断迭代的个性化家居服务需求。

（三）IVI 设计

IVI 设计是在网页上，借助网络技术将企业形象的各要素系统化地整合，使企业网络形象具体化、图像化、符号化，形成一个与传统 VI 一致的网络形象。

IVI 设计要充分反映企业的理念，将企业的理念外显化、符号化、形象化、具体化。IVI 的设计不仅要准确地反映企业的营销和管理理念，而且要在风格上与传统的 VI 设计保持基本一致，网站的视觉形象会直接影响网民对网站的态度，进而影响对企业形象的态度。所以，网站的主题、网页标题、网页背景、公司标志、图片、风格、布局等的设计要与传统的 VI 保持一致，以免让网民产生“形象错乱”的感觉。企业可以在网站上直接引入传统的 VI 设计的内容，也可以根据网页表现的需要在字体、规格、色彩上稍作变化和调整。

下面就品牌标识语的 IVI 策划举例说明。

在互联网时代，相对于品牌名称和标志来说，品牌标识语更加灵活，更易传播与沟通。品牌标识语是品牌在较长时间内、在多种媒介上使用的一种特定语，用以表现品牌相对不变的理念，使受众保持长久的记忆和美好的印象，可以说品牌标识语是品牌的“文化商标”。品牌标识语作为一种语言符号，具有解释功能，能起到传达品牌形象的沟通作用，弥补了符号商标在内涵沟通上的不足。品牌标识语还具有一定的稳定性与整合性，其渗透力强、影响力大、传播面宽、辐射面广，能达到理想的传播效果。

品牌标识语的策划要注意以下几点：

首先，品牌标识语要具有一定的文化内涵。如“没有较好，只有更好”“让我们做得更好”所表达的是一种强烈的社会责任感和不懈追求的崇高境界。品牌标识语以文化信息带出品牌信息，可以满足人们高层次的精神需求。

其次，要对当前的社会生活进行高度概括和提炼，如“科技，以人为本”“科技使您更轻松”“科技动力，驾驭未来”“新科技，好生活”等。现代科技的发展改变了人们的生活方式，也拉近了科技与人的距离，使得科技具有人性化的内涵。许多高科技品牌在其传播中抓住了这一特点。

再次，要有创意。品牌标识语的创意可分为以下几类：①理性特色类。抓住产品的特殊卖点进行创意，它多用于消费者需经过深思熟虑才会购买的产品或服务。如宝马轿车的标识语为“驾驶乐趣，创新极限”。②感性心理类。运用感性的诉求方法进行创意，唤起受众的认同，借助亲情、友情、爱情等来传达感性诉求。如“人头马一开，好事自然来”“孔府家酒，让人想家”“维维豆奶，欢乐开怀”等。③语言特色类。在语言修辞技巧上下功夫，使标识语富于特色，易于识别，达到闻其声而知其人的目的。如“车到山前必有路，有路必有丰田车”“农夫山泉有点甜”“没有最好，只有更好”等。④流行语类。标识语成为流行语，虽然传播速度快、效果好，但创意难度较大。如“让我们做得更好”“味道好极了”“不在乎天长地久，只在乎曾经拥有”等。

最后，要有好的传播手段。如在网页上显眼的位置将品牌标识语突出地表现出来，还可配以悦耳动听的音乐提升传播效果。运用流媒体(Streaming Media)进行传播，也是不错的选择。流媒体是利用流式传输网络技术，通过网络将声音流、视频流、文本流、图像流、动画流等多媒体传送到PC机。流媒体实际是一种新的媒体传送方式，而非一种新的媒体。它又叫流式媒体，是边传边播的媒体，即媒体提供者在网络上传输媒体的“同时”，用户一边接收一边观看或收听被传输的媒体。网络营销者可以根据受众对象的具体情况，采用单播、组播、点播与广播的方式播放。通过流式媒体，企业能够更方便地与消费者进行网上沟通，提高IVI的传播效果。

本章小结

在网络经济时代，企业的形象战略要随着网络的普及应用发展为企业网络形象战略，也就是ICIS(Internet Corporation Identity System)。ICIS即企业网络形象识别系统，在传统CIS的基础上发展而来，它是一套针对企业网络经营状况和所处的市场竞争环境，为使企业在网络竞争中脱颖而出而制定的形象策略。ICIS策划与传统的CIS策划在工作中心、实施流程和表现的渠道上都有所不同。企业要利用网络的优势，根据网络时代的消费特点，进行网络营销策划和网络形象塑造。本章对ICIS的策划主要进行了以下论述：一是实施ICIS的意义。实施ICIS可以建立企业网上宣传和营销的主阵地，提高企业知名度；可以升级品牌形象，增值企业的无形资产；有助于吸引人才，增强企业竞争力；有利于营造良好的外部经营环境和内部文化环境，增加企业的经济效益。二是根据互联网的特点讲述了ICIS策划的原则，即实用性原则、继承性原则、时效性原则和交互性原则。三是ICIS策划的策略，即主动出击、建立个性化企业形象、建立个性化的网站、加强与消费者的多维立体网络沟通。四是对ICIS策划的具体内容IMI、IBI和IVI进行了探讨。

中英文对照专业名词

网络形象识别系统 Internet Corporation Identity System, ICIS

网络理念识别系统 Internet Mind Identity System, IMIS

网络行为识别系统 Internet Behavior Identity System, IBIS

网络视觉识别系统 Internet Visual Identity System, IVIS

网络经济 Cyber Economy　　策划 Designing　　企业网络 Enterprise Network

复习思考题

1. 何谓ICIS?

2. ICIS与CIS相比较有哪些不同?

3.为什么要进行ICIS策划?

4.如何进行ICIS策划?

案例分析

阿里巴巴的全球化之路

自2014年9月20日在美国纽约证券交易所敲钟那刻起,阿里巴巴集团的全球化步伐开始明显提速。2016年,阿里巴巴布局海外的速度进一步加快。

马云曾说,他渴望成立一家由中国人创办但属于全世界的公司。2016年,阿里巴巴所有核心业务——电商、金融、物流、云计算、大文娱等板块,都在尝试更快走向国际。全球化对阿里巴巴的显著意义是:一方面在全球寻找新的增长点,应对国内的核心业务增长放缓的瓶颈;另一方面在全球范围内整合资源、人才、技术,用全球化思维提升其在全球的战斗能力。阿里巴巴招募到两名高盛前高管,分别担任阿里巴巴总裁和蚂蚁金服副总裁,负责全球化业务,并投资了增强现实(AR)公司Magic Leap、新加坡移动安全和加密技术公司V-Key等企业。

一、阿里巴巴电商全球化1.0:把全球品牌卖给中国消费者,并将“中国制造”卖给亚洲用户

“我平时网购用Lazada,但在AliExpress上买过一部手机,价格实惠。”这是泰国朱拉隆功大学多名在校生接受IGV(全球创投研究院)采访时的分享。在新兴市场,廉价的“中国制造”仍是阿里巴巴走出去的优势所在。

阿里巴巴全球速卖通(AliExpress)为中小企业提供支付和物流配送系统,使其更便捷地在全球开展业务。在经历了2015年一年的低迷后,2016年6月份的季度业绩显示,AliExpress平台收入同比增长123%。

这个增长主要来自俄罗斯、东南亚、巴西等新兴市场,欧美用户则相对冷淡。主要原因有两点:一是欧美本身零售体系成熟,Amazon和eBay等电商能基本满足消费者的需求;二是假货问题,2016年阿里巴巴遭到多家奢侈品制造商对其售假的诉讼,这会间接影响欧美用户对AliExpress品牌的信任。

针对令人头疼的假货问题,阿里巴巴一方面让新上任的总裁迈克·埃文斯(Michael Evans)出面与海外品牌商打交道,另一方面努力提高平台商户质量和商品质量。2016年AliExpress从跨境C2C全面转型至跨境B2C,并从4月初开始,要求所有商家必须以企业身份入驻,不再允许个体商户入驻;到2016年下半年,要求入驻商家必须有品牌背书。

马云已不止一次提及阿里巴巴未来10年的愿景,即构建一个可服务20亿消费者和数千万企业“全球买,全球卖”的商业生态平台。阿里巴巴在美国投资了不少与电商业务强相关的公司,同时还尝试不同的电商模式,如社交电商,以吸引本土消费者。阿里巴巴认为,这些社交功能会增加用户打开淘宝应用的频次,不仅增强卖家与买家的关系,而且增强买家之间的互动。

2016年,阿里巴巴向美国增强现实公司Magic Leap注资近8亿美元,希望未来能借助该技术,让用户更直观地感受到阿里巴巴电商平台所售卖的物品,比如外观、尺寸等,以提升用户体验,毕竟10年后的电商模式肯定不同于今日。未来的电商模式会往哪个方向过渡,阿里巴巴在不断探索中。

欧洲也有着成熟的零售渠道。同时,英国网站流量监测平台Twenga Solutions的数据显示,Amazon和eBay是英、法、德最受欢迎的两大电商,加上其他本土电商和专注法、德的日本乐天,AliExpress在欧洲的想象空间也不大。

但从“全球卖”切换到“全球买”的维度,可以看到欧美品牌商对拓展海外市场的意愿非常强烈,天猫国际若能更好地与这批商家合作,并抓住中国中产阶级崛起、消费升级的浪潮,将有助于服务中国消费者甚至未来扩展到整个亚洲的用户,这里的想象空间非常大。

阿里巴巴欧洲负责人艾梅·钱德(Amee Chande)曾在接受媒体采访时表示,她理解的全球化,一方面是在全球开设办事处,在一线与全球市场联动;另一方面是帮企业制订营销方案,让概念落地,并做好本土化。

2015年8月,阿里巴巴与美国百货零售巨头梅西百货(Macys)达成独家战略合作;一个月后,又与德国零售贸易集团麦德龙牵手,在商品供应链、跨境电商和大数据方面开展合作,满足中国消费者对优质品牌的需求。阿里巴巴的天猫国际先后与法国、德国、意大利、西班牙等国政府合作,为欧洲多家品牌商提供快捷入口支持和线上推广支持,并借助阿里巴巴的大数据积累,优先上线中国消费者最热衷购买的产品。

二、菜鸟网络全球化:借助大数据实现对跨境物流服务的信息化改造

菜鸟网络CEO张勇曾表示,全球化的起点将是进出口业务,而底层必须得靠跨境物流。另外,亚马逊和京东的B2C模式自建物流、配送团队,能提供优质服务,也使阿里巴巴下决心要搭建中国境内和全球化的物流服务网络。

菜鸟网络于2013年5月应运而生,为整个阿里巴巴电商交易平台提供物流解决方案。菜鸟网络借助阿里巴巴的大数据推动快递业务数据化,提升效率,为商家及买家提供优质的跨境物流服务。为加快菜鸟网络的国际化步伐,在其成立一年后,阿里巴巴就斥资2.49亿美元收购了新加坡邮政10.35%的股份,并在此后追加投资。

此后,菜鸟网络又与美国邮政、巴西邮政、澳洲邮政、西班牙邮政、哈萨克斯坦邮政等合作,尝试在出口层面与各国邮政实现信息直连。菜鸟网络还联合AliExpress推出无忧物流,以提供跨境全链路的一站式物流服务。

在进口方面,菜鸟网络副总裁万霖曾表示,菜鸟网络打通了直邮、集货、保税三种模式,开通了中美、中德、中澳、中日和中韩5条进口专线,让消费者获得与国内网购一样的物流体验。

菜鸟网络由阿里巴巴集团、银泰集团联合复星集团、富春集团、"三通一达",及相关金融机构共同出资组建。阿里巴巴拥有48%的股权,马云任董事长。菜鸟网络于2016年3月完成首轮融资,投资方包括新加坡政府投资公司(GIC)、淡马锡控股公司(Temasek)、马来西亚国库控股公司和春华资本。据知情者透露,菜鸟网络本轮融资后的估值飙升至近500亿元人民币。

三、蚂蚁金服全球化:以支付为入口撬动海外商户和用户间的互动

蚂蚁金服的业务覆盖了支付、理财、银行、保险、贷款、征信等泛金融板块。在海外,蚂蚁金服的业务虽然不像在国内那么普及,但蚂蚁金服不断在进行收购。蚂蚁金服总裁井贤栋说,未来4年内,蚂蚁金服的用户50%在海外,50%在国内。

蚂蚁金服在海外实施了重点布局。其海外布局主要围绕两大方向:一是支付宝,吸引中国出境游用户和海外华人在欧亚两地用支付宝购物;二是投资银行、保险机构、支付机构等。

针对出境游用户,国内移动支付出海的不仅有支付宝,还有微信支付。两者都是聆听中国消费者在全球的购物心声,跟随他们的步伐,做精准的场景细分,接入线下商家,使得消费者出国前无须兑换大量外币。

从目前来看,微信支付重点布局亚洲和澳洲。微信支付团队曾表示,未来不排除将用户画像开放给海外商户,帮助他们进行更精准的大数据营销。而支付宝的布局则在欧洲、亚洲和澳洲。2016年5月,高盛资深合伙人道格拉斯·费根(Douglas Feagin)加盟蚂蚁金服,任资深副总裁,领导全球化业务。

蚂蚁金服已与Uber达成全球范围内的合作,全球400多个城市的用户可用支付宝付费;随后蚂蚁金服又与东南亚最大的打车软件Grab进行战略合作,使中国用户在新加坡、泰国可通过支付宝用人民币结算车费。

在亚洲,支付宝还与泰国King Power免税店、新加坡圣淘沙名胜世界合作。在欧洲,支付宝与德国腕表和珠宝品牌Wempe、德国支付服务供应商Concardis进行了合作;此前,德国支付技术服务提供商Wire Card与支付宝的合作在慕尼黑机场的69家店铺落地。

蚂蚁金服在海外布局的第二大方向,主要通过投资合作来实现。

其投资布局的第一个方向是保险类,比如 2016 年,蚂蚁金服与阿里巴巴、安盛集团达成战略合作,以通过阿里巴巴全球电商生态系统,拓展安盛保险产品及服务的商业机会。

另一投资方向是与支付强相关的公司。比如技术层面,蚂蚁金服投资了新加坡移动安全和加密技术公司 V-Key,以加强自身产品的安全性。

2016 年 6 月,彭博社称,蚂蚁金服欲收购泰国支付和小贷公司 Ascend Money 20%的股份,以助力其在东南亚的在线支付和小额贷款业务。Ascend Money 子公司 Ascend Nano 主要在缅甸、印度尼西亚等国为无银行账户的民众提供电商和电子支付服务,另一家子公司 True Money 则提供现金支取卡和电子钱包服务。

在印度,蚂蚁金服大手笔投资了印度最大支付平台 Paytm 及其母公司 One97 Communications。Paytm 已获得印度央行发放的首批支付银行牌照,可以在印度开展支付、储蓄、汇款、转账等银行业务,为印度中小企业、低收入人群提供费率更低的在线金融服务,此轮投资能助力蚂蚁金服抢占印度普惠金融的先机。

在韩国,蚂蚁金服参股了韩国政府批准的互联网银行 K Bank。K Bank 已获准在韩国开展存款、贷款、信用卡、理财、外汇等所有银行业务,这也是韩国近 23 年来首次颁发互联网银行牌照。

四、阿里云全球化:机遇与挑战并存

近年来,马云一直强调数据计算是未来的大方向,他相信人类已从 IT 时代进入 DT 时代,并投入巨资提升云计算和大数据技术。今天阿里云已成为阿里巴巴财报的一大亮点,其 2017 财年第一季度营收业绩同比增长 156%,这已是阿里云连续五个季度保持三位数增长。

阿里云为阿里巴巴集团搭建了混合云基础架构,以公共云与专有云的形式运行淘宝、天猫、支付宝的核心交易。每年的“双 11”交易对阿里云技术都是一次巨大的考验,2015 年阿里巴巴称其支付系统每秒可处理 14 万笔交易。

阿里云国际业务副总裁喻思成表示,全球公共云计算市场增长迅猛,美国出现了以亚马逊、微软、谷歌为代表的公有云巨头,但不少客户的需求还是未得到满足,比如中国客户在美国开设海外服务器并得到汉语服务的需求,或做中国业务的美国客户希望在中国有本地云服务的需求。

阿里云全球化还处于初级阶段,其面临的挑战有:①安全问题。作为一家非本土企业,阿里云在为西方企业提供管理客户数据的云服务时,可能会在西方市场遭遇一定的限制和约束。②阿里云产品的海外技术竞争力。阿里云与亚马逊 AWS、微软 Azure 相比还有差距,短期内为全球客户提供具有竞争力的云服务仍有压力;同时,在全球市场,阿里云服务还缺乏业绩纪录,其品牌影响力也需要时间积累。

但是,阿里云出海能把握的机遇并不少。首先,跨境电商业务有助于阿里云服务的海外拓展。中国产品卖给全球客户,海外产品卖给中国客户,阿里云若能加强与本土企业的合作,加速推出其云基础设施和服务来支撑其电商的拓展需求,那就为全球技术服务商提供了合作机会。

五、阿里巴巴大文娱板块迈向全球:UC 在新兴市场如鱼得水

2013 年,UC 被阿里巴巴收入囊中,但其国际化扩张之路从未间断过。美国网站流量监测机构 Stat Counter 的数据显示,2015 年 8 月,UC 浏览器在印度、印度尼西亚的市场份额排第一,在俄罗斯、巴西、巴基斯坦、孟加拉国等新兴市场也实现了快速增长。但 UC 并未满足于停留在浏览器层面,而是尝试着向“大数据新型媒体平台”升级,这一点可从其发布的印度 UC News 中看出端倪,它以大数据为驱动,欲打造一款类似于今日头条的个性化资讯应用软件。同时,UC 也在加码海外游戏发行业务。

阿里巴巴移动事业群海外业务总裁黄浩在接受采访时表示,阿里巴巴移动事业群正在构建大文娱体系,所有在中国发生的模式都会在海外重新复制,但整个过程中他们会做很多本土化工作。真正实现全球化不仅要积累用户量,更要形成用户口碑,真正融入本地商业生态中,拥有可持续的规模化本地营收。

此外,阿里巴巴在 O2O 领域投资了口碑网、饿了么、国外团购鼻祖 Groupon 等,并在口碑网引入了海外商家,为出境游用户服务。阿里旅行也抓住了日益高涨的出境游消费需求,为消费者提供一系列境外本土化的商品。

从上述五大板块——电商、物流、金融、数据计算、UC——的全球化来看,阿里巴巴集团聚焦“跨境”,

以中国消费者为根基，去海外开疆拓土，这只是阿里巴巴全球化 1.0 的阶段，类似于复星集团“以中国动力嫁接全球资源”的战略。对于一个展现了起飞姿态的国际化的阿里巴巴经济体来说，这一切还只是刚刚开始。

资料来源：徐安娜. 阿里巴巴全球化战略分析报告（全文）[EB/OL]. [2018-07-20]. http://www.100ec.cn/detail_6360027.html. 有删改。

思考题：

1. 试分析网络时代，阿里巴巴集团塑造其国际化企业形象的特点。
2. 阿里巴巴塑造企业形象的做法有哪些值得借鉴的地方？

附　　录

企业形象策划综合案例评析

一、太阳神集团公司的企业形象策划与评析

太阳神集团公司是中国第一家实施CI战略的企业，它从一个名不见经传的小厂，通过导入CI而快速成长为国内的知名企业，并在中国掀起了企业形象策划风暴，引得数以百计的企业前去取经。作为对中国CI策划最有深远影响的成功典范，现代企业应该加以学习和研究。

（一）太阳神集团公司的企业形象策划

太阳神集团公司原来是一家规模很小的企业，名为广东省东莞黄岗保健饮料厂。1988年，制药工程师怀汉新辞去公职，筹集5万元办了这么一个小工厂。该厂以生产“万事达”牌生物保健营养口服液维持生计，地处穷乡僻壤，名不见经传。因当时欠缺具备CI基础的企业形象，所以在市场上一直默默无闻。1988年，该企业的总产值为520万元。谁也不曾料到，在随后的5年里，这个企业通过导入CI，借着“太阳神”CIS战略的实施，通过大众传播媒介，推出各种专题活动和具有鲜明特色的系列广告，在公众中树立了良好的企业形象，赢得了消费者的信任，迅速提高了知名度。短短几年时间，一个默默无闻的乡镇小厂迅速发展成为一个从饮料到食品、药品、房地产、贸易等多行业广泛经营的集团公司，营业额也以十倍、百倍的递增速度急剧攀升。1990年其产值增至4 000多万元，1991年达到8亿元，1992年竟达到12亿元，4年间翻了200倍！

1988年，该厂与广东新境界设计公司合作，由广州新境界设计公司负责总体策划，设计并导入CI，对企业资源进行全面整合。设计师以“太阳神”为基础，全面导入CIS，把企业、商标、产品的三个名称融为一体，这一独到的创意令社会耳目一新。新设计以红色圆形与黑色三角形构图为基本定位，设计出像“太阳”与“人”的企业新标志——太阳神(APOLLO)商标。其简洁、明快、鲜活的识别系统构成了强烈的瞬间视觉冲击效果，体现了企业独特的经营风格。设计师对这个标志做了这样的说明——太阳神商标的图案设计以简练、强烈的圆形与三角形构成基本定格，用圆与三角构成对比，力求和谐的形态。圆形是太阳的象征，三角形的放置呈向上的趋势，形状类似“APOLLO”的首写字母“A”，象征“人”字的造型，体现出企业向上升腾的意境和以人为中心的服务及经营理念。以红、黑、白三种色彩的组合形成强烈的反差，体现企业不甘现状、奋力开拓的心态。太阳字体造型根据中国象形文字的意念，以“阳”字篆体字的“⊙”作为主要特征，结合英文APOLLO的黑体字形成具有特色的合成文字。

在上海，太阳神新形象的全面覆盖取得了意想不到的效果。其CI体系在上海的推广，主要是配合各大型节日，开展促销活动。一时间，上海家庭将其作为体面、高档的送礼佳品，争相购买、相互赠送。太阳神在上海取得成功，回师广东，并渐渐将上海与广东市场联为一体。继之，在全国八大市场统一CI体系，形成连锁推进反应和CI与产品、企业的良性循环。

除了标志设计之外，更重要的是企业经营理念的确定。太阳神集团公司提出：企业最高宗旨为振兴民族工业，提高中华民族的健康水准；经营理念为以市场为导向，科技为依托；管理理念为以人为中心；发展理念为以专业经营为中心，市场专业化，科研市场化；企业精神为真诚理解，合作进取。这些是太阳神集团公司形象塑造中最核心的部分。

依照这些理念，太阳神集团公司一步一步地导入并完善它的形象战略，进一步提出了“关怀人的一生，

爱护人的一身”的企业理念，制定了企业内部1 000多条法规和各种专业操作程序，有了较为完善的视觉识别、行为识别与理念识别系统，并增加了听觉识别系统，具有企业自己的形象歌、升旗曲等各种音乐。在集团开始跨行业经营的同时，又推出了行业识别系统。每一个分支机构、每一个下属单位，都形成了自己的一套CI运作法规。

在企业行为方面，公司配合理念和VI系统开展了一系列并不直接宣传企业产品的广告宣传活动：在报纸上刊登整版广告，宣传太阳神的企业标志和标准字的组合；在电视广告中，配合画面上的企业形象，还设计了以“当太阳升起的时候，我们的爱天长地久”为主题的企业歌曲。公司还开展了一系列的公共关系活动：赞助征战奥运会的中国体育健儿，表明“太阳神”具有增强体魄的作用；制订实施了助学计划，体现了对贫困大学生的人文关怀等。

由于具有良好的企业形象和较高的知名度，太阳神集团公司获得了整个市场的认同。消费者对太阳神产生了很大的依赖，代销商明显呈现一边倒的销售倾向。太阳神产品的销售由以前的业务员上门推销转为代理商付订金，资金回笼迅速。由于CI体系的逐步完善，太阳神对市场各个渠道的渗透加强，覆盖面更广，得到了社会公众、银行和政府的大力支持。其在1993年巅峰时期创下的63%的市场占有率、13亿元的销售额，远远超过同一时期的海尔和联想，它的无形资产价值一度高达26亿元。

（二）评析

太阳神集团公司的前身是广东省东莞黄岗保健饮料厂，生产生物保健口服液“万事达”。1988年，该企业全面导入CIS，从而成为我国最早导入CIS并获得成功的企业。太阳神集团公司成功地导入CIS，在中国掀起了企业形象策划风暴。太阳神集团公司的成功引发了人们深深的思考。

1.太阳神的视觉系统设计非常成功

无论是否购买过太阳神，中国大众都能记得太阳神以红色圆形与黑色三角形作为基本定位，象征“太阳与人”的VI系统。太阳神的企业视觉传递系统是相当成功并有较高信息传递效率的。在发达的现代社会中，如果设计上不完备，没有优秀的企业标志或有象征性的标牌，不能让消费者一眼认出并留下深刻印象，就不能比同业竞争对手更好地吸引消费者。而优秀的企业视觉识别是服务于企业理念和企业行为的，是企业理念与行为表现的载体。太阳神集团公司很好地做到了这一点，其以红色圆形与黑色三角形构成基本定位的太阳神商标，伴随着歌声——“当太阳升起的时候，我们的爱天长地久”——深深地留在了广大消费者的脑海之中。

2.太阳神的CI策划较集中地体现了中国的文化，体现了文化是企业形象的基础这一特点

文化是企业形象的基础，文化对消费者心理和行为的影响是非常深远的。太阳神提出的企业最高宗旨——振兴民族工业，是从经济上提出了企业的最高价值观；提高中华民族的健康水准，是从人本关怀的角度体现企业的人文精神。太阳神提出的经营理念——以市场为导向，科技为依托，体现了企业以科技为民服务的理念。太阳神提出的管理理念——以人为中心，体现了对人的尊重。太阳神提出的企业精神——真诚理解，合作进取，也符合中国的传统文化。在这一连串有关太阳神的理念中，可以见到中国文化的巨大影响力。事实上，太阳神的标志——那个由太阳、人和大地构成的商标，就充分体现了中国文化的韵味。在中国文化中，天、地、人，天人合一，天时、地利、人和是易学文化的核心。太阳神的CI设计也正是紧紧抓住了这个核心，因此很容易地打动了社会公众的心。仅此一点，就足以说明文化内涵在CI设计中的重要性。

3.太阳神的形象策划是理念、行为和视觉系统的统一，但视觉的作用更为明显

当时，CIS刚进入中国，人们对视觉形象更容易感知和认可。但现在，消费者已经成熟，除了视觉影响外，对企业理念的感知和行为的认可更显重要。所以，现代企业必须把CI的重点放在理念和行为上，靠VI打天下的时代已经不存在了，正因为很多企业做不到这一点，所以在导入CIS后效果不理想，导致CIS导入活动在中国走入了低谷。

4.CIS是企业整体实力的综合体现，需要企业实力作为支撑

尽管太阳神集团公司依靠成功的CIS战略曾经创造出奇迹，但其后来的经营业绩也告诉人们，一个企

业如果只有形象力而没有相应水平的产品力、渠道力、创新力等,是难以长期成为一个优秀企业的。如果一些企业只热衷于导入CIS,而忽略了产品、服务质量的保证和提升,或者说忽略了整体营销,只依靠CIS来塑造企业形象,最终都不能达到预期的营销目标。

二、碧桂园的企业形象策划与评析

(一)碧桂园的企业形象策划

1992年下半年以来,南中国的房地产以令人难以想象的速度与规模"火"了一把。在这场空前的商战中,"碧桂园"后来居上,依靠整体策划战略与成功的CI定位,创造了旷世的辉煌奇迹。碧桂园坐落在顺德与番禺的交界处,先天条件并不优越。1993年6月,碧桂园破土动工的时候,房地产市场开始走向低谷。

碧桂园请来了当时还是新华社名记者的王志纲为其指点迷津,并以兴办碧桂园学校为切入点,策划了一系列新闻事件,从而逃过了"生死劫",枯木逢春。

1994年10月中旬,碧桂园大变样,广东碧桂园学校已开学月余,首批1 300多名学生已经入校就读,给碧桂园带来了无限生机。几百幢别墅已经竣工,碧桂园会所(俱乐部)正在兴建,一个大型的高档住宅区呼之欲出。

这时,碧桂园的决策者们以及当时的顾问王志纲越来越感到以往的经营理念和品牌形象已经不能适应碧桂园的发展需求,不适应碧桂园别墅区、俱乐部、学校等的集团化运作,必须导入形象策略之CI工程,以确保后期营运的效益和良好的形象。

碧桂园的顾问王志纲和陈荣彪是多年的好朋友,王志纲想到了陈荣彪及其"敦煌人"团队(佛山市敦煌广告有限公司,其员工被称为"敦煌人"),于是请他们到碧桂园看看。"敦煌人"团队马不停蹄,数下顺德,摸市场,找感觉,和碧桂园的房地产专业人士座谈,和碧桂园学校的师生访谈。

最后,"敦煌人"团队在和碧桂园的决策者及王志纲等人进行数次思想火花碰撞以后,得出这样一个结论:

今天的社会以"激烈化""多样化""专精化"等三轴为中心,不断发生突变,人们的思维方式和生活要求也随之发生改变。过去,国家建房单位分房,人们能分到一套房子就很满足,这种"温饱型"的生活方式着实在那个年代起到了它特有的作用;改革开放后,中国经济高速发展,成片的生活社区得以开发,布局统一,周边生活设施综合配套,讲求实用与舒适的结合,从而将人们的居住由"温饱型"推向了"小康型"。但是,无论是"温饱型"还是"小康型",都只是传统概念的延续,只注重人的基本生活需求,而忽略了现代人对生活品位和质量提出的更高的要求,尤其是那些先富裕起来的人们,他们期盼着"理想型"的现代居家方式。

碧桂园,就是要与新时代的节奏合拍,要体现人们对现代理想生活方式的追求。它绝不单单是一个社区、一个俱乐部、一个学校的建设,而应该是一个实现现代生活方式的系统工程,一个文化存在,一项高品位的创造性实践。正如王志纲指出的"房地产不等于钢筋加水泥,名牌的背后是文化",一个跨世纪文化生活工程的形象规划俨然已在"敦煌人"团队的脑际浮现。

"敦煌人"团队将现代CI理论及实践经验巧妙结合起来,将社区形象与理想生活方式的概念结合起来,把碧桂园物业发展有限公司的经营理念锁定为创造"高尚型"和"理想型"的中国一流社区,推广全新的生活方式,提高中国人的生活质量,完善人生的价值和生存观念,并提出了他们的规划和方案。

仅仅几天以后,从碧桂园传来了消息:正式委托"敦煌人"团队负责碧桂园CI工程的规划设计。对于碧桂园CI工程的策划,"敦煌人"团队认为必须跳出一般的房地产概念,将文化元素融入具有商业性的经营实体,只有这样,才能得以突破。碧桂园的前哨战突出的是"可怕的顺德人",其定位在"可怕"之上而诱发"可爱",且大获全胜,怎样才能更上一层楼呢?重新准确定位是成功的关键,"敦煌人"团队这样认为。

的确,正如王志纲强调的管理和生活方式的重要性一样,"敦煌人"团队的思路也归于一点:什么样的管理、什么样的生活方式才能打动人?

毫无疑问,管理的水平、管理的层次莫过于"五星级"的管理。那么,怎么把传统中用于旅游业酒店的星级管理引申到这块1 000多亩有几百幢别墅的土地上来呢？人的生活方式是建立在构筑自己的家庭之上的，建立属于自己的理想的家是人类一直以来的共同追求。五星级的酒店虽好，但并不是自己的家，“在外千日好，不如在家一日亲”。为什么不把碧桂园定位在“五星级”与“家”上呢？“敦煌人”团队说：“可以，但必须要巧。”

碧桂园学校是孩子的“五星级的家”：来自珠江三角洲各地，甚至更远的外地的孩子，离开自己充满亲情、充满爱的家，来到碧桂园学校，在那里接受现代的教育。要让这些孩子认识和熟悉这个陌生的环境，习惯“离家”的独立生活，好好学习，成长为社会未来的栋梁，碧桂园学校一定要营造出“家”的感觉给孩子，而且要比他们自己的家更具吸引力，让孩子们安心、家长们放心。

碧桂园会所是商旅者的“五星级的家”：商海搏击，犹如战场上的“厮杀”，令商家大款们略感一丝疲惫，他们需要有一块属于自己的理想净土，一片港湾。在碧桂园会所，可以舒展自己的身心，或者计划未来，运筹帷幄；或者邀朋唤友，分享果实的甘甜；或者彰显炫目的成就，显示王者的地位，从而使狭义的家的概念在这里得到升华。

碧桂园别墅是业主们的“五星级的家”：“日求三餐，夜求一宿”，国家的富民政策终于使更多的人实现了拥有属于自己的家的梦想，走出狭窄的空间，开辟自由自在的生活天地，在碧桂园购置楼宇，安居乐业，享受惬意的生活。家在这里，是何等的赏心乐事。

“给您一个五星级的家”，这是碧桂园的定位和承诺。“给您一个五星级的家”，这是中国现代理想生活方式的呼唤。

理念策略定位之后，其视觉形象就水到渠成，顺理成章了。如何把这一跨世纪文化工程理念形象化？这些形象策略精英从众多创意中披沙拣金，着意发掘出碧桂园作为中国第一个五星级社区，推出全新生活方式的深刻主题，有力地展示出了企业的经营属性和独到的超前意识。

(1)标志以“碧桂园”之英文“Country Garden”的第一个字母“C”为造型基础，同时采用了阿拉伯数字“3”的造型，取意“生机勃勃”，符合当代人的心理诉求。

(2)“碧桂园”地处顺德，顺德有“凤城”之美称，标志造型紧扣凤凰之造型意念，更凸显地方个性。

(3)标志造型给人以凤凰展翅高飞的感觉，其寓意为“碧桂园人”感应时代脉搏，调集社会优势力量，凝聚向心力，开拓追求永无止境的敬业创业精神。

(4)标志吸收了敦煌壁画飞天图案的造型创意，融合了博大精深的符合东方文化与西方现代设计的抽象元素，塑造别具品位、高度凝练的造型，显示出“碧桂园”不单纯是一个社区、一个俱乐部、一个学校的建设，而是一个系统工程，一个文化存在，一项高品位的创造性实践，是一个中华民族走向世界、走向新世纪的理想化产物。

(5)标志极具现代气派，造型前卫、美观流畅，富有视觉冲击力，符合“碧桂园人”创造富足型的中国一流社区的理念。

碧桂园标志的诞生，令碧桂园上下一片惊叹，为之兴奋，甚至为之感动。碧桂园定位的标语化，全新的标志诞生，无疑是给碧桂园塑造了一个崭新的由内向外的形象，犹如凤凰涅槃一般。

碧桂园形象规划基础确认后，为顺利推广，设计部又投入到紧张的画册设计与制作之中。针对当时国内房地产遍地开发、售楼画册天花乱坠、海市蜃楼般不着边际的宣传手法比比皆是的情况，为了使碧桂园画册宣传得到理想效应，“敦煌人”团队决定抛弃国内盛行的以水中月、镜中花的虚幻美吸引消费者的画册制作方式，充分利用碧桂园开发建设的实效和现楼销售的优势，决意在定位准确的基础上将碧桂园的竞争优势发挥至最大，采用了实景拍摄的手法，拍摄了大量碧桂园别墅、俱乐部、学校的有关照片，撷其精华，并将形象定位注入设计之中。这样一来，既增强了消费者的信心，为碧桂园房地产的销售带来了极大的效益，又开创了在售楼书上标注实景拍摄的销售策略之先河。

时至今天，各种报纸、电台、电视台等媒介，甚至街头路牌上，仍能见到碧桂园的广告，每个广告上都少不了那句“碧桂园，给您一个五星级的家”以及以“飞天凤凰”为造型的碧桂园标志。

(二)评析

1.依据消费者的需求,确定并在CI设计中体现正确的经营理念

依据现代人对生活品位和生活质量的更高要求和先富裕起来的人们对“理想型”现代居家方式的需求,碧桂园要树立一个“跨世纪文化生活”的形象。策划人员将现代CI理论及实践巧妙地结合起来,将社区形象与理想生活方式结合起来,推出了全新的生活方式。碧桂园物业发展有限公司将经营理念锁定为提高人们的生活质量,完善人生的价值。理念确定之后,据此进行了视觉形象的策划,设计了具有现代气息、造型前卫、美观流畅、有视觉冲击力的企业标志。

2.事件营销切入,新闻炒作铺垫

碧桂园与全国著名的北京景山学校联合,兴办碧桂园分校。这是轰动一时的大事件,尤其是在广东人心目中,在对碧桂园有意的人士心目中。之后,碧桂园又策划了一系列新闻事件,使碧桂园快速地由冷变热,提高了碧桂园的知名度和美誉度,为塑造良好的形象打下了良好的基础。

3.实施CI,广告助威

碧桂园的成功,除了CI之外,还得力于广告。当碧桂园通过全新的形象而取得楼盘旺销战绩的时候,一位房地产大亨颇为感慨地说:“此次大胜,关键在于启动定位,‘给您一个五星级的家’这句话,是无价之宝,起码值2 000万元!”1995年9月,全国性广告专业杂志《国际广告》第47期的一篇论文中这样写道:“一句优秀的广告语,应当有诗一般的语言,耐人回味,而这种回味可以延伸到商品的特性上,如‘给您一个五星级的家,碧桂园’。”1995年11月,碧桂园系列广告荣获佛山市第二届广告作品奖系列广告优秀奖。1997年8月,碧桂园标志及定位广告词“碧桂园,给您一个五星级的家”分别获1997年港澳国际广告作品(创意)国际荣誉评奖标志类“国际设计金奖”和广告词类“国际广告词创意金奖”。

在实施CI活动的同时,利用有效的广告助威,是碧桂园成功的另一秘诀。

总结碧桂园CI策划个案,能给经营者们这样一个认识:一个企业、一个品牌应该从理念定位、视觉识别以及行为规范方面去体现它的存在给予社会公众的价值,它才有生命力,才能为企业带来更丰厚的回报。

三、今日集团的企业形象策划与评析

(一)今日集团的企业形象策划

今日集团的前身是广东省中山市乐百氏保健制品有限公司(简称中山乐百氏),其于1989年创业的时候,向广州乐百氏租用了奶类十年的商标使用权。而后,中山乐百氏锐意进取,经营有道,不到两年时间,其实力就远远超过了广州乐百氏。

今日集团的总裁何伯权有超前的市场意识。他到北京大学征集企业名称,以“今日”中标的女大学生袁莹成了今日集团的荣誉职工。当年北京大学1 800名毕业生中有600人愿意到今日集团工作,结果有50人入选,此事轰动全国。

1992年,何伯权请智囊团为今日集团进行企业形象策划。

策划专家团用了8个月的时间,累计访问2万多人次,得到了几千万个数据,完成了对中国果奶制品最大规模的调查。一是对市场的调查。调查了消费者的购买特点、对不同品牌产品属性的关注情况,不同企业的定位情况、市场占有率情况,国内外果奶饮品的发展趋势。通过调查,为企业的形象定位、广告定位、公共关系策略提供了可靠的依据。二是对企业的内部调查。了解企业内部的管理情况和员工对企业的态度。通过调查,明确了企业内部员工行为策划工作的重点。

通过调查,首先提炼出了企业的核心理念:美好生活从今日开始。围绕此理念,策划专家团对企业的行为和视觉系统进行了策划。

(1)总部迁址。从发展战略和毗邻香港的优势出发,今日集团将总部由中山市小榄镇经广州后再迁至香港,极大地提升了企业的影响力。

(2)产品与品牌定位。根据民俗、文化、品牌与定位的关系,将“乐百氏”和“反斗星”定位于“中国奶

霸”，连续推出钙奶、奶棒、豆奶、鲜奶、纯牛奶。“生命核能”由原来的“健康加油站”功能修正为“病后康复”功能，因定位准确而使产品销售量大增。在做广告时，“乐百氏”以女孩为模特，以红色为主色调；“反斗星”以男孩为模特，以蓝色为主色调。通过性别化差异的广告定位，树立了不同品牌在消费者心目中独特的位置。

(3)推出104集反斗星动画片形象征集、评比活动。向全国的漫画家征集反斗星动画片形象；让孩子们评选理想反斗星动画形象；以“我来编故事”为题，让孩子们编写反斗星故事；让孩子们寻找历史上的反斗星。活动推出后，产品销售量大增，成功地占领了香港市场。

(4)利用事件扩大公司的社会影响。1994年，公司策划了10项影响力大的活动，如儿童绘制世界上最大的画(已列入吉尼斯世界纪录)，2 000名小孩坐飞机、看大海、游广东等活动，这些活动在社会上引起强烈的反响。

(5)进行标志设计和VI手册制作。制作了有视觉冲击力的、有特色的标志，运用在产品包装、广告和办公用品上。制作出VI手册，规范员工的各种行为。

(二)评析

1.在CI调查的基础上进行CI策划

在进行CI策划之前，策划人员进行了科学、系统、全面、准确的市场调查，这是CI策划成功的根本保证。通过调查，提炼出“美好生活从今日开始”的经营理念，明确了今日集团的经营哲学，规范了员工的行为，使今日集团步入了理性、有序、规范的发展轨道。在标志上，“今日”是一个十分大气、内涵积极向上的名称，由此而演绎出来的理念极具感召力，能有力地凝聚员工，对经销商、媒介与企业研究者等高关联群体也有较强的震撼力。

2.以营销和广告配合CIS的导入

在导入CIS的同时，公司对“乐百氏”和“反斗星”进行不同的广告定位并在不同的区域进行大力宣传，在不同的消费者心目中树立了不同的形象。

3.通过事件和新闻营销来扬名，扩大企业的影响

为提高知名度，公司策划了一系列有影响力的事件和新闻传播活动，树立了企业良好的形象。

参考文献

[1]叶敏，朱苗，叶万春，等. 企业形象策划——CIS 导入[M]. 6 版. 大连：东北财经大学出版社，2022.

[2]李怀斌，李响. 企业形象策划[M]. 2 版. 大连：东北财经大学出版社，2012.

[3]周朝霞. 企业形象策划实务[M]. 2 版. 北京：机械工业出版社，2009.

[4]李森. 企业形象策划[M]. 北京：清华大学出版社，2012.

[5]邓田生，周永平. 市场营销学[M]. 北京：电子工业出版社，2012.

[6]周小儒. 企业形象设计[M]. 2 版. 北京：化学工业出版社，2010.

[7]罗伯特·F. 哈特利. 谁能赢得市场？——市场经营失败的教训[M]. 北京：中国青年出版社，1989.

[8]艺风堂. CI 理论与实例[M]. 台北：台湾艺风堂，1990.

[9]加藤邦宏. CI 推进手册[M]. 台北：台湾艺风堂，1990.

[10]翁向东. 本土品牌战略[M]. 2 版. 南京：南京大学出版社，2008.

[11]张世卓，于静. 视觉识别系统设计[M]. 沈阳：辽宁美术出版社，2014.

[12]严世华. CS 经营法——商战新王牌[M]. 北京：经济管理出版社，2002.

[13]吕浩. 企业形象策划[M]. 3 版. 武汉：武汉理工大学出版社，2018.

[14]张德，吴剑平. 企业文化与 CI 策划[M]. 5 版. 北京：清华大学出版社，2020.

[15]吴国欣. 企业形象设计[M]. 上海：上海画报出版社，2006.

[16]管玉梅. 公共关系学[M]. 2 版. 北京：机械工业出版社，2018.

[17]周安华，苗晋平. 公共关系——理论、实务与技巧[M]. 3 版. 北京：中国人民大学出版社，2010.

[18]金正昆. 社交礼仪教程[M]. 5 版. 北京：中国人民大学出版社，2016.

[19]郭惠民. 中国优秀公关案例选评(之四)[M]. 上海：复旦大学出版社，2001.

[20]严学军，汪涛. 广告策划与管理[M]. 4 版. 北京：高等教育出版社，2017.

[21]余明阳. 辉煌的创造名牌战略[M]. 深圳：海天出版社，1997.

[22]曾凡海. 企业形象策划与设计[M]. 北京：清华大学出版社，2016.

[23]杜海萍. 企业形象策划[M]. 大连：大连理工大学出版社，2014.

[24]胡芬. 网络经济时代企业 CIS 策划方法研究[D]. 西安：西安科技大学，2006.

[25]陈步峰. 一个跟头"摔"出个 CS 战略[J]. 有色金属工业，2004(2)：54.

[26]裘伟廷. 网络时代的企业形象设计[J]. 宁波经济：财经视点，2003(6)：41-42.

[27]程书强. 网络经济时代企业的 CI 策划[J]. 管理现代化，2006(1)：32-33.

[28]魏秉全. 戴尔直销背后的战略[J]. IT 经理人商业周刊，2003(5)：77-78.

[29]于长胜. 网络时代的消费特征及营销对策研究[J]. 中小企业管理与科技(中旬刊)，2014(3) 103-104.

[30]姜新，邱爰之. 网络经济时代背景下的市场营销策略的转变分析[J]. 现代商业，2019(5)：37-38.

[31]宋岩峰，贺楠，高晓君. 提高企业网络形象设计[J]. 中国信息界，2019(2)：94-96.

[32]曾美雄. 网络舆情危机中企业形象修复研究[D]. 长沙：湖南师范大学，2019.

[33]李颖. 同仁堂：小心翼翼铸得百年金字招牌[J]. 中国质量万里行，2015(6)：36-38.

[34]张景云，宋佳. 如何借助新闻发布会传播中国品牌——兼评中车株洲所全球首列"智能轨道快运列车"发布传播案例[J]. 公关世界，2018(3)：69-75.

[35]杨召奎. 椰树牌椰汁低俗广告背后是创新乏力[N]. 工人日报，2019-02-18(5).

[36]宾振宇. 从危机传播视角浅析椰树椰汁"涉嫌虚假宣传事件"[J]. 视听，2019(10)：200-201.

[37]国家广播电视总局办公厅.总局通报“椰树牌椰汁”等3款违规广告,要求立刻停止播出[J].广电时评,2019(6):4.

[38]崔虹.互联网+时代下的广告创意需求[J].世界广告人,2015(5):51.

[39]马霜,张意敏,纪逸佳,等.从顾客让渡价值分析海底捞的成功之道[J].现代营销(下旬刊),2020(8):178-180.

[40]王粟.基于天猫“双十一”广告主题变迁分析消费心理对广告创意传播的影响[J].商场现代化,2021(17):16-18.

[41]中国外文局中国企业形象研究课题组.2021年中国企业形象全球调查分析报告——以全球12国为调查对象[J].对外传播,2022(2):34-36.

[42]高伟,要亚玲,张静.新媒体环境下企业危机管理中网络舆情应对研究[J].现代营销(下旬刊),2022(5):89-91.

[43]李小禹.企业舆情管理应从两个层面完善提升——以中国核建舆情管理实践为例[J].国企,2022(13):68-69.

[44]中国国际公共关系协会.中国公共关系业2021年度调查报告[J].国际公关,2022(10):185-189.